코로나19 바이러스
"친환경 99.9% 항균잉크 인쇄"
전격 도입

항균잉크란?

언제 끝날지 모를 코로나19 바이러스
99.9% 항균잉크(V-CLEAN99)를 도입하여 「안심도서」로
독자분들의 건강과 안전을 위해 노력하겠습니다.

Clean Zone

본 도서는 항균잉크로 인쇄하였습니다.

항균 + 99.9%
안심도서

항균잉크(V-CLEAN99)의 특징

- ◉ 바이러스, 박테리아, 곰팡이 등에 항균효과가 있는 산화아연을 적용
- ◉ 산화아연은 한국의 식약처와 미국의 FDA에서 식품첨가물로 인증받아 **강력한 항균력**을 구현하는 소재
- ◉ 황색포도상구균과 대장균에 대한 테스트를 완료하여 **99.9%의 강력한 항균효과** 확인
- ◉ 잉크 내 중금속, 잔류성 오염물질 등 **유해 물질 저감**

TEST REPORT

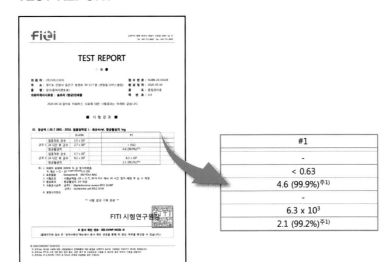

#1
-
< 0.63
4.6 (99.9%)[주1]
6.3 x 10³
2.1 (99.2%)[주1]

Clean Zone

SD에듀
(주)시대고시기획

NCS
예금보험
공사

NCS + 공통과목(회계원리) + 전공 + 모의고사 4회

+ 무료NCS특강

SD에듀
(주)시대고시기획

Always **with you**

사람이 길에서 우연하게 만나거나 함께 살아가는 것만이 인연은 아니라고 생각합니다.
책을 펴내는 출판사와 그 책을 읽는 독자의 만남도 소중한 인연입니다.
SD에듀는 항상 독자의 마음을 헤아리기 위해 노력하고 있습니다.
늘 독자와 함께 하겠습니다.

PREFACE

머리말

안전한 예금, 예금보험공사는 2022년에 신입사원을 채용할 예정이다. 예금보험공사의 채용절차는 「서류전형 → 필기전형 → 면접전형 → 신체검사 및 신원조사」 순서로 진행한다. 서류전형은 입사지원서를 바탕으로 채용분야별 교육사항, 자격사항, 경력사항에 대해 NCS 기반 직무능력을 검증하며 필기시험에서 NCS 직업기초능력평가뿐만 아니라 공통과목과 직무수행능력평가도 함께 치르기 때문에 필기시험 고득점을 받기 위해서는 다양한 유형에 대한 연습과 문제해결능력을 높이는 등 철저한 준비를 통해 타 수험생과의 차별성을 두는 것이 필요하다.

예금보험공사 필기시험 합격을 위해 **SD에듀**에서는 NCS 도서 시리즈 1위의 출간경험을 토대로 다음과 같은 특징을 가진 도서를 출간하였다.

📑 도서의 특징

첫 째 합격으로 이끌 가이드를 통한 채용 흐름 파악!
예금보험공사 소개 및 주요 뉴스를 통해 채용 흐름을 파악하는 데 도움이 될 수 있도록 하였다.

둘 째 기출복원문제를 통한 출제 유형 파악!
2021년 주요 공기업 NCS 및 전공 기출복원문제를 수록하여 공기업 필기시험의 전반적인 유형과 경향을 파악할 수 있도록 하였다.

셋 째 예금보험공사 필기시험 출제 영역 맞춤 기출예상문제로 실력 상승!
NCS 직업기초능력평가와 공통과목(회계원리) 및 직무수행능력평가 기출예상문제를 수록하여 필기시험에 완벽히 대비할 수 있도록 하였다.

넷 째 최종점검 모의고사로 완벽한 실전 대비!
철저한 분석을 통해 실제 유형과 유사한 최종점검 모의고사를 수록하여 최종적으로 점검할 수 있도록 하였다.

다섯째 다양한 콘텐츠로 최종합격까지!
예금보험공사 채용 가이드와 면접 기출질문을 수록하여 채용을 준비하는 데 부족함이 없도록 하였다.

끝으로 본 도서를 통해 예금보험공사 채용을 준비하는 모든 수험생 여러분이 합격의 기쁨을 누리기를 진심으로 기원한다.

NCS직무능력연구소 씀

예금보험공사 이야기

비전

안전한 예금	따뜻한 금융	행복한 국민
공사에 부여된 고유 업무인 금융제도의 안정과 예금자 보호를 표현	취약계층의 보호를 통한 포용 금융, 사회적 가치 선도와 내재화를 위한 공사의 의지를 표현	예금자, 금융소비자, 국민의 행복과 동반성장에 기여하는 것을 공사의 미래 지향점으로 설정

핵심 가치

신뢰
- 국민으로부터의 신뢰
- 금융시장의 신뢰
- 구성원의 신뢰

포용

국민과 금융 취약계층에 대한 포용

공익

공공기관으로서 고유 업무를 충실히 수행하여 공익에 기여

인재상

책임감
공익에 기여하는 책임감 강한 인재

소통
열린 마음으로 소통하는 인재

전문성
금융 전문가로 신뢰받는 인재

Together / Open-minded / Professional

T.O.P

👤 지원자격(공통)

❶ 학력 · 연령 · 전공 제한 없음

❷ 군필자 또는 면제자

❸ 공사 내규상 채용 결격사유에 해당하지 않는 자

❹ 채용확정 후 즉시 근무 가능한 자

❺ 채용분야별 중복지원은 불가

👤 채용절차

서류전형   필기전형   면접전형   신체검사 및 신원조사

👤 필기전형

구분		시험과목	시간	문항수(배점)
직업기초능력평가		• 의사소통능력 • 문제해결능력 • 정보능력	45분	60문항 (50점)
공통과목		회계원리(재무상태표, 손익계산서, 현금흐름표, 재고자산, 비유동자산, 비유동부채, 재무제표 분석)	45분	25문항 (50점)
직무수행능력평가	금융일반	경영학 또는 경제학 중 선택	100분	31문항 (200점)
	회수조사	법학		
	IT	전산학		

※ 위 채용안내는 2021년 채용공고를 기준으로 작성하였으므로, 세부내용은 반드시 확정된 채용공고를 확인하시기 바랍니다.

NCS(국가직무능력표준)란 무엇인가?

국가직무능력표준(NCS; National Competency Standards)

산업현장에서 직무 수행에 요구되는 능력(지식, 기술, 태도 등)을 국가가 산업 부문별, 수준별로 체계화한 설명서

직무능력

직무능력 = 직업기초능력 + 직무수행능력

- **직업기초능력** : 직업인으로서 기본적으로 갖추어야 할 공통 능력
- **직무수행능력** : 해당 직무를 수행하는 데 필요한 역량(지식, 기술, 태도)

NCS의 필요성

- 산업현장과 기업에서 인적자원관리 및 개발의 어려움과 비효율성이 발생하는 대표적 요인으로 산업 전반의 '기준' 부재에 주목함
- 직업교육훈련과 자격이 연계되지 않은 상태로 산업현장에서 요구하는 직무수행능력과 괴리되어 실시됨에 따라 인적자원 개발과 개인의 경력개발에 비효율적이며 효과성이 부족하다는 비판을 받음
  - ⋯ NCS를 통해 인재육성의 핵심 인프라를 구축하고, 산업장면의 HR 전반에서 비효율성을 해소하여 경쟁력을 향상시키는 노력이 필요함

👤 NCS 분류

- 일터 중심의 체계적인 NCS 개발과 산업현장 전문가의 직종구조 분석결과를 반영하기 위해 산업현장 직무를 한국고용 직업분류(KECO)에 부합하게 분류함
- **2021년 기준** : 대분류(24개), 중분류(80개), 소분류(257개), 세분류(1,022개)

〈국가직무능력표준(NCS) 분류체계도(예시)〉

대분류	01. 사업관리	02. 경영 · 회계 · 사무	03. 금융 · 보험
중분류	01. 기획사무	02. 총무 · 인사 / 03. 재무 · 회계	04. 생산 · 품질관리
소분류	01. 총무	02. 인사 · 조직	03. 일반사무
세분류 (직무)	01. 인사		02. 노무관리

👤 직업기초능력 영역

모든 직업인들에게 공통적으로 요구되는 기본적인 능력 10가지

❶ **의사소통능력** : 타인의 생각을 파악하고, 자신의 생각을 글과 말을 통해 정확하게 쓰거나 말하는 능력

❷ **수리능력** : 사칙연산, 통계, 확률의 의미를 정확하게 이해하는 능력

❸ **문제해결능력** : 문제 상황을 창조적이고 논리적인 사고를 통해 올바르게 인식하고 해결하는 능력

❹ **자기개발능력** : 스스로 관리하고 개발하는 능력

❺ **자원관리능력** : 자원이 얼마나 필요한지 파악하고 계획하여 업무 수행에 할당하는 능력

❻ **대인관계능력** : 사람들과 문제를 일으키지 않고 원만하게 지내는 능력

❼ **정보능력** : 정보를 수집, 분석, 조직, 관리하여 컴퓨터를 사용해 적절히 활용하는 능력

❽ **기술능력** : 도구, 장치를 포함하여 필요한 기술에 대해 이해하고 업무 수행에 적용하는 능력

❾ **조직이해능력** : 국제적인 추세를 포함하여 조직의 체제와 경영에 대해 이해하는 능력

❿ **직업윤리** : 원만한 직업생활을 위해 필요한 태도, 매너, 올바른 직업관

NCS(국가직무능력표준)란 무엇인가?

👤 NCS 구성

> 능력단위

- 직무는 국가직무능력표준 분류의 세분류를 의미하고, 원칙상 세분류 단위에서 표준이 개발됨
- 능력단위는 국가직무능력표준 분류의 하위단위로, 국가직무능력 표준의 기본 구성요소에 해당되며 능력단위 요소(수행준거, 지식·기술·태도), 적용범위 및 작업상황, 평가지침, 직업기초능력으로 구성됨

〈국가직무능력표준 능력단위 구성〉

👤 NCS의 활용

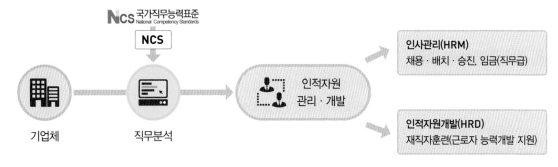

활동 유형	활용범위
채용(블라인드 채용)	채용 단계에 NCS를 활용하여 NCS 매핑 및 직무분석을 통한 공정한 채용 프로세스 구축 및 직무 중심의 블라인드 채용 실현
재직자 훈련(근로자 능력개발 지원)	NCS 활용 패키지의 '평생경력개발경로' 기반 사내 경력개발경로와 수준별 교육훈련 이수 체계도 개발을 통한 현장직무 중심의 재직자 훈련 실시
배치·승진	현장직무 중심의 훈련체계와 배치·승진·체크리스트를 활용한 근로자 배치·승진으로 직급별 인재에 관한 회사의 기대와 역량 간 불일치 해소
임금(직무급 도입)	NCS 기반 직무분석을 바탕으로 기존 관리직·연공급 중심의 임금체계를 직무급(직능급) 구조로 전환

합격을 위한 체크 리스트

시험 전 CHECK LIST

D-1

체크	리스트
☐	수험표를 출력하고 자신의 수험번호를 확인하였는가?
☐	수험표나 공지사항에 안내된 입실 시간 및 유의사항을 확인하였는가?
☐	신분증을 준비하였는가?
☐	컴퓨터용 사인펜 · 수정테이프 · 여분의 필기구를 준비하였는가?
☐	시험시간에 늦지 않도록 알람을 설정해 놓았는가?
☐	고사장 위치를 파악하고 교통편을 확인하였는가?
☐	고사장에서 볼 수 있는 자료집을 준비하였는가?
☐	인성검사에 대비하여 지원한 공사 · 공단의 인재상을 확인하였는가?
☐	자신이 취약한 영역을 두 번 이상 학습하였는가?
☐	도서의 모의고사를 통해 자신의 실력을 확인하였는가?

시험 유의사항

D-DAY

체크	리스트
☐	시험 전 화장실을 미리 가야 합니다.
☐	통신기기(휴대폰, 태블릿PC, 무선호출기, 스마트워치, 스마트밴드, 블루투스 이어폰 등)를 가방에 넣어야 합니다.
☐	휴대폰의 전원을 꺼야 합니다.
☐	시험 종료 후 시험지와 답안지는 제출해야 합니다.

시험 후 CHECK LIST

D+1

체크	리스트
☐	시험 후기를 작성하였는가?
☐	상 · 하의와 구두를 포함한 면접복장이 준비되었는가?
☐	지원한 직무의 분석을 하였는가?
☐	단정한 헤어와 손톱 등 용모관리를 깔끔하게 하였는가?
☐	자신의 자기소개서를 다시 한 번 읽어보았는가?
☐	1분 자기소개를 준비하였는가?
☐	도서 내 면접 기출질문을 확인하였는가?
☐	자신이 지원한 직무의 최신 이슈를 정리하였는가?

주요 공기업 적중문제

신용보증기금

• 글의 순서 배열 유형 •

03 다음 제시된 문장을 논리적 순서대로 배열한 것을 고르면?

> (가) 상품의 가격은 기본적으로 수요와 공급의 힘으로 결정된다. 시장에 참여하고 있는 경제 주체들은 자신이 가진 정보를 기초로 하여 수요와 공급을 결정한다.
>
> (나) 이런 경우에는 상품의 가격이 우리의 상식으로는 도저히 이해하기 힘든 수준까지 일시적으로 뛰어오르는 현상이 나타날 가능성이 있다. 이런 현상은 특히 투기의 대상이 되는 자산의 경우 자주 나타나는데, 우리는 이를 '거품 현상'이라고 부른다.
>
> (다) 그러나 현실에서는 사람들이 서로 다른 정보를 갖고 시장에 참여하는 경우가 많다. 어떤 사람은 특정한 정보를 갖고 있는데 거래 상대방은 그 정보를 갖고 있지 못한 경우도 있다.
>
> (라) 일반적으로 거품 현상이란 것은 어떤 상품 – 특히 자산 – 의 가격이 지속해서 급격히 상승하는 현상을 가리킨다. 이와 같은 지속적인 가격 상승이 일어나는 이유는 애초에 발생한 가격 상승이 추가적인 가격 상승의 기대로 이어져 투기 바람이 형성되기 때문이다.
>
> (마) 이들이 똑같은 정보를 함께 갖고 있으며 이 정보가 아주 틀린 것이 아닌 한, 상품의 가격은 어떤 기본적인 수준에서 크게 벗어나지 않을 것이라고 예상할 수 있다.

① (마) – (가) – (다) – (라) – (나) ② (라) – (가) – (다) – (나) – (마)

코레일 한국철도공사

• 4차 산업혁명 키워드 •

23 다음 중 글의 제목으로 가장 적절한 것은?

> 제4차 산업혁명은 인공지능이 기존의 자동화 시스템과 연결되어 효율이 극대화되는 산업 환경의 변화를 의미한다. 2016년 세계경제포럼에서 언급되어, 유행처럼 번지는 용어가 되었다. 학자에 따라 바라보는 견해는 다르지만 대체로 기계학습과 인공지능의 발달이 그 수단으로 꼽힌다.
>
> 2010년대 중반부터 드러나기 시작한 제4차 산업혁명은 현재진행형이며, 그 여파는 사회 곳곳에서 드러나고 있다. 현재도 사람을 기계와 인공지능이 대체하고 있으며, 현재 일자리의 80 ~ 99%까지 대체될 것이라고 보는 견해도 있다. 만약 우리가 현재의 경제 구조를 유지한 채로 이와 같은 극단적인 노동 수요 감소를 맞게 된다면, 전후 미국의 대공황 등과는 차원이 다른 끔찍한 대공황이 발생할 것이다. 계속해서 일자리가 줄어들수록 중·하위 계층은 사회에서 밀려날 수밖에 없는데, 반면 자본주의 사회의 특성상 많은 비용을 수반하는 과학기술의 연구는 자본에 종속될 수밖에 없기 때문이다. 물론 지금도 이러한 현상이 없는 것은 아니지만, 아직까지는 단순노동이 필요하기 때문에 노동력을 제공하는 중·하위층들도 불합리한 부분들에 파업과 같은 실력행사를 할 수 있었다. 그러나 앞으로 자동화가 더욱 진행되어 노동의 필요성이 사라진다면 그들을 배려해야 할 당위성은 법과 제도가 아닌 도덕이나 인권과 같은 윤리적인 영역에만 남게 되는 것이다.
>
> 반면에, 이를 긍정적으로 생각한다면 이처럼 일자리가 없어졌을 때 극소수에 해당하는 경우를 제외한 나머지 사람들은 노동에서 완전히 해방되어, 인공지능이 제공하는 무제한적인 자원을 마음껏 향유할 수도 있을 것이다. 하지만 이러한 미래는 지금의 자본주의보다는 사회주의 경제 체제에 가깝다. 이 때문에 많은 경제학자와 미래학자들은 제4차 산업혁명 이후의 미래를 장밋빛으로 바꿔나가기 위해, 기본소득제 도입 등의 시도와 같은 고민들을 이어가고 있다.

LH 한국토지주택공사

신혼부부 전세임대 주제 유형

※ 다음은 한국토지주택공사의 신혼부부전세임대 분양에 대한 자료이다. 다음 자료를 읽고 이어지는 질문에 답하시오.
[52~53]

- 한국토지주택공사의 청약센터에서는 2차 신규 신혼부부전세임대사업 입주자 모집공고를 하였다. 신혼부부전세임대사업에 대한 설명은 다음과 같다.
- 신혼부부전세임대사업 : 도심 내 저소득계층 (예비)신혼부부가 현 생활권에서 안정적으로 거주할 수 있도록 기존주택을 전세계약 체결하여 저렴하게 재임대하는 임대사업
- 입주자격
  - 모집공고일(2020년 2월 14일) 기준 무주택세대구성원인 혼인 7년 이내의 신혼부부 또는 예비 신혼부부로 생계·의료급여 수급자 또는 해당 세대의 월평균소득이 전년도 도시근로자 가구당 월평균소득의 70% 이하인 사람
    ※ 소득·자산기준(영구임대주택 자산기준)을 충족하지 못하는 경우 입주대상자에서 제외
  - 1순위 : 입주자 모집공고일 현재 혼인 7년 이내이고, 그 기간 내에 임신 중이거나 출산(입양 포함)하여 자녀가 있는 무주택세대구성원
  - 2순위 : 입주자 모집공고일 현재 혼인 7년 이내인 자 또는 예비신혼부부
  ※ 동일순위 경쟁 시 해당 세대의 월평균소득, 자녀의 수, 혼인기간, 입주대상자의 나이순으로 필요성이 인정되는 정도에 따라 입주자 선정
  - 임신의 경우 입주자 모집공고일 이후 임신진단서 등으로 확인
  - 출산의 경우 자녀의 기본증명서상 출생신고일, 입양의 경우 입양신고일 기준
  - 단, 입주자 모집공고일 이전 출생하였으나, 입주자 모집공고일 이후 출생신고를 한 자녀는 가족관계증명서를 확인하여 부부 사이의 자녀로 인정되는 경우 혼인기간 내에 출생한 것으로 봄
- 신청방법
  한국토지주택공사가 신혼부부 전세임대 입주자 모집 시 입주희망자는 주소지 관할 행정복지센터에 신청

임대료 구하기 문제 유형

57 다음은 5년 분양전환 임대주택에 적용되는 각 항목에 따른 공식을 나열한 자료이다. 주택에 대한 정보를 보고 분양전환 시 공급가격으로 옳은 것은?

〈분양전환 임대주택 항목별 공식〉

- (공급가격)=(건설원가와 감정평가금액을 산술평균한 금액)
- (건설원가)=(최초 입주자모집당시의 주택가격)+(자기자금이자)−(감가상각비)
- (감정평가금액 산정가격)=(분양전환당시의 건축비)+(입주자모집공고 당시의 택지비)+(택지비 이자)
- (택지비 이자)=(입주자모집공고 당시의 택지비)×[(이자율(연))×(임대기간(월))]
- (자기자금이자)=[(최초 입주자모집당시의 주택가격)−(국민주택기금융자금)−(임대보증금과 임대료의 상호전환전 임대보증금)]×[(이자율(연))×(임대기간(월))]

〈정보〉

- 최초 입주자모집당시의 주택가격 : 3억 원
- 감가상각비 : 5천만 원
- 국민주택기금융자금 : 1억 원
- 임대보증금과 임대료의 상호전환전 임대보증금 : 6천만 원
- 분양전환당시의 건축비 : 1억 5천만 원
- 입주자모집공고 당시의 택지비 : 1억 5천만 원

주요 공기업 적중문제

해안 키워드

07 다음 글을 참고할 때, 질문의 답을 찾을 수 없는 것은?

> 해안에서 밀물에 의해 해수가 해안선에 제일 높게 들어온 곳과 썰물에 의해 제일 낮게 빠진 곳의 사이에 해당하는 부분을 조간대라고 한다. 지구상에서 생물이 살기에 열악한 환경 중 한 곳이 바로 이 조간대이다. 이곳의 생물들은 물에 잠겨 있을 때와 공기 중에 노출될 때라는 상반된 환경에 삶을 맞춰야 한다. 또한 갯바위에 부서지는 파도의 파괴력도 견뎌내야 한다. 빗물이라도 고이면 민물이라는 환경에 적응해야 하며, 강한 햇볕으로 바닷물이 증발하고 난 다음에는 염분으로 범벅된 몸을 추슬러야 한다. 이러한 극단적이고 변화무쌍한 환경에 적응할 수 있는 생물만이 조간대에서 살 수 있다.
>
> 조간대는 높이에 따라 상부, 중부, 하부로 나뉜다. 바다로부터 가장 높은 곳인 상부는 파도가 강해야만 물이 겨우 닿는 곳이다. 그래서 조간대 상부에 사는 생명체는 뜨거운 태양열을 견뎌내야 한다. 중부는 만조 때에는 물에 잠기지만, 간조 때에는 공기 중에 노출되는 곳이다. 그런데 물이 빠져 공기 중에 노출되었다 해도 파도에 의해 어느 정도의 수분은 공급된다. 가장 아래에 위치한 하부는 간조시를 제외하고는 항상 물에 잠겨 있다. 땅 위 환경의 영향을 적게 받는다는 점에선 다소 안정적이긴 해도 파도의 파괴력을 이겨 내기 위해 강한 부착력을 지녀야 한다는 점에서 생존이 쉽지 않은 곳이다.
>
> 조간대에 사는 생물들은 불안정하고 척박한 바다 환경에 적응하기 위해 높이에 따라 종이 수직적으로 분포한다. 조간대를 찾았을 때 총알고둥류와 따개비들을 발견했다면 그곳이 조간대에서 물이 가장 높이 올라오는 지점인 것이다. 이들은 상당 시간 물 밖에 노출되어도 수분 손실을 막기 위해 패각과 덮개판을 꼭 닫은 채로 물이 밀려올 때까지 버텨낼 수 있다.

① 조간대에서 총알고둥류가 사는 곳은 어느 지점인가?
② 조간대의 중부에 사는 생물에는 어떠한 것이 있는가?
③ 조간대에서 높이에 따라 생물의 종이 수직으로 분포하는 이유는 무엇인가?

멤버십 유형 키워드

☑ 오답 Check! ○ ✕

08 다음은 멤버십 유형에 대한 내용이다. (A) ~ (D)에 들어갈 용어로 적절한 것은?

> (A)은 기쁜 마음으로 과업을 수행하며 팀플레이를 하고 있다. 그리고 리더와 조직을 믿고 헌신하는 모습을 볼 수 있다. 기존의 질서를 따르는 것이 중요하다고 여기며 획일적인 행동에 익숙한 모습을 보인다.
> (B)은 판단과 사고를 리더에게 의존하며, 지시가 있어야 행동하는 모습을 보인다. 또한 조직이 자신의 아이디어를 원하지 않고, 노력과 공헌을 해도 아무 소용이 없다고 스스로 생각한다.
> (C)은 매우 자립적인 모습을 보이며 일부러 반대 의견을 제시한다. 조직이 자신을 인정해주지 않는다고 생각하며, 자신에 대한 적절한 보상도 없다고 생각한다. 즉 조직이 불공정하며 문제가 있다고 여긴다.
> (D)은 조직의 운영방침에 민감하며, 사건을 균형 잡힌 시각으로 본다. 조직의 규정과 규칙에 따라 행동하는 모습을 보이며, 조직이 명령과 계획을 빈번하게 변경한다고 여기는 경우가 있다.

	(A)	(B)	(C)	(D)
①	순응형	수동형	소외형	실무형
②	실무형	소외형	수동형	순응형

참, 거짓 논증 유형

23 A, B, C, D, E 5명에게 지난 달 핸드폰 통화 요금이 가장 많이 나온 사람을 1위에서 5위까지 그 순위를 추측하라고 하였더니 각자 예상하는 두 사람의 순위를 다음과 같이 대답하였다. 각자 예상한 순위 중 하나는 참이고, 다른 하나는 거짓이다. 이들의 대답으로 판단할 때 실제 핸드폰 통화 요금이 가장 많이 나온 사람은?

> A : D가 두 번째이고, 내가 세 번째이다.
> B : 내가 가장 많이 나왔고, C가 두 번째로 많이 나왔다.
> C : 내가 세 번째이고, B가 제일 적게 나왔다.
> D : 내가 두 번째이고, E가 네 번째이다.
> E : A가 가장 많이 나왔고, 내가 네 번째이다.

① A
② B
③ C
④ D
⑤ E

최소 금액 계산 유형

45 신입사원 A는 각 부서별 비품 구매업무를 맡게 되었다. 다음 자료를 참고할 때, 가장 저렴한 가격에 비품을 구입할 수 있는 업체는 어디인가?

〈소모품별 1회 구매수량 및 구매 제한가격〉

구분	A물품	B물품	C물품	D물품	E물품
1회 구매수량	2묶음	3묶음	2묶음	2묶음	2묶음
1회 구매 제한가격	25,000원	5,000원	5,000원	3,000원	23,000원

※ 물품 신청 시 1회 구매수량은 부서에 상관없이 매달 일정하다. (예) A물품은 2묶음, B물품은 3묶음 단위이다)
※ 물품을 1회 구매할 때는 제한된 가격 내에서 구매해야 하며, 제한 가격을 넘는 경우에는 구매할 수 없다(단, 총 구매가격에는 제한이 없다).

〈소모품 구매 신청서〉

구분	A물품	B물품	C물품	D물품	E물품
부서 1	○		○		○
부서 2		○	○	○	
부서 3	○		○		○
부서 4		○	○		○
부서 5	○		○	○	○

주요 공기업 적중문제

멤버십 유형별 특징(소외형, 순응형) 키워드

32 다음은 멤버십 유형별 특징을 정리한 자료이다. 다음 자료를 참고하여 각 유형의 멤버십을 가진 사원에 대한 리더의 대처방안으로 가장 적절한 것은?

〈멤버십 유형별 특징〉

소외형	순응형
• 조직에서 자신을 인정해주지 않음 • 적절한 보상이 없음 • 업무 진행에 있어 불공정하고 문제가 있음	• 기존 질서를 따르는 것이 중요하다고 생각함 • 리더의 의견을 거스르는 것은 어려운 일임 • 획일적인 태도와 행동에 익숙함

실무형	수동형
• 조직에서 규정준수를 강조함 • 명령과 계획을 빈번하게 변경함	• 조직이 나의 아이디어를 원치 않음 • 노력과 공헌을 해도 아무 소용이 없음 • 리더는 항상 자기 마음대로 함

① 소외형 사원은 팀에 협조하는 경우에 적절한 보상을 주도록 한다.
② 소외형 사원은 팀을 위해 업무에서 배제시킨다.
③ 순응형 사원에 대해서는 조직을 위해 순응적인 모습을 계속 권장한다.
④ 실무형 사원에 대해서는 징계를 통해 규정준수를 강조한다.
⑤ 수동형 사원에 대해서는 의견 존중을 통해 자신감을 가지도록 한다.

사원에게 해 줄 조언 유형

04 L사원은 사람들 앞에 나설 생각만 하면 불안감이 엄습하면서 땀이 난다. 심지어 지난번 프레젠테이션에서는 너무 떨린 나머지 자신이 말해야 하는 것을 잊어 버리기도 하였다. 주요 기획안 프레젠테이션을 앞둔 L사원은 같은 실수를 반복하지 않기 위해 상사인 K대리에게 조언을 구하기로 하였다. K대리가 L사원에게 해 줄 조언으로 가장 적절하지 않은 것은?

① 발표할 내용은 주어진 시간보다 더 많은 분량으로 미리 준비하는 것이 좋습니다.
② 완벽하게 준비하려 하기보다는 자신의 순발력으로 대처할 수 있을 정도로 준비하는 것이 좋습니다.
③ 듣는 사람들을 자신과 똑같은 위치의 사람이라고 생각하면서 발표하는 것도 좋은 방법입니다.
④ 듣는 사람의 눈을 보기 어렵다면 그 사람의 코를 보면서 발표하는 것도 좋은 방법입니다.

한국산업인력공단 일반직 6급

● 부서 배치 유형 ●

※ K공사에서 인사담당자 김 대리는 신입사원을 선발하고 부서별로 배치하려고 한다. 각 팀이 원하는 역량을 가진 신입사원을 1명 이상 배치하려고 할 때, 자료를 참고하여 이어지는 질문에 답하시오. [34~35]

〈신입사원 정보〉

신입사원	전공	직무능력평가	자격증	면접	비고
A	경제학과	수리능력, 자원관리능력 우수		꾸준히 운동, 체력관리 우수	
B	무역학과	수리능력, 문제해결능력, 자원관리능력 우수	무역영어 1급		총무업무 경력 보유
C	심리학과	의사소통능력, 조직이해능력 우수		의사소통능력 최상	
D	경영학과	의사소통능력, 문제해결능력 우수	유통관리사 자격증	창의력 우수	
E	의류학과	의사소통능력, 문제해결능력, 조직이해능력 우수		창의적인 문제해결능력	신용업무 경력 보유

한전KPS

● 가위바위보 키워드 ●

27 A~F 6명이 동시에 가위바위보를 해서 아이스크림 내기를 했는데 결과가 다음과 같았다. 다음 중 내기에서 이긴 사람을 모두 고르면?(단, 비긴 경우는 없었다)

- 6명이 낸 것이 모두 같거나, 가위·바위·보 3가지가 모두 포함되는 경우 비긴 것으로 한다.
- A는 가위를 내지 않았다.
- B는 바위를 내지 않았다.
- C는 A와 같은 것을 냈다.
- D는 E에게 졌다.
- F는 A에게 이겼다.
- B는 E에게 졌다.

① A, C ② E, F
③ B, D ④ A, B, C
⑤ B, D, F

도서 구성

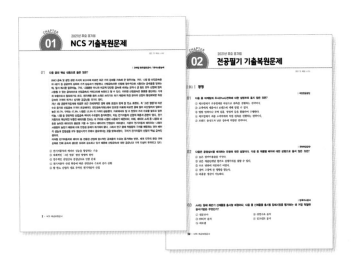

주요 공기업 기출복원문제로 출제 경향 파악

2021년 주요 공기업 NCS & 전공 기출문제를 복원하여 공기업 최신 출제 경향을 파악할 수 있도록 하였다.

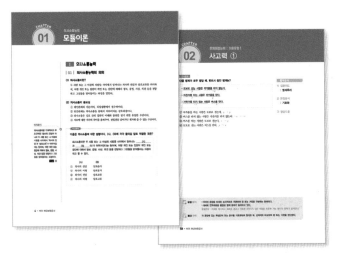

NCS 영역별 학습

출제되는 NCS 영역에 대한 모듈이론과 기출예상문제를 수록하여 학습할 수 있도록 하였다.

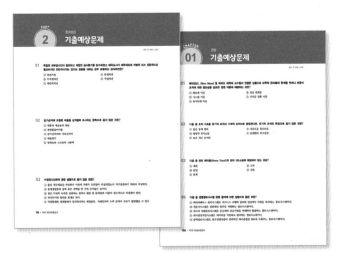

공통과목과 전공까지 한 권으로 최종 마무리

공통과목(회계원리)과 직무수행능력평가(경영ㆍ경제ㆍ법학) 기출예상문제를 통해 공통과목과 전공까지 대비할 수 있도록 하였다.

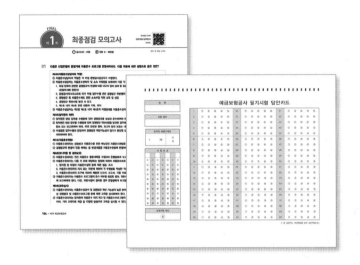

최종점검 모의고사 + OMR을 활용한 실전 연습

최종점검 모의고사와 OMR 답안카드, 모바일 OMR 답안분석 서비스를 통해 실제로 시험을 보는 것처럼 최종 마무리 연습을 할 수 있도록 하였다.

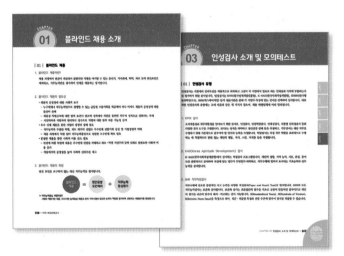

인성검사부터 면접까지 한권으로 최종 마무리

인성검사 모의연습을 통해 인성검사 유형 및 문항을 확인할 수 있도록 하였고, 면접 기출 질문을 통해 실제 면접에서 나오는 질문을 미리 파악하고 연습할 수 있도록 하였다.

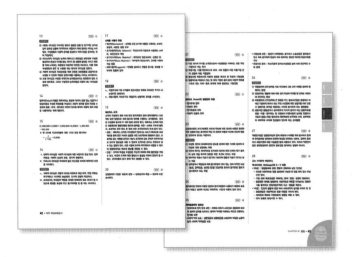

상세한 해설로 정답과 오답을 완벽하게 이해

정답과 오답에 대한 상세한 해설을 수록하여 혼자서도 학습을 할 수 있도록 하였다.

뉴스&이슈

예금보험공사, SGI서울보증과 방한물품 지원 기부금 전달

예금보험공사는 서울보증보험과 서울시 종로구에 위치한 종로종합사회복지관을 방문해 한국사회복지관협회에 지역사회 방한물품 지원 사업 기부금을 전달했다고 26일 밝혔다.

이번 기부금 후원은 예금보험공사와 서울보증보험 공동 사회공헌활동으로 진행됐다.

기부금은 설 명절을 맞이해 전국 소재 종합사회복지관 58개소를 통해 2300여 가정의 방한물품 지원에 사용될 예정이다.

김태현 예금보험공사 사장은 "3년째 지속되고 있는 코로나19* 장기화로 어려움을 겪고 있는 주변 이웃들에게 조금이나마 위안이 됐으면 좋겠다는 간절한 바람을 전한다"고 말했다.

유광열 SGI서울보증 대표이사는 "SGI서울보증은 서민의 꿈을 보증하고 희망을 더해 우리 이웃 모두가 따뜻한 겨울을 보낼 수 있도록 노력하겠다"고 전했다.

예보는 앞으로도 복지의 사각지대에 있는 우리 주변의 어려운 이웃을 적극 발굴해 실질적 도움을 주는 등 공공기관으로서 사회적 가치 실현을 위해 지속적으로 노력한다는 계획이다.

🔍 Keyword

• 코로나19 : 신종 코로나바이러스에 의한 유행성 질환으로 호흡기를 통해 감염되며, 증상이 거의 없는 감염 초기에 전염성이 강한 특징을 보인다. 감염 후에는 인후통, 고열, 기침, 호흡곤란 등의 증상을 거쳐 폐렴으로 발전한다. 2020년 3월 세계보건기구가 팬데믹을 선언했으며, 2020년 도쿄 올림픽이 연기되는 등 많은 국제 행사가 취소되거나 연기되었다.

💬 예상 면접 질문

Q 예금보험공사가 시행한 재해 · 재난 지원 사업에 대해 아는 대로 말해 보시오.

예금보험공사, 잘못 송금한 돈 16억원 되찾아 돌려줬다

예금보험공사가 실수로 잘못 송금된 금전을 대신 반환해주는 '착오송금 반환지원 제도*(이하 지원제도)'를 통해 지난해 말까지 16억4,000만원을 되돌려줬다고 12일 밝혔다.

지원제도는 지난해 7월 6일부터 시행돼 운영되고 있다. 예금보험공사에 따르면 시행 후 지난해 말까지 착오송금인으로부터 총 5,281건의 지원신청을 받아, 지원대상인 2,227건 중 1,299건을 송금인에게 반환했다. 나머지 928건도 반환지원 절차 진행 중이다.

지난해 말 기준 접수된 착오송금 반환지원 신청은 5,281건으로, 월평균 약 960건이다. 이 가운데 지원대상여부 심사를 거쳐 대상으로 결정된 건의 비중은 지난해 7월 17.2%에서 지난해 말 47.6%로 꾸준히 증가 중이다.

비대상으로 분류된 주된 사유는 △보이스피싱 등 범죄이용계좌 △송금인의 신청 철회 △압류 등 법적제한계좌 △금융회사의 자체 반환절차 미이행 등이며, 이들이 비대상 중 67.0%를 차지했다.

또한 금액별 착오송금액 규모는 10만원 이상 50만원 미만이 1,904건으로 전체의 36.1%를 차지했으며, 300만원 미만이 총 84% 이상 비중을 나타냈다.

예금보험공사는 자진반환 및 지급명령을 통해 착오송금액 총 16억4,000만원을 회수해 소요비용을 제하고 착오송금인에게 15억7,000만원을 반환했다. 착오송금 반환시 평균 지급률은 96.1%이며, 신청일로부터 반환까지 평균 소요기간은 41일이다.

예금보험공사는 "모바일 신청시스템 개발을 추진하고 착오송금인이 편리하게 온라인 신청할 수 있도록 인증 방식을 다양화하는 방안을 추진할 계획"이라며 "법률 용어가 익숙하지 않은 외국인을 위해 관련문서를 주요 외국어로 번역해 제공하는 방안을 검토 중"이라고 설명했다.

Keyword

• 착오송금 반환지원 제도 : 2021년 7월 6일부터 시작된 제도로 실수로 잘못 송금한 돈을 돌려받는 제도이다. 착오송금인이 예금보험공사에 반환지원신청을 하면 착오송금 수취인 정보를 확인한 뒤, 착오송금 수취인에게 자진반환을 권유하고 미반환시 지급명령이 진행된다. 회수 시에는 회수액에서 비용 차감 후 잔액이 반환된다.

예상 면접 질문

Q 예금보험공사의 주요 사업 및 제도에 대해 아는 대로 말해 보시오.

뉴스&이슈

예금보험공사, 한국공공기관감사인대회 '기관 대상' 수상

예금보험공사(이하 '예보')는 16일 (사)한국공공기관감사협회가 주최한 '2021년 한국공공기관감사인 대회'에서 '2021 기관 대상'을 수상했다고 밝혔다.

예보 측은 코로나19 위기상황에서 적극적인 사전컨설팅 감사를 통해 피해 소상공인 지원을 확대하고, 적극행정 분위기를 조성하여 신규사업인 착오송금반환지원업무가 조기에 정착되도록 감사역량을 발휘한 것을 인정받아 대상을 수상하게 됐다고 설명했다.

또한, 코로나19로 대면감사가 어려운 상황에서 감사장을 온라인 공간으로 옮긴 메타버스* 기반 감사환경을 구축하는 등 혁신적인 감사활동을 추진한 것도 높게 평가 받았다.

이한규 예보 감사는 "앞으로도 적극행정 지원과 사전컨설팅 감사를 통해 코로나19 위기상황을 조속히 극복하는 데 기여하고, 금융소외계층에 힘이 되는 따뜻한 예보가 되도록 노력할 것"이라고 밝혔다.

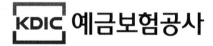

🔑 Keyword

- 메타버스 : '가상', '초월' 등을 뜻하는 영어 단어 '메타'(Meta)와 우주를 뜻하는 '유니버스'(Universe)의 합성어로, 현실세계와 같은 사회·경제·문화 활동이 이뤄지는 3차원의 가상세계를 가리킨다. 메타버스는 가상현실(VR, 컴퓨터로 만들어 놓은 가상의 세계에서 사람이 실제와 같은 체험을 할 수 있도록 하는 최첨단 기술)보다 한 단계 더 진화한 개념으로, 아바타를 활용해 단지 게임이나 가상현실을 즐기는 데 그치지 않고 실제 현실과 같은 사회·문화적 활동을 할 수 있다는 특징이 있다.

💬 예상 면접 질문

Q 4차산업사회에서 예금보험공사가 정책금융기관으로서 앞으로 어떤 역할을 해야 할지 말해 보시오.

예금보험공사, 고교생에 장학금 2,000만원 전달

예금보험공사(사장 김태현)는 9일 서울 중구 예보 사옥에서 고교생 20명에게 100만원씩 장학금 2000만원을 전달했다.

예보는 2005년부터 매년 임직원들이 모은 성금으로 총 250명에게 2억3740만원의 장학금을 지급하고 격려해왔다.

예금보험공사 박상진 이사는 "장학금이 어려운 환경 속에서도 학업에 정진하는 학생들에게 도움이 되길 바란다"며 "앞으로도 취약계층* 학생들을 지원하는 등 공공기관으로서 사회적 책임을 다하겠다"고 했다.

🔑 Keyword

• 취약계층 : 다른 계층에 비해 무르고 약하여 사회적으로 보호가 필요한 계층. 노인, 어린이, 장애인 등에 해당한다.

💬 예상 면접 질문

Q 예금보험공사가 경제적 어려움을 겪고 있는 이웃들을 돕기 위해 무엇을 해야 한다고 생각하는가?

합격 후기

합격 선배들이 알려주는
예금보험공사 필기시험 합격기

"차근차근 단계별로 깊이 있는 학습!"

안녕하세요. 취업 준비하면서 힘들어 하던 것이 엊그제 같은데 이렇게 합격하고 수기를 쓰게 되니 감회가 새롭습니다. 사실 특별한 공부법이 없어 이렇게 글을 적자니 부끄러움이 앞서지만 그래도 조금이나마 도움이 되고자 적어봅니다.

예금보험공사는 응시자격 요건만 충족하면 적격자 모두 필기시험에 응시할 수 있어서 경쟁률이 치열한 공기업이지만 저에게도 동등한 기회가 주어진다고 느꼈습니다. 하지만 NCS뿐만 아니라 공통과목과 전공도 같이 준비해야 했기에 결코 쉽게 준비하지는 않았습니다.

NCS 시험은 범위가 정해진 시험이 아니기 때문에 많은 수험생이 어떻게 공부해야 할지 막막함을 느끼고 계실 것이라 생각합니다. 제 경우에는 SD에듀에서 출간한 NCS 통합편 도서를 바탕으로 기초를 다졌습니다. 직업기초능력평가 문제를 풀며 영역별 문제 유형을 파악했고 실제 시험처럼 시험 시간에 맞추어 모의고사를 풀어보기도 하였습니다. 다음으로는 영역별 도서를 활용하여 영역별 다양한 문제를 풀며 기본서에서 확인했던 사항을 보완해가는 형식으로 공부를 진행했습니다. 저는 특히 의사소통능력이 부족하여 따로 의사소통능력 합격노트를 구입해서 공부하기도 했습니다. 공부를 하면서 모르는 부분은 항상 오답노트를 작성하였고, 실제 시험장에는 오답노트만 가지고 제가 부족한 부분을 마지막까지 확인했습니다.

NCS 시험을 준비하면서 가장 힘들었던 것이 꾸준히 공부하는 습관이었습니다. 기약 없이 공부를 하다보니 나태해질 때가 많았습니다. 그러나 꾸준히 계획을 세워 공부하다 보니 쌓이고 쌓여 이렇게 좋은 결과를 얻을 수 있었습니다.

이 책의 목차

이 책의 목차

Add+

특별부록

| 코레일 한국철도공사 / 의사소통능력

01 다음 글의 핵심 내용으로 옳은 것은?

> BMO 금속 및 광업 관련 리서치 보고서에 따르면 최근 가격 강세를 지속해 온 알루미늄, 구리, 니켈 등 산업금속들의 4분기 중 공급부족 심화와 가격 상승세가 전망된다. 산업금속이란 산업에 필수적으로 사용되는 금속들을 말하는데, 앞서 제시한 알루미늄, 구리, 니켈뿐만 아니라 비교적 단단한 금속에 속하는 은이나 금 등도 모두 산업에 많이 사용될 수 있는 금속이므로 산업금속의 카테고리에 속한다고 할 수 있다. 이러한 산업금속은 물품을 생산하는 기계의 부품으로서 필요하기도 하고, 전자제품 등의 소재로 쓰이기도 하기 때문에 특정 분야의 산업이 활성화되면 특정 금속의 가격이 뛰거나 심각한 공급난을 겪기도 한다.
>
> 지난 4일 금융투자업계에 따르면 최근 전세계적인 경제 회복 조짐과 함께 탈 탄소 트렌드, 즉 '그린 열풍'에 따른 수요 증가로 산업금속 가격이 초강세이다. 런던금속거래소에서 발표한 자료에 따르면 올해 들어 지난달까지 알루미늄은 20.7%, 구리는 47.8%, 니켈은 15.9% 각 가격이 상승했다. 자료에서도 알 수 있듯이 구리 수요를 필두로 알루미늄, 니켈 등 전반적인 산업금속 섹터의 수요량이 증가하였다. 이는 전기자동차 산업의 확충과 관련이 있다. 전기자동차의 핵심적인 부품인 배터리를 만드는 데 구리와 니켈이 사용되기 때문이다. 이때, 배터리 소재 중 니켈의 비중을 높이면 배터리의 용량을 키울 수 있으나 배터리의 안정성이 저하된다. 기존의 전기자동차 배터리는 니켈의 사용량이 높았기 때문에 더욱 안정성 문제가 제기되어 왔다. 그래서 연구 끝에 적정량의 구리를 배합하는 것이 배터리 성능과 안정성을 모두 향상시키기 위해서 중요하다는 것을 밝혀내었다. 구리가 전기자동차 산업의 핵심 금속인 셈이다.
>
> 이처럼 전기자동차와 배터리 등 친환경 산업에 필수적인 금속들의 수요는 증가하는 반면, 세계 각국의 환경 규제 강화로 인해 금속의 생산은 오히려 감소하고 있기 때문에 산업금속에 대한 공급난과 가격 인상이 우려되고 있다.

① 전기자동차의 배터리 성능을 향상하는 기술
② 세계적인 '그린 열풍' 현상 발생의 원인
③ 필수적인 산업금속 공급난으로 인한 문제
④ 전기자동차 산업 확충에 따른 산업금속 수요의 증가 상황
⑤ 탈 탄소 산업의 대표 주자인 전기자동차 산업

02 다음 글에서 공공재·공공자원의 실패에 대한 해결책으로 옳지 않은 것은?

재화와 서비스는 소비를 막을 수 있는지에 따라 배제성이 있는 재화와 배제성이 없는 재화로 분류한다. 또 어떤 사람이 소비하면 다른 사람이 소비할 기회가 줄어드는지에 따라 경합성이 있는 재화와 경합성이 없는 재화로 구분한다. 공공재는 배제성과 경합성이 없는 재화이며, 공공자원은 배제성이 없으면서 경합성이 있는 재화이다.

공공재는 수많은 사람에게 일정한 혜택을 주는 것으로 사회적으로 반드시 생산돼야 하는 재화이다. 하지만 공공재는 '무임 승차' 문제를 낳는다. 무임 승차 문제란 사람들이 어떤 재화와 서비스의 소비로 일정한 혜택을 보지만, 어떤 비용도 지불하지 않는 것을 말한다. 이런 공공재가 가진 무임 승차 문제 때문에 공공재는 사회 전체가 필요로 하는 수준보다 부족하게 생산되거나 아예 생산되지 않을 수 있다. 어떤 사람이 막대한 비용을 들여 누구나 공짜로 소비할 수 있는 국방 서비스, 치안 서비스 같은 공공재를 제공하려고 하겠는가.

공공재와 마찬가지로 공공자원 역시 원하는 사람이면 누구나 공짜로 사용할 수 있다. 그러나 어떤 사람이 공공자원을 사용하면 다른 사람은 사용에 제한을 받는다. 배제성은 없으나 재화의 경합성만이 존재하는 이러한 특성 때문에 공공자원은 '공공자원의 비극'이라는 새로운 형태의 문제를 낳는다. 공공자원의 비극이란 모두가 함께 사용할 수 있는 공공자원을 아무도 아껴 쓰려고 노력하지 않기 때문에 머지않아 황폐해지고 마는 현상이다.

바닷속의 물고기는 어느 특정한 사람의 소유가 아니기 때문에 누구나 잡을 수 있다. 먼저 잡는 사람이 임자인 셈이다. 하지만 물고기의 수량이 한정돼 있다면 나중에 잡는 사람은 잡을 물고기가 없을 수도 있다. 이런 생각에 너도 나도 앞다투어 물고기를 잡게 되면 얼마 가지 않아 물고기는 사라지고 말 것이다. 이른바 공공자원의 비극이 발생하는 것이다. 공공자원은 사회 전체가 필요로 하는 수준보다 지나치게 많이 자원을 낭비하는 결과를 초래한다.

이와 같은 공공재와 공공자원이 가지는 문제를 해결하는 방안은 무엇일까? 공공재는 사회적으로 매우 필요한 재화와 서비스인데도 시장에서 생산되지 않는다. 정부는 공공재의 특성을 가지는 재화와 서비스를 직접 생산해 공급한다. 예를 들어 정부는 국방, 치안 서비스 등을 비롯해 철도, 도로, 항만, 댐 등 원활한 경제 활동을 간접적으로 뒷받침해 주는 사회간접자본을 생산한다. 이때 사회간접자본의 생산량은 일반적인 상품의 생산량보다 예측이 까다로울 수 있는데, 이용하는 사람이 국민 전체이기 때문에 그 수가 절대적으로 많을 뿐만 아니라 배제성과 경합성이 없는 공공재로서의 성격을 띄기 때문에 그러한 면도 있다. 이러한 문제를 해결하기 위해서 국가는 공공투자사업 전 사회적 편익과 비용을 분석하여 적절한 사업의 투자 규모 및 진행 여부를 결정한다.

공공자원은 어느 누구의 소유도 아니다. 너도 나도 공공자원을 사용하면 금세 고갈되고 말 것이다. 정부는 각종 규제로 공공자원을 보호한다. 공공자원을 보호하기 위한 규제는 크게 사용 제한과 사용 할당으로 구분할 수 있다. 사용 제한은 공공자원을 민간이 이용할 수 없도록 막아두는 것이다. 예를 들면 주인이 없는 산을 개발 제한 구역으로 설정하여 벌목을 하거나 개발하여 수익을 창출하는 행위를 할 수 없도록 하는 것이다. 사용 할당은 모두가 사용하는 것이 아닌, 일정 기간에 일정한 사람만 사용할 수 있도록 이용 설정을 해두는 것을 말한다. 예를 들어 어부가 포획할 수 있는 수산물의 수량과 시기를 정해 놓는 법이 있다. 이렇게 되면 무분별하게 공공자원이 사용되는 것을 피하고 사회적으로 필요한 수준에서 공공자원을 사용할 수 있다.

① 항상 붐비는 공용 주차장을 요일별로 이용 가능한 자동차를 정하여 사용한다.
② 주인 없는 목초지에서 풀을 먹일 수 있는 소의 마릿수를 제한한다.
③ 치안 불안 해소를 위해 지역마다 CCTV를 설치한다.
④ 가로수의 은행을 따는 사람들에게 벌금을 부과한다.
⑤ 국립공원에 사는 야생동물을 사냥하지 못하도록 하는 법을 제정한다.

03 다음 글의 논지를 강화하기 위한 내용으로 옳지 않은 것은?

> 뉴턴은 이렇게 말했다. "플라톤은 내 친구이다. 아리스토텔레스는 내 친구이다. 하지만 진리야말로 누구보다 소중한 내 친구이다." 케임브리지에서 뉴턴에게 새로운 전환점을 준 사람이 있다. 수학자이며 당대 최고의 교수였던 아이작 배로우(Isaac Barrow)였다. 배로우는 뉴턴에게 수학과 기하학을 가르치고 그의 탁월함을 발견하여 후원자가 됐다. 이처럼 뉴턴은 타고난 천재가 아니라, 자신의 피나는 노력과 위대한 스승들의 도움을 통해 후천적으로 키워진 것이다.
>
> 뉴턴이 시대를 관통하는 천재로 여겨진 것은 "사과는 왜 땅에 수직으로 떨어질까?"라는 질문에서 시작했다. 이 질문을 던진 지 20여 년이 지나고 마침내 모든 물체가 땅으로 떨어지는 것은 지구 중력에 의한 만유인력이라는 개념을 발견한 것이 계기가 되었다. 사과가 떨어지는 것을 관찰하여 온갖 질문을 던지고, 새로운 가설을 만든 후에 그것을 증명하기 위해 오랜 시간 연구하고 실험을 한 결과가 위대한 발견으로 이어진 것이다. 위대한 발명이나 발견은 어느 한 순간 섬광처럼 오는 것이 아니다. 시작 단계의 작은 아이디어가 질문과 논쟁을 통해 점차 다른 아이디어들과 충돌하고 합쳐지면서 숙성의 시간을 갖고, 그런 후에야 세상에 유익한 발명이나 발견이 나오는 것이다.
>
> 이전부터 천재가 선천적인 것인지, 후천적인 것인지에 관한 논란은 계속되어 왔다. 과거에는 천재가 신적인 영감을 받아 선천적으로 탄생한다는 주장이 힘을 얻었다. 플라톤의 저서 『이온』에도 음유 시인이 기술이나 지식이 아닌 신적인 힘과 영감을 받는 존재임이 언급된다. 그러나 아리스토텔레스의 『시학』은 『이온』과 조금 다른 관점을 취하고 있다. 기본적으로 시가 모방미학이라는 입장은 같지만, 아리스토텔레스는 이것이 신적인 힘을 모방한 것이 아닌 인간의 모방이라고 믿었다.
>
> 최근 연구에 의하면 천재라 불리는 모든 사람들이 선천적으로 타고난 것이 아니고 후천적인 학습을 통해 수준을 점차 더 높은 단계로 발전시켰다고 한다. 선천적 재능과 후천적 학습을 모두 거친 절충적 천재가 각광받는 것이다. 이것이 우리에게 주는 시사점은 비록 지금은 창의적이지 않더라도 꾸준히 포기하지 말고 창의성을 개발하고 실현하는 방법을 배워서 실천한다면 모두가 창의적인 사람이 될 수 있다는 교훈이다. 타고난 천재가 아니고 훈련과 노력으로 새롭게 태어나는 창재(창의적인 인재)로 거듭나야 한다.

① 칸트는 천재가 선천적인 것이라고 하였다.
② 세계적인 발레리나 강수진은 고된 연습으로 발이 기형적으로 변해버렸다.
③ 1만 시간의 법칙은 한 분야에서 전문가가 되기 위해서는 최소 1만 시간의 훈련이 필요하다는 것이다.
④ 뉴턴뿐만 아니라 아인슈타인 역시 끊임없는 연구와 노력을 통해 천재로 인정받았다.
⑤ 신적인 것보다 연습이 영감을 가져다주는 경우가 있다.

04 (가) ~ (마)에 들어갈 말로 적절하지 않은 것은?

"언론의 잘못된 보도나 마음에 들지 않는 논조조차도 그것이 토론되는 과정에서 옳은 방향으로 흘러가게끔 하는 것이 옳은 방향이다." 문재인 대통령이 야당 정치인이었던 2014년, 서울외신기자클럽(SFCC) 토론회에 나와 마이크에 대고 밝힌 공개 입장이다. 언론은 ____(가)____ 해야 한다. 이것이 지역 신문이라 할지라도 언론이 표준어를 사용하는 이유이다.

2021년 8월 25일, 언론중재법 개정안이 국회 본회의를 통과할 것이 확실시된다. 정부 침묵으로 일관해 왔다. 청와대 핵심 관계자들은 이 개정안에 대한 입장을 묻는 국내 일부 매체에 영어 표현인 "None of My Business"라는 답을 내놨다고 한다.

그사이 이 개정안에 대한 국제 사회의 ____(나)____ 은/는 높아지고 있다. 이 개정안이 시대착오적이며 대권의 오남용이고 더 나아가 아이들에게 좋지 않은 영향을 줄 수 있다는 것이 논란의 요지이다. SFCC는 지난 20일 이사회 전체 명의로 성명을 냈다. 그 내용을 그대로 옮기자면 다음과 같다. "____(다)____ 내용을 담은 언론중재법 개정안을 국회에서 강행 처리하려는 움직임에 깊은 우려를 표한다."며 "이 법안이 국회에서 전광석화로 처리되기보다 '돌다리도 두들겨 보고 건너라.'는 한국 속담처럼 심사숙고하며 ____(라)____ 을/를 기대한다."고 밝혔다.

다만, 언론이 우리 사회에서 발생하는 다양한 전투만을 중계하는 것으로 기능하는 건 ____(마)____ 우리나라뿐만 아니라 일본 헌법, 독일 헌법 등에서 공통적으로 말하는 것처럼 언론이 자유를 가지고 대중에게 생각할 거리를 끊임없이 던져주어야 한다. 이러한 언론의 기능을 잘 수행하기 위해서는 언론의 힘과 언론에 가해지는 규제의 정도가 항상 적절하도록 절제하는 법칙이 필요하다.

---

① (가) - 모두가 읽기 쉽고 편향된 어조를 사용하는 것을 지양

② (나) - 규탄의 목소리

③ (다) - 언론의 자유를 심각하게 위축시킬 수 있는

④ (라) - 보편화된 언어 사용

⑤ (마) - 바람직하지 않다.

05 다음 중 (가) ~ (마) 문단에 대한 설명으로 옳은 것은?

> (가) 현재 각종 SNS 및 동영상 게재 사이트에서 흔하게 접할 수 있는 콘텐츠 중 하나가 ASMR이다. 그러다 보니 자주 접하는 ASMR의 이름의 뜻에 대해 다수의 네티즌들이 궁금해 하고 있다. ASMR은 자율감각 쾌락반응으로, 뇌를 자극해 심리적인 안정을 유도하는 것을 말한다.
>
> (나) 힐링을 얻고자 하는 청취자들이 ASMR의 특정 소리를 들으면 이 소리가 일종의 트리거(Trigger)로 작용해 팅글(Tingle : 기분 좋게 소름 돋는 느낌)을 느끼게 한다. 트리거로 작용하는 소리는 사람에 따라 다를 수 있다. 이는 청취자마다 삶의 경험이나 취향 등에서 뚜렷한 차이를 보이기 때문이다.
>
> (다) ASMR 현상은 시각적, 청각적 혹은 인지적 자극에 반응한 뇌가 신체 뒷부분에 분포하는 자율 신경계에 신경 전달 물질을 촉진하며 심리적 안정감을 느끼게 한다. 일상생활에서 편안하게 느꼈던 소리를 들으면, 그때 느낀 긍정적인 감정을 다시 느끼면서 스트레스 정도를 낮출 수 있고 불면증과 흥분 상태 개선에 도움이 되며 안정감을 받을 수 있다. 소곤소곤 귓속말하는 소리, 자연의 소리, 특정 사물을 반복적으로 두드리는 소리 등이 담긴 영상 속 소리 등을 예로 들 수 있다.
>
> (라) 최근 유튜버를 비롯한 연예인들이 ASMR 코너를 만들어 대중과 소통 중이다. 요즘은 청포도 젤리나 쿄효 젤리 등 식감이나 씹는 소리가 좋은 음식으로 먹방 ASMR을 하기도 한다. 많은 사람들이 ASMR을 진행하기 때문에 인기 있는 ASMR 콘텐츠가 되기 위해서는 세분화된 분야를 공략하거나 다른 사람들과 차별화하는 전략이 필요하게 되었다.
>
> (마) 독특한 ASMR 채널로 대중의 사랑을 받고 있는 것은 공감각적인 ASMR이다. 공감각은 시각, 청각, 촉각 등 우리의 오감 중에서 하나의 감각만을 자극하는 것이 아니라, 2개 이상의 감각이 결합하여 자극받을 수 있도록 하는 것이다. 공감각적인 ASMR이 많은 인기를 끌고 있는 만큼 앞으로의 ASMR 콘텐츠들은 공감각적인 콘텐츠로 대체될 것이라는 이야기가 대두되었다.

① (가) – ASMR을 자주 접하는 사람들의 특징은 일상에 지친 현대인이다.
② (나) – 많은 사람들이 선호하는 트리거는 소곤거리는 소리이다.
③ (다) – 신체의 자율 신경계가 뇌에 특정 신경 전달 물질을 전달한다.
④ (라) – 연예인들은 일반인보다 ASMR에 많이 도전하는 경향이 있다.
⑤ (마) – 앞으로 ASMR 콘텐츠들은 공감각적인 ASMR로 대체될 전망이다.

06 다음 중 그리스 수학에 대한 내용으로 옳은 것은?

'20세기 최고의 수학자'로 불리는 프랑스의 장피에르 세르 명예교수는 경북 포항시 효자동에 위치한 포스텍 수리과학관 3층 교수 휴게실에서 '수학이 우리에게 왜 필요한가.'를 묻는 첫 질문에 이같이 대답했다.

"교수님은 평생 수학의 즐거움, 학문(공부)하는 기쁨에 빠져 있었죠. 후회는 없나요? 수학자가 안 됐으면 어떤 인생을 살았을까요?"

"내가 굉장히 좋아했던 선배 수학자가 있었어요. 지금은 돌아가셨죠. 그분은 라틴어와 그리스어 등 언어에 굉장히 뛰어났습니다. 그만큼 재능이 풍부했지만 본인은 수학 외엔 다른 일을 안 하셨어요. 나보다 스무 살 위의 앙드레 베유 같은 이는 뛰어난 수학적 재능을 타고 태어났습니다. 하지만 나는 수학적 재능은 없는 대신 호기심이 많았습니다. 누가 써놓은 걸 이해하려 하기보다 새로운 걸 발견하는 데 관심이 있었죠. 남이 이미 해놓은 것에는 별로 흥미가 없었어요. 수학 논문들도 재미있어 보이는 것만 골라서 읽었으니까요."

"학문이란 과거의 거인들로부터 받은 선물을 미래의 아이들에게 전달하는 일이라고 누군가 이야기했습니다. 그 비유에 대해 어떻게 생각하세요?"

"학자의 첫 번째 임무는 새로운 것을 발견하려는 진리의 추구입니다. 전달(교육)은 그다음이죠. 우리는 발견한 진리를 혼자만 알고 있을 게 아니라, 출판(Publish : 넓은 의미의 '보급'에 해당하는 원로학자의 비유)해서 퍼트릴 의무는 갖고 있습니다."

장피에르 교수는 고대부터 이어져 온 고대 그리스 수학자의 정신을 잘 나타내고 있다고 볼 수 있다. 그가 생각하는 학자에 대한 입장처럼 고대 그리스 수학자들에게 수학과 과학은 사람들에게 새로운 진리를 알려주고 놀라움을 주는 것이었다. 이때의 수학자들에게 수학이라는 학문은 순수한 앎의 기쁨을 깨닫게 해 주는 것이었다. 그래서 고대 그리스에서는 수학을 연구하는 다양한 학파가 등장했을 뿐만 아니라 많은 사람의 연구를 통해 짧은 시간에 폭발적인 혁신을 이룩할 수 있었다.

① 그리스 수학을 연구하는 학파는 그리 많지 않았다.
② 그리스의 수학자들은 학문적 성취보다는 교육을 통해 후대를 양성하는 것에 집중했다.
③ 그리스 수학은 장기간에 걸쳐 점진적으로 발전하였다.
④ 고대 수학자들에게 수학은 새로운 사실을 발견하는 순수한 학문적 기쁨이었다.
⑤ 그리스 수학은 도형 위주로 특히 폭발적인 발전을 했다.

※ 다음은 N스크린(스마트폰, VOD, PC)의 영향력을 파악하기 위한 방송사별 통합시청점유율과 기존시청점유율에 대한 자료이다. 자료를 보고 이어지는 질문에 답하시오. [7~8]

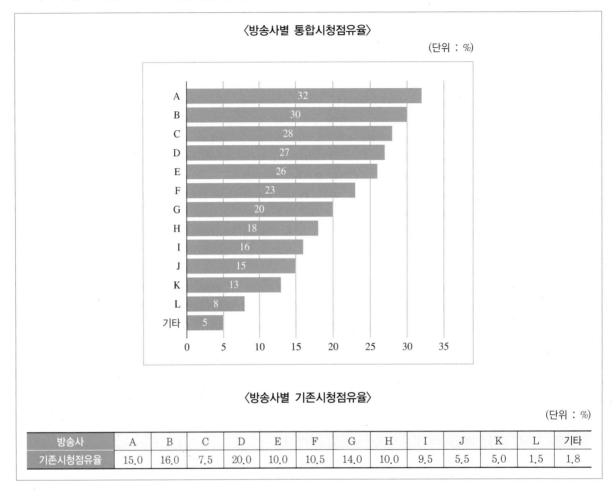

⟨방송사별 통합시청점유율⟩
(단위 : %)

⟨방송사별 기존시청점유율⟩
(단위 : %)

방송사	A	B	C	D	E	F	G	H	I	J	K	L	기타
기존시청점유율	15.0	16.0	7.5	20.0	10.0	10.5	14.0	10.0	9.5	5.5	5.0	1.5	1.8

07 다음 중 방송사별 시청점유율에 대한 설명으로 옳지 않은 것은?

① 통합시청점유율 순위와 기존시청점유율 순위가 같은 방송사는 B, J, K이다.
② 기존시청점유율이 가장 높은 방송사는 D이다.
③ 기존시청점유율이 다섯 번째로 높은 방송사는 F이다.
④ 기타를 제외한 통합시청점유율과 기존시청점유율의 차이가 가장 작은 방송사는 G이다.
⑤ 기타를 제외한 통합시청점유율과 기존시청점유율의 차이가 가장 큰 방송사는 A이다.

08 다음은 N스크린 영향력의 범위를 표시한 그래프이다. (가) ~ (마)의 범위에 들어갈 방송국이 옳게 짝지어진 것은?

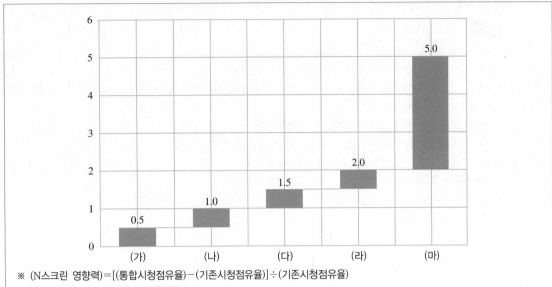

※ (N스크린 영향력)＝[(통합시청점유율)－(기존시청점유율)]÷(기존시청점유율)

※ 단, 소수점 둘째 자리에서 반올림한다.

① (가)＝A

② (나)＝C

③ (다)＝F

④ (라)＝H

⑤ (마)＝K

09 오늘 철도씨는 종합병원에 방문하여 A ~ C과 진료를 모두 받아야 한다. 〈조건〉이 다음과 같을 때, 가장 빠르게 진료를 받을 수 있는 순서는?(단, 주어진 조건 외에는 고려하지 않는다)

> **조건**
> • 모든 과의 진료와 예약은 오전 9시 시작이다.
> • 모든 과의 점심시간은 오후 12시 30분부터 1시 30분이다.
> • A과와 C과는 본관에 있고 B과는 별관동에 있다. 본관과 별관동 이동에는 셔틀로 약 30분이 소요되며, 점심시간에는 셔틀이 운행하지 않는다.
> • A과는 오전 10시부터 오후 3시까지만 진료를 한다.
> • B과는 점심시간 후에 사람이 몰려 약 1시간의 대기시간이 필요하다.
> • A과 진료는 단순 진료로 30분 정도 소요될 예정이다.
> • B과 진료는 치료가 필요하여 1시간 정도 소요될 예정이다.
> • C과 진료는 정밀 검사가 필요하여 2시간 정도 소요될 예정이다.

① A - B - C

② A - C - B

③ B - C - A

④ C - B - A

⑤ C - A - B

10 다음 사례에 나타난 논리적 오류는?

> 〈사례〉
>
> A : 내가 어제 귀신과 싸워서 이겼다.
> B : 귀신이 있어야 귀신과 싸우지.
> A : 내가 봤다니까. 귀신 없는 거 증명할 수 있어?

① 성급한 일반화의 오류

② 무지에 호소하는 오류

③ 거짓 딜레마의 오류

④ 대중에 호소하는 오류

⑤ 인신공격의 오류

11 한국전력공사의 A팀 가대리, 나사원, 다사원, 라사원, 마대리 중 1명이 어제 출근하지 않았다. 이와 관련하여 5명의 직원이 다음과 같이 말했고, 이들 중 2명이 거짓말을 한다고 할 때, 다음 중 출근하지 않은 사람은 누구인 가?(단, 출근을 하였어도, 결근 사유를 듣지 못할 수도 있다)

> 가대리 : 나사원은 출근했고, 마대리도 출근했다. 누가 왜 출근하지 않았는지는 알지 못한다.
> 나사원 : 다사원은 출근하였다. 가대리님의 말은 모두 사실이다.
> 다사원 : 라사원은 출근하지 않았다.
> 라사원 : 나사원의 말은 모두 사실이다.
> 마대리 : 출근하지 않은 사람은 라사원이다. 라사원이 개인 사정으로 인해 출석하지 못한다고 가대리님에게 전했다.

① 가대리   ② 나사원
③ 다사원   ④ 라사원
⑤ 마대리

12 신종 감염병을 해결하기 위해 한 제약사에서 신약 A ~ E를 연구 중에 있다. 최종 임상실험에 가 ~ 마 5명이 지원 하였고, 그 결과가 다음과 같을 때 개발에 성공한 신약은?(단, 성공한 신약을 먹으면 반드시 병이 치료된다)

> 가 : A와 B를 먹었고 C는 먹지 않았다. 나머지는 먹었을 수도, 안 먹었을 수도 있다.
> 나 : C와 D를 먹었다. 나머지는 먹었을 수도, 안 먹었을 수도 있다.
> 다 : A와 B를 먹었고 E는 먹지 않았다. 나머지는 먹었을 수도, 안 먹었을 수도 있다.
> 라 : B를 먹었고 A와 D는 먹지 않았다. 나머지는 먹었을 수도, 안 먹었을 수도 있다.
> 마 : A와 D를 먹었고 B, E는 먹지 않았다. 나머지는 먹었을 수도, 안 먹었을 수도 있다.
> ※ 두 명만 병이 치료되었다.
> ※ '나'는 병이 치료되지 않았다.

① A   ② B
③ C   ④ D
⑤ E

※ 다음 자료를 바탕으로 이어지는 질문에 답하시오. [13~14]

〈지역별 폐기물 현황〉

지역	1일 폐기물 배출량	인구수
용산구	305.2톤/일	132,259명
중구	413.7톤/일	394,679명
종로구	339.9톤/일	240,665명
서대문구	240.1톤/일	155,106명
마포구	477.5톤/일	295,767명

〈지역별 폐기물 집하장 위치 및 이동시간〉

다음은 각 지역별 폐기물 집하장 간 이동에 걸리는 시간을 표시한 것이다.

지역	용산구	중구	종로구	서대문구	마포구
용산구		50분	200분	150분	100분
중구	50분		60분	70분	100분
종로구	200분	60분		50분	100분
서대문구	150분	70분	50분		80분
마포구	100분	100분	100분	80분	

13 1인당 1일 폐기물 배출량이 가장 많은 곳에 폐기물 처리장을 만든다고 할 때, 어느 구에 설치해야 하는가?(단, 소수점 셋째 자리에서 반올림한다)

① 용산구
② 중구
③ 종로구
④ 서대문구
⑤ 마포구

14 13번 문제의 결과를 참고하여 폐기물 처리장이 설치된 구에서 폐기물 수집 차량이 출발하여 1인당 1일 폐기물 배출량이 많은 순서대로 수거하고 다시 돌아올 때, 걸리는 최소 시간은?

① 3시간 10분
② 4시간 20분
③ 5시간 40분
④ 6시간 00분
⑤ 7시간 10분

15 다음 주 당직 근무에 대한 일정표를 작성하고 있는데, 작성하고 봤더니 잘못된 점이 보여 수정을 하려 한다. 한 사람만 옮겨 일정표를 완성하려고 할 때, 일정을 변경해야 하는 사람은?

〈당직 근무 규칙〉

• 낮에 2명, 야간에 2명은 항상 당직을 서야 하고, 더 많은 사람이 당직을 설 수도 있다.
• 낮과 야간을 합하여 하루에 최대 6명까지 당직을 설 수 있다.
• 같은 날에 낮과 야간 당직 근무는 함께 설 수 없다.
• 낮과 야간 당직을 합하여 주에 세 번 이상 다섯 번 미만으로 당직을 서야 한다.
• 월요일부터 일요일까지 모두 당직을 선다.

〈당직 근무 일정〉

직원	낮	야간	직원	낮	야간
가	월요일	수요일, 목요일	바	금요일, 일요일	화요일, 수요일
나	월요일, 화요일	수요일, 금요일	사	토요일	수요일, 목요일
다	화요일, 수요일	금요일, 일요일	아	목요일	화요일, 금요일
라	토요일	월요일, 수요일	자	목요일, 금요일	화요일, 토요일
마	월요일, 수요일	화요일, 토요일	차	토요일	목요일, 일요일

① 나
② 라
③ 마
④ 바
⑤ 사

16 H팀은 정기행사를 진행하기 위해 공연장을 대여하려 한다. H팀의 상황을 고려하여 공연장을 대여한다고 할 때, 비용은 얼마인가?

〈공연장 대여비용〉

구분	공연 준비비	공연장 대여비	소품 대여비	보조진행요원 고용비
단가	50만 원	20만 원(1시간)	5만 원(1세트)	5만 원(1인, 1시간)
할인	총비용 150만 원 이상 : 10%	2시간 이상 : 3% 5시간 이상 : 10% 12시간 이상 : 20%	3세트 : 4% 6세트 : 10% 10세트 : 25%	2시간 이상 : 5% 4시간 이상 : 12% 8시간 이상 : 25%

※ 할인은 각 품목마다 개별적으로 적용된다.

〈H팀 상황〉

A : 저희 총예산은 수입보다 많으면 안 됩니다. 티켓은 4만 원이고, 50명 정도 관람할 것으로 예상됩니다.

B : 공연은 2시간이고, 리허설 시간 2시간이 필요하며, 공연 준비 및 정리를 위해 공연 앞뒤로 1시간씩은 필요합니다.

C : 소품은 공연 때 2세트 필요한데, 예비로 1세트 더 준비하도록 하죠.

D : 진행은 저희끼리 다 못하니까 주차장을 관리할 인원 1명을 고용해서 공연 시간 동안과 공연 앞뒤로 1시간씩은 공연장 주변을 정리하게 하죠. 총예산이 모자라면 예비 소품 1세트 취소, 보조진행요원 미고용, 리허설 시간 1시간 축소 순서로 줄이도록 하죠.

① 1,800,000원

② 1,850,000원

③ 1,900,000원

④ 2,050,000원

⑤ 2,100,000원

※ 다음은 A기업이 1분기에 해외로부터 반도체를 수입한 거래내역과 거래일의 환율이다. 이어지는 질문에 답하시오. [17~18]

날짜	수입	환율
1월	4달러	1,000원/달러
2월	3달러	1,120원/달러
3월	2달러	1,180원/달러

※ (평균환율)= $\dfrac{(총\ 원화금액)}{(환전된\ 총\ 달러금액)}$

▌국민건강보험공단 / 수리능력

17 1분기 평균환율은 얼마인가?

① 1,180원/달러   ② 1,120원/달러

③ 1,100원/달러   ④ 1,080원/달러

▌국민건강보험공단 / 수리능력

18 현재 창고에 A기업이 수입한 반도체 재고가 200달러만큼 존재할 때, **17**번 문제에서 구한 평균환율로 환산한 창고 재고 금액은 얼마인가?

① 200,000원   ② 216,000원

③ 245,000원   ④ 268,000원

▌국민건강보험공단 / 수리능력

19 둘레길이가 456m인 호수 둘레를 따라 가로수가 4m 간격으로 일정하게 심어져 있다. 출입구에 심어져 있는 가로수를 기준으로 6m 간격으로 재배치하려고 할 때, 새롭게 옮겨 심어야 하는 가로수는 최소 몇 그루인가?(단, 불필요한 가로수는 제거한다)

① 38그루   ② 37그루

③ 36그루   ④ 35그루

〈국내여비 정액표〉

구분	대상	가군	나군	다군
운임	항공운임	실비(1등석 / 비지니스)	실비(2등석 / 이코노미)	
	철도운임	실비(특실)		실비(일반실)
	선박운임	실비(1등급)	실비(2등급)	
	자동차운임 버스운임	실비		
	자동차운임 자가용승용차운임	실비		
일비(1일당)		2만 원		
식비(1일당)		2만 5천 원	2만 원	
숙박비(1박당)		실비	실비(상한액 : 서울특별시 7만 원, 광역시ㆍ제주도 6만 원, 그 밖의 지역 5만 원)	

〈실비 단가(1일당 상한액)〉

구분	가군	나군	다군
항공운임	100만 원	50만 원	
철도운임	7만 원		3만 원
선박운임	50만 원	20만 원	
버스운임	1,500원		
자가용승용차운임	20만 원		
숙박비	15만 원	－	－

20 지난 주 출장을 다녀온 A부장의 출장 내역이 다음과 같을 때, A부장이 받을 수 있는 최대 여비는?

〈A부장 출장 내역〉

• 2박 3일 동안 가군으로 출장을 간다.
• 항공은 첫째 날과 셋째 날에 이용한다.
• 철도는 첫째 날과 둘째 날에 이용한다.
• 자가용은 출장 기간 동안 매일 이용한다.

① 315만 5천 원
② 317만 원
③ 317만 5천 원
④ 318만 원

21 영업팀 3명이 각각 다른 군으로 출장을 간다면, 영업팀이 받는 총 여비는?

〈영업팀 출장 내역〉

- 1박 2일 동안 출장을 간다.
- 비용은 최대로 받는다.
- 항공은 첫째 날에 이용한다.
- 선박은 둘째 날에 이용한다.
- 기차는 출장 기간 동안 매일 이용한다.
- 버스는 출장 기간 동안 매일 이용한다.
- 자가용은 출장 기간 동안 매일 이용한다.
- 나군은 서울에 해당한다.
- 다군은 제주도에 해당한다.

① 485만 9천 원 ② 488만 6천 원
③ 491만 6천 원 ④ 497만 9천 원

22 다음은 국민건강보험공단의 재난적 의료비 지원사업에 대한 자료이다. 이에 대해 바르게 알고 있는 사람을 〈보기〉 에서 모두 고르면?

〈재난적 의료비 지원사업〉

- 개요
질병·부상 등으로 인한 치료·재활 과정에서 소득·재산 수준 등에 비추어 과도한 의료비가 발생해 경제적 어려움을 겪게 되는 상황으로 의료비 지원이 필요하다고 인정된 사람에게 지원합니다.

- 대상질환
1. 모든 질환으로 인한 입원환자
2. 중증질환으로 외래진료를 받은 환자
※ 중증질환 : 암, 뇌혈관, 심장, 희귀, 중증난치, 중증화상질환

- 소득기준
  – 기준중위소득 100% 이하 : 지원 원칙(건보료 기준)
  – 기준중위소득 100 ~ 200% 이하 : 연소득 대비 의료비부담비율을 고려해 개별심사 후 지원
  ※ 재산 과표 5.4억 원 초과 고액재산보유자는 지원 제외

- 의료비기준
1회 입원에 따른 가구의 연소득 대비 의료비 발생액[법정본인부담, 비급여 및 예비(선별)급여 본인부담]기준금액 초과 시 지원
  – 기초생활수급자, 차상위계층 : 80만 원 초과 시 지원
  – 기준중위소득 50% 이하 : 160만 원 초과 시 지원
  – 기준중위소득 100% 이하 : 연소득의 15% 초과 시 지원

보기

가 : 18세로 뇌혈관 치료 때문에 외래진료를 받은 학생에게 이 사업에 대해 알려주었어. 학생의 집은 기준중위소득 100%에 해당되기 때문에 지원을 받을 수 있을 거야.

나 : 이번에 개인 질환으로 입원했는데, 200만 원이 나왔어. 기준중위소득 50%에 해당되는데 지원금을 받을 수 있어 다행이야.

다 : 어머니가 심장이 안 좋으셔서 외래진료를 받고 있는데 돈이 많이 들어. 기준중위소득 200%에 속하는데 현금은 없지만 재산이 5.4억 원이어서 공단에서 지원하는 사업에 지원도 못하고 요즘 힘드네.

라 : 요즘 열이 많이 나서 근처 병원으로 통원 치료를 하고 있어. 기초생활수급자인 내 형편으로 볼 때, 지원금을 받는 데 문제없겠지?

① 가, 나
② 가, 다
③ 나, 다
④ 다, 라

※ 다음은 국민건강보험공단의 조직도와 2022년도 개편기준에 대한 자료이다. 이어지는 질문에 답하시오. [23~24]

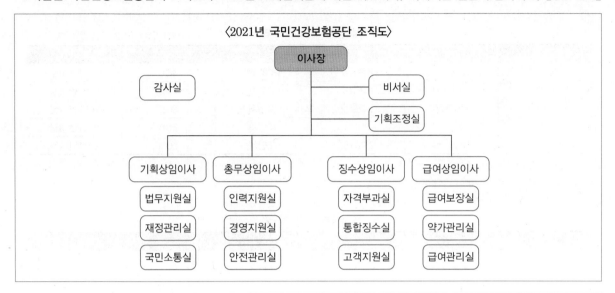

〈2021년 국민건강보험공단 조직도〉

〈2022년 조직 개편기준〉

• 급여상임이사 소속으로 의료기관지원실, 건강관리실, 보장지원실을 추가한다.
• 정보화 시대에 맞춰 빅데이터 전략본부를 조직한다.
• 이사장 직속인 기획조정실을 기획상임이사 소속으로 이동한다.
• 총무상임이사 소속인 안전관리실을 안전관리본부로 새롭게 개편한다.
• 인재개발원을 신설 부서로 만들어 이사장 직속 부서로 추가한다.
• 급여상임이사 소속인 급여보장실과 급여관리실은 하나의 부서인 급여지원실로 통합한다.

┃ 국민건강보험공단 / 문제해결능력

23 다음 중 2021년 국민건강보험공단 조직도를 잘못 이해한 직원은?

① A사원 : 각 상임이사 소속으로는 3개의 부서가 있다.
② B사원 : 우리 공단 이사장 직속 부서로는 비서실, 기획조정실, 감사실이 있다.
③ C대리 : 급여보장실은 급여관리실과 같은 소속이다.
④ D대리 : 자격부과실과 고객지원실은 이사장에게 바로 보고하지 않는다.

┃ 국민건강보험공단 / 문제해결능력

24 다음 중 2022년 조직 개편기준에 따라 개편한 내용으로 옳지 않은 것은?

① 급여상임이사 소속 부서는 5개가 될 것이다.
② 징수상임이사 소속 부서는 개편이 되어도 변하는 내용이 없을 것이다.
③ 기획상임이사 소속으로 기획조정실이 추가될 것이다.
④ 총무상임이사 소속 부서는 인력지원실, 경영지원실, 안전관리실이 될 것이다.

※ 다음은 노트북 상품에 대한 자료이다. 이어지는 질문에 답하시오. [25~26]

<표>

〈노트북 상품별 정보〉

노트북	가격	속도	모니터	메모리	제조년도
TR-103	150만 원	1.8GHz	13.3인치	4GB	2021년 5월
EY-305	200만 원	1.9GHz	14.5인치	6GB	2021년 4월
WS-508	110만 원	1.7GHz	14인치	3GB	2021년 1월
YG-912	160만 원	2GHz	15인치	5GB	2021년 3월
NJ-648	130만 원	2.1GHz	15인치	2GB	2021년 4월

※ 속도가 높을수록 성능이 좋다.
※ 메모리 용량이 클수록 성능이 좋다.

〈노트북 평가 점수〉

1위	2위	3위	4위	5위
5점	4점	3점	2점	1점

〈노트북 구입 조건〉

• 같은 순위가 있을 경우 동순위로 하고 차순위는 다다음 순위로 한다.
  예 1위가 TR-103, 2위가 EY-305이고 3위가 WS-508와 YG-912로 동점일 때, 마지막 NJ-648는 5위이다.
• 가격은 낮을수록 점수가 높다.
• 속도는 빠를수록 점수가 높다.
• 모니터는 크기가 클수록 점수가 높다.
• 메모리는 용량이 클수록 점수가 높다.
• 제조년도는 최근 것일수록 점수가 높다.
• 순위가 높은 순서대로 점수를 높게 측정한다.

25 A사원은 평가 점수의 합이 가장 높은 노트북을 구입하려고 한다. 다음 중 어떤 노트북을 구입하겠는가?

① TR-103　　　　　　　② EY-305
③ WS-508　　　　　　　④ YG-912
⑤ NJ-648

26 한국산업인력공단은 총 600만 원의 예산으로 5대의 노트북을 구입하려 한다. 노트북 구입 시 모니터 크기 대신 노트북 무게를 기준으로 삼는다고 할 때, 노트북의 무게는 YG-912, TR-103, NJ-648, EY-305, WS-508 순서로 가볍다. 무게가 가벼울수록 점수가 높을 경우, 공단에서 구입할 노트북은?(단, 5대 이상의 노트북을 구입할 경우 노트북별 할인율에 따라 할인을 제공한다)

〈할인율〉

TR-103	EY-305	WS-508	YG-912	NJ-648
10%	할인 없음	10%	10%	30%

① TR-103
② EY-305
③ WS-508
④ YG-912
⑤ NJ-648

27 Q운송업체는 A ~ I지점에서 물건을 운반한다. 본사에서 출발하여 B지점과 D지점에서 물건을 수거하고, 본사로 돌아와 물건을 하차하는 데 걸리는 최소시간은?(단, 모든 지점을 다 거칠 필요는 없다)

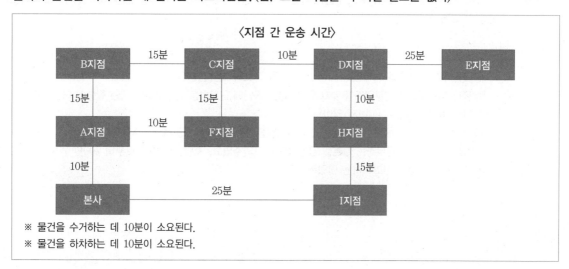

※ 물건을 수거하는 데 10분이 소요된다.
※ 물건을 하차하는 데 10분이 소요된다.

① 1시간 50분
② 2시간
③ 2시간 5분
④ 2시간 10분
⑤ 2시간 15분

28 다음은 한국산업인력공단의 임직원행동강령 제25조의 일부이다. 이를 근거로 올바르게 말한 사람을 〈보기〉에서 모두 고르면?

제25조[금품 등의 수수(收受) 금지]

① 임직원은 직무 관련 여부 및 기부·후원·증여 등 그 명목에 관계없이 동일인으로부터 1회에 100만 원 또는 매 회계연도에 300만 원을 초과하는 금품 등을 받거나 요구 또는 약속해서는 아니 된다.

② 임직원은 직무와 관련하여 대가성 여부를 불문하고 제1항에서 정한 금액 이하의 금품 등을 받거나 요구 또는 약속해서는 아니 된다.

③ 제37조의 외부강의 등에 관한 사례금 또는 다음 각 호의 어느 하나에 해당하는 금품 등은 제1항 또는 제2항에서 수수(收受)를 금지하는 금품 등에 해당하지 아니한다.

  1. 공공기관의 장이 소속 임직원이나 파견 임직원에게 지급하거나 상급자가 위로·격려·포상 등의 목적으로 하급자에게 제공하는 금품 등

  2. 원활한 직무수행 또는 사교·의례 또는 부조의 목적으로 제공되는 음식물·경조사비·선물 등으로서 별표 2-2에서 정하는 가액 범위 안의 금품 등

  3. 사적 거래(증여는 제외한다)로 인한 채무의 이행 등 정당한 권원(權原)에 의하여 제공되는 금품 등

  4. 임직원의 친족(민법 제777조에 따른 친족을 말한다)이 제공하는 금품 등

  5. 임직원과 관련된 직원상조회·동호인회·동창회·향우회·친목회·종교단체·사회단체 등이 정하는 기준에 따라 구성원에게 제공하는 금품 등 및 그 소속 구성원 등 임직원과 특별히 장기적·지속적인 친분관계를 맺고 있는 자가 질병·재난 등으로 어려운 처지에 있는 임직원에게 제공하는 금품 등

  6. 임직원의 직무와 관련된 공식적인 행사에서 주최자가 참석자에게 통상적인 범위에서 일률적으로 제공하는 교통, 숙박, 음식물 등의 금품 등

  7. 불특정 다수인에게 배포하기 위한 기념품 또는 홍보용품 등이나 경연·추첨을 통하여 받는 보상 또는 상품 등

  8. 그 밖에 사회상규(社會常規)에 따라 허용되는 금품 등

④ 임직원은 제3항 제5호에도 불구하고 같은 호에 따라 특별히 장기적·지속적인 친분관계를 맺고 있는 자가 직무관련자 또는 직무관련임직원으로서 금품 등을 제공한 경우에는 그 수수 사실을 별지 제10호 서식에 따라 소속기관의 장에게 신고하여야 한다.

보기

A : 대가성 여부나 직무와 상관없이 매년 300만 원을 초과하는 금품을 받을 수 없어.

B : 장기적·지속적으로 친분관계를 맺고 있고, 같은 공단에 근무하는 친우로부터 개인 질병에 대한 지원금을 400만 원을 받은 경우는 신고하지 않아도 돼.

C : 상업자 G씨에게 1년 동안 단 한 번, 150만 원을 받은 경우에는 문제가 되지 않아.

D : 작년에 같은 공단에 근무하는 사촌을 금전적으로 도와주었고, 지난 달 사촌으로부터 200만 원을 받았어. 그러나 직무와 상관없어 신고하지는 않았어.

① A, B   ② A, C

③ A, D   ④ B, D

⑤ C, D

29 다음은 한국산업인력공단 일학습병행 운영규칙이다. 자료에 대한 설명으로 옳지 않은 것은?

〈한국산업인력공단 일학습병행 운영규칙〉

제2조(정의)

이 규칙에서 사용하는 용어의 뜻은 다음과 같다.

1. '사업주'란 고용보험 성립신고 적용 단위의 학습기업 사업주를 말하며, 개인 또는 법인이 될 수 있다.
2. '사업장'이란 고용보험 성립신고 적용 개별 단위사업장으로서 학습기업의 지정단위가 되며 동일한 사업주하에 2개 이상의 사업장이 존재할 수 있다.
3. '훈련과정'이란 학습기업으로 지정된 이후 법 제11조 제1항에 따른 일학습병행을 실시할 수 있는 직종(이하 '일학습병행 직종'이라 한다) 및 해당 직종별 교육훈련기준(이하 '교육훈련기준'이라 한다)을 활용하여 학습기업에 맞게 개발된 규정 제2조 제5호에 따른 일학습병행과정을 말한다.
4. '학습도구'란 학습근로자의 훈련내용, 평가사항 등을 정리하여 제시한 자료를 말한다.
5. '훈련과정 개발·인정시스템(이하 'PDMS'라 한다)'이란 훈련과정 개발신청, 개발, 인정신청, 인정 등 절차를 관리할 수 있도록 운영하는 전산시스템을 말한다.
6. '모니터링'이란 훈련현장 방문, 전화, 면담, 훈련진단, 컨설팅 및 근로자직업능력 개발법 제6조에 따른 직업능력개발정보망(이하 'HRD-Net'이라 한다) 등을 통하여 얻은 훈련 관련 자료의 조사·분석으로 훈련실태 및 직업능력개발훈련 사업의 부정·부실 등 문제점을 파악하고 이를 시정하거나 연구용역·제도개선 등에 활용하는 일련의 업무를 말한다.
7. '일학습병행 지원기관'이란 일학습병행 기업 발굴, 컨설팅, 홍보 등을 지원하는 일학습전문지원센터, 특화업종(특구) 지원센터, 관계부처전담기관을 말한다.

---

① 학습도구에는 학습근로자의 훈련내용이 정리된 자료여야 한다.
② PDMS는 훈련과정 개발신청부터 인정까지 모든 절차를 관리한다.
③ 특화업종(특구) 지원센터는 일학습병행 지원기관에 속한다.
④ 본사와 지사가 있는 사업장은 신청할 수 없다.
⑤ 한 사업주가 10개의 사업장을 가질 수 있다.

30 다음은 NCS의 정의와 도입 영향에 대한 글이다. 이를 근거로 추론 가능한 효과가 아닌 것은?

- NCS(National Competency Standards : 국가직무능력표준)란?
  산업현장에서 직무를 수행하는 데 필요한 능력(지식, 기술, 태도)을 국가가 표준화한 것으로, 교육훈련·자격에 NCS를 활용하여 현장중심의 인재를 양성할 수 있도록 지원하고 있다.
- NCS 도입 영향
  1. 직업훈련으로 이직률이 감소하였다.
  2. 교육훈련 프로그램으로 숙련도는 증가하였고, 이직률은 감소하였다.
  3. 교육훈련 프로그램으로 현장기반 실무를 익힐 수 있게 되었고, 로열티를 지급하는 관행을 깰 수 있게 되었다.
  4. NCS를 활용하여 교육과정을 설계함으로써 체계적으로 교육훈련과정을 운영할 수 있고, 이를 통해 산업현장에서 필요로 하는 실무형 인재를 양성할 수 있게 되었다.
  5. 국가기술자격을 직무중심(NCS 활용)으로 개선해서 실제로 그 일을 잘할 수 있는 사람이 자격증을 취득할 수 있도록 도와준다.
  6. NCS로 직무를 나누고 직무별로, 수준별로 교육하기 시작하면서 신입들의 업무적응력이 눈에 띄게 빨라졌다.
  7. NCS기반 자격을 설계하여 현장과 교육, 자격의 미스매치가 줄어들었다.

---

① 높은 이직률을 해소하는 데 도움이 된다.
② 로열티를 지급해야 훈련을 받을 수 있다.
③ 업무에 적합한 실무를 익힐 수 있다.
④ 신입사원 교육이 더 쉬워질 수 있다.
⑤ 실무에 필요한 자격을 취득할 수 있다.

31 다음은 한국산업인력공단의 HRD 동향 3월호 일부이다. 이를 토대로 마련할 수 있는 고용지원 대책으로 옳지 않은 것은?

---

1. 우선 당장 소득이 없어 생계가 불안정한 취약계층 약 81만 명에게 소득안정지원금을 늦어도 3월 초까지 신속하게 지급하기로 했다. 택배, 배달, 프리랜서 긴급고용안정지원금의 경우 기 수혜자 56.7만 명은 2월 초 지급이 완료됐고, 신규 신청한 17만 명에 대해 소득심사 등을 거쳐 3월 초 일괄 지급할 계획이다.

2. 코로나19 장기화로 고용유지에 어려움을 겪고 있는 사업주를 지원하기 위해 올해 계획된 고용유지지원금 지원인원(78만 명)의 52%(40만 명)를 1분기 내 집중적으로 지원하기로 했다. 아울러 자금 여력 부족으로 무급휴직을 선택한 기업에 종사하는 근로자의 생계안정을 위해 올해 한시로 무급휴직지원금 지급기간을 90일 연장(180 → 270일)하여 지원하는 한편, 파견 · 용역 및 10인 미만 사업장 등 취약사업장 근로자에 대한 고용유지지원도 강화해 나가기로 했다.

3. 고용충격이 가장 클 1분기에 실업자 등 취약계층 보호를 위해 공공 · 민간부문 일자리사업과 직업훈련도 속도감 있게 추진한다. 1분기에 디지털 · 신기술 분야 2,000명, 국가기간 · 전략산업 분야 등 11.5만 명에게 직업훈련을 제공하고, 저소득층 생계비 대부(1 → 2천만 원) 및 훈련수당(11.6 → 30만 원) 확대를 통해 훈련기간 중 저소득층의 생계안정도 함께 지원하기로 했다.

4. 저소득, 청년 등 고용충격 집중계층의 고용안전망 강화도 차질 없이 추진한다. 올해 계획된 국민취업지원제도 목표인원(59만 명)의 32%(18.9만 명)를 1분기에 신속하게 지원하고, 비경제활동인구로 유입되는 청년층의 구직활동을 촉진하기 위해 1분기에 청년층 5만 명에게 구직 촉진수당(50만 원×6개월) 및 일 경험 프로그램 등 맞춤형 취업지원서비스를 적극 제공할 계획이다.

---

① 중장년층의 일자리를 확대하기 위한 고용정책을 논의해야 한다.
② 당장 소득이 없어 생계가 불안전한 계층을 조사해야 한다.
③ 코로나19의 장기화로 인한 기업의 피해 규모를 파악해야 한다.
④ 실업자에게 맞춤 훈련을 할 수 있는 프로그램을 기획해야 한다.
⑤ 청년들이 구직하는 데 직접적으로 도움이 되는 일자리 마련을 논의해야 한다.

32 A씨는 기간제로 6년을 일하였고, 시간제로 6개월을 근무하였다. 다음과 같은 연차 계산법을 활용하였을 때, A씨의 연차는 며칠인가?(단, 소수점 첫째 자리에서 올림한다)

〈연차 계산법〉

• 기간제 : [(근무 연수)×(연간 근무 일수)]÷365일×15
• 시간제 : (근무 총 시간)÷365
※ 근무는 1개월을 30일, 1년을 365일로, 1일 8시간 근무로 계산한다.

① 86일   ② 88일
③ 92일   ④ 94일
⑤ 100일

33 다음과 같은 상황에서 A의 의사소통을 저해하는 요소로 가장 적절한 것은?

〈상황〉

A : B씨, 회의 자료 인쇄했어요?
B : 네? 말씀 안 하셔서 몰랐어요.
A : 아니, 사람이 이렇게 센스가 없어서야. 그런 건 알아서 해야지.

① 의사소통 과정에서의 상호작용 부족
② 경쟁적인 메시지
③ 감정의 억제 부족
④ 의사소통에 대한 잘못된 선입견
⑤ 복잡한 메시지

34 다음 중 업무상 명함 예절로 옳지 않은 것은?

① 명함은 악수하기 전에 건네주어야 한다.
② 명함은 아랫사람이 윗사람에게 먼저 준다.
③ 명함은 오른손으로 준다.
④ 명함을 계속 만지지 않는다.
⑤ 명함을 받으면 바로 명함지갑에 넣지 않고 몇 마디 나눈다.

※ 다음 상황을 보고 이어지는 질문에 답하시오. [35~36]

<상황>

갑, 을, 병, 정, 무가 서로 가위바위보를 한 번씩 해서 이기면 2점, 비기면 1점, 지면 0점인 게임을 하였다. 갑은 유일하게 한 번도 안 졌고, 무는 유일하게 한 번도 못 이겼다.

| 한전KPS / 자원관리능력

35 갑, 을, 병, 정, 무 순서대로 점수가 높았고, 총점이 각각 2점씩 차이가 났다면 갑 ~ 무의 점수를 모두 합한 점수로 옳은 것은?

① 19점　　　　　　　　　　　　　② 20점
③ 21점　　　　　　　　　　　　　④ 22점
⑤ 23점

| 한전KPS / 자원관리능력

36 다음 중 게임에서 결과가 결정되는 판은 몇 번째 판인가?

① 6번째 판　　　　　　　　　　　② 7번째 판
③ 8번째 판　　　　　　　　　　　④ 9번째 판
⑤ 10번째 판

| 한전KPS / 자원관리능력

37 다음은 물품을 효과적으로 관리하기 위한 물적자원관리 과정이다. ㉠, ㉡에 들어갈 단어로 적절한 것은?

사용 물품과 보관 물품의 구분 → ＿＿㉠＿＿ 및 ＿＿㉡＿＿ 물품으로의 분류 → 물품 특성에 맞는 보관 장소 선정

	㉠	㉡			㉠	㉡
①	가치	귀중		②	동일	유사
③	진가	쓸모		④	유용	중요
⑤	무게	재질				

38 다음 중 상향식 기술선택과 하향식 기술선택에 대한 설명으로 옳지 않은 것은?

① 상향식 기술선택은 연구자나 엔지니어들이 자율적으로 기술을 선택한다.

② 상향식 기술선택은 기술 개발자들의 창의적인 아이디어를 활용할 수 있다.

③ 상향식 기술선택은 기업 간 경쟁에서 승리할 수 없는 기술이 선택될 수 있다.

④ 하향식 기술선택은 단기적인 목표를 설정하고 달성하기 위해 노력한다.

⑤ 하향식 기술선택은 기업이 획득해야 하는 대상 기술과 목표기술수준을 결정한다.

39 다음 중 노하우(Know-how)와 노와이(Know-why)에 대한 설명으로 옳은 것은?

① 노와이는 과학자, 엔지니어 등이 가지고 있는 체화된 기술이다.

② 노하우는 이론적인 지식으로서 과학적인 탐구에 의해 얻어진다.

③ 노하우는 Technique 혹은 Art라고도 부른다.

④ 기술은 원래 노와이의 개념이 강했으나, 시간이 지나면서 노와이와 노하우가 결합하게 되었다.

⑤ 노와이는 기술을 설계하고, 생산하고, 사용하기 위해 필요한 정보, 기술, 절차 등을 갖는 데 필요하다.

※ K부서는 보안을 위해 부서원들만 알 수 있는 비밀번호를 생성하려고 한다. 이를 위해 부서원에게 다음과 같은 메일을 보냈다. 이어지는 질문에 답하시오. [40~41]

〈신규 비밀번호 생성방법〉

• 각자의 컴퓨터에 보안을 위해 새로운 비밀번호를 생성하십시오.
• 비밀번호 생성방법은 다음과 같습니다.
  1. 앞 두 자리는 성을 제외한 이름의 첫 자음으로 합니다. → 마동석=ㄷㅅ
  2. 한글의 경우 대응되는 경우 알파벳으로 변형합니다. → ㄷ=C, ㅅ=G
  3. 세 번째와 네 번째 자리는 생년월일의 일로 합니다. → 10월 3일=03
  4. 다섯 번째와 여섯 번째 자리는 첫 번째와 두 번째 자리의 알파벳에 3을 더한 알파벳으로 합니다. → C=F, G=J
  5. 가장 마지막 자리에는 직급의 번호로 합니다. → (사원=01, 대리=11, 과장=12, 차장=22, 부장=03)

┃ 건강보험심사평가원 / 문제해결능력

40 새로 발령을 받은 공효주 사원은 9월 13일생이다. 이 사원이 생성할 비밀번호로 옳은 것은?

① NI13QL11
② NI13QL01
③ NI13JV01
④ NI45QL01
⑤ WK13QL01

┃ 건강보험심사평가원 / 문제해결능력

41 부서원들이 만든 비밀번호 중 잘못 만들어진 비밀번호는?

① 김민경 사원(12월 6일생) → EA06HD01
② 유오성 대리(2월 25일생) → HG25KJ11
③ 손흥민 과장(3월 30일생) → NE30QH12
④ 김연경 차장(11월 14일생) → HA14KD22
⑤ 황희찬 부장(4월 8일생) → NJ08QN03

※ 약품 공급을 위해 관련 업체들을 사전조사한 후 가장 좋은 높은 점수의 업체와 계약을 맺으려고 한다. 이어지는 질문에 답하시오. [42~43]

〈후보 업체 사전조사 결과〉

구분	가격 점수	유통성 점수	안정성 점수
A업체	4	7	9
B업체	5	4	8
C업체	6	10	3
D업체	9	6	7
E업체	7	5	8

조건
- 점수는 선정 위원들이 준 점수를 10점 만점으로 부여한 점수의 평균값이다.
- 각 점수를 모두 합하여 1차 점수를 산정하고, 1차 점수가 높은 후보 업체 3개를 1차 선정한다.
- 안정성이 가장 중요하다고 생각되어 1차 선정된 후보 업체 중 안정성 점수에 1 : 1 : 2 가중치로 합산하여 2차 점수를 산정한다.
- 2차 점수가 가장 높은 1개의 업체를 최종적으로 선정한다. 만일 2차 선정된 후보 업체들의 점수가 동일한 경우, 가격 점수가 가장 높은 후보업체를 선정한다.

42　다음 중 최종적으로 선정될 업체는 어디인가?

① A업체　　　　　　　　　　② B업체
③ C업체　　　　　　　　　　④ D업체
⑤ E업체

43　처음 조사를 할 때 인지도 점수 부분이 빠진 것을 알고 다시 선정하였다. 업체별 인지도 점수가 다음과 같을 때, 최종적으로 선정될 업체는?

〈업체별 인지도 점수〉

구분	A	B	C	D	E
인지도 점수	6	7	9	5	8

① A업체　　　　　　　　　　② B업체
③ C업체　　　　　　　　　　④ D업체
⑤ E업체

44 건강보험심사평가원 A팀은 9월 연차 계획을 짜고 있다. A팀의 팀장 B는 업무에 지장이 가지 않는 범위 내에서 남은 연차 3일을 연속으로 사용해 가족과 여행을 가고자 한다. 〈조건〉을 토대로 다음 중 B가 여행을 갈 수 있는 날짜는?

> **조건**
> • 첫째 주에는 팀원이 연차이므로 연차를 사용할 수 없다.
> • 연차는 추석연휴에 붙일 수 없다.
> • 매주 월요일에는 부서회의가 있어 연차를 사용할 수 없다.
> • 이번 달 안으로 해결해야 하는 프로젝트가 있다. 둘째 주에 2일, 셋째 주에 1일, 넷째 주에 1일 동안 팀장이 포함되어 작업해야 한다. 이 작업은 부서회의가 있는 날에는 하지 않는다.

〈9월 달력〉

일요일	월요일	화요일	수요일	목요일	금요일	토요일
			1	2	3	4
5	6	7	8	9	10	11
12	13	14	15	16	17	18
19	20	21	22	23	24	25
26	27	28	29	30		

※ 주중에만 근무함
※ 20 ~ 22일은 추석 연휴
※ 주말은 휴일이므로 연차는 주중에 사용함

① 8 ~ 10일 ② 14 ~ 16일
③ 16 ~ 18일 ④ 22 ~ 24일
⑤ 27 ~ 29일

45 다음 중 대기오염에 대한 설명으로 옳지 않은 것은?

> 공장 굴뚝에서 방출된 연기나 자동차의 배기가스 등의 대기오염물질은 기상이나 지형 조건에 의해 다른 지역으로 이동·확산되거나 한 지역에 농축된다. 대기권 중 가장 아래층인 대류권 안에서 기온의 일반적인 연직 분포는 위쪽이 차갑고 아래쪽이 따뜻한 불안정한 상태를 보인다. 이러한 상황에서, 따뜻한 공기는 위로, 차가운 공기는 아래로 이동하는 대류 운동이 일어나게 되고, 이 대류 운동에 의해 대기오염물질이 대류권에 확산된다.
>
> 반면, 아래쪽이 차갑고 위쪽이 따뜻한 경우에는 공기층이 매우 안정되기 때문에 대류 운동이 일어나지 않는다. 이와 같이 대류권의 정상적인 기온 분포와 다른 현상을 '기온 역전 현상'이라 하며, 이로 인해 형성된 공기층을 역전층이라 한다. 기온 역전 현상은 일교차가 큰 계절이나, 지표가 눈으로 덮이는 겨울, 호수나 댐 주변 등에서 많이 발생한다. 또한 역전층 상황에서는 지표의 기온이 낮기 때문에 공기 중의 수증기가 응결하여 안개가 형성되는데, 여기에 오염물질이 많이 포함되어 있으면 스모그가 된다. 안개는 해가 뜨면 태양의 복사열로 지표가 데워지면서 곧 사라지지만, 스모그는 오염물질이 포함되어 있어 오래 지속되기도 한다.
>
> 자동차 배기가스는 잘 보이지 않기 때문에 이동 양상을 관찰하기 어렵지만, 공장의 오염물질은 연기 형태로 대량 방출되므로 이동 양상을 관찰하기 쉽다. 연기의 형태는 기온과 바람의 연직 분포에 따라 다른 모양을 보이기 때문이다. 즉, 대기가 불안정하고 강한 바람이 불어 대류 혼합이 심할 때에는 연기의 형태가 환상형을 이룬다. 또, 날씨가 맑고 따뜻할수록 대류 운동이 활발하게 일어나기 때문에 연기가 빨리 분산된다. 반면, 평평하고 반듯한 부채형은 밤이나 이른 새벽에 많이 나타난다. 밤이나 새벽에는 지표가 흡수하는 태양 복사열이 거의 없으므로 지표의 온도가 내려가 역전층이 형성되고 대기가 안정되기 때문이다.
>
> 지형이나 건물로 인해 발생하는 난류도 대기오염물질의 이동 양상과 밀접한 관계가 있다. 바람이 건물에 부딪쳐 분리되면 건물 뒤에는 소용돌이가 생기면서 공동(Cavity)이 형성된다. 공동 부분과 바람의 주 흐름 간에는 혼합이 별로 없기 때문에 공동 부분에 오염물질이 흘러 들어가면 장기간 머물게 되고, 그 결과 오염 농도가 증가하게 된다. 이러한 공동은 높은 언덕의 뒷부분에서도 생길 수 있다.
>
> 오염물질의 이동 양상은 공장 굴뚝의 높이에 따라서도 달라질 수 있다. 건물 앞에 굴뚝이 위치하고 있다고 하자. 굴뚝이 건물보다 높으면 연기가 건물에 부딪치지 않으므로 오염물질이 멀리까지 날려가지만, 굴뚝이 건물보다 낮으면 오염물질이 건물 뒤편의 공동 부분에 갇히게 된다. 따라서 건물이나 건물 가까이에 굴뚝을 세울 때에는 통상적으로 건물 높이의 2.5배 이상으로 세워야 한다.

① 대기오염물질은 발생 지역에만 있는 것이 아니라 이동을 하기도 한다.
② 공장 굴뚝에서 발생하는 오염물질은 굴뚝의 높이에 따라 이동하는 양상이 달라질 수 있다.
③ 대기가 안정적일 때는 공장의 연기 형태가 환상형을 이룬다.
④ 아래쪽에 차가운 공기가 모이고, 위쪽에 뜨거운 공기가 모이면 그렇지 않은 경우보다 스모그가 생기기 쉽다.

46 다음 기사문을 읽고 한국동서발전에서 시행하는 사업에 대한 설명으로 옳지 않은 것은?

한국동서발전이 울산광역시 울주군과 손잡고 친환경 신재생에너지 사업에 나선다. 앞서 한국동서발전은 작년 9월 경기도 파주시에 8MW급 생활 SOC형 연료전지 1호 사업을 성공적으로 준공한 바 있다.

한국동서발전은 울주군청에서 한국동서발전 사장과 울주군수, 울주군 경제산업국장 등이 참석한 가운데 '울주 미래 희망에너지 타운 조성' 공동추진 상호협력 협약을 체결했다고 밝혔다.

미래 희망에너지 타운은 탄소중립시대 울주군이 청정에너지 도시로 도약할 수 있도록 울주군 내 유휴부지에 친환경 에너지 사업을 추진하는 사업이다. 앞서 한국동서발전은 작년에 경기도 파주시에 8MW급 생활 SOC형 연료전지 1호 사업을 성공적으로 준공한 바 있다.

이번 협약에 따라 울주군은 사업추진에 필요한 유휴부지 정보 제공 등 행정적 지원을 맡고, 한국동서발전은 태양광·풍력·수소융복합·미래 등 테마별 신재생에너지 사업 추진을 담당한다.

1단계로 울주군 상천리 지역의 도로 유휴부지를 활용해 태양광(0.6MW)과 연료전지(8MW급)를 융합한 '햇빛상생 발전사업'을 내년 3월 착공을 목표로 추진한다. 이 사업은 도시가스 미공급지역인 상천리 주민 117세대에 도시가스 배관 설치를 지원해 주는 '생활 SOC(사회간접자본)형' 연료전지 발전사업이다.

한국동서발전은 울주군의 약 70%가 산지임을 감안해 자연환경 훼손이 없도록 건물 지붕 등 입체공간과 장기간 유휴부지를 활용해 신재생에너지 설비를 설치한다. 또 사업 추진 시 지역주민을 대상으로 상시 정보를 공개하고, 이익공유와 지역일자리 창출 등 지역사회와의 상생 방안도 적극 모색할 방침이다.

① 한국동서발전은 연료전지 1호 사업을 울주군에 성공적으로 유치하였다.
② 미래 희망에너지 타운 건설 사업은 친환경적인 목적을 가지고 있다.
③ 여러 가지 신재생에너지 사업 중 가장 먼저 활용될 기술은 태양광이다.
④ 미래 희망에너지 타운 건설은 울주군의 자연환경을 고려하여 자연 파괴가 최소화되는 방향으로 시행될 예정이다.

47 다음 중 기사문의 내용과 상반된 입장인 것은?

> 이산화탄소 감축 목표 달성을 위해 신재생에너지를 활용·확산해야 한다는 목소리가 나왔다. 한국산업인력공단과 한국직업능력연구원은 이런 내용을 담은 'ESG(환경·사회·지배구조)를 통한 녹색기술 인력양성 대응 전략'에 대한 2021년 3분기 이슈브리프를 발간했다. 18개 산업별 인적자원개발위원회(ISC)가 발간한 이슈리포트를 토대로 만들어진 이번 이슈브리프는 친환경 산업 구조의 변화를 살펴보고, 이에 대응하기 위한 인력 양성 방안 등이 담겼다. 이슈브리프는 먼저 "세계 각국의 이산화탄소 감축 목표 달성을 위한 실행 전략의 핵심은 신재생에너지를 활용·확산하는 것이므로 다양한 분야에서 기술 개발이 필요하다."고 강조하며 "현장 중심의 실무형 인재 양성을 위해 국가직무능력표준(NCS)을 개발·개선해야 한다."고 제안했다. 그러면서 시멘트 산업에 대해서는 "대표적인 에너지 다소비 업종 중 하나로, 업계는 친환경 원료 개발 등을 통해 온실가스 감축을 위해 노력하고 있다."며 "재학생·재직자를 대상으로 한 탄소중립 특화 교육프로그램 등 정부 지원 교육사업을 활성화해야 한다."고 강조했다.
> 이외에도 이슈브리프는 섬유 패션산업과 관련해 "정규교육과정에 친환경 섬유 교육 프로그램을 도입해야 한다."며 "4차 산업혁명에 발맞춰 원·부자재 수급부터 생산, 최종제품 판매, 소비까지 전 과정을 분석해 제품 개발에 반영할 수 있는 인력을 양성해야 한다."고 조언했다.

① 화석에너지 사용을 줄이고 신재생에너지로 대체할 때 이산화탄소를 감축할 수 있다.
② 신재생에너지 기술 개발과 더불어, 친환경 산업 구조에 적합한 인재를 양성하는 것도 중요하다.
③ 에너지를 많이 소비하는 산업에서는 특히나 친환경 산업 교육을 할 필요성이 있다.
④ 경쟁이 치열한 산업 분야에서는 이산화탄소 감축보다 산업 규모 성장을 우선 목표로 해야 한다.

48 다음 중 기사문을 읽고 조력발전소에 대한 설명으로 옳지 않은 것은?

조력발전이 다시 주목받고 있다. 민주당 의원은 2021년 10월 18일 환경부 산하기관 대상 국정감사에서 시화호 사례를 들어 새만금 조력발전 필요성을 제기했다. 수질 악화로 몸살을 앓고 있는 새만금호에 조력발전소를 설치해 해수 유통을 실시하여 전기를 생산한다면 환경도 살리고 깨끗한 에너지도 얻을 수 있다는 논리이다. 6월 4일 환경부 장관은 시화호에서 열린 환경의 날 기념식에서 "중기 계획 중 하나로 조력발전을 확대하는 것에 대한 예비타당성조사가 계획된 상태"라며, "타당성 조사 등을 검토한 후에 진행해 나갈 것"이라고 말했다.

하지만 조력발전이 해양생태계를 파괴한다는 상반된 주장도 제기된 바 있다. 2010년 시화호에 조력발전소를 설치할 당시 환경단체들은 "조력발전소가 갯벌을 죽이고 해양생태계를 파괴한다."고 주장한 바 있다. 어업으로 생활을 영위하는 주민들도 설립 초기에 생태계 파괴 우려로 반대의 목소리가 높았다.

1994년, 6년 7개월간의 공사 끝에 방조제 끝막이 공사가 완료되고 시화호는 바다로부터 분리됐다. 그로부터 2년 후 인근 공단 지역에서 흘러든 오염물질로 인해 시화호는 죽음의 호수로 전락했다. 착공 전부터 수질오염에 대한 우려가 끊임없이 제기됐지만 개발 위주의 정책을 바꾸기엔 역부족이었다. 착공 당시 중동 건설경기 침체로 인해 갈 곳을 잃은 건설근로자와 장비들을 놀리지 않고, 국내 경기를 활성화하며 대규모 산업단지가 들어설 '새 땅'을 확보하겠다는 목표를 세웠기 때문에 환경피해에 대한 고려는 우선순위에 들어가지 않았다.

정부는 부랴부랴 담수 방류를 결정하고 하수처리장 신 · 증설 등 수질개선 대책을 내놨지만 눈에 띄는 성과가 나타나지 않았다. 2000년에는 담수화 계획을 전면 포기했고, 이듬해 해수 상시 유통을 결정했다. 2002년 12월 시화호 방조제에 조력발전소를 건설하기로 확정하고 2004년부터 착공에 들어갔다. 2011년 준공된 시화호 조력발전소는 시설용량 254MW의 세계최대 조력발전소로 기록됐다.

조력발전소의 발전은 밀물이 들어오는 힘으로 수차 발전기를 돌려 전기를 생산하는 방식이다. 썰물 때는 수차가 작동하지 않고 배수만 진행되며, 지난해 12월까지 44억kWh의 전기를 생산했다. 이 발전소에서 연간 생산되는 전력량은 인구 40만 ~ 50만 명의 도시 소비량과 맞먹는다.

제방을 터 바다로 물을 흘려보내고 밀물이 들어오게 하면서 수질은 개선됐다. 상류 주거지역과 공단지역의 하수처리 시설을 확충하면서 오염물질 유입량이 줄어든 것도 수질 개선을 도왔다.

현재 시화호 지역은 눈에 띄게 환경이 개선됐다. 1997년에 17.4mg/L에 이르던 연도별 평균 COD는 해수 유통 이후 낮아졌고, 2020년엔 2.31mg/L를 기록했다. 수질평가지(WQI)에 의한 수질 등급은 정점 및 시기별로 변화가 있지만 2020년의 연평균 수질은 II등급으로 개선됐다. 수질이 개선되면서 시화호 지역의 생태계도 살아나고 있다. 조력발전이 생태계를 살려냈다고 하기보다는 담수화 포기, 해수유통의 영향이라고 보는 것이 타당하다. 조력발전은 해수유통을 결정한 이후 배수 갑문으로 흘러 나가는 물의 흐름을 이용해 전기를 생산하는 것으로 해수유통의 부차적 결과물이기 때문이다.

① 조력발전소에서는 밀물을 통해 전기를 생산하고 있으며, 최근 주목받고 있는 발전소이다.

② 시화호 발전소의 1년 전기 생산량으로 인구 40만의 도시에 전기 공급이 가능하다.

③ 조력발전소가 설치된 이후 시화호의 수질이 악화되었으나, 해수유통을 통해 다시 수질을 회복할 수 있었다.

④ 우리나라에 세계 최대 규모의 조력발전소가 있다.

49 다음은 이번 달 O사원의 초과 근무 기록이다. O사원의 연봉은 3,600만 원이고, 시급 산정 시 월평균 근무시간은 200시간이다. O사원이 받는 야근 및 특근 수당은 모두 얼마인가?(단, 소득세는 고려하지 않는다)

〈이번 달 초과 근무 기록〉

일요일	월요일	화요일	수요일	목요일	금요일	토요일
			1	2 18:00 ~ 19:00	3	4
5 09:00 ~ 11:00	6	7 19:00 ~ 21:00	8	9	10	11
12	13	14	15 18:00 ~ 22:00	16	17	18 13:00 ~ 16:00
19	20 19:00 ~ 20:00	21	22	23	24	25
26	27	28	29 19:00 ~ 23:00	30 18:00 ~ 21:00	31	

〈초과 근무 수당 규정〉

• 평일 야근 수당은 시급에 1.2배를 한다.
• 주말 특근 수당은 시급에 1.5배를 한다.
• 식대는 10,000원을 지급하며(야근·특근 수당에 포함되지 않는다), 평일 야근 시 20시 이상 근무할 경우에 지급한다(주말 특근에는 지급하지 않는다).
• 야근시간은 오후 7 ~ 10시이다(초과시간 수당 미지급).

① 265,500원
② 285,500원
③ 300,000원
④ 310,500원
⑤ 330,500원

50 다음 글을 읽고 시력 저하 예방 사업과 그 핵심 내용의 연결로 옳지 않은 것은?

예전에 비해 안경이나 콘택트렌즈 등 일상생활을 영위하기 위해 시력 보조 도구를 사용해야 하는 사람들이 증가하고 있는 추세이다. 이는 모니터나 서류 같은 시각 자료들을 오랫동안 보아야 하는 현대인들의 생활 패턴과도 관계가 있다고 할 수 있다. 근시와 난시 같은 시력 저하의 문제도 심각하지만, 그와 별개로 안압 증가 등의 이유로 시력에 영구적인 손상을 입어 시각 장애 판정을 받거나, 사고로 실명이 될 수도 있다. 옛말에 몸이 천 냥이라면 눈이 구백 냥이라는 말이 있듯이, 시력은 우리 생활에서 중요한 부분을 차지하기 때문에 문제가 생겼을 때, 그만큼 일상생활조차 힘들어질 수 있다. 그래서 한국실명예방재단에서는 다양한 이유로 생길 수 있는 시력 저하에 대해서 예방할 수 있는 여러 사업을 시행하고 있다.

첫 번째로 '눈 건강 교육'을 시행하고 있다. 눈 건강 교육 사업이란 흔히 노안이라고 하는 노인 저시력 현상 원인에 대한 교육과 전문가들의 상담을 제공함으로써, 노인 집단에서 저시력 위험군을 선별하여 미리 적절한 치료를 받을 수 있도록 하고 개안 수술, 재활 기구 및 재활 훈련을 지원하는 사업이다. 노인분들을 대상으로 하는 사업이기 때문에 어르신들의 영구적인 시각 장애나 실명 등을 예방할 수 있고, 특히 의료 서비스에서 소외되어 있는 취약 계층의 어르신들께 큰 도움이 될 수 있다.

또한, 비슷한 맥락에서 취약 계층의 눈 건강 보호를 위하여 '안과 취약지역 눈 검진' 사업 또한 시행하고 있다. 안과 관련 진료를 받기 힘든 의료 사각지대에 있는 취약계층에 해당하는 어르신과 어린이, 외국인 근로자를 대상으로 안과의사 등 전문 인력을 포함한 이동검진팀이 지역을 순회하면서 무료 안과검진을 실시하고 있다. 눈 관련 질병은 조기에 발견하여 치료를 받으면 치료의 효과가 극대화될 수 있기 때문에 정기적인 안과검진이 더욱 중요하다. 그러나 정기적인 검진을 받기 힘든 분들을 위하여 이동검진을 통한 조기발견과 적기 치료를 추구하고 있다. 재단은 전국 시·군·구 보건소로부터 검진신청을 받아 안과의사를 포함한 이동 안과 검진팀이 의료장비와 안약, 돋보기를 준비하여 환자에게 치료 및 상담과 수술이 필요한 저소득층에게는 지역 안과와 연계하여 수술비를 지원하고 있다. 안과 취약지역 눈 검진 일정은 매년 초 지역 시·군·구보건소에서 재단에 신청, 일정을 편성하고 있으며, 개별신청은 받지 않는다.

① 눈 건강 교육 – 저시력 문제에 취약한 노인층을 사업의 대상으로 한다.
② 눈 건강 교육 – 사업을 통해 개안 수술과 재활 훈련을 지원받을 수 있다.
③ 안과 취약지역 눈 검진 – 취약 계층 안구 질환의 조기발견과 적기 치료가 사업의 목표이다.
④ 안과 취약지역 눈 검진 – 수술이 필요한 경우 서울에 위치한 재단 연계 병원에서 수술받게 된다.
⑤ 안과 취약지역 눈 검진 – 보건소를 통하지 않고 개인이 직접 신청할 수는 없다.

정답 및 해설 p.013

| 01 | 경영

┃ 국민연금공단

01 다음 중 마케팅의 푸시(Push)전략에 대한 설명으로 옳지 않은 것은?

① 제조업체가 유통업체를 대상으로 판촉을 진행하는 전략이다.
② 고객에게 제품이나 브랜드에 대해 알릴 수 있다.
③ 영업 인력이나 무역 진흥, 영업비 등을 활용하여 수행한다.
④ 제조업체가 최종 소비자에게 직접 판촉을 진행하는 전략이다.
⑤ 브랜드 충성도가 낮은 경우에 적합한 전략이다.

┃ 국민연금공단

02 다음은 공정설비를 배치하는 유형에 대한 설명이다. 다음 중 제품별 배치에 대한 설명으로 옳지 않은 것은?

① 높은 설비이용률을 가진다.
② 낮은 제품단위당 원가로 경쟁우위를 점할 수 있다.
③ 수요 변화에 적응하기 어렵다.
④ 설비 고장에 큰 영향을 받는다.
⑤ 다품종 생산이 가능하다.

┃ 한국가스공사

03 A사는 당해 하반기 신제품을 출시할 예정이다. 다음 중 신제품을 출시할 잠재시장을 평가하는 데 가장 적절한 분석기법은 무엇인가?

① 설문조사
② 산업구조 분석
③ SWOT 분석
④ 컨조인트 분석
⑤ 히트맵

04 다음 중 빈칸에 들어갈 용어로 적절한 것은?

> _____은 생산성 향상에 따른 성과 배분법으로, 판매 금액에 대한 인건비의 비율을 일정하게 정해 놓고, 생산성 향상 등으로 판매 금액이 예상보다 증가하거나 인건비가 절약된 경우, 기준 인건비와 실제 인건비의 차액을 생산장려금 또는 상여금의 형태로 지급하는 방식이다.

① 스캔론 플랜
② 링컨 플랜
③ 임프로쉐어 플랜
④ 코닥 플랜
⑤ 카이저 플랜

05 다음 중 노나카의 지식경영이론에 대한 설명으로 옳지 않은 것은?

① 명시적 지식이란 체계화된 지식으로 고객목록, 법률계약, 비즈니스 프로세스 등 명확한 체계를 갖추고 있다.
② 암묵적 지식이란 기업의 지적자본으로 조직 구성원들의 머릿속에 존재하는 지식으로 기업 경쟁우위 창출을 위한 핵심요소이다.
③ 내면화 단계는 형식적 지식을 암묵적 지식으로 변환하는 과정이다.
④ 표출화 단계는 암묵적 지식을 형식적 지식으로 변환하는 과정이다.
⑤ 지식창출 과정은 데이터에서 정보를 추출하고, 정보에서 지식을 추출하는 것이다.

06 다음 중 역직승진에 관한 설명으로 옳은 것은?

① 책임, 직무의 승진 없이 보수와 지위만 승진하는 형식적 승진을 말한다. 이는 인사 체증과 사기 저하를 방지하기 위해 활용된다.
② 직무에 따른 승진이라기보다는 조직운영의 원리에 의한 승진 방식으로, 이 경우 직무내용의 전문성이나 높은 수준의 직무를 추구하려는 노력이 상실될 위험이 있다.
③ 종업원이 갖추고 있는 직무수행능력을 기준으로 승진시키는 것으로 '직능자격제도'라고도 하며, 종업원의 능력신장을 인정하여 승진 정체로 인한 유능한 인재의 이직을 막기 위하여 도입되었다.
④ 직무 중심적 능력주의에 입각한 것으로 승진 정체 현상이 발생될 우려가 있다.
⑤ 승진 대상에 비해 직위가 부족한 경우, 조직변화를 통해 구성원의 활동영역을 확대하여 승진시키는 제도이다.

07 마일즈와 스노우의 전략유형 중 방어형에 해당하는 설명으로 옳은 것은?

① 위험을 감수하고 혁신과 모험을 추구하는 적극적 전략이다.

② 인사고과는 성과 지향적이고, 장기적인 결과를 중시한다.

③ 먼저 진입하지 않고 혁신형을 관찰하다가 성공가능성이 보이면 신속하게 진입하는 전략이다.

④ 조직의 안정적 유지를 추구하는 소극적 전략으로, 틈새시장(니치)을 지향하고 그 밖의 기회는 추구하지 않는다.

⑤ 새로운 제품과 시장기회를 포착 및 개척하려는 전략으로, 진입장벽을 돌파하여 시장에 막 진입하려는 기업들이 주로 이 전략을 활용한다.

08 다음은 집단 의사결정의 문제점과 해결방안에 대한 내용이다. 빈칸에 들어갈 용어가 바르게 연결된 것은?

> 〈집단 의사결정의 문제점〉
>
> _____(가)_____ : 대립이나 토론의 상황에 놓여 있는 양 집단이 서로간의 상호작용을 거치면서 점차 극단적인 입장과 태도를 취하게 되는 현상이다. 집단 구성원들이 상대집단과 상호작용하며 스스로 소속감을 재확인 받는 외적경로와 집단 내부에서 발생하는 몰입의 심화현상으로 서로의 주장만을 강화해 주는 의견만을 선택적으로 청취하는 내적경로를 통해 발현된다.
>
> 〈해결방안〉
>
> _____(나)_____ : 전문가들에 의해 행해지는 비대면적 무기명 토론방식으로서, 문제나 이슈에 대해 각 전문가들이 생각하는 바를 각자가 작성하여 토론진행자에게 송부하면 진행자는 코멘트를 정리하여 다시 각 당사자에게 보내고 각 당사자는 이를 다시 읽어 보고 자신의 견해를 덧붙이는 방법이다. 이는 보통 최적의 대안이 도출될 때까지 반복하며, 많은 실증연구에 의해서 효과성이 검증된 기법이나 전문가들이 중간에 탈락하는 것(사망, 무응답)을 통제하기 어려우며 토론진행자의 역량에 크게 효과성이 좌우된다.

	(가)	(나)
①	집단 사고	브레인스토밍
②	집단 사고	명목집단법
③	책임소재의 부재	델파이법
④	집단 양극화	델파이법
⑤	집단 양극화	캔 미팅

09 다음 중 주식회사에 대한 설명으로 옳지 않은 것은?

① 주주의 권리·의무에 관해서 세분화된 비율적 단위라고도 할 주식을 발행해서 각 주주는 그가 갖는 주식의 인수가액(引受價額)을 한도로 출자의무를 진다.

② 주주는 유한책임(有限責任)을 진다.

③ 주식회사는 자본의 결합과 위험의 분산이라는 경제적 기능을 갖는다.

④ 자기가 투자한 지분만큼만 책임을 진다.

⑤ 기업의 소유와 경영분리 구성은 경영대표와 주주가 분리되어 있다.

10 다음은 마이클 포터(Michael E. Porter)의 산업구조분석모델(5F; Five Force Model)이다. 다음 중 (A)에 들어갈 용어로 적절한 것은?

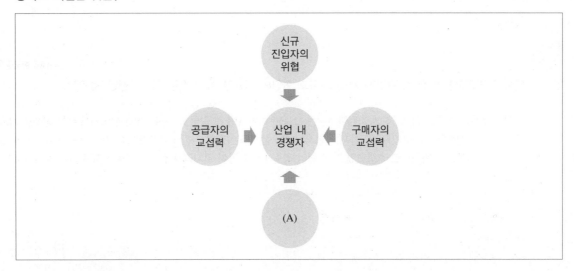

① 정부의 규제 완화
② 고객 충성도
③ 공급업체 규모
④ 가격의 탄력성
⑤ 대체재의 위협

11 다음 동기부여이론 중 과정이론에 해당하는 이론은?

① 매슬로(Maslow)의 욕구단계설
② 알더퍼(Alderfer)의 EFG 이론
③ 브룸(V. Vroom)의 기대이론
④ 허즈버그의 2요인 이론
⑤ 맥그리거의 X이론 – Y이론

12 다음 중 표적 집단면접법(FGI)의 진행 순서를 올바르게 나열한 것은?

ㄱ. 가이드라인 작성	ㄴ. 조사 기획
ㄷ. 리쿠르팅	ㄹ. 결과 분석
ㅁ. FGI 진행	

① ㄱ – ㄴ – ㄷ – ㄹ – ㅁ   ② ㄴ – ㄱ – ㄷ – ㅁ – ㄹ
③ ㄷ – ㄴ – ㄱ – ㅁ – ㄹ   ④ ㄹ – ㄴ – ㄱ – ㅁ – ㄷ
⑤ ㅁ – ㄹ – ㄷ – ㄴ – ㄱ

13 다음은 귀인이론의 한 사례이다. 사례를 읽고 귀인의 차원을 가장 적절하게 연결한 것은?

지난 2020년 X기업 입사시험에 지원한 A군은 그동안 매일 꾸준히 공부를 하여 모의시험에서 우수한 성적을 거둘만큼 유망한 실력을 갖추고 있었다. 하지만 입사시험을 응시하는 당일 아침에 횡단보도를 건너던 중 갑작스러운 교통사고를 당해 급히 병원으로 후송되었고, 다행이 목숨에는 지장이 없지만 시험에는 응시하지 못하여 불합격하게 되었다.

	귀인방향	심리상태	통제성
①	내적	안정적	통제 불가능
②	내적	안정적	통제 가능
③	내적	불안정	통제 불가능
④	외적	안정적	통제 가능
⑤	외적	불안정	통제 불가능

14 다음 중 주주자본주의를 실현하는 방법으로 적절하지 않은 것은?

① 자사주 매입
② 주주총회 활성화
③ 영업이익금 일부 또는 전부를 주주에게 분배
④ 투자 확대
⑤ 기업실적 증가

15 다음 중 해당 기업이 제시하는 전략을 지칭하는 용어로 가장 적절한 것은?

> 라면 산업은 신제품을 꾸준히 출시하고 있다. 이는 소비자의 눈길을 잡기 위해서 그리고 정통 라면을 대적할 만한 새로운 제품을 만들어 내기 위해서이다. 각 라면 브랜드에서는 까르보불닭, 양념치킨라면, 미역국라면 등 소비자의 호기심을 불러일으킬 수 있는 이색 라면을 지속적으로 출시하고 있다.
> 당연 성공했다고 말할 수 있는 제품은 가장 많은 소비자의 마음을 사로잡은 불닭시리즈라고 말할 수 있다. 이는 다른 라면과 차별화하였다. 볶음면, 그리고 극강의 매운맛으로 매운맛을 좋아하는 매니아층을 타깃팅으로 잡은 것이다. 그 후로도 기존의 불닭 소스(콘셉트)를 기준으로 까르보, 짜장, 핵불닭 등의 새로운 신제품을 지속적으로 출시하고 있으며, '영국남자'를 통해 전 세계적으로 불닭볶음면의 존재를 알리게 되어 중국, 태국 등으로 수출되고 있다.

① 대의명분 마케팅(Cause Related Marketing)
② 카테고리 확장(Category Extension)
③ 구전 마케팅(Word of Mouth Marketing)
④ 귀족 마케팅(Noblesse Marketing)
⑤ 라인 확장(Line Extension)

16 다음 중 자본회사(물적회사)에 관한 설명으로 옳은 것은?

① 사원의 개성과 기업과의 관계가 비교적 밀접하다.
② 회사신용의 기초를 구성원에 두고 있다.
③ 회사신용의 기초를 자본금 또는 회사 재산에 두고 있다.
④ 사원의 수는 적고 의사결정에 전원 일치제도를 채용한다.
⑤ 합명회사와 합자회사가 이에 속한다.

17 다음 중 알더퍼(Alderfer)의 ERG 이론에 대한 설명으로 옳지 않은 것은?

① 인간의 욕구를 존재욕구, 관계욕구, 성장욕구로 나누었다.
② 하위욕구가 충족될수록, 상위욕구에 대한 욕망이 커진다고 주장하였다.
③ 한 가지 이상의 욕구가 동시에 작용될 수도 있다고 주장하였다.
④ 매슬로의 욕구단계설의 단점을 보완 또는 한계점을 극복하고자 제시되었다.
⑤ 상위욕구의 행위에 영향을 미치기 전에 하위욕구가 먼저 충족되어야만 한다.

18 다음 중 빈칸에 들어갈 용어로 가장 적절한 것은?

한 상품이 인기를 끌면 같은 브랜드 다른 상품까지 영향을 준다. 명품 루이비통 여행용 가방의 역사는 1858년부터 시작하지만, 시계나 다른 패션아이템은 상대적으로 최근에 태어났다. 그럼에도 불구하고 루이비통 상표를 단 상품은 프랑스 전통을 자랑하는 최고급 명품으로 취급된다. 한번 브랜드에 대한 신뢰가 쌓이면, 소비자는 일단 신뢰하기 때문이다.
이런 경우, 소비자의 입장에서는 한 가지 주된 특징에 대한 평가 때문에 다른 모든 평가가 객관성을 잃게 될 위험이 존재하니 합리적인 판단력이 필요하다.
'첫인상이 중요하다.', '보기 좋은 떡이 먹기도 좋다.'와 같은 말로도 나타낼 수 있는 _____ 마케팅으로 고객들에게 오래오래 사랑받고 싶다면, 긍정적인 분위기와 느낌을 심어주는 것이 중요하다.

① 미소 효과   ② 후광 효과
③ 초두 효과   ④ 자존감 효과

19 다음 중 앤소프의 의사결정에 관한 내용으로 옳지 않은 것은?

① 앤소프의 의사결정은 전략적, 운영적, 관리적 의사결정으로 분류된다.
② 단계별 접근법을 따라 체계적으로 분석이 가능하다.
③ 각 단계별로 피드백이 이루어진다.
④ 분석 결과에 따라 초기 기업 목적, 시작 단계에서의 평가 수정이 불가능하다.

20 다음 중 콘체른(Konzern)에 관한 설명으로 옳지 않은 것은?

① 콘체른은 생산콘체른, 판매콘체른 및 금융콘체른으로 분류할 수 있다.

② 독일에 흔한 기업 집단이다.

③ 법률적으로 독립되어 있으나, 경제적으로는 통일된 지배를 받는 기업집단이다.

④ 콘체른의 결합형태는 동종 업종 간에만 결합 가능하다.

21 다음 중 빈칸에 공통으로 들어갈 용어로 적절한 것은?

> [질문]
> 당사는 _____ 설치 대상이나 현재 미설치된 상태로 _____ 미설치 시 처벌받는다고 하는데 어떠한 처벌조항이 있는지요? 또한, _____을/를 언제 설치해야 하는지 궁금합니다.
>
> [답변]
> 근로자참여 및 협력증진에 관한 법률(근참법)에 의하면, _____(이)란 근로자와 사용자가 참여와 협력을 통하여 근로자의 복지증진과 기업의 건전한 발전을 도모하기 위하여 구성하는 협의기구를 말합니다. 동법 제4조 제1항에 의거 _____은/는 근로조건에 대한 결정권이 있는 상시 30명 이상을 사용하는 사업이나 사업장 단위로 설치하여야 하고, 동법 제12조 제1항에 의거 _____은/는 3개월마다 정기적으로 회의를 개최하여야 하며 처벌조항으로는 동법 제32조에 의하면, 사용자가 제12조 제1항을 위반하여 _____을/를 정기적으로 개최하지 아니하면, 200만 원 이하의 벌금이 부과되며, 근참법 제33조는 사용자가 제18조를 위반하여 _____ 규정을 제출하지 아니한 때에는 200만 원 이하의 과태료가 부과된다고 규정하고 있습니다.

① 위기대책대응부서

② 소비자권익보호부서

③ 안전방화시설

④ 노사협의회

22 다음 중 원가우위 전략에 대한 설명으로 옳지 않은 것은?

① 원가우위에 영향을 미치는 여러 가지 요소를 활용하여 경쟁우위를 획득한다.

② 경쟁사보다 더 낮은 가격으로 제품이나 서비스를 생산하는 전략이다.

③ 가격 그리고 디자인, 브랜드 충성도 또는 성능 등으로 우위를 점하는 전략이다.

④ 시장 점유율 확보에 유리하다.

23 다음 중 인적자원관리(HRM)에 관한 설명으로 옳지 않은 것은?

① 조직의 목표를 이루기 위해 필요한 인적 자본을 확보·개발·활용하는 활동을 계획하고 관리하는 일련의 과정이다.

② 인적자원의 교육, 훈련, 육성, 역량개발, 경력관리 및 개발 등을 관리한다.

③ 조직에 필요한 인력자원을 동원(채용)하고 관리(사기증진과 능력발전)함으로써 행정의 효율을 제고하려는 관리전략을 의미한다.

④ 유능한 인재의 확보와 관리는 개인의 사기양양과 능력발전은 물론, 행정의 생산성에도 결정적인 요소이다.

24 다음은 지역사회에서 재단으로부터 설립 목적을 인증받는 정관의 일부이다. 해당 정관의 내용을 바탕으로 (A), (B)에 들어갈 용어가 올바르게 연결된 것은?

_____(A)_____ 회사 정관

제1장 총칙

제1조(목적) 본 회사는 ____(B)____ 사업 및 이에 부대하는 사업을 하고 이를 통해 취약계층에게 지속적인 일자리를 제공하고 장애인 등에 대한 ____(B)____ 사업 및 지역사회와의 연대활동에 적극 기여함으로써 지역주민들의 경제적 안정과 자립기반을 높이는 데 목적을 둔다.

제2조(상호) 본사는 형태는 ____(A)____ 회사라 칭한다.

제3조(본점 및 지점소재지) 본사의 본점을 G시에 두고 사원총회의 결의에 따라 국내·외에 지점을 설치할 수 있다.
··· (중략) ···

제3장 업무의 집행 및 회사의 대표

제5조(업무의 집행) 본사의 업무 집행을 위해서는 무한책임사원(업무집행사원)의 과반수의 찬성이 있어야 한다.

제6조(업무집행 사원) 업무 집행 사원은 1명으로 하고 총 사원의 동의를 받아 유한책임사원 중에서 선임한다.

	(A)	(B)			(A)	(B)
①	주식	사회적		②	유한	문화적
③	합자	사회적		④	합명	문화적

25 다음 글의 설명을 근거로 할 때, 빈칸에 들어갈 용어는?

> _____은/는 '기업의 업무 프로세스를 혁명적으로 고치자.'는 것을 의미한다. 쉽게 말해, 회사에서 벌어지는 모든 일들의 처리과정을 A에서 Z까지 한꺼번에 고쳐서 그 개선효과를 극대화하자는 의미이다. "할 수 있는 것"에서 "해야 하는 것"으로의 혁신적인 사고 전환을 통해 회사 업무 처리 프로세서를 목적추구형, 병렬 처리형 등으로 혁신시킴은 물론 이와 관련된 Infrastructure 및 Technology, Organization을 동시에 혁신시켜 기업의 경쟁력을 세계 초일류 수준으로 끌어올리는 기법이다.

① VE(Value Engineering)
② M&A(Mergers and Acquisitions)
③ MOU(Memorandum Of Understanding)
④ BPR(Business Process Reengineering)

26 다음은 스키너의 강화이론에 관한 설명이다. 다음 내용에 해당하는 것을 고르면?

> 〈강화이론〉
> • 시험문제를 몇 문항 이상 맞힌 학생에게는 숙제를 면제
> • 조별과제를 통해 가장 과제를 잘해온 조는 청소를 면제
> • 학기 중 성적이 제일 좋은 학생에게 과제를 면제
> 이와 같은 것을 통해 학생들이 개별 학습 및 과제에 집중하고 충실히 참여하게 되었다면, 이것은 학생들이 싫어하는 숙제나 청소 등을 제거해 줌으로써 교사가 학생들에게서 원하는 행동을 이끌어낸 것이다.

① 벌
② 부적 강화
③ 정적 강화
④ 소거

27 다음 중 지각의 오류에 해당하지 않는 것은?

① 스테레오 타이핑
② 후광효과
③ 지각적 방어
④ 억압

28 다음 그래프를 참고할 때, 자기효능감과 감정노동에 대한 설명으로 옳지 않은 것은?

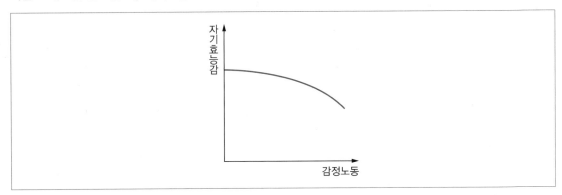

① 자기효능감이 높을수록 감정노동은 감소한다.
② 자기효능감이 낮을수록 감정노동은 증가한다.
③ 자기효능감이 낮아질수록 감정노동의 변동성이 증가한다.
④ 감정노동의 변동성은 자기효능감이 높아질수록 증가한다.

29 다음 중 동기부여 과정이론에 해당하는 것을 〈보기〉에서 모두 고르면?

> **보기**
>
> ㄱ. 기대이론   ㄴ. 형평이론
> ㄷ. 목표설정이론   ㄹ. 매슬로의 욕구단계설
> ㅁ. 인지평가이론   ㅂ. 허즈버그의 2요인 이론

① ㄱ, ㄴ   ② ㄱ, ㄴ, ㄷ
③ ㄴ, ㄷ   ④ ㄱ, ㄴ, ㄷ, ㅁ

30 다음 중 공정성이론의 한계점으로 옳지 않은 것은?

① 과소보상이나 과다보상에 대한 느낌이 개인차가 있다.
② 여에 대한 공정성 지각은 직무성과, 조직몰입과 정의 상관관계를 가진다.
③ 불공정의 지각은 만족도를 줄이고, 대인 갈등을 증가시키는 경향이 있다.
④ 공정성이론에서의 투입과 산출의 개념 이해가 선행되어야 한다.

| 02 | 경제

01 다음 중 소득 불평등에 대한 설명으로 옳지 않은 것은?

① 로렌츠 곡선, 지니계수, 십분위분배율은 모두 소득 불평등과 관련된 용어다.
② 지니계수가 1에 가까울수록 소득분배가 균등함을 나타낸다.
③ 로렌츠 곡선은 대각선에서 멀어질수록 소득분배가 고르지 못함을 의미한다.
④ 십분위분배율은 중간계층의 소득 분포를 잘 반영하지 못한다는 단점이 있다.
⑤ 십분위분배율은 상위 20% 계층의 소득을 분모로 하위 40% 계층의 소득을 분자로 해서 나온 수치다.

02 공공재 수요자 3명이 있는 시장에서 구성원 A ~ C의 공공재에 대한 수요함수는 다음과 같다. 공공재의 한계비용이 30으로 일정할 때, 공공재의 최적공급량에서 각 구성원이 지불해야 하는 가격은?(단, P는 가격, Q는 수량이다)

$$A : P_a = 10 - Q_a \qquad B : P_b = 20 - Q_b \qquad C : P_c = 20 - 2Q_c$$

① $P_a = 5, \ P_b = 15, \ P_c = 10$
② $P_a = 5, \ P_b = 10, \ P_c = 10$
③ $P_a = 10, \ P_b = 10, \ P_c = 15$
④ $P_a = 10, \ P_b = 15, \ P_c = 5$
⑤ $P_a = 15, \ P_b = 15, \ P_c = 5$

03 다음 중 물가지수에 관한 설명으로 옳지 않은 것은?

① 소비자물가지수는 소비재를 기준으로 측정하고, 생산자물가지수는 원자재 혹은 자본재 등을 기준으로 측정하기 때문에 두 물가지수는 일치하지 않을 수 있다.
② 소비자물가지수는 상품가격 변화에 대한 소비자의 반응을 고려하지 않는다.
③ GDP 디플레이터는 국내에서 생산된 상품만을 조사 대상으로 하기 때문에 수입상품의 가격동향을 반영하지 못한다.
④ 물가수준 그 자체가 높다는 것과 물가상승률이 높다는 것은 다른 의미를 가진다.
⑤ 물가지수를 구할 때 모든 상품의 가중치를 동일하게 반영한다.

04 법정 지급준비율이 20%에서 100%로 인상되면, 신규 예금 1,000만 원으로 만들어질 수 있는 최대의 예금 통화액은 얼마나 감소하는가?(단, 신규 예금을 포함하고, 민간은 현금을 보유하지 않는다고 가정한다)

① 4,000만 원 감소　　　　　　　　② 2,000만 원 감소
③ 1,000만 원 감소　　　　　　　　④ 변화 없음

05 명목GDP가 2020년 300억 원에서 2021년에는 360억 원으로 증가했다고 한다. 같은 기간에 GDP디플레이터는 100에서 120으로 상승했다면, 2021년 실질GDP는 2020년에 비해 얼마나 변동했는가?

① 3억 원 증가　　　　　　　　　② 30억 원 증가
③ 3억 원 감소　　　　　　　　　④ 변화 없음

06 다음 중 수요의 탄력성에 관한 설명으로 옳은 것은?

① 재화가 기펜재라면 수요의 소득탄력성은 양의 값을 갖는다.
② 두 재화가 서로 대체재의 관계에 있다면 수요의 교차탄력성은 음의 값을 갖는다.
③ 우하향하는 직선의 수요곡선 상에 위치한 두 점에서 수요의 가격탄력성은 동일하다.
④ 수요곡선이 수직선일 때, 모든 점에서 수요의 가격탄력성은 '0'이다.

07 A국가의 정부는 규제가 없는 노동시장에서 균형임금보다 높은 수준의 최저임금제를 도입하려고 한다. 이에 따라 기업은 예전에 사람이 하던 일을 기계가 대체하려고 할 때, 이러한 상황에 따른 노동시장의 변화를 옳게 설명한 것은?

① 최저임금제로 인해 실업이 발생하나, 노동수요의 증가로 실업규모는 작아진다.
② 최저임금제는 실업을 발생시키지 않지만, 노동수요의 감소로 실업이 증가한다.
③ 최저임금제는 실업을 발생시키며, 노동수요의 감소로 실업규모는 더욱 증가한다.
④ 최저임금제로 인해 실업이 발생하나, 노동공급의 증가로 실업규모는 작아진다.

08 다음 그래프에 대한 설명으로 옳지 않은 것은?(단, 조세부과는 공급자와 소비자 모두에게 부과한다고 가정한다)

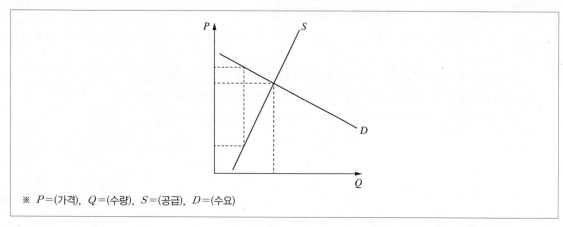

※ $P=$(가격), $Q=$(수량), $S=$(공급), $D=$(수요)

① 공급곡선은 비교적 비탄력적이다.
② 수요곡선은 비교적 탄력적이다.
③ 소비자 잉여가 생산자 잉여보다 많다.
④ 조세의 부담은 소비자가 더 많다.

09 다음 그래프를 보고 해당하는 요인으로 옳지 않은 것은?

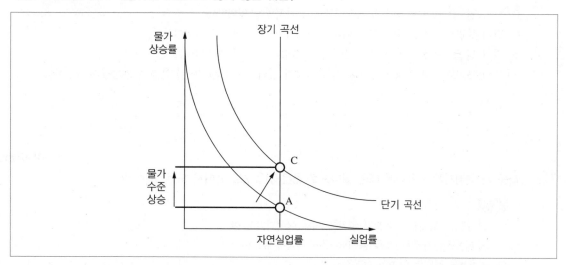

① 오일 쇼크 및 수입 원자재 가격 상승
② 자연재해 및 흉작 발생
③ 자원 고갈
④ 통화량 증가로 인한 장기적인 물가 상승률의 상승

10 완전경쟁시장에 참여하는 기업과 독점기업이 이윤극대화 조건은 동일하지만, 독점기업의 생산량이 완전경쟁시장의 생산량보다 적은 이유를 올바르게 설명한 것은?

① 완전경쟁시장의 기업과 달리 독점기업이 추가로 판매하기 위해서는 종전 판매량의 가격도 함께 낮춰야 하기 때문이다.

② 독점기업은 혼자 생산하기 때문에 한계비용이 더 빨리 상승하기 때문이다.

③ 독점기업의 평균비용이 완전경쟁시장의 기업들보다 높기 때문이다.

④ 독점기업이 진입장벽을 유지하기 위해 많은 비용을 지출하기 때문이다.

11 다음 중 소비자물가지수에 대한 설명으로 옳지 않은 것은?

① GDP디플레이터는 가장 포괄적인 물가지수이다.

② GDP디플레이터에 수입품의 가격이 포함되지 않는다.

③ 소비자물가지수(CPI)는 물가 상승률을 과대평가하는 경향도 있다.

④ 소비자물가지수는 유일한 물가측정수단이다.

12 다음 중 필립스 곡선에 관한 설명으로 옳지 않은 것은?

① 단기 필립스 곡선은 총수요 확장정책이 효과적임을 의미한다.

② 단기 필립스 곡선은 희생률(Sacrifice Ratio) 개념이 성립함을 의미한다.

③ 단기 필립스 곡선은 본래 임금 상승률과 실업률 사이의 관계에 기초한 것이다.

④ 밀턴 프리드먼(M. Friedman)에 의하면 장기 필립스 곡선은 자연실업률 수준에서 우하향한다.

13 다음 중 과점시장의 특징에 대한 설명으로 옳은 것을 〈보기〉에서 모두 고르면?

> **보기**
>
> ㄱ. 이 시장은 특허권이나 정부 허가에 의해 형성되기도 한다.
> ㄴ. 정부는 공정거래위원회를 통해 공정한 경쟁을 유도한다.
> ㄷ. 카르텔로 부당한 이득을 취하기도 한다.
> ㄹ. 기업이 제품 가격을 높일수록 이윤도 증가한다.

① ㄱ   ② ㄷ

③ ㄴ, ㄷ   ④ ㄴ, ㄹ

14 완전경쟁시장에서 수요곡선은 $Q_d = 8 - 0.5P$이고 공급곡선은 $Q = P - 4$라고 할 때, 균형가격과 소비자 잉여의 크기는?(단, Q_d는 수요량, Q_s는 공급량이다)

	균형가격(P)	소비자 잉여(CS)
①	4	8
②	4	16
③	8	8
④	8	16

15 다음 중 단기 총공급곡선이 우상향하는 이유를 〈보기〉에서 모두 고르면?

> **보기**
> ㄱ. 물가 상승 시 기업들은 자사제품의 상대가격이 상승했다 오인하여 생산을 늘린다.
> ㄴ. 노동자가 기업에 비해 물가 상승을 과소예측하면 노동공급은 증가한다.
> ㄷ. 물가상승에도 불구하고 메뉴비용이 커서 가격을 올리지 않는 기업의 상품 판매량이 증가한다.
> ㄹ. 명목임금이 경직적이면 물가 상승에 따라 고용이 증가한다.

① ㄴ, ㄷ ② ㄱ, ㄴ, ㄷ
③ ㄱ, ㄷ, ㄹ ④ ㄱ, ㄴ, ㄷ, ㄹ

16 다음 중 통화량 증가 시 이자율을 상승시키는 요인이 아닌 것은?

① 소비자들이 미래의 소비보다 현재의 소비에 대한 욕구가 큰 경우
② 단위당 기대수익률이 큰 경우
③ 경제성장률과 물가상승률의 하락
④ 향후 인플레이션 발생을 예상한 구매력 변동

| 03 | 법학

01 다음 〈보기〉에서 국회에 관한 설명으로 옳은 것은?

> **보기**
>
> ㄱ. 국회의원은 겸직과 관련해 특별한 법 조항이 없다.
> ㄴ. 국회의원은 국회에서 직무상 행한 발언과 표결에 관하여 국회 외에서 책임을 진다.
> ㄷ. 국회의 임시회는 대통령 또는 국회재적의원 4분의 1 이상의 요구에 의하여 집회된다.
> ㄹ. 정기회의 회기는 100일을, 임시회의 회기는 60일을 초과할 수 없다.
> ㅁ. 국회는 의장 1인과 부의장 3인을 선출한다.

① ㄱ ② ㄴ
③ ㄷ ④ ㄹ
⑤ ㅁ

02 다음 중 형법상 절도죄와 관련된 내용으로 옳은 것은?

① 타인의 재물을 절취한 자는 3년 이하의 징역 또는 500만 원 이하의 벌금에 처한다.
② 흉기를 휴대하거나 2명 이상이 합동하여 타인의 재물을 절취한 자도 1년 이상 10년 이하의 징역에 처한다.
③ 권리자의 동의 없이 타인의 자동차, 선박, 항공기 또는 원동기장치자전거를 상시 사용한 자는 3년 이하의 징역, 500만 원 이하의 벌금, 구류 또는 과료에 처한다.
④ 야간에 사람의 주거, 관리하는 건조물에 침입하여 타인의 재물을 절취(竊取)한 자는 5년 이하의 징역에 처한다.
⑤ 상습으로 타인의 재물을 절취한 자는 그 죄에 정한 형의 3분의 1까지 가중한다.

03 다음 중 민법상 소멸시효가 다른 것은?

① 변호사, 변리사, 공증인, 공인회계사 및 법무사에 대한 직무상 보관한 서류의 반환을 청구하는 채권
② 생산자 및 상인이 판매한 생산물 및 상품의 대가
③ 의복, 침구, 장구 기타 동산의 사용료
④ 수공업자 및 제조자의 업무에 관한 채권
⑤ 이자, 부양료, 급료

04 다음 중 헌법재판소에 관한 설명으로 옳은 것은?

① 헌법재판소 재판관의 임기는 5년으로 하며, 연임할 수 없다.
② 헌법재판소 재판관은 정당에 가입은 가능하나 정치에는 관여할 수 없다.
③ 헌법재판소는 법관의 자격을 가진 6인의 재판관으로 구성하며, 재판관은 대통령이 임명한다.
④ 헌법재판소 재판관은 탄핵 또는 금고 이상의 형의 선고에 의하지 아니하고는 파면되지 아니한다.
⑤ 헌법재판소에서 법률의 위헌결정, 탄핵의 결정, 정당해산의 결정 또는 헌법소원에 관한 인용결정을 할 때에는 재판관 4인 이상의 찬성이 있어야 한다.

05 다음 중 즉결심판에 관한 절차로 옳은 것은?

① 지방법원 또는 그 지원의 판사는 소속 지방법원장의 명령을 받아 소속 법원의 관할사무와 관계가 있는 경우에만 즉결심판청구사건을 심판할 수 있다.
② 판사는 사건이 즉결심판을 할 수 없거나 즉결심판절차에 의하여 심판함이 적당하지 아니하다고 인정할 때에는 결정으로 즉결심판의 청구를 인용하여야 한다.
③ 즉결심판은 관할경찰서장 또는 관할해양경찰서장이 관할법원에 이를 청구한다.
④ 즉결심판을 청구할 때에는 사전에 피고인에게 즉결심판의 절차를 이해하는 데 필요한 사항을 서면으로만 알려주어야 한다.
⑤ 지방법원, 지원 또는 시·군법원의 판사는 즉결심판절차에 의하여 피고인에게 100만 원 미만의 벌금, 구류 또는 과료에 처할 수 있다.

06 다음 〈보기〉에서 설명하는 죄형법정주의 파생원칙으로 옳은 것은?

> **보기**
>
> 법률의 해석은 규정에 따라 엄격하게 해야 하며 유사한 사항을 확대 적용하는 것은 금지한다.

① 관습법 금지의 원칙　　　　　　② 소급효 금지의 원칙
③ 명확성의 원칙　　　　　　　　④ 유추해석 금지의 원칙
⑤ 적정성의 원칙

07 다음 중 민법상 옳은 내용을 〈보기〉에서 모두 고르면?

> **보기**
>
> ㄱ. 선량한 풍속 기타 사회질서에 위반한 사항을 내용으로 하는 법률행위는 취소할 수 있다.
> ㄴ. 의사표시는 법률행위의 내용의 중요부분에 착오가 있는 때에는 취소할 수 있다.
> ㄷ. 의사표시는 표의자가 진의 아님을 알고 한 것이라도 그 효력이 있다. 그러나 상대방이 표의자의 진의 아님을 알았거나 이를 알 수 있었을 경우에는 무효로 한다.
> ㄹ. 당사자의 궁박, 경솔 또는 무경험으로 인하여 현저하게 공정을 잃은 법률행위는 취소할 수 있다.
> ㅁ. 사기나 강박에 의한 의사표시는 무효로 한다.

① ㄱ, ㄴ   ② ㄱ, ㄷ
③ ㄴ, ㄷ   ④ ㄴ, ㄹ
⑤ ㄷ, ㄹ

08 다음 〈보기〉에서 사인의 공법행위에 해당하는 것은 모두 몇 개인가?

> **보기**
>
> ㄱ. 행정심판의 청구   ㄴ. 영업허가의 출원
> ㄷ. 선거권의 행사   ㄹ. 공무원 공개채용시험의 응시행위
> ㅁ. 혼인신고

① 1개   ② 2개
③ 4개   ④ 5개

09 다음 중 공법관계와 사법관계에 대한 설명으로 옳지 않은 것은?(단, 다툼이 있는 경우 판례에 의한다)

① 행정절차법은 사법관계에 대해서는 적용되지 않는다.
② 공법관계는 행정소송 중 항고소송과 당사자 소송의 대상이 된다.
③ 법률관계의 한쪽 당사자가 행정주체인 경우에는 사법적 효과를 발생하게 하는 행위는 공법관계로 본다는 것이 판례의 입장이다.
④ 사인 간의 법적 분쟁에 관한 사법관계는 민사소송의 대상이 된다.

10 다음 중 법률관계가 공법관계인 것을 〈보기〉에서 모두 고르면?(단, 다툼이 있는 경우 판례에 의한다)

> 보기
> ㄱ. 사립학교의 학위수여　　　　　　　　ㄴ. 국공립 도서관 이용관계
> ㄷ. 철도・지하철 이용관계　　　　　　　　ㄹ. 한국조폐공사 직원의 근무관계
> ㅁ. 텔레비전 수신료의 부과징수

① ㄱ, ㄴ, ㄷ　　　　　　　　　　　　② ㄱ, ㄴ, ㅁ
③ ㄴ, ㄷ, ㅁ　　　　　　　　　　　　④ ㄴ, ㄹ, ㅁ

11 다음 중 국회에 관한 설명으로 옳은 것은?

① 국회의 임시회는 대통령 또는 국회재적의원 5분의 1 이상의 요구에 의하여 집회된다.
② 국회의원은 현행범인인 경우를 포함하여 회기 중 국회의 동의 없이도 체포 또는 구금이 가능하다.
③ 정부는 회계연도마다 예산안을 편성하여 회계연도 개시 60일 전까지 국회에 제출하고, 국회는 회계연도 개시 30일 전까지 이를 의결하여야 한다.
④ 국채를 모집하거나 예산 외에 국가의 부담이 될 계약을 체결하려 할 때에는 정부는 미리 국회의 의결을 얻어야 한다.

12 다음 중 소송의 종류와 내용이 올바르게 연결된 것을 〈보기〉에서 모두 고르면?

> 보기
> ㄱ. 항고소송 : 국가 또는 공공단체의 기관이 법률에 위반되는 행위를 한 때에 직접 자기의 법률상 이익과 관계없이 그 시정을 구하기 위하여 제기하는 소송이다.
> ㄴ. 취소소송 : 행정청의 위법한 처분 등을 취소 또는 변경하는 소송이다.
> ㄷ. 무효 등 확인소송 : 행정청의 처분 등의 효력 유무 또는 존재여부를 확인하는 소송이다.
> ㄹ. 기관소송 : 행정청의 처분 등을 원인으로 하는 법률관계에 관한 소송 그 밖에 공법상의 법률관계에 관한 소송으로서 그 법률관계의 한쪽 당사자를 피고로 하는 소송이다.

① ㄱ, ㄴ　　　　　　　　　　　　　　② ㄱ, ㄷ
③ ㄴ, ㄷ　　　　　　　　　　　　　　④ ㄴ, ㄹ

13 다음 〈보기〉에서 설명하고 있는 행정법의 기본원칙에 해당하는 것은?

> **보기**
>
> 행정주체가 구체적인 행정목적을 실현함에 있어 목적과 수단 간에는 합리적인 비례관계가 유지되어야 한다는 원칙

① 자기구속의 원칙　　　　　　　　　② 신뢰보호의 원칙
③ 부당결부금지의 원칙　　　　　　　④ 비례의 원칙

14 다음 중 민법상 친족의 범위에 해당하지 않은 사람을 〈보기〉에서 모두 고르면?

> **보기**
>
> ㄱ. 배우자
> ㄴ. 8촌 이내의 혈족
> ㄷ. 6촌 이내의 인척
> ㄹ. 친생자로서 다른 사람에게 친양자 입양된 자 및 그 배우자·직계비속

① ㄱ, ㄴ　　　　　　　　　　　　② ㄱ, ㄷ
③ ㄴ, ㄷ　　　　　　　　　　　　④ ㄷ, ㄹ

15 다음 중 소급입법금지의 원칙에 대한 설명으로 옳지 않은 것은?(단, 다툼이 있는 경우 판례에 의한다)

① 진정소급입법이라 할지라도 예외적으로 국민이 소급입법을 예상할 수 있었던 경우와 같이 소급입법이 정당화되는 경우에는 허용될 수 있다.
② 부진정소급입법은 원칙적으로 허용되지만 소급효를 요구하는 공익상의 사유와 신뢰보호 요청 사이의 교량과정에서 신뢰보호의 관점이 입법자의 형성권에 제한을 가하게 된다.
③ 법률 시행 당시 개발이 진행 중인 사업에 대하여 장차 개발이 완료되면 개발부담금을 부과하려는 것은 부진정소급입법에 해당하는 것으로 원칙적으로 허용된다.
④ 새로운 입법으로 과거에 소급하여 과세하는 것은 소급입법금지원칙에 위반되지만, 이미 납세의무가 존재하는 경우에 소급하여 중과세하는 것은 소급입법원칙에 위반되지 않는다.

16 다음 중 전자금융법상 용어에 대한 정의가 옳지 않은 것은?

① "전자적 장치"라 함은 전자금융거래정보를 전자적 방법으로 전송하거나 처리하는 데 이용되는 장치로서 현금자동지급기, 자동입출금기, 지급용단말기, 컴퓨터, 전화기 그 밖에 전자적 방법으로 정보를 전송하거나 처리하는 장치를 말한다.

② "접근매체"라 함은 전자금융거래에 있어서 거래지시를 하거나 이용자 및 거래내용의 진실성과 정확성을 확보하기 위하여 사용되는 다음 각 목의 어느 하나에 해당하는 수단 또는 정보를 말한다.

③ "전자지급거래"라 함은 금융회사 또는 전자금융업자가 전자적 장치를 통하여 금융상품 및 서비스를 제공하고, 이용자가 금융회사 또는 전자금융업자의 종사자와 직접 대면하거나 의사소통을 하지 아니하고 자동화된 방식으로 이를 이용하는 거래를 말한다.

④ "결제중계시스템"이라 함은 금융회사와 전자금융업자 사이에 전자금융거래정보를 전달하여 자금정산 및 결제에 관한 업무를 수행하는 금융정보처리운영체계를 말한다.

17 다음 중 상법상 상인과 상인자격에 관한 설명으로 옳은 것을 〈보기〉에서 모두 고르면?(단, 다툼이 있는 경우 판례에 의한다)

> **보기**
>
> ㄱ. 영업을 위한 준비행위를 하는 자연인은 영업으로 상행위를 할 의사를 실현하는 것이므로 그 준비행위를 한 때 상인자격을 취득한다.
> ㄴ. 판례에 따르면 농업협동조합법에 의하여 설립된 조합이 사업의 일환으로 조합원이 생산하는 물자의 판매사업을 하는 경우 상법상의 상인으로 볼 수 있다.
> ㄷ. 자기명의로 신용카드, 전자화폐 등을 이용한 지급결제 업무의 인수를 영업으로 하는 자는 상법상의 당연상인이다.
> ㄹ. 판례에 의하면 새마을금고가 상인인 회원에게 영업자금을 대출한 경우 그 대출금채권의 소멸시효에 관해서는 상법이 적용된다.

① ㄱ

② ㄱ, ㄴ

③ ㄱ, ㄴ, ㄹ

④ ㄱ, ㄷ, ㄹ

18 다음 중 행정행위의 부관에 대한 설명으로 옳지 않은 것을 〈보기〉에서 모두 고르면?(단, 다툼이 있는 경우 판례에 의한다)

> **보기**
>
> ㄱ. 허가에 붙은 기한이 그 허가된 사업의 성질상 부당하게 짧아서 이 기한이 허가 자체의 존속기간이 아니라 허가 조건의 존속기간으로 해석되는 경우에는 허가 여부의 재량권을 가진 행정청은 허가조건의 개정만을 고려할 수 있고, 그 후 당초의 기한이 상당 기간 연장되어 그 기한이 부당하게 짧은 경우에 해당하지 않게 된 때라도 더 이상의 기간연장을 불허가할 수 있다.
>
> ㄴ. 처분 당시 법령을 기준으로 처분에 부가된 부담이 적법하였더라도, 처분 후 부담의 전제가 된 주된 행정처분의 근거법령이 개정됨으로써 행정청이 더이상 부관을 붙일 수 없게 되었다면 그때부터 부담의 효력은 소멸한다.
>
> ㄷ. 부담의 이행으로서 하게 된 사법상 매매 등의 법률행위는 부담을 붙인 행정처분과는 별개의 법률행위이므로, 그 부담의 불가쟁력의 문제와는 별도로 법률행위가 사회질서 위반이나 강행규정에 위반되는지 여부 등을 따져 보아 그 법률행위의 유효 여부를 판단하여야 한다.
>
> ㄹ. 행정처분과 부관 사이에 실제적 관련성이 있다고 볼 수 없는 경우, 공무원이 공법상의 제한을 회피할 목적으로 행정처분의 상대방과 사이에 사법상 계약을 체결하는 형식을 취하였더라도 법치행정의 원리에 반하는 것으로서 위법하다고 볼 수 없다.

① ㄱ, ㄴ   ② ㄱ, ㄷ
③ ㄴ, ㄷ   ④ ㄴ, ㄹ

19 다음 중 주물·종물에 관한 설명으로 옳지 않은 것은?

① 종물은 주물의 상용에 공하여야 한다.
② 주물과 종물은 장소적인 인접관계에 있어야 한다.
③ 주유소의 주유기는 주유소의 종물에 해당된다.
④ 주물위에 저당권이 설정된 경우 그 저당권의 효력은 종물에 미친다.
⑤ 민법은 소유자가 다른 물건 사이에도 주물·종물관계를 인정한다.

20 다음 중 상법과 민법에 대한 설명으로 옳지 않은 것은?

① 상법은 민법에 대하여 특별법이다.
② 당사자 간에 채권의 이자율을 약정하지 않았을 경우, 민법의 경우 연 6%의 이율이 적용되지만, 상법의 경우 연 5%의 이율을 적용한다.
③ 채권의 소멸시효의 경우 민법의 경우 10년간 행사하지 않으면 소멸시효가 완성된다.
④ 금전거래의 원인이 상행위로 인한 경우에 채권의 소멸시효는 상법의 경우 5년간 행사하지 않으면 소멸시효가 완성된다.
⑤ 상인과 비상인 간의 상거래에 있어서 상인인 당사자와 비상인인 당사자에게 모두 상법이 적용된다.

PART 1

직업기초능력평가

CHAPTER 01

의사소통능력

의사소통능력을 채택하지 않는 공사·공단이 없을 만큼 필기시험에서 중요도가 높은 영역이다. 또한, 일부 공사·공단을 제외하고 의사소통능력의 문제 출제 비중이 가장 높은 편이다. 이러한 점을 볼 때, 의사소통능력은 공사·공단 NCS를 준비하는 수험생이라면 정복해야 하는 숙명의 과목이다.

국가직무능력표준에 따르면 의사소통능력의 세부 유형은 문서이해, 문서작성, 의사표현, 경청, 기초외국어로 나눌 수 있다. 문서이해·문서작성과 같은 제시문에 대한 주제, 일치 문제의 출제 비중이 높으며, 공문서·기획서·보고서·설명서 등 문서의 특성을 파악하는 문제도 일부 공사·공단에서 출제되고 있다. 따라서 이러한 분석을 바탕으로 전략을 세우는 것이 매우 중요하다.

01 문제에서 요구하는 바를 먼저 파악하라!

의사소통능력에서 가장 중요한 것은 제한된 시간 안에 빠르고 정확하게 답을 찾아내는 것이다. 그러기 위해서는 우리가 의사소통능력을 공부하는 이유를 잊지 말아야 한다. 우리는 지식을 쌓기 위해 의사소통능력 지문을 보는 것이 아니다. 의사소통능력에서는 지문이 아니라 문제가 주인공이다! 지문을 보기 전에 문제를 먼저 파악해야 한다. 주제찾기 문제라면 첫 문장과 마지막 문장 또는 접속어를 주목하자! 내용일치 문제라면 지문과 문항의 일치 / 불일치 여부만 파악한 뒤 빠져 나오자! 지문에 빠져드는 순간 소중한 시험 시간은 속절없이 흘러 버린다!

02 잠재되어 있는 언어능력을 발휘하라!

의사소통능력에는 끝이 없다! 의사소통의 방대함에 포기한 적이 있는가? 세상에 글은 많고 우리가 학습할 수 있는 시간은 한정적이다. 이를 극복할 수 있는 방법은 다양한 글을 접하는 것이다. 실제 시험장에서 어떤 내용의 지문이 나올지 아무도 예측할 수 없다. 따라서 평소에 신문, 소설, 보고서 등 여러 글을 접하는 것이 필요하다. 잠재되어 있는 글에 대한 안목이 시험장에서 빛을 발할 것이다.

03 상황을 가정하라!

업무 수행에 있어 상황에 따른 언어 표현은 중요하다. 같은 말이라도 상황에 따라 다르게 해석될 수 있기 때문이다. 그런 의미에서 자신의 의견을 효과적으로 전달할 수 있는 능력을 평가하는 것은 당연하다. 따라서 다양한 상황에서의 언어표현능력을 함양하기 위한 연습의 과정이 요구된다. 업무를 수행하면서 발생할 수 있는 여러 상황을 가정하고 그에 따른 올바른 언어표현을 정리하는 것이 필요하다. 의사표현 영역의 경우 출제 빈도가 높지는 않지만 상황에 따른 판단력을 평가하는 문항인 만큼 대비하는 것이 필요하다.

04 말하는 이의 입장에서 생각하라!

잘 듣는 것 또한 하나의 능력이다. 상대방의 이야기에 귀 기울이고 공감하는 태도는 업무를 수행하는 관계 속에서 필요한 요소이다. 그런 의미에서 다양한 상황에서의 듣는 능력을 평가하는 것이다. 말하는 이가 요구하는 듣는 이의 태도를 파악하고, 이에 따른 판단을 할 수 있도록 언제나 말하는 사람의 입장이 되는 연습이 필요하다.

05 반복만이 살길이다!

학창 시절 외국어를 공부하던 때를 떠올려 보자! 셀 수 없이 많은 표현들을 익히기 위해 얼마나 많은 반복의 과정을 거쳤는가? 의사소통능력 역시 그러하다. 하나의 문제 유형을 마스터하기 위해 가장 중요한 것은 바로 여러 번, 많이 풀어 보는 것이다.

I 의사소통능력

| 01 | 의사소통능력의 의의

(1) 의사소통이란?

두 사람 또는 그 이상의 사람들 사이에서 일어나는 의사의 전달과 상호교류를 의미하며, 어떤 개인 또는 집단이 개인 또는 집단에 대해서 정보, 감정, 사상, 의견 등을 전달하고 그것들을 받아들이는 과정을 말한다.

(2) 의사소통의 중요성

① 대인관계의 기본이며, 직업생활에서 필수적이다.
② 인간관계는 의사소통을 통해서 이루어지는 상호과정이다.
③ 의사소통은 상호 간의 일반적 이해와 동의를 얻기 위한 유일한 수단이다.
④ 서로에 대한 지각의 차이를 좁혀주며, 선입견을 줄이거나 제거해 줄 수 있는 수단이다.

예제풀이

의사소통이란 기계적이고 무조건적인 정보의 전달이 아니라 두 사람 또는 그 이상의 사람들 사이에서 '의사의 전달'과 '상호교류'가 이루어진다는 뜻이며, 어떤 개인 또는 집단에 대해서 정보, 감정, 사상, 의견 등을 전달하고 그것들을 받아들이는 과정이다.

정답 ③

〈 핵심예제 〉

다음은 의사소통에 대한 설명이다. (A), (B)에 각각 들어갈 말로 적절한 것은?

의사소통이란 두 사람 또는 그 이상의 사람들 사이에서 일어나는 _____(A)_____ 과 _____(B)_____ 이/가 이루어진다는 뜻이며, 어떤 개인 또는 집단이 개인 또는 집단에 대해서 정보, 감정, 사상, 의견 등을 전달하고 그것들을 받아들이는 과정이라고 할 수 있다.

	(A)	(B)
①	의사의 전달	상호분석
②	의사의 이행	상호분석
③	의사의 전달	상호교류
④	의사의 이행	상호교류

(3) 성공적인 의사소통의 조건

내가 가진 정보를 상대방이 이해하기 쉽게 표현

+

상대방이 어떻게 받아들일 것인가에 대한 고려

||

일방적인 말하기가 아닌 의사소통의 정확한 목적을 알고, 의견을 나누는 자세

| 02 | 의사소통능력의 종류

(1) 문서적인 의사소통능력

문서이해능력	업무와 관련된 다양한 문서를 읽고 핵심을 이해하여, 정보를 획득하고, 수집·종합하는 능력
문서작성능력	목적과 상황에 적합하도록 정보를 전달할 수 있는 문서를 작성하는 능력

(2) 언어적인 의사소통능력

경청능력	원활한 의사소통을 위해 상대의 이야기를 집중하여 듣는 능력
의사표현력	자신의 의사를 목적과 상황에 맞게 설득력을 가지고 표현하는 능력

(3) 특징

구분	문서적인 의사소통능력	언어적인 의사소통능력
장점	권위감, 정확성, 전달성, 보존성 높음	유동성 높음
단점	의미의 곡해	정확성 낮음

(4) 기초외국어능력

외국어로 된 간단한 자료를 이해하거나, 외국인과의 전화응대와 간단한 대화 등 외국인의 의사표현을 이해하고, 자신의 의사를 기초외국어로서 표현할 수 있는 능력을 말한다.

| 03 | 의사소통의 저해요인

(1) 의사소통 기법의 미숙, 표현 능력의 부족, 이해 능력의 부족

'일방적으로 말하고', '일방적으로 듣는' 무책임한 태도

(2) 복잡한 메시지, 경쟁적인 메시지

너무 복잡한 표현, 모순되는 메시지 등 잘못된 정보 전달

CHECK POINT

사례를 통해 확인할 수 있는 의사소통의 종류
- 고객사에서 보내온 수취확인서 – 문서적인 의사소통
- 수취확인 문의전화 – 언어적인 의사소통
- 업무지시 메모 – 문서적인 의사소통
- 영문 운송장 작성 – 문서적인 의사소통
- 주간 업무보고서 작성 – 문서적인 의사소통

(3) 의사소통에 대한 잘못된 선입견

'말하지 않아도 아는 문화'에 안주하는 태도

(4) 기타 요인

정보의 과다, 메시지의 복잡성, 메시지의 경쟁, 상이한 직위와 과업지향성, 신뢰의 부족, 의사소통을 위한 구조상의 권한, 잘못된 의사소통 매체의 선택, 폐쇄적인 의사소통 분위기

《 핵심예제 》

다음 중 의사소통의 저해요인에 해당하지 않는 것은?

① 표현능력의 부족
② 평가적이며 판단적인 태도
③ 상대방을 배려하는 마음가짐
④ 선입견과 고정관념

| 04 | 키슬러의 대인관계 의사소통 유형

유형	특징	제안
지배형	자신감이 있고 지도력이 있으나, 논쟁적이고 독단이 강하여 대인 갈등을 겪을 수 있음	타인의 의견을 경청하고 수용하는 자세 필요
실리형	이해관계에 예민하고 성취지향적으로 경쟁적이며 자기중심적임	타인의 입장을 배려하고 관심을 갖는 자세 필요
냉담형	이성적인 의지력이 강하고 타인의 감정에 무관심하며 피상적인 대인관계를 유지함	타인의 감정상태에 관심을 가지고 긍정적 감정을 표현하는 것이 필요
고립형	혼자 있는 것을 선호하고 사회적 상황을 회피하며 지나치게 자신의 감정을 억제함	대인관계의 중요성을 인식하고 타인에 대한 비현실적인 두려움의 근원을 성찰하는 것이 필요
복종형	수동적이고 의존적이며 자신감이 없음	적극적인 자기표현과 주장이 필요
순박형	단순하고 솔직하며 자기주관이 부족함	자기주장을 적극적으로 표현하는 것이 필요
친화형	따뜻하고 인정이 많아 자기희생적이나 타인의 요구를 거절하지 못함	타인과의 정서적인 거리를 유지하는 노력이 필요
사교형	외향적이고 인정하는 욕구가 강하며 타인에 대한 관심이 많고 쉽게 흥분함	심리적으로 안정을 취할 필요가 있으며 지나친 인정욕구에 대한 성찰 필요

| 05 | 의사소통능력의 개발

(1) 사후검토와 피드백의 활용

직접 말로 물어보거나 표정, 기타 표시 등을 통해 정확한 반응을 살핀다.

(2) 언어의 단순화

명확하고 쉽게 이해 가능한 단어를 선택하여 이해도를 높인다.

(3) 적극적인 경청

감정을 이입하여 능동적으로 집중하며 경청한다.

(4) 감정의 억제

감정에 치우쳐 메시지를 곡해하지 않도록 침착하게 의사소통한다.

| 06 | 입장에 따른 의사소통전략

화자의 입장	• 의사소통에 앞서 생각을 명확히 할 것 • 문서를 작성할 때는 주된 생각을 앞에 쓸 것 • 평범한 단어를 쓸 것 • 편견 없는 언어를 사용할 것 • 사실 밑에 깔린 감정을 의사소통할 것 • 어조, 표정 등 비언어적인 행동이 미치는 결과를 이해할 것 • 행동을 하면서 말로 표현할 것 • 피드백을 받을 것
청자의 입장	• 세세한 어휘를 모두 들으려고 노력하기보다는 요점, 즉 의미의 파악에 집중할 것 • 말하고 있는 바에 관한 생각과 사전 정보를 동원하여 말하는 바에 몰입할 것 • 모든 이야기를 듣기 전에 결론에 이르지 말고 전체 생각을 청취할 것 • 말하는 사람의 관점에서 진술을 반복하여 피드백할 것 • 들은 내용을 요약할 것

CHECK POINT

의사소통능력의 개발
• 전문용어의 사용은 그 언어를 사용하는 집단 구성원들 사이에 사용될 때에는 이해를 촉진시키지만, 조직 밖의 사람들에게, 예를 들어 고객에게 사용했을 때에는 의외의 문제를 야기할 수 있기 때문에 의사소통을 할 때 주의하여 단어를 선택하는 것이 필요하다.
• 상대방의 이야기를 듣는 것은 수동적인 데 반해 경청은 능동적인 의미의 탐색이므로 이야기를 들어주는 것과 경청의 의미는 다르다.
• 피드백은 상대방이 원하는 경우 대인관계에 있어서 그의 행동을 개선할 수 있는 기회를 제공해 줄 수 있다.

Ⅱ 문서이해능력

| 01 | 문서이해능력의 의의

(1) 문서이해능력이란?

다양한 종류의 문서에서 전달하고자 하는 핵심 내용을 요약·정리하여 이해하고, 문서에서 전달하는 정보의 출처를 파악하고 옳고 그름을 판단하는 능력을 말한다.

(2) 문서이해의 목적

문서이해능력이 부족하면 직업생활에서 본인의 업무를 이해하고 수행하는 데 막대한 지장을 끼친다. 따라서 본인의 업무를 제대로 수행하기 위해 문서이해능력은 필수적이다.

| 02 | 문서의 종류

(1) 공문서

- 정부 행정기관에서 대내적·대외적 공무를 집행하기 위해 작성하는 문서
- 정부 기관이 일반회사, 단체로부터 접수하는 문서 및 일반회사에서 정부 기관을 상대로 사업을 진행할 때 작성하는 문서 포함
- 엄격한 규격과 양식에 따라 정당한 권리를 가진 사람이 작성
- 최종 결재권자의 결재가 있어야 문서로서의 기능 성립

(2) 보고서

특정 업무에 대한 현황이나 진행 상황 또는 연구·검토 결과 등을 보고할 때 작성하는 문서

종류	내용
영업보고서	영업상황을 문장 형식으로 기재해 보고하는 문서
결산보고서	진행됐던 사안의 수입과 지출결과를 보고하는 문서
일일업무보고서	매일의 업무를 보고하는 문서
주간업무보고서	한 주간에 진행된 업무를 보고하는 문서
출장보고서	출장을 다녀와 외부 업무나 그 결과를 보고하는 문서
회의보고서	회의 결과를 정리해 보고하는 문서

(3) 설명서

상품의 특성이나 사물의 성질과 가치, 작동 방법이나 과정을 소비자에게 설명하는 것을 목적으로 작성한 문서

종류	내용
상품소개서	• 일반인들이 친근하게 읽고 내용을 쉽게 이해하도록 하는 문서 • 소비자에게 상품의 특징을 잘 전달해 상품을 구입하도록 유도
제품설명서	• 제품의 특징과 활용도에 대해 세부적으로 언급하는 문서 • 제품의 사용법에 대해 알려주는 것이 주목적

(4) 비즈니스 메모

업무상 필요한 중요한 일이나 앞으로 체크해야 할 일이 있을 때 필요한 내용을 메모형식으로 작성하여 전달하는 글

종류	내용
전화 메모	• 업무적인 내용부터 개인적인 전화의 전달사항들을 간단히 작성하여 당사자에게 전달하는 메모 • 스마트폰의 발달로 현저히 줄어듦
회의 메모	• 회의에 참석하지 못한 구성원에게 회의 내용을 간략하게 적어 전달하거나 참고 자료로 남기기 위해 작성한 메모 • 업무 상황 파악 및 업무 추진에 대한 궁금증이 있을 때 핵심적인 역할을 하는 자료
업무 메모	개인이 추진하는 업무나 상대의 업무 추진 상황을 메모로 적는 형태

(5) 비즈니스 레터(E-mail)

- 사업상의 이유로 고객이나 단체에 편지를 쓰는 것
- 직장 업무나 개인 간의 연락, 직접 방문하기 어려운 고객관리 등을 위해 사용되는 비공식적 문서
- 제안서나 보고서 등 공식적인 문서를 전달하는 데도 사용

(6) 기획서

하나의 프로젝트를 문서형태로 만들어, 상대방에게 기획의 내용을 전달하여 해당 기획안을 시행하도록 설득하는 문서

(7) 기안서

회사의 업무에 대한 협조를 구하거나 의견을 전달할 때 작성하며 흔히 사내 공문서로 불림

(8) 보도자료

정부 기관이나 기업체, 각종 단체 등이 언론을 상대로 하여 자신들의 정보가 기사로 보도되도록 하기 위해 보내는 자료

(9) 자기소개서

개인의 가정환경과 성장과정, 입사 동기와 근무자세 등을 구체적으로 기술하여 자신을 소개하는 문서

| 03 | 문서의 이해

(1) 문서이해의 절차

1. 문서의 목적을 이해하기

⬇

2. 이러한 문서가 작성되게 된 배경과 주제를 파악하기

⬇

3. 문서에 쓰인 정보를 밝혀내고, 문서가 제시하고 있는 현안을 파악하기

⬇

4. 문서를 통해 상대방의 욕구와 의도 및 내게 요구되는 행동에 관한 내용을 분석하기

⬇

5. 문서에서 이해한 목적 달성을 위해 취해야 할 행동을 생각하고 결정하기

⬇

6. 상대방의 의도를 도표나 그림 등으로 메모하여 요약·정리해보기

예제풀이

문서를 이해하기 위해 가장 먼저 해야 할 것은 문서의 목적을 먼저 이해하는 것이다. 목적을 명확히 해야 문서의 작성 배경과 주제, 현안을 파악할 수 있다. 궁극적으로 문서에서 이해한 목적달성을 위해 취해야 할 행동을 생각하고 결정할 수 있게 된다.

정답 ①

《 핵심예제 》

다음 문서이해를 위한 구체적인 절차 중 가장 먼저 해야 할 사항은 무엇인가?

① 문서의 목적을 이해하기
② 문서가 작성된 배경과 주제를 파악하기
③ 현안을 파악하기
④ 내용을 요약하고 정리하기

(2) 내용종합능력의 배양

① 주어진 모든 문서를 이해했다 하더라도 그 내용을 모두 기억하기란 불가능하므로 문서내용을 요약하는 문서이해능력에 더해 내용종합능력의 배양이 필요하다.
② 이를 위해서는 다양한 종류의 문서를 읽고, 구체적인 절차에 따라 이해하고, 정리하는 습관을 들여야 한다.

Ⅲ 문서작성능력

| 01 | 문서작성능력의 의의

(1) 문서작성능력이란?

① 문서의 의미

제안서·보고서·기획서·편지·메모·공지사항 등 문자로 구성된 것을 지칭하며
일상생활뿐만 아니라 직업생활에서도 다양한 문서를 자주 사용한다.

② 문서작성의 목적

치열한 경쟁상황에서 상대를 설득하거나 조직의 의견을 전달하고자 한다.

‹ 핵심예제 ›

다음은 무엇에 대한 설명인가?

> 상황과 목적에 적합한 문서를 시각적이고 효과적으로 작성하기 위한 능력

① 문서이해능력　　　　　　② 문서작성능력

③ 언어이해능력　　　　　　④ 언어표현능력

예제풀이

제시된 설명은 문서작성능력
에 대한 정의이다.

정답 ②

(2) 문서작성 시 고려사항

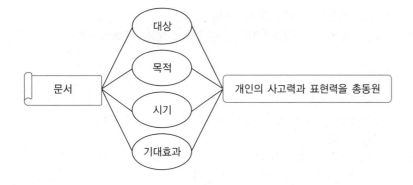

| 02 | 문서작성의 실제

(1) 상황에 따른 문서의 작성

상황	내용
요청이나 확인을 위한 경우	• 공문서 형식 • 일정한 양식과 격식을 갖추어 작성
정보제공을 위한 경우	• 홍보물, 보도자료, 설명서, 안내서 • 시각적인 정보의 활용 • 신속한 정보 제공
명령이나 지시가 필요한 경우	• 업무 지시서 • 명확한 지시사항이 필수적
제안이나 기획을 할 경우	• 제안서, 기획서 • 종합적인 판단과 예견적인 지식이 필요
약속이나 추천을 위한 경우	• 제품의 이용에 대한 정보 • 입사지원, 이직 시 상사가 작성

CHECK POINT

문서의 종류에 따른 작성법
문서의 서식은 각 회사나 기관별로 고유의 양식이 있으면 그에 따라 작성하고, 결정되어 있지 않으면 많이 쓰이는 양식에 따라 작성하면 된다.

(2) 문서의 종류에 따른 작성법

① 공문서

- '누가, 언제, 어디서, 무엇을, 어떻게(왜)'가 드러나도록 작성해야 함
- 날짜는 연도와 월일을 반드시 함께 기입해야 함
- 날짜 다음에 괄호를 사용할 때는 마침표를 찍지 않음
- 내용이 복잡할 경우 '-다음-', '-아래-'와 같은 항목을 만들어 구분함
- 한 장에 담아내는 것이 원칙임
- 마지막엔 반드시 '끝' 자로 마무리함
- 대외문서이고 장기간 보관되는 문서이므로 정확하게 기술해야 함

② 설명서

- 간결하게 작성함
- 전문용어의 사용은 가급적 삼갈 것
- 복잡한 내용은 도표화
- 명령문보다 평서형으로, 동일한 표현보다는 다양한 표현으로 작성함
- 글의 성격에 맞춰 정확하게 기술해야 함

③ 기획서

- 무엇을 위한 기획서인지 핵심 메시지가 정확히 도출되었는지 확인
- 상대가 요구하는 것이 무엇인지 고려하여 작성
- 글의 내용이 한눈에 파악되도록 목차를 구성할 것
- 분량이 많으므로 핵심 내용의 표현에 유념할 것
- 효과적인 내용전달을 위해 표나 그래프를 활용
- 제출하기 전에 충분히 검토할 것
- 인용한 자료의 출처가 정확한지 확인할 것

④ 보고서

- 핵심내용을 구체적으로 제시할 것
- 간결하고 핵심적인 내용의 도출이 우선이므로 내용의 중복을 피할 것
- 독자가 궁금한 점을 질문할 것에 대비할 것
- 산뜻하고 간결하게 작성할 것
- 도표나 그림을 적절히 활용할 것
- 참고자료는 정확하게 제시할 것
- 개인의 능력을 평가하는 기본 자료이므로 제출하기 전 최종점검을 할 것

◁ 핵심예제 ▷

다음 중 설명서의 올바른 작성법에 해당하지 않는 것은?

① 정확한 내용 전달을 위해 명령문으로 작성한다.
② 상품이나 제품에 대해 설명하는 글의 성격에 맞춰 정확하게 기술한다.
③ 정확한 내용전달을 위해 간결하게 작성한다.
④ 소비자들이 이해하기 어려운 전문용어는 가급적 사용을 삼간다.

예제풀이

➕ 설명서는 명령문이 아닌 평서형으로 작성해야 한다.

정답 ①

| 03 | 문서작성의 원칙

(1) 문장구성 시 주의사항

- 간단한 표제를 붙일 것
- 결론을 먼저 작성
- 상대방이 이해하기 쉽게
- 중요하지 않은 경우 한자의 사용은 자제
- 문장은 짧고, 간결하게
- 문장은 긍정문의 형식으로

(2) 문서작성 시 주의사항

- 문서의 작성 시기를 기입
- 제출 전 반드시 최종점검
- 반드시 필요한 자료만 첨부
- 금액, 수량, 일자는 정확하게 기재

문서의미의 전달에 그다지 중요하지 않은 경우에는 한자 사용을 최대한 자제하도록 하며, 상용한자의 범위 내에서 사용하는 것이 상대방의 문서이해에 도움이 될 것이다.

정답 ②

《 핵심예제 》

다음 중 문서작성의 원칙으로 옳지 않은 것은?

① 문장을 짧고, 간결하게 작성하도록 한다.
② 정확한 의미전달을 위해 한자어를 최대한 많이 사용한다.
③ 간단한 표제를 붙인다.
④ 문서의 주요한 내용을 먼저 쓰도록 한다.

| 04 | 문서표현의 시각화

(1) 시각화의 구성요소

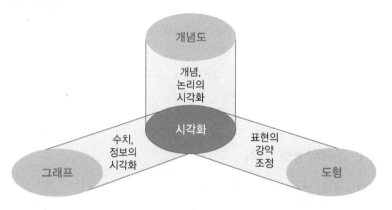

문서의 내용을 시각화하기 위해서는 전하고자 하는 내용의 개념이 명확해야 하고, 수치 등의 정보는 그래프 등을 사용하여 시각화하며, 특히 강조하여 표현하고 싶은 내용은 도형을 이용할 수 있다.

(2) 시각화 방법

① **차트 시각화** : 데이터 정보를 쉽게 이해할 수 있도록 시각적으로 표현하며, 주로 통계 수치 등을 도표나 차트를 통해 명확하고 효과적으로 전달한다.
② **다이어그램 시각화** : 개념이나 주제 등 중요한 정보를 도형, 선, 화살표 등 여러 상징을 사용하여 시각적으로 표현한다.
③ **이미지 시각화** : 전달하고자 하는 내용을 관련 그림이나 사진 등으로 표현한다.

Ⅳ 경청능력

| 01 | 경청능력의 의의

(1) 경청능력이란?

① 경청의 의미

상대방이 보내는 메시지에 주의를 기울이고 이해를 위해 노력하는 행동으로, 대화의 과정에서 신뢰를 쌓을 수 있는 최고의 방법이다.

② 경청의 효과

대화의 상대방이 본능적으로 안도감을 느끼게 되어 무의식적인 믿음을 갖게 되며, 이 효과로 인해 말과 메시지, 감정이 효과적으로 상대방에게 전달된다.

(2) 경청의 중요성

| 경청을 통해 | + | 대화의 상대방을(의) | ⇨ | • 한 개인으로 존중하게 된다.
• 성실한 마음으로 대하게 된다.
• 입장에 공감하며 이해하게 된다. |

| 02 | 효과적인 경청방법

(1) 적극적 경청과 소극적 경청

① 적극적 경청

상대의 말에 집중하고 있음을 행동을 통해 표현하며 듣는 것으로 질문, 확인, 공감 등으로 표현된다.

② 소극적 경청

상대의 말에 특별한 반응 없이 수동적으로 듣는 것을 말한다.

(2) 적극적 경청을 위한 태도

- 비판적·충고적인 태도를 버린다.
- 상대방이 말하고자 하는 의미를 이해한다.
- 단어 이외에 보여지는 표현에 신경쓴다.
- 경청하고 있다는 것을 표현한다.
- 흥분하지 않는다.

(3) 경청의 올바른 자세

- 상대를 정면으로 마주하여 의논할 준비가 되었음을 알린다.
- 손이나 다리를 꼬지 않는 개방적 자세를 취한다.
- 상대를 향해 상체를 기울여 경청하고 있다는 사실을 강조한다.
- 우호적인 눈빛 교환을 한다.
- 편안한 자세를 취한다.

(4) 효과적인 경청을 위한 트레이닝

종류	내용
준비	미리 나누어준 계획서 등을 읽어 강연 등에 등장하는 용어에 친숙해질 필요가 있음
집중	말하는 사람의 속도와 말을 이해하는 속도 사이에 발생하는 간격을 메우는 방법을 학습해야 함
예측	대화를 하는 동안 시간 간격이 있으면, 다음에 무엇을 말할 것인가를 추측하려고 노력해야 함
연관	상대방이 전달하려는 메시지가 무엇인가를 생각해보고 자신의 삶, 목적, 경험과 관련지어 보는 습관이 필요함
질문	질문에 대한 답이 즉각적으로 이루어질 수 없다고 하더라도 질문을 하려고 하면 경청하는 데 적극적이 되고 집중력이 높아지게 됨
요약	대화 도중에 주기적으로 대화의 내용을 요약하면 상대방이 전달하려는 메시지를 이해하고, 사상과 정보를 예측하는 데 도움이 됨
반응	상대방에 대한 자신의 지각이 옳았는지 확인할 수 있으며, 상대방에게 자신이 정확하게 의사소통을 하였는가에 대한 정보를 제공함

경청을 방해하는 요인으로 상대방의 말을 듣기는 하지만 듣는 사람이 임의로 그 내용을 걸러내며 들으면 상대방의 의견을 제대로 이해할 수 없는 경우가 있다. 효과적인 경청자세는 상대방의 말을 전적으로 수용하며 듣는 태도이다.

정답 ④

《 핵심예제 》

다음 중 효과적인 경청방법으로 옳지 않은 것은?

① 주의를 집중한다.
② 나와 관련지어 생각해 본다.
③ 상대방의 대화에 적절히 반응한다.
④ 상대방의 말을 적당히 걸러내며 듣는다.

| 03 | 경청의 방해요인

요인	내용
짐작하기	상대방의 말을 듣고 받아들이기보다 자신의 생각에 들어 맞는 단서들을 찾아 자신의 생각을 확인하는 것
대답할 말 준비하기	자신이 다음에 할 말을 생각하기에 바빠서 상대방이 말하는 것을 잘 듣지 않는 것
걸러내기	상대의 말을 듣기는 하지만 상대방의 메시지를 온전하게 듣지 않는 것
판단하기	상대방에 대한 부정적인 판단 때문에, 또는 상대방을 비판하기 위해 상대방의 말을 듣지 않는 것

다른 생각하기	상대방이 말을 할 때 다른 생각을 하는 것으로 현실이 불만스럽지만 이러한 상황을 회피하고 있다는 신호임
조언하기	본인이 다른 사람의 문제를 지나치게 해결해 주고자 하는 것을 말하며, 말끝마다 조언하려고 끼어들면 상대방은 제대로 말을 끝맺을 수 없음
언쟁하기	단지 반대하고 논쟁하기 위해서만 상대방의 말에 귀를 기울이는 것
자존심 세우기	자존심이 강한 사람에게서 나타나는 태도로 자신의 부족한 점에 대한 상대방의 말을 듣지 않으려 함
슬쩍 넘어가기	문제를 회피하려 하거나 상대방의 부정적 감정을 회피하기 위해서 유머 등을 사용하는 것으로 이로 인해 상대방의 진정한 고민을 놓치게 됨
비위 맞추기	상대방을 위로하기 위해서 너무 빨리 동의하는 것을 말하며, 상대방에게 자신의 생각이나 감정을 충분히 표현할 시간을 주지 못하게 됨

◁ 핵심예제 ▷

다음 중 경청을 방해하는 요인에 해당하지 않는 것은?

① 상대방의 말을 짐작하면서 듣기
② 대답할 말을 미리 준비하며 듣기
③ 상대방의 마음상태를 이해하며 듣기
④ 상대방의 말을 판단하며 듣기

예제풀이

상대방의 마음상태를 이해하며 듣는 것은 올바른 경청 방법으로, 방해요인에 해당하지 않는다.

정답 ③

| 04 | 경청훈련

(1) 대화법을 통한 경청훈련

① 주의 기울이기

바라보기, 듣기, 따라하기가 이에 해당하며, 산만한 행동은 중단하고 비언어적인 것, 즉 상대방의 얼굴과 몸의 움직임뿐만 아니라 호흡하는 자세까지도 주의하여 관찰해야 한다.

② 상대방의 경험을 인정하고 더 많은 정보 요청하기

화자가 인도하는 방향으로 따라가고 있다는 것을 언어적·비언어적인 표현을 통하여 상대방에게 알려주는 것은 상대방이 더 많은 것을 말할 수 있는 수단이 된다.

③ 정확성을 위해 요약하기

상대방에 대한 이해의 정확성을 확인할 수 있게 하며, 자신과 상대방의 메시지를 공유할 수 있도록 한다.

④ 개방적인 질문하기

단답형의 대답이나 반응보다 상대방의 다양한 생각을 이해하고, 상대방으로부터 보다 많은 정보를 얻기 위한 방법이다.

⑤ '왜?'라는 질문 피하기

'왜?'라는 질문은 보통 진술을 가장한 부정적·추궁적·강압적인 표현이므로 사용하지 않는 것이 좋다.

(2) 경청능력을 높이는 공감하는 태도

① 공감적 태도

성숙된 인간관계를 유지하기 위해서는 서로의 의견을 공감하고 존중하며 의견 조율이 필요하다. 이를 위해 깊이 있는 대화가 필요하며 이때 필요한 것이 공감적 태도이다. 즉, 공감이란 상대방이 하는 말을 상대방의 관점에서 이해하고 느끼는 것이다.

② 공감적 반응

㉠ 상대방의 이야기를 자신의 관점이 아닌 그의 관점에서 이해한다.
㉡ 상대방의 말 속에 담겨 있는 감정과 생각에 민감하게 반응한다.

V 의사표현능력

| 01 | 의사표현능력의 의의

(1) 의사표현능력이란?

① 의사표현의 의미

말하는 이가 자신의 생각과 감정을 듣는 이에게 음성언어나 신체언어로 표현하는 행위로서 말하는 이의 목적을 달성하는 데 효과가 있다고 생각하는 말하기를 말한다.

② 의사표현의 종류

종류	내용
공식적 말하기	• 사전에 준비된 내용을 대중을 상대로 하여 말하는 것 • 연설, 토의, 토론 등
의례적 말하기	• 정치적·문화적 행사에서와 같이 의례 절차에 따라 말하는 것 • 식사, 주례, 회의 등
친교적 말하기	매우 친근한 사람들 사이에서 이루어지는 것으로 자연스러운 상황에서 떠오르는 대로 주고받는 말하기

(2) 의사표현의 중요성

언어에 의해 그려지는 이미지로 인해 자신의 이미지가 형상화될 수 있다. 즉, 자신이 자주 하는 말로써 자신의 이미지가 결정된다는 것이다.

| 02 | 의사표현에 영향을 미치는 비언어적 요소

(1) 연단공포증

청중 앞에서 이야기를 해야 하는 상황일 때 정도의 차이는 있지만 누구나 가슴이 두근거리는 등의 현상을 느끼게 된다. 이러한 연단공포증은 소수가 경험하는 심리상태가 아니라, 90% 이상의 사람들이 호소하는 불안이므로 이를 걱정할 필요는 없으며, 오히려 이러한 심리현상을 잘 통제하면서 표현한다면 청자는 그것을 더 인간다운 것으로 생각하게 된다.

(2) 말

① 장단

표기가 같은 말이라도 소리가 길고 짧음에 따라 전혀 다른 뜻이 되는 단어의 경우 긴 소리와 짧은 소리를 구분하여 정확하게 발음해야 한다.

② 발음

발음이 분명하지 못하면 듣는 이에게 정확하게 의사를 전달하기 어렵다. 천천히 복식호흡을 하며 깊은 소리로 침착하게 이야기하는 습관을 가져야 한다.

③ 속도

발표할 때의 속도는 10분에 200자 원고지 15장 정도가 적당하다. 이보다 빠르면 청중이 내용에 대해 생각할 시간이 부족하고 놓친 메시지가 있다고 느끼며, 말하는 사람이 바쁘고 성의 없는 느낌을 주게 된다. 반대로 느리게 말하면, 분위기가 처지게 되어 청중이 내용에 집중을 하지 못한다. 발표에 능숙하게 되면 청중의 반응을 감지하면서 분위기가 처질 경우 좀 더 빠르게, 내용상 중요한 부분을 짚고 넘어가고자 할 경우는 조금 여유 있게 말하는 등의 조절을 할 수 있다.

④ 쉼

의도적으로 쉼을 잘 활용함으로써 논리성, 감정제고, 동질감 등을 확보할 수 있다.

(3) 몸짓

① 몸의 방향

몸의 방향을 통해 대화 상대를 향하는가, 피하는가가 판단된다. 예를 들어 대화 도중에 끼어든 제3자가 있다고 상상했을 때, 말하는 이가 제3자를 불편하게 생각하는 경우 살짝 몸을 돌릴 수 있다. 몸의 방향은 의도적일 수도 있고, 비의도적일 수도 있으나 말하는 이가 그 사람을 '피하고' 있음을 표현하는 방식이 된다.

② 자세

특정 자세를 보고 그 사람의 분노, 슬픔, 행복과 같은 일부 감정들을 맞히는 것은 90% 이상 일치한다는 연구 결과가 있다. 자신뿐 아니라 지금 대화를 나누고 있는 상대방의 자세에 주의를 기울임으로써 우리는 언어적 요소와는 다른 중요한 정보를 얻을 수 있다.

③ 몸짓

몸짓의 가장 흔한 유형은 몸동작으로 화자가 말을 하면서 자연스럽게 동반하는 움직임이다. 누군가 우리에게 길을 물어볼 때 자연스럽게 말과 함께 손가락과 몸짓을 통해 길을 알려준다. 몸동작은 말로 설명하기는 어려운 것들을 설명하는 데 자주 사용되며, 몸동작이 완전히 배제된 의사표현은 때로 어색함을 줄 수 있다. 또 "최고다."라는 긍정적 신호를 보내기 위해 엄지를 들어 올리는 등의 상징적 동작은 말을 동반하지 않아도 의사표현이 가능하게 한다. 상징적 동작은 문화권에 따라 다를 수 있으므로, 다른 문화권의 사람들과 의사소통을 해야 할 경우에는 문화적 차이를 고려해야 한다.

(4) 유머

유머는 의사표현을 더욱 풍요롭게 도와준다. 하지만 하루아침에 유머를 포함한 의사표현을 할 수 있는 것은 아니며, 평소 일상생활 속에서 부단히 유머 감각을 훈련하여야만 자연스럽게 상황에 맞는 유머를 즉흥적으로 구사할 수 있다.

| 03 | 효과적인 의사표현법

상황	내용
지적	• 충고나 질책의 형태로 나타난다. • '칭찬 – 질책 – 격려'의 샌드위치 화법을 사용한다. • 충고는 최후의 수단으로 은유적으로 접근한다.
칭찬	• 대화 서두의 분위기 전환용으로 사용한다. • 상대에 어울리는 중요한 내용을 포함한다.
요구	• 부탁 : 상대의 상황을 확인한 후 응하기 쉽도록 구체적으로 부탁하며, 거절을 당해도 싫은 내색을 하지 않는다. • 업무상 지시, 명령 : 강압적 표현보다는 청유식 표현이 효과적이다.
거절	• 거절에 대한 사과와 함께 응할 수 없는 이유를 설명한다. • 요구를 들어주는 것이 불가능할 경우 단호하게 거절하지만, 정색하는 태도는 지양한다.
설득	• 강요는 금물이다. • 문 안에 한 발 들여놓기 기법 • 얼굴 부딪히기 기법

Ⅵ 기초외국어능력

CHECK POINT

국가별 대표적인 비언어적 의사표현법
• 러시아 : 스스로에게 화가 났을 때 손을 펴서 자기 이마를 친다.
• 미국 : 상대를 꼬실 때뿐만 아니라 "농담이야."라는 말을 하려 할 때도 윙크를 한다.
• 중국 : 놀라거나 어려운 일을 당했을 때 말없이 고개를 좌우로 젓는다.
• 일본 : 팔짱을 끼고 서 있으면 깊이 생각하고 있다는 뜻이다.
• 아랍권 국가들 : "No"라는 의미로 머리를 뒤로 젖히고 눈썹을 치켜 올린다.

| 01 | 기초외국어능력의 의의

(1) 기초외국어능력이란?

일 경험에 있어 우리만의 언어가 아닌 세계의 언어로 의사소통을 가능하게 하는 능력을 말하며, 일 경험 중에 필요한 문서이해나 문서작성, 의사표현, 경청 등 기초적인 의사소통을 기초적인 외국어로 가능하게 하는 능력을 말한다.

(2) 기초외국어능력의 중요성

외국인들과의 업무가 잦은 특정 직무뿐만 아니라 컴퓨터 활용 및 공장의 기계사용, 외국산 제품의 사용법을 확인하는 경우 등 기초외국어를 모르면 불편한 경우가 많다.

| 02 | 외국인과의 비언어적 의사소통

(1) 표정으로 알아채기

외국인과 마주하여 대화할 때 그들의 감정이나, 생각을 가장 쉽게 알 수 있는 것이 표정이다. 웃는 표정은 행복과 만족, 친절을 표현하는 데 비해, 눈살을 찌푸리는 표정은 불만족과 불쾌를 나타낸다. 또한 눈을 마주 쳐다보는 것은 흥미와 관심이 있음을, 그리고 그렇게 하지 않음은 무관심을 말해준다.

(2) 음성으로 알아채기

어조가 높으면 적대감이나 대립감을 나타내고, 낮으면 만족이나 안심을 나타낸다. 또한 목소리가 커졌으면 내용을 강조하는 것이거나 흥분, 불만족 등의 감정 상태를 표현하는 것이다. 또한 말의 속도와 리듬이 매우 빠르거나 짧게 얘기하면 공포나 노여움을 나타내는 것이며, 너무 자주 말을 멈추면 결정적인 의견이 없음을 의미하거나 긴장 또는 저항을 의미한다.

(3) 외국인과의 의사소통에서 피해야 할 행동

- 상대를 볼 때 흘겨보거나, 아예 보지 않는 것
- 팔이나 다리를 꼬는 것
- 표정이 없는 것
- 다리를 흔들거나 펜을 돌리는 것
- 맞장구를 치지 않거나, 고개를 끄덕이지 않는 것
- 생각 없이 메모하는 것
- 자료만 들여다보는 것
- 바르지 못한 자세로 앉는 것
- 한숨, 하품, 신음을 내는 것
- 다른 일을 하며 듣는 것
- 상대방에게 이름이나 호칭을 어떻게 부를지 묻지 않고 마음대로 부르는 것

◀핵심예제▶

다음 중 기초외국어능력을 대하는 마음가짐으로 옳지 않은 것은?

① 상대방과 목적을 공유하라.
② 외국어를 너무 어렵게만 생각하지 마라.
③ 자신을 극복하라.
④ 자신의 부족한 외국어 실력을 의식하여, 실수하지 않도록 한다.

예제풀이

➕ 외국어에 대한 자신감이 부족한 사람들이 가지는 특징은 외국어를 잘 못한다는 지나친 의식, 불명확한 의사표현, 의견정리의 어려움, 표현력의 저하 등이다. 그러므로 이러한 마음상태를 극복하고, 자신만의 기초외국어로의 의사소통 방법을 만들어나가는 것도 기초외국어능력을 높이는 좋은 방법이라 할 수 있다.

[정답] ④

┌ 연속출제 ┐

다음은 노인장기요양보험법의 일부 내용이다. 다음 중 법령을 잘못 이해한 것은?

풀이순서

1) 질문의도
   : 법령이해

2) 선택지 키워드 찾기

3) 지문독해
   : 선택지와 비교

제4조 국가 및 지방자치단체의 책무 등

① 국가 및 지방자치단체는 노인이 일상생활을 혼자서 수행할 수 있는 온전한 심신상태를 유지하는 데 필요한 사업(이하 "노인성질환예방사업"이라 한다)을 실시하여야 한다.

② 국가는 노인성질환예방사업을 수행하는 지방자치단체 또는 국민건강보험법에 따른 국민건강보험공단(이하 "공단"이라 한다)에 대하여 이에 소요되는 비용을 지원할 수 있다. ❷

③ 국가 및 지방자치단체는 노인인구 및 지역특성 등을 고려하여 장기요양급여가 원활하게 제공될 수 있도록 적정한 수의 장기요양기관을 확충하고 장기요양기관의 설립을 지원하여야 한다.

④ 국가 및 지방자치단체는 장기요양급여가 원활히 제공될 수 있도록 공단에 필요한 행정적 또는 재정적 지원을 할 수 있다. ❸

··· (생략) ···

제6조 장기요양기본계획

① 보건복지부장관은 노인 등에 대한 장기요양급여를 원활하게 제공하기 위하여 5년 단위로 다음 각 호의 사항이 포함된 장기요양기본계획을 수립 · 시행하여야 한다. ❶

1. 연도별 장기요양급여 대상인원 및 재원조달 계획
2. 연도별 장기요양기관 및 장기요양전문인력 관리 방안
3. 장기요양요원의 처우에 관한 사항
4. 그 밖에 노인 등의 장기요양에 관한 사항으로서 대통령령으로 정하는 사항

② 지방자치단체의 장은 제1항에 따른 장기요양기본계획에 따라 세부시행계획을 수립 · 시행하여야 한다. ❹

① 보건복지부장관은 5년 단위로 장기요양기본계획을 수립한다. ───── 국가

☒ 노인성질환예방사업을 수행하는 데에 소요되는 비용은 지방자치단체가 지원한다.

③ 국가는 공단의 장기요양급여 제공에 있어 행정적 또는 재정적으로 지원한다.

④ 장기요양기본계획에 따른 세부시행계획은 지방자치단체의 장이 수립 · 시행한다.

4) 정답도출

📋 **유형** 분석
- 주어진 지문을 읽고 일치하는 선택지를 고르는 전형적인 독해 문제이다.
- 지문은 주로 신문기사(보도자료 등), 업무 보고서, 시사 등이 제시된다.
- 대체로 지문이 긴 경우가 많아 푸는 시간이 많이 소요된다.
  응용문제 : 지문의 주제를 찾는 문제나 지문의 핵심내용을 근거로 추론하는 문제가 출제된다.

📋 **풀이** 전략
먼저 선택지의 키워드를 체크한 후, 지문의 내용과 비교하며 내용의 일치유무를 신속히 판단한다.

문서이해 ②

┌연속출제┐

다음은 외국인 건강보험 제도변경에 대한 안내문이다. 다음 안내문을 이해한 내용 으로 적절하지 않은 것은?

풀이순서

1) 질문의도
   : 내용이해 → 적용

2) 지문파악

〈외국인 건강보험 제도변경 안내〉

• 6개월 이상 체류하는 경우 건강보험 당연 가입
  – 유학 또는 결혼이민의 경우는 입국하여 외국인 등록한 날 가입 ❶
    ※ 가입 제외 신청 대상 : 외국의 법령·보험 및 사용자의 계약에 따라 법 제41조에 따른 요양 급여에 상당하는 의료보장을 받을 수 있는 경우
• 자격은 등록된 체류지(거소지)에 따라 개인별로 관리(취득)되며, 건강보험료도 개인별로 부과
  – 다만, 같은 체류지(거소지)에 배우자 및 만 19세 미만 자녀와 함께 거주하여 가족 단위로 보험료 납부를 원하는 경우에는 가족관계를 확인할 수 있는 서류를 지참하여 방문 신청 필요 ❷
• 매월 25일까지 다음 달 보험료 납부 ❺-1
• 보험료 미납하면 불이익 발생
  – 병·의원 이용 시 건강보험 혜택 제한
  – 비자 연장 등 각종 체류 허가 제한(법무부 출입국·외국인 관서) ❹
  – 기한을 정하여 독촉하고, 그래도 납부하지 않으면 소득, 재산, 예금 등 압류하여 강제 징수 ❺-2
    ※ 건강보험 혜택은 대한민국 국민과 동일(입원, 외래진료, 중증질환, 건강검진 등) ❸

---

4) 지문독해
   : 선택지와 비교

① 외국인 유학생 A씨의 경우 체류 기간과 관계없이 외국인 등록을 한 날에 건강보험에 가입된다.

② 배우자와 국내에 함께 체류 중인 외국인 B씨가 가족 단위로 보험료를 납부하고자 할 경우에는 별도의 신청이 필요하다.

✔③ 보험료를 매월 납부하고 있는 외국인 C씨의 경우 외래진료 시에는 보험 혜택을 받을 수 있지만, 건강검진은 제공되지 않는다.

④ 보험료가 미납된 외국인 D씨가 비자 연장을 신청할 경우 신청이 제한될 수 있다.

⑤ 건강보험에 가입된 외국인 E씨는 보험료를 매월 25일까지 납부하여야 하며, 독촉 기한에도 납부하지 않을 경우 소득이나 재산이 압류될 수 있다.

3) 선택지 키워드 찾기

📋 **유형 분석**
• 주어진 지문에 대한 이해를 바탕으로 유추할 수 있는 내용을 고르는 문제이다.
• 지문은 주로 업무 보고서, 기획서, 보도자료 등이 제시된다.
• 일반적인 독해 문제와는 달리 선택지의 내용이 애매모호한 경우가 많으므로 꼼꼼히 살펴보아야 한다.

📋 **풀이 전략**
주어진 지문이 어떠한 내용을 다루고 있는지 파악한 후 선택지의 키워드를 체크한다. 그러고 나서 지문의 내용에서 도출할 수 있는 내용을 선택지에서 찾아야 한다.

┌연속출제┐

다음 중 밑줄 친 단어와 의미가 유사한 것은?

흑사병은 페스트균에 의해 발생하는 급성 열성 감염병으로, 쥐에 기생하는 벼룩에 의해 사람에게 전파된다. 국가위생건강위원회의 자료에 따르면 중국에서는 최근에도 간헐적으로 흑사병 확진 판정이 나온 바 있다. 지난 2014년에는 중국 북서부에서 38세의 남성이 흑사병으로 목숨을 잃었으며, 2016년과 2017년에도 각각 1건씩 발병 사례가 확인됐다.

① 근근이
② 자못
☑ 이따금
④ 빈번히
⑤ 흔히

풀이순서

1) 질문의도
   : 유의어

2) 지문파악
   : 문맥을 보고 단어의
     뜻 유추

3) 정답도출

📑 **유형 분석**
- 주어진 지문에서 밑줄 친 단어의 유의어를 찾는 문제이다.
- 자료는 지문, 보고서, 약관, 공지 사항 등 다양하게 제시된다.
- 다른 문제들에 비해 쉬운 편에 속하지만 실수를 하기 쉽다.
- 응용문제 : 틀린 단어를 올바르게 고치는 등 맞춤법과 관련된 문제가 출제된다.

📑 **풀이 전략**
앞뒤 문장을 읽어 문맥을 파악하여 밑줄 친 단어의 의미를 찾는다.

문서작성 ②

┌연속출제┐

다음 중 공문서 작성 요령으로 적절하지 않은 것은?

① 전문 용어 사용을 지양한다.

✍ 1. → 1) → (1) → 가. → 가)와 같이 항목을 순서대로 표시한다.

③ 첨부물이 있다면 붙임 표시문 다음에 '끝'을 표시한다.

④ 뜻을 정확하게 전달하기 위해 괄호 안에 한자를 함께 적을 수 있다.

⑤ 쌍점(:)은 앞말에 붙여 쓰고 뒷말과는 띄어 쓴다.

풀이순서

1) 질문의도
   : 문서작성 방법

2) 선택지 확인
   : 공문서 작성법

3) 정답도출
   : 공문서의 번호체계
   는 1. → 가. → (1)
   → (가) → 1)과 같
   이 적용한다.

PART 1

PART 2

PART 3

PART 4

PART 5

📋 **유형 분석**
- 실무에서 적용할 수 있는 공문서 작성 방법의 개념을 익히고 있는지 평가하는 문제이다.
- 지문은 실제 문서 형식, 조언하는 말하기, 조언하는 대화가 주로 제시된다.

응용문제 : 문서 유형별 문서작성 방법에 대한 내용이 출제된다. 맞고 틀리고의 문제가 아니라 적합한 방법을 묻는
것이기 때문에 구분이 안 되어 있으면 틀리기 쉽다.

📋 **풀이 전략**
공문서 작성법을 익히고 해당 내용이 올바르게 적용되었는지 파악한다.

┌연속출제┐

다음 빈칸에 들어갈 경청 단계가 차례대로 연결된 것은?

풀이순서

1) 질문의도
   : 경청 방법

2) 지문파악
   : 경청 정도에 따른
     단계

〈경청의 5단계〉

단계	경청 정도	내용
㉠	0%	상대방은 이야기를 하지만, 듣는 사람에게 전달되는 내용은 하나도 없는 단계
㉡	30%	상대방의 이야기를 듣는 태도는 취하고 있지만, 자기 생각 속에 빠져 있어 이야기의 내용이 전달되지 않는 단계
㉢	50%	상대방의 이야기를 듣기는 하나, 자신이 듣고 싶은 내용을 선택적으로 듣는 단계
㉣	70%	상대방이 어떤 이야기를 하는지 내용에 집중하면서 듣는 단계
㉤	100%	상대방의 이야기에 집중하면서 의도와 목적을 추측하고, 이해한 내용을 상대방에게 확인하면서 듣는 단계

	㉠	㉡	㉢	㉣	㉤
①	선택적 듣기	무시	듣는 척하기	공감적 듣기	적극적 듣기
②	듣는 척하기	무시	선택적 듣기	적극적 듣기	공감적 듣기
③	듣는 척하기	무시	선택적 듣기	공감적 듣기	적극적 듣기
④	무시	듣는 척하기	선택적 듣기	적극적 듣기	공감적 듣기

3) 정답도출

📋 **유형 분석** • 경청 단계에 대해 이해하고 있는지를 묻는 문제이다.
• 경청 방법에 대한 지식이 있어도 대화 상황이나 예가 제시되었을 때 그 자료를 해석하지 못하면 소용이 없다. 지식과 예를 연결지어 학습해야 한다.
응용문제 : 경청하는 태도와 방법에 대한 질문, 경청을 방해하는 요인 등의 지식을 묻는 문제들이 출제된다.

📋 **풀이 전략** 경청하는 단계에 대한 지식을 익히고 문제에 적용한다.

의사소통능력 | 기출유형 6
의사표현

┌연속출제┐

다음 제시문에 나타난 의사소통의 저해요인으로 가장 적절한 것은?

> '말하지 않아도 알아요.' TV 광고 음악에 많은 사람이 공감했던 것과 같이 과거 우리 사회에서는 자신의 의견을 직접적으로 드러내지 않는 것을 미덕이라고 생각했다. 하지만 직접 말하지 않아도 상대가 눈치껏 판단하고 행동해주길 바라는 '눈치' 문화가 오히려 의사소통 과정에서의 불신과 오해를 낳는다.

① 의사소통 기법의 미숙
② 부족한 표현 능력
③ 평가적이며 판단적인 태도
④ 선입견과 고정관념
⑤ 폐쇄적인 의사소통 분위기

풀이순서

1) 질문의도
   : 의사소통 저해요인

2) 지문파악
   : 과거의 미덕
   → 불신과 오해

3) 정답도출
   : 사회적으로 미덕으로 인식되던 긍정적 고정관념이 시대가 변함에 따라 불신과 오해를 낳는 이유가 되었다는 것이 제시문의 내용이다.

 유형 분석
- 상황에 적합한 의사표현법에 대한 이해를 묻는 문제이다.
- 의사표현 방법에 대한 지식이 있어도 대화 상황이나 예가 제시되었을 때 그 자료를 해석하지 못하면 소용이 없다. 지식과 예를 연결지어 학습해야 한다.

  응용문제 : 의사표현방법, 의사표현을 방해하는 요인 등의 지식을 묻는 문제들이 출제된다.

풀이 전략 　의사소통의 저해요인에 대한 지식을 익히고 문제에 적용한다.

정답 및 해설 p.026

※ 실업자 A씨는 일자리를 알아보던 중 최근 정부일자리 지원 사업으로 내일배움카드제(구직자)가 있다는 사실을 알게 되었다. 다음 내일배움카드에 대한 설명을 참고하여, 이어지는 질문에 답하시오. **[1~2]**

〈내일배움카드제(구직자)〉

개요	구직자(신규실업자, 전직실업자)에게 일정한 금액을 지원하고, 그 한도 내에서 직업능력개발 훈련에 참여할 수 있도록 하며, 훈련이력 등을 개인별로 통합 관리하는 제도
대상	• 구직신청을 한 만 15세 이상의 실업자 • 국민기초생활보장법 제7조에 따른 급여의 일부 또는 전부를 받은 사람(시장·군수·구청장이 통지한 취업대상자, 자활급여수급자) • 여성가장(배우자가 없는 사람, 미혼여성 중 부모가 없거나 부양능력이 없는 사람 등) • 사업기간이 1년 이상이면서 연 매출액이 15,000만 원 미만인 개인사업자 또는 특수형태근로종사자 • 비진학 예정의 고교 3학년 재학생(소속학교장의 인정 필요) • 다음연도 9월 1일 이전 졸업이 가능한 대학(교) 재학생 • 일용근로자로서 최근 2개월 동안의 일용 근로내역일수가 1개월 간 10일 미만 • 농·어업인으로서 농·어업 이외의 다른 직업에 취업하려는 사람과 그 가족 • 1개월 간 소정근로시간이 60시간 미만(주 15시간 미만 포함)인 근로자로서 고용보험 피보험자가 아닌 사람 • 군 전역예정인 중·장기복무자 • 결혼이민자와 이주청소년, 난민인정자 등
제출 서류	• [필수] 내일배움카드 발급 신청서 • [필수] 개인정보 수집 및 이용 동의서 • [선택] 훈련과정 탐색 결과표 • [선택] 재취업 활동 내역서(취업 목적용) • [선택] 자영업 활동 내역서(창업 목적용) • [선택] 신청자 의견서
발급 신청 단계	• 구직신청, 동영상 교육 이수 → 계좌발급 신청, 사전심의제, 훈련상담(고용센터) → 훈련과정 탐색, 일자리정보 수집 → 계좌발급 결정(고용센터), 내일배움카드 수령 → 훈련수강 신청(훈련기관) → 훈련비·훈련장려금 지원(고용센터)

[1차 기초상담]
• 거주지 관할 고용센터 방문하여 1차 기초상담 실시
• 1차 기초상담은 신청대상여부 확인, 훈련참여에 필요한 지참서류 및 요건 등을 확인
• 기초상담을 받지 않고 본인이 필요한 서류를 지참하여 2차 상담을 곧바로 할 수 있으나, 요건 미비로 재방문할 수 있으므로 고용센터를 우선 방문하여 기초상담을 받는 것이 바람직함

[2차 심층 상담 시 필요한 지참서류 및 요건]
• 구직신청
  워크넷 개인회원 가입 후 이력서 작성 ▶ 구직신청 ▶ 구직인증(고용센터)
  직업심리검사(고용센터에서 요구한 경우) ▶ 결과출력

- 동영상 시청

  HRD-Net 개인회원 가입 후 '훈련안내 동영상' 시청 ▶ 시청확인증 출력
- 훈련과정 탐색

  HRD-Net 접속하여 내일배움카드제(실업자) 훈련과정을 검색 ▶ 훈련기관 방문 상담(비용, 과정내용, 시설 등 확인) ▶ 훈련과정탐색결과표 작성(선택사항)
- 구비서류

  신분증, 개인정보 수집이용 동의서, 내일배움카드 발급신청서, 동영상 시청확인증(출력), 본인명의 통장(신한, 농협, 우리, 제일, 우체국 중 1개)

01 다음 중 내일배움카드제를 제대로 이해하지 못한 사람은?

① A : 지원 한도가 나와 있지 않아 최대 얼마까지 받을 수 있는지 확인할 수는 없군.

② B : 미성년자라도 내일배움카드제를 이용해서 지원 받을 수 있어.

③ C : 내일배움카드를 발급받아도 수강 신청은 고용센터에 먼저 등록해야 하는군.

④ D : 대학 진학을 하지 않을 고등학생 모두가 지원할 수 있는건 아니군.

⑤ E : 내가 사당에서 살고 있고 남양주로 일자리를 구하려고 할 때, 1차 상담은 사당 고용센터에서 받아야겠군.

02 A씨는 내일배움카드제에 지원을 해보려고 한다. A씨가 다음과 같이 지원신청을 진행한다고 할 때, 옳지 않은 것은?(단, A씨는 취업을 목적으로 하고 있다)

① A씨는 1차 기초상담을 받지 않는 채로 바로 2차 상담신청을 진행하였다.

② A씨는 반드시 HRD-Net에 회원가입이 되어 있어야 한다.

③ 2차 상담 전에 A씨가 받아할 강좌(온라인 강좌 포함)는 1개이다.

④ 만약, 2차 상담이 진행되는 동안 직업심리검사를 받아야 한다고 한다면, A씨가 2차 상담 후 제출해야할 필수 서류는 모두 6개이다.

⑤ 상담이 모두 끝난 후에 A씨가 제출한 서류 개수는 최대 8개이다.

다음 글의 내용과 일치하는 것은?

어떤 연구자들은 동성애가 어린 시절 경험의 결과라고 생각한다. 이들에 따르면, 특정한 유형의 부모가 자녀를 양육할 경우, 그 자녀가 동성애자가 될 가능성이 높다는 것이다. 이를 입증하기 위해, 수백 명의 동성애 남성과 여성을 대상으로 대규모 연구가 실시되었다. 그 결과 동성애자가 강압적인 어머니와 복종적인 아버지에 의해 양육되었다는 아무런 증거도 발견하지 못하였다.

그 후 연구자들은 동성애의 원인으로 뇌에 주목했다. 몇몇 연구에서 이성애 남성과 동성애 남성, 이성애 여성의 뇌를 사후에 조사하였다. 이들의 뇌는 시교차 상핵, 성적 이형핵, 전교련이라는 뇌 부위에서 차이가 있었다. 예를 들어 시교차 상핵은 동성애 남자가 더 크고, 이성애 남성과 이성애 여성은 그보다 작았다. 그러나 이러한 뇌 영역 및 그 크기의 차이가 인간의 성적 방향성과 직접적인 인과 관계를 맺고 있다는 증거는 아직까지 발견되지 않았다. 오히려 개인의 성적 방향성이 뇌 구조에 후천적으로 영향을 미쳤을 가능성이 제기되었다. 그렇다면 뇌 구조의 차이가 성적 방향성의 원인이라기보다는 그 결과일 수 있다.

최근 성적 방향성이 출생 전 호르몬 노출과 관련된다는 사실이 밝혀졌다. 안드로겐 호르몬은 출생 전 태아의 정소에서 분비되는 호르몬 중 하나이다. 이 안드로겐 호르몬의 노출 정도가 남성화 수준과 남성의 성적 방향성을 결정하는 요인 중 하나이다. 이러한 연구 결과에 따른다면, 실제로 성적 방향성의 원인이 되는 차이가 발생하는 곳은 뇌가 아닌 다른 영역일 가능성이 높다.

실험실 동물을 이용한 또 다른 연구에서는 출생 전 스트레스가 성숙한 후의 성행동에 영향을 미칠 수 있음이 밝혀졌다. 임신한 쥐를 구금하거나 밝은 빛에 노출시켜 스트레스를 유발하는 방식으로, 수컷 태아의 안드로겐 생산을 억제시키는 스트레스 호르몬을 방출하도록 하였다. 그 결과 스트레스를 받은 어미에게서 태어난 수컷 쥐는 그렇지 않은 쥐에 비하여 수컷의 성 활동을 덜 나타내는 경향이 있었다. 다른 연구에서는 출생 전 스트레스가 성적 이형핵의 크기를 축소시킨다는 사실을 발견했다. 성적 이형핵의 크기를 비교해보면, 이성애 남성에게서 가장 크고 동성애 남성과 이성애 여성은 상대적으로 작다.

성적 방향성을 결정짓는 또 다른 요인은 유전이다. 동성애가 유전적 근거를 갖는다면, 쌍생아의 경우 둘 중 한 사람이라도 동성애자인 집단에서 둘 다 동성애자로 일치하는 비율은 일란성 쌍생아의 경우가 이란성 쌍생아의 경우보다 높아야 한다. 조사 결과, 남성 쌍생아의 경우 일란성 쌍생아의 동성애 일치 비율은 52%인 반면 이란성 쌍생아의 경우 22%였다. 여성의 경우 일란성 쌍생아의 동성애 일치 비율은 48%이고, 이란성 쌍생아의 경우 16%였다.

① 뇌의 시교차 상핵과 성적 이형핵의 크기 차이는 남성의 성적 방향성을 결정하는 요인 중 하나이다.

② 출생 전 특정 호르몬에 얼마나 노출되었는지가 남성의 성적 방향성을 결정하는 요인 중 하나이다.

③ 어린 시절 부모의 억압적 양육과 특정 유형의 편향된 상호작용은 동성애를 결정하는 요인 중 하나이다.

④ 출생 전 스트레스는 성적 이형핵의 크기를 축소시켜 그 부위에서 생성되는 안드로겐 호르몬의 양을 감소시킨다.

⑤ 일란성 쌍생아의 동성애 일치 비율은 남성이 여성에 비해 동성애를 후천적으로 선택하는 비율이 높다는 것을 보여준다.

04 다음 글의 흐름으로 보아 ㉠에 들어갈 내용으로 가장 적절한 것은?

> 동물들은 홍채에 있는 근육의 수축과 이완을 통해 눈동자를 크게 혹은 작게 만들어 눈으로 들어오는 빛의 양을 조절하므로 눈동자 모양이 원형인 것이 가장 무난하다. 그런데 고양이와 늑대와 같은 육식동물은 세로로, 양이나 염소와 같은 초식동물은 가로로 눈동자 모양이 길쭉하다. 특별한 이유가 있는 것일까?
>
> 육상동물 중 모든 육식동물의 눈동자가 세로로 길쭉한 것은 아니다. 주로 매복형 육식동물의 눈동자가 세로로 길쭉하다. 이는 숨어서 기습을 하는 사냥 방식과 밀접한 관련이 있는데, 세로로 길쭉한 눈동자가 _____㉠_____
>
> 일반적으로 매복형 육식동물은 양쪽 눈으로 초점을 맞춰 대상을 보는 양안시로, 각 눈으로부터 얻는 영상의 차이인 양안시차를 하나의 입체 영상으로 재구성하면서 물체와의 거리를 파악한다. 그런데 이러한 양안시차뿐만 아니라 거리지각에 대한 정보를 주는 요소로 심도 역시 중요하다. 심도란 초점이 맞는 공간의 범위를 말하며, 눈동자의 크기에 따라 결정된다. 즉 눈동자의 크기가 커져 빛이 많이 들어오게 되면, 커지기 전보다 초점이 맞는 범위가 좁아진다. 이렇게 초점의 범위가 좁아진 경우를 '심도가 얕다.'고 하며, 반대인 경우를 '심도가 깊다.'고 한다.

① 사냥감의 주변 동태를 정확히 파악하는 데 효과적이기 때문이다.
② 사냥감의 움직임을 정확히 파악하는 데 효과적이기 때문이다.
③ 사냥감의 크기를 정확히 파악하는 데 효과적이기 때문이다.
④ 사냥감과의 거리를 정확히 파악하는 데 효과적이기 때문이다.
⑤ 사냥감의 경로를 정확히 파악하는 데 효과적이기 때문이다.

05 다음 글의 내용을 가장 잘 설명하는 속담은?

> 최근 러시아에서는 공무원들의 근무 태만을 감시하기 위해 공무원들에게 감지기를 부착시켜 놓고 인공위성 추적 시스템을 도입하는 방안을 둘러싸고 논란이 일고 있다. 전자 감시 기술은 인간의 신체 속에까지 파고 들어갈 만반의 준비를 하고 있다. 어린아이의 몸에 감시 장치를 내장하면 아이의 안전을 염려할 필요는 없겠지만, 그게 과연 좋기만 한 것인지, 또 그 기술이 다른 좋지 않은 목적에 사용될 위험은 없는 것인지, 따져볼 일이다. 감시를 위한 것이 아니라 하더라도 전자 기술에 의한 정보의 집적은 언제든 개인의 프라이버시를 위협할 수 있다.

① 사공이 많으면 배가 산으로 간다.
② 새가 오래 머물면 반드시 화살을 맞는다.
③ 쇠뿔은 단김에 빼랬다.
④ 일곱 번 재고 천을 째라.
⑤ 달걀에도 뼈가 있다.

06 다음은 여름철 전기절약 행동요령을 보고 나눈 대화이다. 다음 중 올바르지 않은 것은?

1. **에어컨 등 냉방기기 사용을 자제하고 선풍기를 사용합니다.**
   - 여름철 전력피크의 주원인 중 하나인 냉방기기로 인한 전력부하는 국가위기를 초래할 수 있습니다.
   - 일반적으로 에어컨 한 대의 소비전력은 선풍기 30대의 소비전력과 같습니다. 가급적 에어컨 등의 냉방기기 사용을 자제하고, 필요할 경우 선풍기를 사용하면 전력사용량을 줄일 수 있습니다.
   - 또한 지나친 냉방기기의 사용은 전기요금 폭탄의 원인이 되며 실내외 온도차가 5℃ 이상이면 신경통, 두통, 현기증 등을 유발하게 됩니다.

2. **컴퓨터, 프린터 등 사무기구를 장시간 미사용 시 전원을 차단합니다.**
   - 사용하지 않는 전기제품 또는 사무기기의 전원을 끄고, 콘센트를 뽑아 놓아야 합니다. 사무기기의 전원을 끄지 않고 퇴근하면 밤새 불필요한 전기를 사용하게 되고, 전기요금의 상승으로 이어집니다.
   - 대기전력은 플러그를 꼽아둘 때와 같이 기기 본래의 기능과 무관하게 낭비되는 전력입니다. 이용에 크게 불편하지 않은 4층 미만은 엘리베이터를 운행하지 않고, 4층 이상은 격층 운행하면 엘리베이터 운행 횟수를 약 20% 정도 줄일 수 있습니다.
   - 가급적 계단을 이용하면 에너지 절약과 건강에 도움이 됩니다.

3. **실내온도는 26℃ 이상으로 유지합니다.**
   - 적정 냉방온도 준수는 가장 쉽게 실천할 수 있는 에너지절감 방법으로 실내 온도를 1℃ 높이면 7%의 에너지가 절감되며 재실자의 건강 증진에도 도움을 줄 수 있습니다.
   - 눈에 띄는 곳에 온도계를 설치하면 실내온도를 쉽게 확인할 수 있어 지속적으로 관심을 가지고 절전을 생활화할 수 있습니다.
   ※ 적정 냉방을 위한 쾌적한 공조 요령
     - 에어컨 필터 청소로 냉방효율(3 ~ 5% 증가)과 함께 쾌적한 실내공기를 유지하세요.
     - 문과 창문의 개폐 횟수를 줄입니다.

4. **점심시간 및 퇴실 1시간 전에는 냉방기 가동을 중지합니다.**
   - 연속 냉방의 경우에는 냉방을 중지하여도 점심시간과 퇴근 전 1시간 정도는 연속적인 효과를 낼 수 있습니다.
   - 관행적으로 냉방기는 온도로 관리하지만, 시간을 같이 관리하면 전기절약에 더 효과적입니다.
   - 타이머로 점심시간과 퇴근 1시간 전에 냉방을 끄도록 예약한다면 큰 불편 없이 많은 양의 전기를 절약할 수 있을 것입니다.

5. **여름철 전력피크시간대에는 냉방기 순차 운휴를 실시합니다.**
   - 전력피크시간대인 오후 2 ~ 5시에는 40분씩 2회에 걸쳐 냉방기 사용을 중지합니다. 연속 냉방의 경우에는 냉방을 중지하여도 1시간 정도는 연속적인 효과를 낼 수 있습니다.

6. **점심시간, 야간시간에는 일괄 소등하되, 필요한 부분만 점등합니다.**
   - 조명은 그룹별 관리가 가능하도록 여러 개의 그룹으로 구분하여 운영합니다.
   - 백열등은 형광등, LED 조명과 같은 고효율 조명으로 교체하고 주간에는 창가 조명을 소등하고 자연 채광을 이용합니다.

7. **에너지 절약형 의류를 입고 근무합니다.**
   - 에너지 절약형 의류인 '휘들 옷' 착용을 통해 에너지 사용을 절약합니다.

※ 기타 절전 권장사항
   - 사무기기, 자동절전 멀티탭 등은 대기전력저감 우수제품을 사용합니다.
   - 고효율 에너지 기자재 인증제품 또는 에너지소비효율 1등급 제품을 사용합니다.
   - 전기냉방은 가급적 자제하고, 지역냉방 또는 가스냉방 등을 활용합니다.
   - 건물 적정온도를 유지할 수 있도록 단열을 강화합니다.

① A : 대기전력보다 기계를 끄고 켜는 데 들어가는 전력이 더 많이 사용되기 때문에 퇴근시간에 콘센트를 뽑는
　　　건 옳지 않아.

② B : 실내 온도를 1℃ 높이면 7%의 에너지가 절감된다고 하니 앞으로는 적정온도인 26℃를 맞춰야겠어.

③ C : 에어컨 필터 청소를 안 한 지 오래 된 것 같지 않아? 필터 청소만 해도 냉방효율이 3 ~ 5% 증가한다고 해.

④ D : 전력피크시간대에 냉방기 사용을 40분씩 중지해도 연속 냉방하는 곳은 1시간 정도 연속적인 냉방 효과를
　　　얻을 수 있어서 상관없겠어.

⑤ E : 4층 미만은 엘리베이터를 운행하지 않고, 4층 이상은 격층 운행하면 엘리베이터 운행 횟수를 약 20% 정도
　　　줄일 수 있어.

PART 1

PART 2

PART 3

PART 4

PART 5

07 다음 글을 읽고 〈보기〉와 같이 반응했을 때, 빈칸에 들어갈 단어가 바르게 연결된 것은?

> 와인을 마실 때는 와인의 종류에 따라 그에 맞는 적당한 잔을 선택하는 것이 중요하다. 와인 잔은 크게 레드 와인
> 잔, 화이트 와인 잔, 스파클링 와인 잔으로 나눌 수 있다. 레드 와인 잔은 화이트 와인 잔보다 둘레가 넓어 와인의
> 향기를 풍성하게 느낄 수 있다. 잔의 둘레가 넓어질수록 와인이 공기와 접촉하는 면적이 넓어지기 때문이다. 화이트
> 와인 잔은 레드 와인 잔에 비해 크기가 작다. 차게 마시는 화이트 와인의 특성상 온도가 올라가지 않도록 잔의 용량
> 크기를 작게 만드는 것이다. 마지막으로 스파클링 와인 잔의 길쭉한 튤립 모양은 와인의 탄산을 보존할 수 있도록
> 해준다. 좋은 스파클링 와인일수록 조그만 기포들이 잔 속에서 끊임없이 솟아오른다. 입구가 좁고 높이가 높은 잔을
> 사용하면 스파클링 와인의 기포를 감상하며 즐길 수 있다.

> **보기**
>
> 레드 와인은 와인의 (㉠)을/를, 화이트 와인은 와인의 (㉡)을/를 중요하게 생각하기 때문에 서로 다른 와인 잔
> 을 사용하는군.

	㉠	㉡			㉠	㉡
①	향	탄산		②	향	온도
③	온도	향		④	온도	맛
⑤	맛	탄산				

08 다음 글의 제목으로 가장 알맞은 것은?

일반적으로 소비자들은 합리적인 경제 행위를 추구하기 때문에 최소 비용으로 최대 효과를 얻으려 한다는 것이 소비의 기본 원칙이다. 그들은 '보이지 않는 손'이라고 일컬어지는 시장 원리 아래에서 생산자와 만난다. 그러나 이러한 일차적 의미의 합리적 소비가 언제나 유효한 것은 아니다. 생산보다는 소비가 화두가 된 소비 자본주의 시대에 소비는 단순히 필요한 재화, 그리고 경제학적으로 유리한 재화를 구매하는 행위에 머물지 않는다. 최대 효과 자체에 정서적이고 사회 심리학적인 요인이 개입하면서, 이제 소비는 개인이 세계와 만나는 다분히 심리적인 방법이 되어버린 것이다. 곧 인간의 기본적인 생존 욕구를 충족시켜 주는 합리적 소비 수준에 머물지 않고, 자신을 표현하는 상징적 행위가 된 것이다. 이처럼 오늘날의 소비문화는 물질적 소비 차원이 아닌 심리적 소비 형태를 띠게 된다. 소비 자본주의의 화두는 과소비가 아니라 '과시 소비'로 넘어간 것이다. 과시 소비의 중심에는 신분의 논리가 있다. 신분의 논리는 유용성의 논리, 나아가 시장의 논리로 설명되지 않는 것들을 설명해 준다. 혈통으로 이어지던 폐쇄적 계층 사회는 소비 행위에 대해 계급에 근거한 제한을 부여했다. 먼 옛날 부족 사회에서 수장들만이 걸칠 수 있었던 장신구에서부터, 제아무리 권문세가의 정승이라도 아흔아홉 칸을 넘을 수 없던 집이 좋은 예이다. 권력을 가진 자는 힘을 통해 자기의 취향을 주위 사람들과 분리시킴으로써 경외감을 강요하고, 그렇게 자기 취향을 과시함으로써 잠재적 경쟁자들을 통제한 것이다.

가시적 신분 제도가 사라진 현대 사회에서도 이러한 신분의 논리는 여전히 유효하다. 이제 개인은 소비를 통해 자신의 물질적 부를 표현함으로써 신분을 과시하려 한다.

① '보이지 않는 손'에 의한 합리적 소비의 필요성
② 소득을 고려하지 않은 무분별한 과소비의 폐해
③ 계층별 소비 규제의 필요성
④ 신분사회에서 의복 소비와 계층의 관계
⑤ 소비가 곧 신분이 되는 과시 소비의 원리

09 다음 글의 내용과 일치하지 않는 것은?

> 한 사회의 소득 분배가 얼마나 불평등한지는 일반적으로 '10분위 분배율'과 '로렌츠 곡선' 등의 척도로 측정된다. 10분위 분배율이란 하위 소득 계층 40%의 소득 점유율을 상위 소득 계층 20%의 소득 점유율로 나눈 비율을 말한다. 이 값은 한 사회의 소득 분배가 얼마나 불평등한지를 나타내는 지표가 되는데, 10분위 분배율의 값이 낮을수록 분배가 불평등함을 의미한다.
>
> 계층별 소득 분배를 측정하는 다른 지표로는 로렌츠 곡선을 들 수 있다. 로렌츠 곡선은 정사각형의 상자 안에 가로축에는 저소득 계층부터 고소득 계층까지를 차례대로 누적한 인구 비율을, 세로축에는 해당 계층 소득의 누적 점유율을 나타낸 그림이다. 만약 모든 사람들이 똑같은 소득을 얻고 있다면 로렌츠 곡선은 대각선과 일치하게 된다. 그러나 대부분의 경우 로렌츠 곡선은 대각선보다 오른쪽 아래에 있는 것이 보통이다. 일반적으로 로렌츠 곡선이 평평하여 대각선에 가까울수록 평등한 소득 분배를, 그리고 많이 구부러져 직각에 가까울수록 불평등한 소득 분배를 나타낸다.

① 10분위 분배율은 하위 소득 계층 40%와 상위 소득 계층 20%의 소득 점유율을 알아야 계산할 수 있다.

② 하위 소득 계층 40%의 소득 점유율이 작을수록, 상위 소득 계층 20%의 소득 점유율이 클수록 분배가 불평등하다.

③ 로렌츠 곡선의 가로축을 보면 소득 누적 점유율을, 세로축을 보면 누적 인구 비율을 알 수 있다.

④ 로렌츠 곡선과 대각선의 관계를 통해 소득 분배를 알 수 있다.

⑤ 로렌츠 곡선이 많이 구부러져 직각에 가까울수록 불평등한 소득 분배를 나타낸다.

병의 치료는 진단에서 시작된다. 이 과정에서 의료방사선 노출은 피할 수 없는 과정이다. 개중에는 방사선 노출의 위험성을 이야기하면서 병을 진단하러 갔다가 오히려 얻어오는 경우도 있다는 소문도 들린다. 과연 진실일까?

방사선 노출에 대한 막연한 불안은 유전자 파괴와 돌연변이의 발견, 암의 발생 등 방사선 노출에 대한 위험성이 알려지면서부터 시작된 것 같다. 이런 공포는 체르노빌이나 일본의 원전 사고로 더욱 고조되었다. 그렇다고 무턱대고 엑스레이나, CT, 방사선 치료 등을 피할 수는 없으니 의료방사선의 위험성을 진단해보고 그 허용범위는 어디까지인지 꼼꼼하게 알아보자. 방사선 검사는 진단 의학적 가치가 높아서 대다수 병원에서 사용하고 있다. 특히 건강검진 항목에 포함되면서 대다수 사람은 2년에 한 번씩 혹은 그보다 더 자주 X선에 노출되고 있다. X선 촬영 시 받는 방사선의 양은 흉부 촬영 시 0.1 ~ 0.3mSv로 신체에 유전적 이상을 초래할 가능성이 거의 없다. 이 양은 자연에서 생성되는 방사선의 양에 비해 극히 미미하다. 그러나 불필요한 X선 촬영은 피하는 것이 좋다.

임신 중 방사선 노출은 대부분 태아에게 치명적인 위험을 초래하지 않지만 다른 합병증이 생길 수 있으므로 꼭 필요한 검사만을 해야 한다. 진단이 필요하다면 방사선 노출이 우려되는 유방촬영, 흉부촬영, 골밀도, CT, X선 등의 검사를 될 수 있는 한 피하고 초음파나 MRI(임신 1기 제외)를 활용하는 것이 좋다. 임신인 줄 모르고 X선에 노출되었다면 진단용 방사선 검사는 피폭량이 적으므로 이것을 이유로 중절시술을 받는 것은 옳지 않다. 태아에 심각한 영향을 미친다고 보는 방사선량은 100mGy 이상으로 일반적인 진단 방사선으로는 그 양에 도달하기 어렵다. 그래도 방사선 노출로 인한 부작용이 걱정된다면 전문의를 찾아가 상담해 볼 것을 권한다.

유방암 검사는 유방 촬영술, 초음파, MRI, 단층 촬영, 세침흡입세포검사 등 다양하다. 이중 유방 X선 촬영이나 단층 촬영은 방사선 때문에 오히려 유방암을 일으키는 원인이 된다고 기피하는 사람들이 있다. 그러나 유방암의 조기 검진을 하지 않았을 때 발생할 수 있는 위험을 생각한다면 피폭량이 한정적인 유방암 검진을 결코 피해서는 안 된다. 이 중 단층 촬영은 암이 다른 부위로 전이되었거나 꼭 필요할 때만 전문의 진단 요청에 따라 실시되는 것이다. 방사선 진단이 인체에 좋은 것이라고는 할 수 없지만 병의 진단과 치료를 위해서는 적절한 시기에 꼭 필요한 것임을 알아두도록 하자.

㉠ 자연 방사선은 우주 방사선과 ㉡ 지구 방사선, 두 가지로 나뉘며 자연 속에 존재한다. 우리가 숨 쉬고 마시고 먹고 사는 모든 것에 방사성 물질이 포함된 것이다. 조사에 의하면 지역에 따라 다르긴 하지만 대부분 사람은 1년 동안 평균적으로 1mSv ~ 2.4mSv에 노출된다고 한다. 단순 X선 촬영 시 노출되는 방사선량은 이런 자연 방사선량보다 적고 심지어 비행기 여행 시 노출되는 방사선량보다도 적다. 그러므로 방사선 노출 걱정 때문에 '필요한' 방사선 진단을 피할 필요는 없다.

10 다음 중 ㉠과 ㉡의 관계와 유사하지 않은 것은?

① 직업 – 교사
② 계절 – 여름
③ 기우 – 걱정
④ 다각형 – 마름모
⑤ 문학 – 소설

11 B씨가 아래와 같은 소문을 듣고 윗글을 통해 진위를 확인했을 때, B씨는 오해와 진실을 각각 몇 개씩 찾았겠는가?

- 엑스레이를 찍는 것만으로도 위험하다.
- 임신한 사람은 방사선 노출을 피해야 한다.
- 유방암 검진이 오히려 유방암을 일으킬 수 있다.
- 방사선 노출은 자연 상태에서도 이루어진다.

	오해	진실			오해	진실
①	1개	3개		②	2개	2개
③	3개	1개		④	4개	없음
⑤	없음	4개				

12 다음 글을 읽고 이해한 것으로 올바르지 않은 것은?

신혼부부 가구의 주거안정을 위해서는 우선적으로 육아·보육지원 정책의 확대·강화가 필요한 것으로 나타났다. 신혼부부 가구는 주택 마련 지원 정책보다 육아수당, 육아보조금, 탁아시설 확충과 같은 육아·보육지원 정책의 확대·강화가 더 필요하다고 생각하고 있으며 특히, 믿고 안심할 수 있는 육아·탁아시설의 확대가 필요한 것으로 나타났다. 이는 최근 부각된 보육기관에서의 아동학대문제 등 사회적 분위기의 영향과 맞벌이 가구의 경우, 안정적인 자녀 보육환경이 전제되어야만 안심하고 경제활동을 할 수 있기 때문인 것으로 보인다.

신혼부부 가구 중 아내의 경제활동 비율은 평균 38.3%이며 맞벌이 비율은 평균 37.2%로 나타났으나, 일반적으로 자녀 출산 시기로 볼 수 있는 혼인 3년 차에서의 맞벌이 비율은 30% 수준까지 낮아지는 경향을 보이는데 자녀의 육아환경 때문으로 판단된다. 또한, 외벌이 가구의 81.5%가 자녀의 육아·보육을 위해 맞벌이를 하지 않는다고 하였으며 이는 결혼 여성의 경제활동 지원을 위해서는 무엇보다 육아를 위한 보육시설의 확대가 필요하다는 것을 시사한다.

맞벌이의 주된 목적이 주택비용 마련임을 고려할 때, 보육시설의 확대는 결혼 여성에게 경제활동의 기회를 제공하여 신혼부부 가구의 경제력을 높이고, 내 집 마련 시기를 앞당길 수 있다는 점에서 중요성을 갖는다.

특히, 신혼부부 가구가 계획하고 있는 총 자녀의 수는 1.83명이나 자녀 양육 환경문제 등으로 추가적인 자녀계획을 포기하는 경우가 나타날 수 있으므로 실제 이보다 낮은 자녀 수를 보일 것으로 예상된다. 따라서 출산장려를 위해서도 결혼 여성의 경제활동을 지원하기 위한 강화된 국가적 차원의 배려와 관심이 필요하다고 할 수 있다.

---

① 육아·보육지원은 신혼부부의 주거안정을 위한 정책이다.
② 신혼부부들은 육아수당, 육아보조금 등이 주택 마련 지원보다 더 필요하다고 생각한다.
③ 자녀의 보육환경이 개선되면 맞벌이 비율이 상승할 것이다.
④ 경제활동에 참여하는 여성이 많아질수록 출산율은 낮아질 것이다.
⑤ 보육환경의 개선은 신혼부부 가구가 내 집 마련을 보다 이른 시기에 할 수 있게 해 준다.

13 다음 글을 읽고 필자의 생각으로 가장 적절한 것을 고른 것은?

우리는 우리가 생각한 것을 말로 나타낸다. 또 다른 사람의 말을 듣고, 그 사람이 무슨 생각을 가지고 있는지를 짐작한다. 그러므로 생각과 말은 서로 떨어질 수 없는 깊은 관계를 가지고 있다.

그러면 말과 생각이 얼마만큼 깊은 관계를 가지고 있을까? 이 문제를 놓고 사람들은 오랫동안 여러 가지 생각을 하였다. 그 가운데 가장 두드러진 것이 두 가지 있다. 그 하나는 말과 생각이 서로 꼭 달라붙은 쌍둥이인데 한 놈은 생각이 되어 속에 감추어져 있고 다른 한 놈은 말이 되어 사람 귀에 들리는 것이라는 생각이다. 다른 하나는 생각이 큰 그릇이고 말은 생각 속에 들어가는 작은 그릇이어서 생각에는 말 이외에도 다른 것이 더 있다는 생각이다.

이 두 가지 생각 가운데서 앞의 것은 조금만 깊이 생각해 보면 틀렸다는 것을 즉시 깨달을 수 있다. 우리가 생각한 것은 거의 대부분 말로 나타낼 수 있지만, 누구든지 가슴 속에 응어리진 어떤 생각이 분명히 있기는 한데 그것을 어떻게 말로 표현해야 할지 애태운 경험을 가지고 있을 것이다. 이것 한 가지만 보더라도 말과 생각이 서로 안팎을 이루는 쌍둥이가 아님은 쉽게 판명된다.

인간의 생각이라는 것은 매우 넓고 큰 것이며 말이란 결국 생각의 일부분을 주워 담는 작은 그릇에 지나지 않는다. 그러나 아무리 인간의 생각이 말보다 범위가 넓고 큰 것이라고 하여도 그것을 가능한 한 말로 바꾸어 놓지 않으면 그 생각의 위대함이나 오묘함이 다른 사람에게 전달되지 않기 때문에 말의 신세를 지지 않을 수가 없게 되어 있다. 그러니까 말을 통하지 않고는 생각을 전달할 수가 없는 것이다.

① 말은 생각의 폭을 확장시킨다.
② 말은 생각을 전달하기 위한 수단이다.
③ 생각은 말이 내면화된 쌍둥이와 같은 존재이다.
④ 말은 생각의 하위요소이다.
⑤ 말은 생각을 제한하는 틀이다.

14 다음 글에서 앞뒤 문맥을 고려할 때 이어질 글을 논리적 순서대로 알맞게 나열한 것은?

전쟁 소설 중에는 실제로 일어났던 전쟁을 배경으로 한 작품들이 있다. 이런 작품들은 허구를 매개로 실제 전쟁을 새롭게 조명하고 있다.

(가) 가령, 작자 미상의 조선 후기 소설『박씨전』의 후반부는 조선이 패전했던 병자호란에 등장하는 실존 인물 '용골 대'와 그의 군대를 허구의 여성인 '박씨'가 물리치는 허구의 내용인데, 이는 패전의 치욕을 극복하고 싶은 수많 은 조선인의 바람을 반영한 것이다.

(나) 한편, 1964년 박경리가 발표한『시장과 전장』은 극심한 이념 갈등 사이에서 생존을 위해 몸부림치는 인물을 통해 6 · 25 전쟁이 남긴 상흔을 직시하고 이에 좌절하지 않으려는 작가의 의지를 드러낸다.

(다) 또한『시장과 전장』에서는 전쟁터를 재현하여 전쟁의 폭력과 맞닥뜨린 개인의 연약함을 강조하고, 무고한 희 생을 목격한 인물의 내면을 드러냄으로써 개인의 존엄을 탐색한다.

(라) 박씨와 용골대 사이의 대립 구도 아래 전개되는 허구의 이야기는 조선인들의 슬픔을 위로하고 희생자를 추모함 으로써 공동체로서의 연대감을 강화하였다.

우리는 이러한 작품들을 통해 전쟁의 성격을 탐색할 수 있다. 전쟁이 폭력적인 것은 공동체 사이의 갈등 과정에서 사람들이 죽기 때문만은 아니다. 전쟁의 명분은 폭력을 정당화하기 때문에 적군의 죽음은 불가피한 것으로, 아군의 죽음은 불의한 적군에 의한 희생으로 간주한다. 전쟁은 냉혹하게도 피아(彼我)를 막론하고 민간인의 죽음조차 외면 하거나 자신의 명분에 따라 이를 이용하게 한다는 점에서 폭력성을 띠는 것이다.

두 작품에서 사람들이 죽는 장소가 군사들이 대치하는 전선만이 아니라는 점도 주목할 수 있다. 전쟁터란 전장과 후방, 가해자와 피해자가 구분하기 힘든 혼돈의 현장이다.

이 혼돈 속에서 사람들은 고통을 받으면서도 생의 의지를 추구해야 한다는 점에서 전쟁의 비극성은 극대화된다. 이처럼, 전쟁의 허구화를 통해 우리는 전쟁에 대한 인식을 새롭게 할 수 있다.

① (가) – (다) – (나) – (라)

② (가) – (라) – (다) – (나)

③ (가) – (라) – (나) – (다)

④ (나) – (가) – (라) – (다)

⑤ (나) – (가) – (다) – (라)

15 다음 글을 읽고 올바르게 이해한 것은?

세계 식품 시장의 20%를 차지하는 할랄식품(Halal Food)은 '신이 허용한 음식'이라는 뜻으로 이슬람 율법에 따라 생산, 처리, 가공되어 무슬림들이 먹거나 사용할 수 있는 식품을 말한다. 이런 기준이 적용된 할랄식품은 엄격하게 생산되고 유통과정이 투명하기 때문에 일반 소비자들에게도 좋은 평을 얻고 있다.

할랄식품 시장은 최근들어 급격히 성장하고 있는데 이의 가장 큰 원인은 무슬림 인구의 증가이다. 무슬림은 최근 20년 동안 5억 명 이상의 인구증가를 보이고 있어서 많은 유통업계들이 할랄식품을 위한 생산라인을 설치하는 등의 노력을 하고 있다.

그러나 할랄식품을 수출하는 것은 쉬운 일이 아니다. 신이 '부정한 것'이라고 하는 모든 것으로부터 분리돼야 하기 때문이다. 또한, 국제적으로 표준화된 기준이 없다는 것도 할랄식품 시장의 성장을 방해하는 요인이다. 세계 할랄 인증 기준만 200종에 달하고 수출업체는 각 무슬림 국가마다 별도의 인증을 받아야 한다. 전문가들은 이대로라면 할랄 인증이 무슬림 국가들의 수입장벽이 될 수 있다고 지적한다.

① 할랄식품은 무슬림만 먹어야 하는 식품이다.
② 할랄식품은 할랄식품이 갖는 이미지 때문에 소비자들에게 인기가 좋다.
③ 할랄식품 시장의 급격한 성장으로 유통업계에서는 할랄식품을 위한 생산라인을 설치 중이다.
④ 표준화된 할랄 인증 기준을 통과하면 무슬림 국가에 수출이 가능하다.
⑤ 할랄식품은 그 자체가 브랜드이기 때문에 큰 걸림돌 없이 지속적인 성장이 가능하다.

CHAPTER 02

문제해결능력

문제해결능력은 업무를 수행하면서 여러 가지 문제 상황이 발생하였을 때, 창의적이고 논리적인 사고를 통하여 이를 올바르게 인식하고 적절히 해결하는 능력을 말한다. 하위능력으로는 사고력과 문제처리능력이 있다.

문제해결능력은 NCS 기반 채용을 진행하는 대다수의 공사·공단에서 채택하고 있으며, 문항 수는 평균 24% 정도로 상당히 많이 출제되고 있다. 하지만 많은 수험생들은 더 많이 출제되는 다른 영역에 몰입하고 문제해결능력은 집중하지 않는 실수를 하고 있다. 다른 영역보다 더 많은 노력이 필요할 수는 있지만 그렇기에 차별화를 할 수 있는 득점 영역이므로 포기하지 말고 꾸준하게 노력해야 한다.

01 질문의 의도를 정확하게 파악하라!

문제해결능력은 문제에서 무엇을 묻고 있는지 정확하게 파악하여 먼저 풀이 방향을 설정하는 것이 가장 효율적인 방법이다. 특히, 조건이 주어지고 답을 찾는 창의적·분석적인 문제가 주로 출제되고 있기 때문에 처음에 정확한 풀이 방향이 설정되지 않는다면 시간만 허비하고 결국 문제도 풀지 못하게 되므로 첫 번째로 출제의도 파악에 집중해야 한다.

02 중요한 정보는 반드시 표시하라!

위에서 말한 정확한 문제의도를 파악하기 위해서는 문제에서 중요한 정보는 반드시 표시나 메모를 하여 하나의 조건, 단서도 잊고 넘어가는 일이 없도록 해야 한다. 실제 시험에서는 시간의 압박과 긴장감으로 정보를 잘못 적용하거나 잊고 지나쳐 틀리는 실수가 많이 발생하므로 사전에 충분한 연습이 필요하다. 가령 명제 문제의 경우 주어진 명제와 그 명제의 대우를 본인이 한눈에 파악할 수 있도록 기호화, 도식화하여 메모하면 흐름을 이해하기가 더 수월하다. 이를 통해 자신만의 풀이 순서와 방향, 기준 또한 생길 것이다.

03 반복 풀이를 통해 취약 유형을 파악하라!

길지 않은 한정된 시간 동안 모든 문제를 다 푸는 것은 조금은 어려울 수도 있다. 따라서 고득점을 할 수 있는 효율적인 문제 풀이 방법을 찾아야 한다. 이때, 반복적인 문제 풀이를 통해 자신이 취약한 유형을 파악하는 것이 중요하다. 취약 유형 파악은 종료 시간이 임박했을 때 빛을 발할 것이다. 풀 수 있는 문제부터 빠르게 풀고 취약한 유형은 나중에 푸는 효율적인 문제 풀이를 통해 최대한의 고득점을 하는 것이 중요하다. 본인의 취약 유형을 파악하기 위해서는 많은 문제를 풀어 봐야 한다.

04 타고나는 것이 아니므로 열심히 노력하라!

대부분의 수험생들이 문제해결능력은 공부해도 실력이 늘지 않는 영역이라고 생각한다. 하지만 그렇지 않다. 문제해결능력이야말로 노력을 통해 충분히 고득점이 가능한 영역이다. 정확한 질문 의도 파악, 취약한 유형의 반복적인 풀이, 빈출유형 파악 등의 방법으로 충분히 실력을 향상시킬 수 있다. 자신감을 갖고 공부하기 바란다.

Ⅰ 문제해결능력

| 01 | 문제의 의의

(1) 문제와 문제점

문제	업무를 수행함에 있어서 답을 요구하는 질문이나 의논하여 해결해야 하는 사항
문제점	문제의 원인이 되는 사항으로 문제해결을 위해서 조치가 필요한 대상

난폭운전으로 전복사고가 일어난 경우는 '사고의 발생'이 문제이며, '난폭운전'은 문제점이다.

(2) 문제의 유형

① 기능에 따른 분류 : 제조 문제, 판매 문제, 자금 문제, 인사 문제, 경리 문제, 기술상 문제

② 시간에 따른 분류 : 과거 문제, 현재 문제, 미래 문제

③ 해결방법에 따른 분류 : 논리적 문제, 창의적 문제

④ 업무수행 과정 중 발생한 문제 유형 : 발생형 문제(보이는 문제), 탐색형 문제(찾는 문제), 설정형 문제(미래 문제)

구분	내용
발생형 문제 (보이는 문제)	• 우리 눈앞에 발생되어 걱정하고 해결하기 위해 고민하는 문제를 말하며 원인지향적인 문제라고도 함 • 일탈 문제 : 어떤 기준을 일탈함으로써 생기는 문제 • 미달 문제 : 기준에 미달하여 생기는 문제
탐색형 문제 (찾는 문제)	• 현재의 상황을 개선하거나 효율을 높이기 위한 문제를 말하며 문제를 방치하면 뒤에 큰 손실이 따르거나 해결할 수 없게 되는 것 • 잠재 문제 : 문제가 잠재되어 인식하지 못하다가 결국 문제가 확대되어 해결이 어려운 문제 • 예측 문제 : 현재는 문제가 아니지만 계속해서 현재 상태로 진행할 경우를 가정하고 앞으로 일어날 수 있는 문제 • 발견 문제 : 현재는 문제가 없으나 좋은 제도나 기법, 기술을 발견하여 개선, 향상할 수 있는 문제
설정형 문제 (미래의 문제)	• 장래의 경영전략을 통해 앞으로 어떻게 할 것인가 하는 문제 • 새로운 목표를 설정함에 따라 일어나는 문제로서 목표 지향적 문제라고도 함 • 지금까지 경험한 바가 없는 문제로 많은 창조적인 노력이 요구되므로 창조적 문제라고도 함

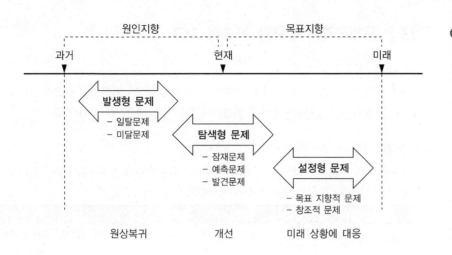

CHECK POINT

⊕ **문제의 종류**
- 발생형 문제 : 현재 직면하여 해결하기 위해 고민하는 문제
- 탐색형 문제 : 현재의 상황을 개선하거나 효율을 높이기 위한 문제
- 설정형 문제 : 앞으로 어떻게 할 것인가 하는 문제

《 핵심예제 》

다음 중 문제에 대한 설명으로 옳지 않은 것은?

① 업무를 수행함에 있어서 답을 요구하는 질문이나 의논하여 해결해야 되는 사항을 의미한다.

② 해결하기를 원하지만 실제로 해결해야 하는 방법을 모르고 있는 상태도 포함된다.

③ 얻고자 하는 해답이 있지만 그 해답을 얻는 데 필요한 일련의 행동을 알지 못한 상태도 있다.

④ 일반적으로 발생형 문제, 설정형 문제, 논리적 문제로 구분된다.

예제풀이

⊕ 문제는 일반적으로 발생형 문제, 탐색형 문제, 설정형 문제로 구분된다.

정답 ④

| 02 | 문제해결의 의의

(1) 문제해결이란?

목표와 현상을 분석하고, 분석 결과를 토대로 주요 과제를 도출한 뒤, 바람직한 상태나 기대되는 결과가 나타나도록 최적의 해결책을 찾아 실행, 평가해가는 활동을 말한다.

(2) 문제해결에 필요한 기본요소

① 체계적인 교육훈련
② 창조적 스킬의 습득
③ 전문영역에 대한 지식 습득
④ 문제에 대한 체계적인 접근

CHECK POINT

⊕ **분석적 사고가 요구되는 문제**
- 성과 지향의 문제 : 기대하는 결과를 명시하고 효과적으로 달성하는 방법을 사전에 구상
- 가설 지향의 문제 : 현상 및 원인분석 전에 일의 과정이나 결론을 가정한 후, 일을 수행
- 사실 지향의 문제 : 객관적 사실로부터 사고와 행동을 시작

| 03 | 문제해결에 필요한 기본적 사고

(1) 전략적 사고
현재 당면하고 있는 문제와 해결방법에만 집착하지 말고, 그 문제와 해결방안이 상위 시스템 또는 다른 문제와 어떻게 연결되어 있는지를 생각하는 것이 필요하다.

(2) 분석적 사고
전체를 각각의 요소로 나누어 그 요소의 의미를 도출한 다음 우선순위를 부여하고 구체 적인 문제해결방법을 실행하는 것이 요구된다.

문제의 종류	요구되는 사고
성과 지향의 문제	기대하는 결과를 명시하고 효과적으로 달성하는 방법을 사전에 구상하고 실행에 옮길 것
가설 지향의 문제	현상 및 원인 분석 전에 지식과 경험을 바탕으로 일의 과정이나 결과, 결론을 가정한 다음 검증 후 사실일 경우 다음 단계의 일을 수행할 것
사실 지향의 문제	일상 업무에서 일어나는 상식, 편견을 타파하여 객관적 사실로부터 사고와 행동을 출발할 것

(3) 발상의 전환
사물과 세상을 바라보는 인식의 틀을 전환하여 새로운 관점에서 바로 보는 사고를 지향 하는 것이 필요하다.

(4) 내·외부자원의 효과적 활용
기술, 재료, 방법, 사람 등 필요한 자원 확보 계획을 수립하고 내·외부자원을 효과적 으로 활용하도록 해야 한다.

예제풀이

문제해결에 필요한 기본적 사고
전략적 사고, 분석적 사고, 발상의 전환, 내·외부자원 의 활용

정답 ②

《 핵심예제 》

문제해결에 필요한 기본적 사고로 옳은 것은?

① 외부자원만을 효과적으로 활용한다.
② 전략적 사고를 해야 한다.
③ 같은 생각을 유지한다.
④ 추상적 사고를 해야 한다.

CHECK POINT

문제해결의 장애요소
주변 환경, 업무의 특성, 개 인의 특성 등 다양하다.

| 04 | 문제해결의 장애요소

- 문제를 철저하게 분석하지 않는 것
- 고정관념에 얽매이는 것
- 쉽게 떠오르는 단순한 정보에 의지하는 것
- 너무 많은 자료를 수집하려고 노력하는 것

| 05 | 제3자를 통한 문제해결

종류	내용
소프트 어프로치	• 대부분의 기업에서 볼 수 있는 전형적인 스타일 • 조직 구성원들이 같은 문화적 토양을 가짐 • 직접적인 표현보다는 암시를 통한 의사전달 • 제3자 : 결론을 미리 그려가면서 권위나 공감에 의지함 • 결론이 애매하게 산출되는 경우가 적지 않음
하드 어프로치	• 조직 구성원들이 상이한 문화적 토양을 가짐 • 직설적인 주장을 통한 논쟁과 협상 • 논리, 즉 사실과 원칙에 근거한 토론 • 제3자 : 지도와 설득을 통해 전원이 합의하는 일치점 추구 • 이론적으로는 가장 합리적인 방법 • 창조적인 아이디어나 높은 만족감을 이끌어내기 어려움
퍼실리테이션	• 그룹이 나아갈 방향을 알려주고, 공감을 이룰 수 있도록 도와주는 것 • 제3자 : 깊이 있는 커뮤니케이션을 통해 창조적인 문제해결 도모 • 창조적인 해결방안 도출, 구성원의 동기와 팀워크 강화 • 퍼실리테이터의 줄거리대로 결론이 도출되어서는 안 됨

Ⅱ 사고력

| 01 | 창의적 사고의 의의

(1) 창의적 사고란?

당면한 문제를 해결하기 위해 이미 알고 있는 경험과 지식을 해체하여 다시 새로운 정보로 결합함으로써 새로운 아이디어를 다시 도출하는 것이다.

(2) 창의적 사고의 의미

> • 발산적(확산적) 사고
> • 새롭고 유용한 아이디어를 생산해 내는 정신적인 과정
> • 기발하거나, 신기하며 독창적인 것
> • 유용하고 적절하며, 가치가 있는 것
> • 기존의 정보들을 새롭게 조합시킨 것

(3) 창의적 사고의 특징

> • 정보와 정보의 조합
> • 사회나 개인에게 새로운 가치 창출
> • 교육훈련을 통해 개발 가능

CHECK POINT

창의적 사고
창의적 사고란 노벨상을 수상할 만한 발명과 같이 아무 것도 없는 무에서 유를 만들어 내는 것이 아니라 끊임없이 참신한 아이디어를 산출하는 힘으로서, 필요한 물건을 싸게 사기 위해 하는 생각 등 우리는 매일매일 창의적 사고를 하며 살고 있다.

창의적 사고에 대한 편견
• 창의적 사고력은 선천적으로 타고난 사람들에게만 있다.
• 지능이 뛰어나거나 현실에 적응을 잘하지 못하는 사람들이 일반인보다 창의적이다.
• 사람의 나이가 적을수록 창의력이 높다.
• 창의적 사고란 아이디어를 내는 것으로 그 아이디어의 유용성을 따지는 것은 별개의 문제이다.

〈 핵심예제 〉

창의적 사고의 특징으로 옳지 않은 것은?

① 외부 정보끼리의 조합이다.

② 사회나 개인에게 새로운 가치를 창출한다.

③ 창조적인 가능성이다.

④ 사고력, 성격, 태도 등의 전인격적인 가능성을 포함한다.

| 02 | 창의적 사고의 개발 방법

(1) 자유 연상법 – 생각나는 대로 자유롭게 발상 – 브레인스토밍

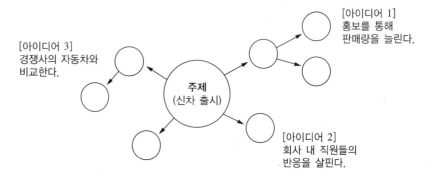

(2) 강제 연상법 – 각종 힌트와 강제적으로 연결지어서 발상 – 체크리스트

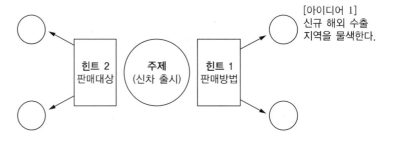

(3) 비교 발상법 – 주제의 본질과 닮은 것을 힌트로 발상 – NM법, Synectics

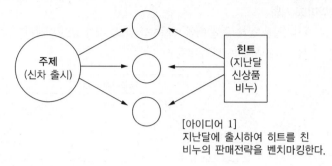

[아이디어 1]
지난달에 출시하여 히트를 친
비누의 판매전략을 벤치마킹한다.

(4) 브레인스토밍 진행 방법

- 주제를 구체적이고 명확하게 정한다.
- 구성원의 얼굴을 볼 수 있는 좌석 배치와 큰 용지를 준비한다.
- 구성원들의 다양한 의견을 도출할 수 있는 사람을 리더로 선출한다.
- 구성원은 다양한 분야의 사람들로 5 ~ 8명 정도로 구성한다.
- 발언은 누구나 자유롭게 할 수 있도록 하며, 모든 발언 내용을 기록한다.
- 아이디어에 대한 평가는 비판해서는 안 된다.

| 03 | 논리적 사고

(1) 논리적 사고란?

사고의 전개에 있어서 전후의 관계가 일치하고 있는가를 살피고, 아이디어를 평가하는 능력을 말한다.

(2) 논리적 사고의 5요소

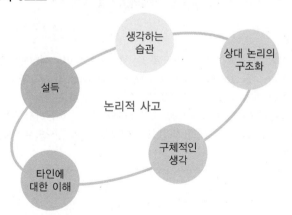

CHECK POINT

⊕ 브레인스토밍
미국의 알렉스 오즈번이 고안한 그룹발산기법으로, 창의적인 사고를 위한 발산방법 중 가장 흔히 사용되는 방법이다. 집단의 효과를 살려서 아이디어의 연쇄반응을 일으켜 자유분방한 아이디어를 내고자 하는 것이다.

CHECK POINT

⊕ 논리적 사고
업무 수행 중에 자신이 만든 계획이나 주장을 주위 사람에게 이해시켜 실현시키기 위해서는 체계적인 설득 과정을 거쳐야 하는데, 이때 필요로 하는 것이 논리적 사고이다.

(3) 논리적 사고를 개발하기 위한 방법

① 피라미드 기법

보조 메시지들을 통해 주요 메인 메시지를 얻고, 다시 메인 메시지를 종합한 최종적인 정보를 도출해 내는 방법이다.

② So What 기법

"그래서 무엇이지?" 하고 자문자답하는 의미로 눈앞에 있는 정보로부터 의미를 찾아내어 가치 있는 정보를 이끌어 내는 사고이다. "So What?"은 "어떻게 될 것인가?", "어떻게 해야 한다."라는 내용이 포함되어야 한다. 아래는 이에 대한 사례이다.

상황

ㄱ. 우리 회사의 자동차 판매대수가 사상 처음으로 전년 대비 마이너스를 기록했다.

ㄴ. 우리나라의 자동차 업계 전체는 일제히 적자 결산을 발표했다.

ㄷ. 주식 시장은 몇 주간 조금씩 하락하는 상황에 있다.

So What?을 사용한 논리적 사고의 예

a. 자동차 판매의 부진

b. 자동차 산업의 미래

c. 자동차 산업과 주식시장의 상황

d. 자동차 관련 기업의 주식을 사서는 안 된다.

e. 지금이야말로 자동차 관련 기업의 주식을 사야 한다.

해설

a. 상황 ㄱ만 고려하고 있으므로 So What의 사고에 해당하지 않는다.

b. 상황 ㄷ을 고려하지 못하고 있으므로 So What의 사고에 해당하지 않는다.

c. 상황 ㄱ ~ ㄷ을 모두 고려하고는 있으나 자동차 산업과 주식시장이 어떻게 된다는 것을 알 수 없으므로 So What의 사고에 해당하지 않는다.

d · e. "주식을 사지 마라(사라)."는 메시지를 주고 있으므로 So What의 사고에 해당한다.

⟨ 핵심예제 ⟩

논리적 사고를 위한 요소가 아닌 것은?

① 생각하는 습관
② 상대 논리의 구조화
③ 타인에 대한 이해·설득
④ 추상적인 생각

| 04 | 비판적 사고

(1) 비판적 사고란?

어떤 주제나 주장 등에 대해서 적극적으로 분석하고 종합하며 평가하는 능동적인 사고를 말한다. 이는 문제의 핵심을 중요한 대상으로 하며, 지식과 정보를 바탕으로 합당한 근거에 기초를 두고 현상을 분석, 평가하는 사고이다. 비판적 사고를 개발하기 위해서는 지적 호기심, 객관성, 개방성, 융통성, 지적 회의성, 지적 정직성, 체계성, 지속성, 결단성, 다른 관점에 대한 존중과 같은 합리적인 태도가 요구된다.

CHECK POINT

비판적 사고에 대한 편견
• 비판적 사고의 주요 목적은 어떤 주장의 단점을 파악하려는 데 있다.
• 비판적 사고는 타고 나는 것이지 학습할 수 있는 것이 아니다.

(2) 비판적 사고에 필요한 태도

① 문제의식
문제의식을 가지고 있다면 주변에서 발생하는 사소한 것에서도 정보를 수집하고 새로운 아이디어를 끊임없이 생산해 낼 수 있다.

② 고정관념 타파
지각의 폭을 넓히는 일은 정보에 대한 개방성을 가지고 편견을 갖지 않는 것으로 이를 위해서는 고정관념을 타파하는 것이 중요하다.

| 01 | 문제 인식

CHECK POINT

문제 인식을 위해 필요한 것들
문제 상황에 대해 고객, 자사, 경쟁사의 환경을 분석하고, 분석 결과를 토대로 해결해야 하는 과제를 도출하는 일이 필요하다.

(1) 문제 인식 절차

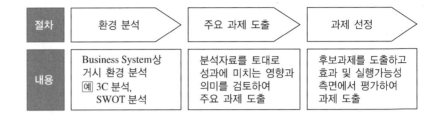

절차	환경 분석	주요 과제 도출	과제 선정
내용	Business System상 거시 환경 분석 예 3C 분석, SWOT 분석	분석자료를 토대로 성과에 미치는 영향과 의미를 검토하여 주요 과제 도출	후보과제를 도출하고 효과 및 실행가능성 측면에서 평가하여 과제 도출

CHECK POINT

환경 분석의 종류
3C 분석, SWOT 분석 등

(2) 환경 분석

① 3C 분석

사업환경을 구성하고 있는 요소인 자사, 경쟁사, 고객을 3C라고 한다.

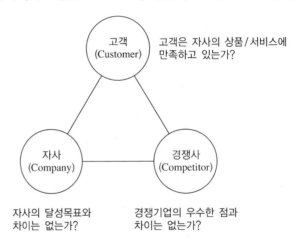

② SWOT 분석

㉠ 의의 : 기업내부의 강점, 약점과 외부환경의 기회, 위협요인을 분석 평가하고 이들을 서로 연관지어 전략을 개발하고 문제해결 방안을 개발하는 방법이다.

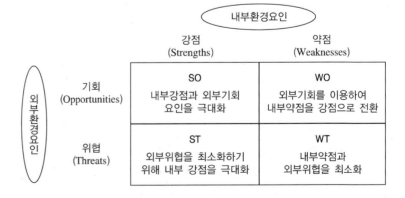

ⓛ SWOT 분석방법

외부환경 분석	• 좋은 쪽으로 작용하는 것은 기회, 나쁜 쪽으로 작용하는 것은 위협으로 분류 • 언론매체, 개인 정보망 등을 통하여 입수한 상식적인 세상의 변화 내용을 시작으로 당사자에게 미치는 영향을 순서대로 점차 구체화 • 인과관계가 있는 경우 화살표로 연결 • 동일한 Data라도 자신에게 긍정적으로 전개되면 기회로, 부정적으로 전개되면 위협으로 구분 • 외부환경분석시에는 SCEPTIC 체크리스트를 활용 ① Social(사회), ② Competition(경쟁), ③ Economic(경제), ④ Politic(정치), ⑤ Technology(기술), ⑥ Information(정보), ⑦ Client(고객)
내부환경 분석	• 경쟁자와 비교하여 나의 강점과 약점을 분석 • 강점과 약점의 내용 : 보유하거나 동원 가능하거나 활용 가능한 자원 • 내부환경분석에는 MMMITI 체크리스트를 활용 ① Man(사람), ② Material(물자), ③ Money(돈), ④ Information(정보), ⑤ Time(시간), ⑥ Image(이미지)

ⓒ SWOT 전략 수립 방법

내부의 강점과 약점을, 외부의 기회와 위협을 대응시켜 기업 목표 달성을 위한 SWOT분석을 바탕으로 구축한 발전전략의 특성은 다음과 같다.

SO전략	외부환경의 기회를 활용하기 위해 강점을 사용하는 전략 선택
ST전략	외부환경의 위협을 회피하기 위해 강점을 사용하는 전략 선택
WO전략	자신의 약점을 극복함으로써 외부환경의 기회를 활용하는 전략 선택
WT전략	외부환경의 위협을 회피하고 자신의 약점을 최소화하는 전략 선택

(3) 주요 과제 도출

과제 도출을 위해서는 다양한 과제 후보안을 다음 그림과 같은 표를 이용해서 하는 것이 체계적이며 바람직하다. 주요 과제 도출을 위한 과제안 작성 시, 과제안 간의 동일한 수준, 표현의 구체성, 기간내 해결 가능성 등을 확인해야 한다.

(4) 과제 선정

과제안 중 효과 및 실행 가능성 측면을 평가하여 가장 우선순위가 높은 안을 선정하며, 우선순위 평가 시에는 과제의 목적, 목표, 자원현황 등을 종합적으로 고려하여 평가한다.

CHECK POINT

➕ 고객요구 조사방법
• 심층면접법
: 조사자와 응답자 간의 일대일 대면접촉에 의해 응답자의 잠재된 동기, 신념, 태도 등을 발견하는 방법
• Focus Group Interview
: 6 ~ 8인으로 구성된 그룹에서 특정 주제에 대해 논의하는 과정으로, 숙련된 사회자의 컨트롤 기술에 의해 구성원 상호 간의 의견을 도출하는 방법

(5) 과제안 평가기준

과제해결의 중요성, 과제착수의 긴급성, 과제해결의 용이성을 고려하여 여러 개의 평가기준을 동시에 설정하는 것이 바람직하다.

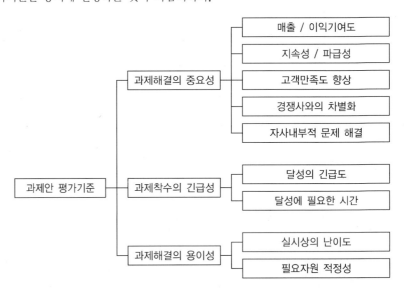

CHECK POINT

문제 도출 과정
문제를 도출하기 위해서는 해결해야 하는 문제들을 작고 다룰 수 있는 세분화된 문제들로 쪼개 나가는 과정이 필요하다. 이를 통해 문제의 내용이나 해결안들을 구조화할 수 있다.

| 02 | 문제 도출

(1) 세부 절차

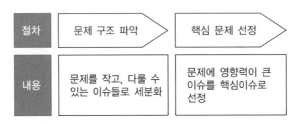

(2) 문제 구조 파악

전체 문제를 개별화된 세부 문제로 쪼개는 과정으로 문제의 내용 및 부정적인 영향 등을 파악하여 문제의 구조를 도출해내는 것이다. 이를 위해서는 문제가 발생한 배경이나 문제를 일으키는 원인을 분명히 해야 하며, 문제의 본질을 다양하고 넓은 시야로 보아야 한다.

(3) 로직 트리(Logic Tree)

주요 과제를 나무모양으로 분해하여 정리하는 기술이다. 제한된 시간 동안 문제의 원인을 깊이 파고든다든지, 해결책을 구체화할 때 유용하게 사용된다. 이를 위해서는 전체 과제를 명확히 해야 하며, 분해해 가는 가지의 수준을 맞춰야 하고, 원인이 중복되거나 누락되지 않고 각각의 합이 전체를 포함해야 한다.

| 03 | 원인 분석

(1) 세부 절차

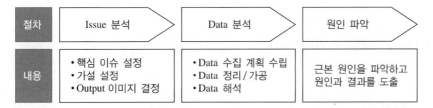

(2) Issue 분석

① 핵심 이슈 설정

업무에 가장 크게 영향을 미치는 문제로 선정하며, 사내외 고객 인터뷰 등을 활용한다.

② 가설 설정

이슈에 대해 자신의 직관, 경험 등에 의존하여 일시적인 결론을 예측하는 것이며, 설정된 가설은 관련자료 등을 통해 검증할 수 있어야 하고, 논리적이며 객관적이어야 한다.

③ 분석 결과 이미지 결정

가설검증계획에 따라 분석 결과를 미리 이미지화하는 것이다.

(3) 데이터 분석

① 데이터 수집 계획 수립

데이터 수집 시에는 목적에 따라 수집 범위를 정하고, 전체 자료의 일부인 표본을 추출하는 전통적인 통계학적 접근과 전체 데이터를 활용한 빅데이터 분석을 구분해야 한다. 이때, 객관적인 사실을 수집해야 하며 자료의 출처를 명확히 밝힐 수 있어야 한다.

② 데이터 정리 / 가공

데이터 수집 후에는 목적에 따라 수집된 정보를 항목별로 분류 정리하여야 한다.

③ 데이터 해석

정리된 데이터는 '무엇을', '왜', '어떻게' 측면에서 의미를 해석해야 한다.

CHECK POINT

원인결과 다이어그램 ✚
문제를 세분화 해가면서 문제의 원인과 대안을 찾을 수 있는 기법이다. 기법의 구조가 생선의 머리와 뼈처럼 보이기 때문에 Fish Bone Diagram으로 알려져 있으며, 품질관리 분야에 널리 이용되고 있다.

(4) 원인 파악

① 단순한 인과관계

원인과 결과를 분명하게 구분할 수 있는 경우로, 날씨가 더울 때 아이스크림 판매량이 증가하는 경우가 이에 해당한다.

② 닭과 계란의 인과관계

원인과 결과를 구분하기가 어려운 경우로, 브랜드의 향상이 매출확대로 이어지고, 매출확대가 다시 브랜드의 인지도 향상으로 이어져 원인과 결과를 쉽게 밝혀내기 어려운 상황이 이에 해당한다.

③ 복잡한 인과관계

단순한 인과관계와 닭과 계란의 인과관계의 유형이 복잡하게 서로 얽혀 있는 경우로, 대부분의 문제가 이에 해당한다.

| 04 | 해결안 개발

(1) 세부 절차

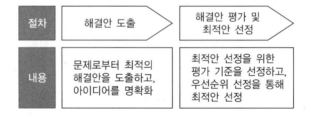

절차	해결안 도출	해결안 평가 및 최적안 선정
내용	문제로부터 최적의 해결안을 도출하고, 아이디어를 명확화	최적안 선정을 위한 평가 기준을 선정하고, 우선순위 선정을 통해 최적안 선정

(2) 해결안 도출 과정

① 근본 원인으로 열거된 내용을 어떠한 방법으로 제거할 것인지를 명확히 한다.

② 독창적이고 혁신적인 방안을 도출한다.

③ 유사한 방법이나 목적을 갖는 내용을 군집화한다.

④ 최종 해결안을 정리한다.

(3) 해결안 평가 및 최적안 선정

문제(What), 원인(Why), 방법(How)를 고려해서 해결안을 평가하고 가장 효과적인 해결안을 선정해야 하며, 중요도와 실현가능성 등을 고려해서 종합적인 평가를 내리고, 채택 여부를 결정하는 과정이다.

| 05 | 실행 및 평가

(1) 세부 절차

절차	실행계획 수립	실행	후속조치
내용	최종 해결안을 실행하기 위한 구체적인 계획 수립	실행계획에 따른 실행 및 모니터	실행 결과에 대한 평가

(2) 실행계획 수립

세부 실행내용의 난이도를 고려하여 가급적 구체적으로 세우는 것이 좋으며, 해결안별 실행계획서를 작성함으로써 실행의 목적과 과정별 진행내용을 일목요연하게 파악하도록 하는 것이 필요하다.

(3) 실행 및 후속조치

① 파일럿 테스트를 통해 문제점을 발견하고, 해결안을 보완한 후 대상 범위를 넓혀서 전면적으로 실시해야 한다. 그리고 실행상의 문제점 및 장애요인을 신속히 해결하기 위해서 모니터링 체제를 구축하는 것이 바람직하다.

② 모니터링 시 고려 사항

- 바람직한 상태가 달성되었는가?
- 문제가 재발하지 않을 것을 확신할 수 있는가?
- 사전에 목표한 기간 및 비용은 계획대로 지켜졌는가?
- 혹시 또 다른 문제를 발생시키지 않았는가?
- 해결책이 주는 영향은 무엇인가?

CHECK POINT

➕ **실행 및 후속조치**
문제의 원인을 분석하고, 해결안을 개발한 후에는 실행계획을 수립하여 실제 실행하는 과정이 필요하다. 이를 통해서 실행 결과를 평가하고, 문제해결이 제대로 이루어졌는지를 확인할 수 있다.

〈 **핵심예제** 〉

다음 중 문제해결 과정이 순서대로 바르게 나열된 것은?

ㄱ. 문제 인식	ㄴ. 실행 및 평가
ㄷ. 원인 분석	ㄹ. 문제 도출
ㅁ. 해결안 개발	

① ㄱ - ㄴ - ㄷ - ㄹ - ㅁ
② ㄱ - ㄹ - ㄷ - ㅁ - ㄴ
③ ㄴ - ㄷ - ㄹ - ㅁ - ㄱ
④ ㄹ - ㄱ - ㄷ - ㅁ - ㄴ

예제풀이

➕ **문제해결 과정**
문제 인식 → 문제 도출 → 원인 분석 → 해결안 개발 → 실행 및 평가

정답 ②

┌연속출제┐

다음 명제가 모두 참일 때, 반드시 참인 명제는?

풀이순서

- 도보로 걷는 사람은 자가용을 타지 않는다.
  p $\sim q$
- 자전거를 타는 사람은 자가용을 탄다.
  r q
- 자전거를 타지 않는 사람은 버스를 탄다.
  $\sim r$ s

1) 질문의도
   : 명제추리

2) 문장분석
   : 기호화

① 자가용을 타는 사람은 도보로 걷는다. $q \rightarrow p$

② 버스를 타지 않는 사람은 자전거를 타지 않는다. $\sim s \rightarrow \sim r$

③ 버스를 타는 사람은 도보로 걷는다. $s \rightarrow p$

④ 도보로 걷는 사람은 버스를 탄다. $p \rightarrow s$

3) 정답도출

📋 **유형 분석**
- 주어진 문장을 토대로 논리적으로 추론하여 참 또는 거짓을 구분하는 문제이다.
- 대체로 연역추론을 활용한 명제 문제가 출제되고 있다.

응용문제 : 자료를 제시하고 새로운 결과나 자료에 주어지지 않은 내용을 추론해 가는 형식의 문제가 출제된다.

📋 **풀이 전략**
각 문장에 있는 핵심단어 또는 문구를 기호화하여 정리한 뒤, 선택지와 비교하여 참 또는 거짓을 판단한다.

┌연속출제┐

다음은 2019년 상반기 노동시장의 특징 및 주요 요인에 대한 자료이다. 다음 〈보기〉 중 자료에 대한 설명으로 옳지 않은 것을 모두 고른 것은?

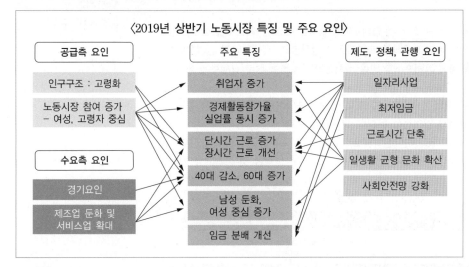

〈2019년 상반기 노동시장 특징 및 주요 요인〉

공급측 요인	주요 특징	제도, 정책, 관행 요인
인구구조 : 고령화	취업자 증가	일자리사업
노동시장 참여 증가 – 여성, 고령자 중심	경제활동참가율 실업률 동시 증가	최저임금
	단시간 근로 증가 장시간 근로 개선	근로시간 단축
수요측 요인	40대 감소, 60대 증가	일생활 균형 문화 확산
경기요인	남성 둔화, 여성 중심 증가	사회안전망 강화
제조업 둔화 및 서비스업 확대	임금 분배 개선	

보기

ㄱ. 정부의 일자리사업으로 <u>60대 노동자가 증가</u>하였다.

ㄴ. 제조업이 둔화함에 따라 남성 중심의 노동시장이 <u>둔화하고 있다.</u>

ㄷ. 정부의 최저임금 정책으로 단시간 근로자 수가 증가하였다.

ㄹ. 여성의 노동시장 참여가 늘어나면서 전체 <u>취업자 수가 증가</u>하였다.

ㅁ. 인구 고령화가 심화됨에 따라 <u>경제활동참가율과 실업률</u>이 동시에 증가하고 있다.

① ㄱ, ㄴ   ② ㄱ, ㄷ

③ ㄴ, ㄹ   ④ ㄴ, ㅁ

⑤ ㄷ, ㅁ

풀이순서

1) 질문의도
   : 요인 → 주요 특징
   ⇒ 피라미드 기법

2) 사고법 적용

3) 정답도출

📋 **유형 분석**　• 문제해결에 필요한 사고력을 평가하기 위한 문제이다.

　　　　　　　　• 주로 피라미드 구조 기법, 5Why 기법, So What 기법 등을 활용한 문제들이 출제되고 있다.

📋 **풀이 전략**　질문을 읽고 문제를 해결하기 위해 필요한 사고법을 선별한 뒤 적용하여 풀어 나간다.

　　　　　　　　• 피라미드 구조 기법 : 하위의 사실이나 현상으로부터 상위의 주장을 만들어 나가는 방법

　　　　　　　　• 5Why 기법 : 주어진 문제에 대해서 계속하여 이유를 물어 가장 근본이 되는 원인을 찾는 방법

　　　　　　　　• So What 기법 : '그래서 무엇이지?'라고 자문자답하며 눈앞에 있는 정보로부터 의미를 찾아내어 가치 있는 정보를 이끌어 내는 방법

┌연속출제┐

다음은 K공사가 추진 중인 '그린수소' 사업에 관한 보도 자료와 K공사에 대한 SWOT 분석 결과이다. SWOT 분석 결과를 참고할 때, '그린수소' 사업이 해당하는 전략은 무엇인가?

풀이순서

1) 질문의도
: SWOT 분석

> K공사는 전라남도, 나주시와 '그린수소 사업 협력 MOU'를 체결하였다. 지난 5월 정부는 탄소 배출 없는 그린수소 생산을 위해 K공사를 사업자로 선정하였고, 재생에너지 잉여전력을 활용한 수전해(P2G) 기술을 통해 그린수소를 만들어 저장하는 사업을 정부 과제로 선정하여 추진하기로 하였다.
> 그린수소 사업은 정부의 '재생에너지 3020 계획'에 따라 계속 증가하는 재생에너지를 활용해 수소를 생산함으로써 재생에너지 잉여전력 문제를 해결할 것으로 예상된다.
> MOU 체결식에서 K공사 사장은 "K공사는 전라남도, 나주시와 지속적으로 협력하여 정부 에너지전환 정책에 부응하고, 사업에 필요한 기술개발을 위해 더욱 노력할 것"이라고 밝혔다.

〈SWOT 분석 결과〉

2) 결과분석

강점(Strength)	약점(Weakness)
• 적극적인 기술개발 의지 • 차별화된 환경기술 보유	• 해외시장 진출에 대한 두려움 • 경험 많은 기술 인력의 부족
기회(Opportunity)	위협(Threat)
• 발전설비를 동반한 환경설비 수출 유리 • 세계 전력 시장의 지속적 성장	• 재생에너지의 잉여전력 증가 • 친환경 기술 경쟁 심화

① SO전략　　　　　　　　　　☑ ST전략

③ WO전략　　　　　　　　　　④ WT전략

⑤ OT전략

3) 정답도출

📑 **유형 분석**　• 상황에 대한 환경 분석 결과를 통해 주요 과제를 도출하는 문제이다.
　　　　　　　　　• 주로 3C 분석 또는 SWOT 분석을 활용한 문제들이 출제되고 있으므로 해당 분석도구에 대한 사전 학습이 요구된다.

📑 **풀이 전략**　문제에서 제시된 분석도구가 무엇인지 확인한 후, 분석 결과를 종합적으로 판단하여 각 선택지의 전략 과제와 일치하는지를 판단한다.

┌연속출제┐

K씨는 인터넷뱅킹 사이트에 가입하기 위해 가입절차에 따라 정보를 입력하는데 그중 패스워드 만드는 과정이 까다로워 계속 실패 중이다. 사이트 가입 시 패스워드 〈조건〉이 다음과 같을 때, 〈조건〉에 부합하는 패스워드 는 무엇인가?

풀이순서

1) 질문의도
: 패스워드 조합

```
조건
```
• 패스워드는 7자리이다. ❺
• 영어 대문자와 소문자, 숫자, 특수기호를 적어도 하나씩 포함해야 한다. ❹ · ❺
• 숫자 0은 다른 숫자와 연속해서 나열할 수 없다. ❶
• 영어 대문자는 다른 영어 대문자와 연속해서 나열할 수 없다. ❶ · ❺
• 특수기호를 첫 번째로 사용할 수 없다. ❸

① a?102CB   ✅ 7!z0bT4
③ #38Yup0   ④ ssng99&
⑤ 6LI◇23

2) 조건확인

3) 정답도출

📋 **유형** 분석   • 주어진 상황과 정보를 종합적으로 활용하여 풀어 가는 문제이다.
                   • 비용, 시간, 순서, 해석 등 다양한 주제를 다루고 있어 문제유형을 한 가지로 단일화하기가 어렵다.
                   • 대체로 2문제 혹은 3문제가 묶여서 출제되고 있으며, 문제가 긴 경우가 많아 푸는 시간이 많이 걸린다.

📋 **풀이** 전략   먼저 문제에서 묻는 것을 파악한 후, 필요한 상황과 정보를 찾아 이를 활용하여 문제를 풀어 간다.

안심Touch

정답 및 해설 p.028

※ S주임은 선택조건에 맞는 차량을 구매하고자 한다. 다음 자료를 읽고 이어지는 질문에 답하시오. **[1~2]**

〈후보 차량 정보〉

모델명	차종	최대탑승인원 (명)	연비 (km/L)	화물적재량 (kg)	연간 보험료 (만 원)
A	대형	8	6.5	350	140
B	중형	5	9	120	155
C	대형	6	8	270	80
D	중형	4	7	170	95
E	소형	2	11	80	45

〈선택조건〉

• S주임은 편의점수가 가장 높은 모델의 차량을 구입한다.
• 편의점수는 최대탑승인원, 연비, 화물적재량, 연간보험료를 점수화한 값을 합산하여 도출한다.
• 최대탑승인원
 – 다음과 같이 구간에 따라 점수 부여

구분	1 ~ 3인	4 ~ 5인	6 ~ 7인	8인 이상
점수(점)	12	13	14	15

• 연비
 – 연비가 가장 높은 모델부터 순위를 매겨 다음과 같이 점수 부여

구분	1위	2위	3위	4위	5위
점수(점)	20	18	16	14	12

• 화물적재량
 – 다음과 같이 구간에 따라 점수 부여

구분	0 ~ 100kg	101 ~ 150kg	151 ~ 250kg	251 ~ 300kg	301kg 이상
점수(점)	6	7	8	9	10

• 연간 보험료
 – 연간 보험료 상한 : 140만 원

구분	30만 원 미만	30 ~ 60만 원	61 ~ 100만 원	101만 원 이상
점수(점)	15	12	9	6

 ※ 연간 보험료 상한 초과 시 해당 차량은 제외한다.

01 S주임은 선택조건에 따라 후보 차량 중에서 차량을 구입하고자 한다. S주임이 구입할 차량은?

① A차량

② B차량

③ C차량

④ D차량

⑤ E차량

02 자동차를 사려하는데 선택기준이 다음과 같이 변경되었다. 변경된 조건에 따라 S주임이 구입할 차량과 그 차량의 편의점수로 옳은 것은?

〈변경된 조건〉

• S주임의 가족은 아내와 자녀 2명까지 탑승 가능한 차량을 후보 차량으로 한다.

• 연간 보험료 상한을 고려하지 않고, 모두 점수를 부여한다.

• 편의점수 항목별 가중치를 다음과 같이 적용하여 편의점수를 도출한다.

항목	최대탑승인원	연비	화물적재량	연간 보험료
가중치	1	3	2	2

	구입할 차량	편의점수
①	B	89점
②	B	93점
③	C	93점
④	C	98점
⑤	D	98점

03 A, B, C, D, E 다섯 명은 팀을 이루어 총싸움을 하는 온라인 게임에 한 팀으로 참전하였다. 이때, 팀의 개인은 늑대 인간과 드라큘라 중 하나의 캐릭터를 선택할 수 있다. 다음 〈조건〉을 참고할 때 항상 옳은 것은?

> **조건**
> • A, B, C는 상대팀을 향해 총을 쏘고 있다.
> • D, E는 상대팀에게 총을 맞은 상태로 관전만 가능하다.
> • 늑대 인간은 2명만이 살아남아 총을 쏘고 있다.
> • A는 늑대 인간 캐릭터를 선택하였다.
> • D와 E의 캐릭터는 서로 같지 않다.

① 3명은 늑대 인간 캐릭터를, 2명은 드라큘라 캐릭터를 선택했다.
② B는 드라큘라 캐릭터를 선택했다.
③ C는 늑대 인간 캐릭터를 선택했다.
④ 드라큘라의 수가 늑대 인간의 수보다 많다.
⑤ D는 드라큘라, E는 늑대 인간 캐릭터를 각각 선택했다.

04 K은행에서는 직원들에게 다양한 혜택이 있는 복지카드를 제공한다. 복지카드의 혜택 사항과 B사원의 일과가 다음과 같을 때 ⓐ ~ ⓔ 중에서 복지카드로 혜택을 볼 수 없는 행동을 모두 고른 것은?

〈복지카드 혜택 사항〉

구분	세부내용
교통	대중교통(지하철, 버스) 3 ~ 7% 할인
의료	병원 5% 할인(동물병원 포함, 약국 제외)
쇼핑	의류, 가구, 도서 구입 시 5% 할인
영화	영화관 최대 6천 원 할인

〈B사원의 일과〉

B는 오늘 친구와 백화점에서 만나 쇼핑을 하기로 약속을 했다. 집에서 ⓐ 지하철을 타고 약 20분이 걸려 백화점에 도착한 B는 어머니 생신 선물로 ⓑ 화장품과 옷을 산 후, 동생의 이사 선물로 줄 ⓒ 침구류도 구매하였다. 쇼핑이 끝난 후 B는 ⓓ 버스를 타고 집에 돌아와 자신이 키우는 애완견의 예방접종을 위해 ⓔ 병원에 가서 진료를 받았다.

① ⓐ, ⓑ, ⓓ   ② ⓑ, ⓒ
③ ⓐ, ⓑ, ⓒ   ④ ⓒ, ⓔ
⑤ ⓒ, ⓓ, ⓔ

05 D병원은 현재 영양제 할인행사를 진행하고 있다. D병원에서 근무하는 A씨가 할인행사에 대한 고객들의 문의내용에 다음과 같이 답변했을 때, 답변내용으로 적절한 것은?

〈D병원 영양제 할인행사 안내〉

▶ 대상 : D병원 모든 외래·입원환자
▶ 기간 : 8월 1일~31일까지 한 달간

구분	웰빙코스	케어코스	헬스코스	종합코스	폼스티엔에이페리주 치료
대상	• 만성피로 직장인 • 간 질환자	• 노인성 질환자 • 수험생 • 비만인	• 집중력·기억력 감퇴자 • 급성·만성 간염환자 • 운동선수	• 당뇨병 환자 • 심혈관 환자 • 만성피로 증후군 • 노인, 직장인 • 비만인, 수험생 • 운동선수	• 경구 또는 위장관 영양공급이 불가능·불충분하거나 제한되어 경정맥에 영양공급을 해야 하는 환자
효능	• 간 해독효과 • 피로회복 • 식욕부진 호전 • 피부질환 예방	• 손발 저림 개선 • 어깨통증 • 피로회복 • 집중력 증대 • 다이어트	• 간세포 괴사 억제 • 전신 권태감 개선 • 인식력 저하 개선 • 학습능력 향상	• 피로회복 • 간 기능 개선 • 집중력 증대 • 손발 저림 개선 • 어깨통증 완화 • 다이어트 • 피부질환 예방	• 칼로리, 아미노산 공급 • 필수지방, 오메가-3 지방산 공급
가격	~~85,000원~~ → 59,500원	~~70,000원~~ → 49,000원	~~75,000원~~ → 52,500원	~~100,000원~~ → 70,000원	~~120,000원~~ → 84,000원

① 문의 : 영양제 할인행사를 한다고 들었는데 얼마나 할인되는 건가요?
   답변 : 폼스티엔에이페리주 치료를 제외한 나머지 코스가 30% 할인됩니다.
② 문의 : 제가 요새 식욕부진으로 고생 중인데 어떤 영양제 코스가 좋을까요?
   답변 : 할인을 통해 52,500원인 헬스코스를 추천드립니다.
③ 문의 : 손발 저림에 효과있는 영양제 코스가 있을까요?
   답변 : 케어코스가 있습니다. 혹시 피부질환도 치료를 원하실 경우 종합코스를 추천드립니다.
④ 문의 : 제가 좀 비만이라 그런데 비만에 도움되는 코스도 있을까요?
   답변 : 다이어트에 도움을 주는 케어코스는 어떠실까요? 9월까지 할인행사 진행 중입니다.
⑤ 문의 : 폼스티엔에이페리주 치료를 받아볼까 하는데 어떤 효능이 있죠?
   답변 : 비타민 A와 D, 칼슘과 나트륨을 충분히 공급받으실 수 있습니다.

※ △△공단 제주지부는 외관 리모델링 계약을 위해 업체를 선정하고자 한다. 다음 자료를 읽고 이어지는 질문에 답하시오.
[6~7]

〈입찰참여 업체 정보〉

(단위 : 건, 억 원)

업체	최근 3년 이내 시공실적	최근 1년 이내 시공사고 건수	최근 1년 이내 경영 투명성 지적 건수	복지동 내부 리모델링 참여 여부	입찰가격
A	11건	3건	3건	○	22억
B	5건	-	1건	×	14억
C	8건	2건	-	×	9억
D	4건	2건	2건	○	11억
E	2건	-	1건	○	19억
F	9건	1건	-	×	13억

〈업체 선정방식〉

- 입찰점수가 가장 높은 업체 한 곳을 선정한다.
- 입찰점수는 시공점수, 건전성점수, 가격점수에 가점을 합산하여 산출한다.
- 시공점수는 다음 기준에 따라 구간별로 부여한다.

시공완성도	30% 미만	30% 이상 60% 미만	60% 이상 75% 미만	75% 이상 90% 미만	90% 이상
시공점수(점)	10	15	20	25	30

※ $[\text{시공완성도}(\%)] = \left\{ 1 - \dfrac{(\text{최근 1년 이내 시공사고 건수})}{(\text{최근 3년 이내 시공실적})} \right\} \times 100$

- 건전성점수는 다음 기준에 따라 구간별로 부여한다.

최근 1년 이내 경영 투명성 지적 건수	없음	1건	2건	3건 이상
건전성점수(점)	15	12	8	5

- 가격점수는 다음 기준에 따라 구간별로 부여한다.
  - 가격점수는 입찰가격이 낮은 업체부터 1순위이며, 순위에 따라 점수를 부여한다.

입찰가격 순위	1위	2위	3위	4위	5위	6위
가격점수(점)	20	18	16	14	12	10

- 복지동 내부 리모델링에 참여했던 업체는 가점 4점을 부여한다.

06 업체 선정방식에 따라 외관 리모델링 업체를 선정할 때, 선정될 업체는?

① A업체
② B업체
③ C업체
④ D업체
⑤ E업체

07 △△공단 제주지부는 외관 리모델링 업체 입찰에 참여한 업체 중에서 체육관 개선공사를 시행할 업체도 선정하려고 하며, △△공단 내부의견에 따라 변경된 외관 리모델링 업체 선정방식과 체육관 개선공사 업체 선정방식이 다음과 같이 결정되었다. 외관 리모델링과 체육관 개선공사 업체로 선정될 업체는?

〈변경 및 추가된 선정방식〉

• 외관 리모델링 업체 선정 시, 시공점수, 건전성점수, 가격점수에 가중치를 2:1:1로 적용하여 합산한 값에 가점을 추가하여 입찰점수를 산출한 후, 입찰점수가 가장 높은 업체를 선정한다.
• 체육관 개선공사 업체 선정 시, 시공점수, 건전성점수, 가격점수에 가중치를 1:1:2로 적용하여 합산한 값에 가점을 추가하여 입찰점수를 산출한 후, 입찰점수가 가장 높은 업체를 선정한다.

	외관 리모델링 선정업체	체육관 개선공사 선정업체
①	B업체	B업체
②	B업체	C업체
③	E업체	C업체
④	E업체	F업체
⑤	F업체	F업체

※ H회사는 물품을 효과적으로 관리하기 위해 매년 회사 내 물품 목록을 작성하고, 물품별로 코드를 생성하여 관리하고 있다. 다음 자료를 보고, 이어지는 질문에 답하시오. [8~10]

〈2020년도 사내 보유 물품 현황〉

구분	책임 부서 및 책임자	구매연도	구매가격	유효기간	처분 시 감가 비율	중고 여부
A	고객팀 이 대리	2020년	55만 원	11년	40%	×
B	총무팀 김 사원	2018년	30만 원	7년	20%	×
C	영업팀 최 사원	2017년	35만 원	10년	50%	×
D	생산팀 강 부장	2015년	80만 원	12년	25%	○
E	인사팀 이 과장	2019년	16만 원	8년	25%	○

※ 물품의 유효기간은 목록을 작성한 연도를 기준으로 한다.
※ 처분 시 감가 비율은 물품 구매가격을 기준으로 한다.

〈코드 생성 방법〉

• 구분에 따른 생성 코드

구분		코드
책임 부서	총무팀	GAT
	영업팀	SLT
	생산팀	PDT
	고객팀	CTT
	인사팀	PST
책임자 직급	사원	E
	대리	A
	과장	S
	부장	H
중고 여부	새 제품	1
	중고 제품	0

• 코드 순서 : 책임 부서 – 책임자 직급 – 구매연도(2자리) – 유효기간(2자리) – 중고 여부
(예 GAT – A – 14 – 02 – 1)

08 다음 중 2020년도 사내 보유 물품인 A~E물품의 코드로 옳지 않은 것은?

① CTT – A – 20 – 11 – 1
② GAT – E – 18 – 07 – 1
③ SLT – E – 17 – 10 – 0
④ PDT – H – 15 – 12 – 0
⑤ PST – S – 19 – 08 – 0

09 다음 중 A∼E물품을 모두 처분한다고 할 때, 받을 수 있는 총금액은?(단, 중고 제품의 경우 처분 금액의 50%만 받을 수 있으며, 만 원 이하는 버린다)

① 88만 원

② 98만 원

③ 110만 원

④ 120만 원

⑤ 131만 원

10 제휴 업체를 통해 유효기간이 10년 이상 남은 물품을 처분할 경우 구매가격의 80%를 받을 수 있다고 한다. 다음 중 유효기간이 10년 이상 남은 물품을 모두 처분한다고 할 때, 제휴 업체로부터 받을 수 있는 총금액은?

① 108만 원

② 112만 원

③ 122만 원

④ 132만 원

⑤ 136만 원

11 다음 글에 대한 분석으로 타당한 것을 〈보기〉에서 모두 고른 것은?

> 식탁을 만드는 데에는 노동과 자본만 투입된다고 가정하자. 노동자 1명의 시간당 임금은 8,000원이고, 노동자는 1명이 투입되어 A기계 또는 B기계를 사용하여 식탁을 생산한다. A기계를 사용하면 10시간이 걸리고, B기계를 사용하면 7시간이 걸린다. 이때, 식탁 1개의 시장가격은 100,000원이고, 식탁 1개를 생산하는데 드는 임대료는 A기계의 경우 10,000원, B기계의 경우 20,000원이다.
> 만약 A, B기계 중 어떤 것을 사용해도 생산된 식탁의 품질은 같다고 한다면, 기업은 어떤 기계를 사용할 것인가? (단, 작업 환경·물류비 등 다른 조건은 고려하지 않는다)

보기

㉠ 기업은 B기계보다는 A기계를 선택할 것이다.

㉡ '어떻게 생산할 것인가?'와 관련된 경제 문제이다.

㉢ 합리적인 선택을 했다면, 식탁 1개당 24,000원의 이윤을 기대할 수 있다.

㉣ A기계를 선택하는 경우 식탁 1개를 만드는 데 드는 비용은 70,000원이다.

① ㉠, ㉡

② ㉠, ㉢

③ ㉡, ㉢

④ ㉡, ㉣

⑤ ㉢, ㉣

※ 다음은 호텔별 연회장 대여 현황에 대한 자료이다. 자료를 보고 이어지는 질문에 답하시오. [12~13]

<표>
<호텔별 연회장 대여 현황>

건물	연회장	대여료	수용 가능 인원	회사로부터 거리	비고
A호텔	연꽃실	140만 원	200명	6km	2시간 이상 대여 시 추가비용 40만 원
B호텔	백합실	150만 원	300명	2.5km	1시간 초과 대여 불가능
C호텔	매화실	150만 원	200명	4km	이동수단 제공
C호텔	튤립실	180만 원	300명	4km	이동수단 제공
D호텔	장미실	150만 원	250명	4km	–

12 총무팀에 근무하고 있는 이 대리는 김 부장에게 다음과 같은 지시를 받았다. 이 대리가 연회장 예약을 위해 지불해야 하는 예약금은 얼마인가?

> 다음 주에 있을 회사창립 20주년 기념행사를 위해 준비해야 할 것들 알려줄게요. 먼저 다음 주 금요일 오후 6시부터 8시까지 사용 가능한 연회장 리스트를 뽑아서 행사에 적합한 연회장을 예약해주세요. 연회장 대여를 위한 예산은 160만 원이고, 회사에서의 거리가 가까워야 임직원들이 이동하기에 좋을 것 같아요. 행사 참석 인원은 240명이고, 이동수단을 제공해준다면 우선적으로 고려하도록 하세요. 예약금은 대여료의 10%라고 하니 예약 완료하고 지불하도록 하세요.

① 14만 원
② 15만 원
③ 16만 원
④ 17만 원
⑤ 18만 원

13 회사창립 20주년 기념행사의 연회장 대여 예산이 200만 원으로 증액된다면, 이 대리는 어떤 연회장을 예약하겠는가?

① A호텔 연꽃실
② B호텔 백합실
③ C호텔 매화실
④ C호텔 튤립실
⑤ D호텔 장미실

14 농식품공무원인 A씨는 5월을 맞이하여 공무원 및 유관기관 임직원들을 대상으로 하는 교육을 들으려고 한다. 교육과정과 A씨의 한 달 일정이 아래와 같을 때, A씨가 이수할 수 있는 교육의 수는?(단, 결석 없이 모두 참석해야 이수로 인정받을 수 있다)

〈농식품공무원교육원 5월 교육과정 안내〉

과정명	교육일정	계획인원(명)	교육내용
세계농업유산의 이해	5. 10 ~ 5. 12	35	국가농업유산의 정책방향, 농업유산의 제도 및 규정, 농업유산 등재 사례 등
벌과 꿀의 세계	5. 15 ~ 5. 17	35	양봉산업 현황과 방향, 꿀벌의 생태, 관리 방법, 양봉견학 및 현장실습 등
농촌관광상품 개발 및 활성화	5. 15 ~ 5. 19	35	농촌관광 정책방향 및 지역관광자원 연계방안 이해, 운영사례 및 현장체험 등
디지털 사진촬영 및 편집	5. 15 ~ 5. 19	30	주제별 사진촬영기법 실습, 스마트폰 촬영방법 실습 등
미디어 홍보역량 강화	5. 17 ~ 5. 19	20	보도자료 작성법, 어문 규정에 따른 보도자료 작성법, 우수 미흡 사례
농업의 6차 산업화	5. 22 ~ 5. 24	30	농업의 6차 산업화 개념 및 정책 방향, 마케팅 전략, 해외 성공 사례, 우수업체 현장방문 등
첨단과수・시설 원예산업육성	5. 22 ~ 5. 24	30	과수・시설원예 정책방향, 기술 수준, 한국형 스마트팜, 통합 마케팅 사례 및 유통 현장견학
엑셀중급(데이터분석)	5. 22 ~ 5. 26	30	엑셀2010의 데이터 관리기법, 피벗 활용 및 함수 활용실습
외식산업과 농업 연계전략	5. 29 ~ 6. 1	30	식품・외식산업 정책방향, 외식산업과 농업 연계전략, 외식콘텐츠 개발 계획 등
종자・생명 산업	5. 29 ~ 6. 2	30	종자・생명 산업 정책방향, 농식품바이오 기술 융복합, 식물・동물 자원 유전체 기술 및 글로벌 트렌드 등
귀농・귀촌 길잡이	5. 29 ~ 6. 2	35	귀농・귀촌 현황과 전망, 주민과 갈등해소 및 소통 방법, 농지이용 가이드, 주택 구입방법, 창업아이템 분석 등
농지관리제도 실무	5. 29 ~ 6. 2	30	농지정책방향, 농지법, 농지은행제도, 농지민원사례, 농지정보시스템, 농지제도 발전방향 등

〈A씨의 한 달 일정〉

• 5월 3일 ~ 5일 : 농식품부 관련 세종시 출장
• 5월 9일 : 출장 관련 보고서 작성 및 발표
• 5월 15일 : 학회 세미나 출석
• 5월 24일 ~ 25일 : 취미 활동인 기타 동아리 정기 공연 참가
• 6월 1일 : 여름 장마철 예방 대책 회의 참석

① 1개   ② 2개
③ 3개   ④ 4개
⑤ 5개

다음 자료를 참고할 때, 〈보기〉에 제시된 주민등록번호 빈칸에 해당하는 숫자로 옳은 것은?

우리나라에서 국민에게 발급하는 주민등록번호는 각각의 번호가 고유한 번호로, 13자리 숫자로 구성된다. 13자리 숫자는 생년, 월, 일, 성별, 출생신고지역, 접수번호, 검증번호로 구분된다.

월   출생신고지역 검증번호

2 3 0 1 0 1 — 7 9 3 3 6 7 6

생년   일   성별   접수번호

여기서 13번째 숫자인 검증번호는 주민등록번호의 정확성 여부를 검사하는 번호로, 앞의 12자리 숫자를 이용해서 구해지는데 계산법은 다음과 같다.
• 1단계 : 주민등록번호의 앞 12자리 숫자에 가중치 2, 3, 4, 5, 6, 7, 8, 9, 2, 3, 4, 5를 곱한다.
• 2단계 : 가중치를 곱한 값의 합을 계산한다.
• 3단계 : 가중치의 합을 11로 나눈 나머지를 구한다.
• 4단계 : 11에서 나머지를 뺀 수를 10으로 나눈 나머지가 검증번호가 된다.

보기

240202-803701( )

① 4 　　　　　　　　　　　　　　　② 5
③ 6 　　　　　　　　　　　　　　　④ 7
⑤ 8

CHAPTER 03

정보능력

정보능력은 업무를 수행함에 있어 기본적인 컴퓨터를 활용하여 필요한 정보를 수집·분석·활용하는 능력을 의미한다. 또한, 업무와 관련된 정보를 수집하고, 이를 분석하여 의미있는 정보를 얻는 능력이다.

국가직무능력표준에 따르면 정보능력의 세부 유형은 컴퓨터활용능력·정보처리능력으로 나눌 수 있다. 정보능력은 NCS 기반 채용을 진행한 기업 중 52% 정도가 채택했으며, 문항 수는 전체에서 평균 6% 정도 출제되었다.

01 평소에 컴퓨터활용 스킬을 틈틈이 익히라!

윈도우(OS)에서 어떠한 설정을 할 수 있는지, 응용프로그램(엑셀 등)에서 어떠한 기능을 활용할 수 있는지를 평소에 직접 사용해 본다면 문제를 보다 수월하게 해결할 수 있다. 여건이 된다면 컴퓨터활용능력에 관련된 자격증 공부를 하는 것도 이론과 실무를 익히는 데 도움이 될 것이다.

02 문제의 규칙을 찾는 연습을 하라!

일반적으로 코드 체계나 시스템 논리 체계를 제공하고 이를 분석하여 문제를 해결하는 유형이 출제된다. 이러한 문제는 문제해결능력과 같은 맥락으로 규칙을 파악하여 접근하는 방식의 연습이 필요하다.

03 현재 보고 있는 그 문제에 집중하자!

정보능력의 모든 것을 공부하려고 한다면 양이 너무나 방대하다. 그렇기 때문에 수험서에서 본인이 현재 보고 있는 문제들을 집중적으로 공부하고 기억하려고 해야 한다. 그러나 엑셀의 함수 수식, 연산자 등 암기를 필요로 하는 부분들은 필수적으로 암기를 해서 출제가 되었을 때 오답률을 낮출 수 있도록 한다.

04 사진·그림을 기억하자!

컴퓨터의 활용능력을 파악하는 영역이다 보니 컴퓨터의 옵션, 기능, 설정 등의 사진·그림이 문제에 같이 나오는 경우들이 있다. 그런 부분들은 직접 컴퓨터를 통해서 하나하나 확인을 하면서 공부한다면 더 기억에 잘 남게 된다. 조금 귀찮더라도 한 번씩 클릭하면서 확인을 해보도록 한다.

Ⅰ 정보능력

| 01 | 정보능력의 의의

(1) 정보의 의의

① 정보능력의 의미

컴퓨터를 활용하여 필요한 정보를 수집·분석·활용하는 능력이다.

② 자료(Data), 정보(Information), 지식(Knowledge)

구분	일반적 정의	사례
자료	객관적 실체를 전달이 가능하게 기호화한 것	스마트폰 활용 횟수
정보	자료를 특정한 목적과 문제 해결에 도움이 되도록 가공한 것	20대의 스마트폰 활용 횟수
지식	정보를 체계화하여 보편성을 갖도록 한 것	스마트폰 디자인에 대한 20대의 취향

일반적으로 '자료⊇지식⊇정보'의 포함관계로 나타낼 수 있다.

〉핵심예제〈

다음 중 정보의 사례로 옳은 것을 〈보기〉에서 모두 고르면?

보기

ⓐ 남성용 화장품 개발
ⓑ 1인 가구의 인기 음식
ⓒ 라면 종류별 전체 판매량
ⓔ 다큐멘터리와 예능 시청률
ⓜ 5세 미만 아동들의 선호 색상

① ⓐ, ⓒ 　　　　　② ⓑ, ⓜ

③ ⓒ, ⓜ 　　　　　④ ⓒ, ⓔ

⑤ ⓔ, ⓜ

③ 정보의 핵심특성
　　㉠ 적시성 : 정보는 원하는 시간에 제공되어야 한다.
　　㉡ 독점성 : 정보는 공개가 되고 나면 정보가치가 급감하나(경쟁성), 정보획득에 필요한 비용이 줄어드는 효과도 있다(경제성).

구분	공개 정보	반(半)공개 정보	비(非)공개 정보
경쟁성	낮음	⟶	높음
경제성	높음	⟶	낮음

(2) 정보화 사회

① 정보화 사회의 의의
　　정보가 사회의 중심이 되는 사회로 IT기술을 활용해 필요한 정보가 창출되는 사회이다.

② 정보화 사회의 특징

- 정보의 사회적 중요성이 요구되며, 정보 의존성이 강화됨
- 전 세계를 하나의 공간으로 여기는 수평적 네트워크 커뮤니케이션이 가능해짐
- 경제 활동의 중심이 유형화된 재화에서 정보, 서비스, 지식의 생산으로 옮겨감
- 정보의 가치 생산을 중심으로 사회 전체가 움직이게 됨

《 핵심예제 》

다음 제시문이 설명하고 있는 사회는?

이 세상에서 필요로 하는 정보가 사회의 중심이 되는 사회로서, 컴퓨터 기술과 정보통신 기술을 활용해 사회 각 분야에서 필요로 하는 가치 있는 정보를 창출하고, 보다 유익하고 윤택한 생활을 영위하는 사회로 발전시켜 나가는 것을 뜻한다.

① 시민 사회　　　　　　　　② 미래 사회
③ 정보화 사회　　　　　　　④ 산업화 사회

③ 미래 사회의 특징

- 지식 및 정보 생산 요소에 의한 부가가치 창출
- 세계화의 진전
- 지식의 폭발적 증가

④ 정보화 사회의 필수 행위
　　정보 검색, 정보 관리, 정보 전파

예제풀이

정보화 사회는 경제 활동의 중심이 상품의 정보나 서비스, 지식의 생산으로 옮겨지는 사회이다. 즉, 지식·정보와 관련된 산업이 부가가치를 높일 수 있는 사회이다.

정답 ③

(3) 컴퓨터의 활용 분야

① 기업 경영 분야

경영정보시스템(MIS), 의사결정지원시스템(DSS)	기업 경영에 필요한 정보를 효과적으로 활용하도록 지원해 경영자가 신속히 의사결정을 할 수 있게 함
전략정보시스템(SIS)	기업의 전략을 실현해 경쟁 우위를 확보하기 위한 목적으로 사용
사무자동화(OA)	문서 작성과 보관의 자동화, 전자 결재 시스템이 도입되어 업무 처리의 효율을 높여 줌
전자상거래(EC)	기업의 입장에서는 물류 비용을 절감할 수 있으며, 소비자는 값싸고 질 좋은 제품을 구매할 수 있게 함

② 행정 분야

행정 데이터베이스	민원 처리, 행정 통계 등의 행정 관련 정보의 데이터베이스 구축
행정 사무자동화	민원 서류의 전산 발급

③ 산업 분야

공업	컴퓨터를 이용한 공정 자동화와 산업용 로봇의 활용
상업	POS 시스템

예제풀이

전략정보시스템(SIS)은 기업의 전략을 실현해 경쟁 우위를 확보하기 위한 목적으로 사용되는 정보시스템으로, 기업의 궁극적 목표인 이익에 직접적인 영향을 끼치는 시장점유율 향상, 매출 신장, 신상품 전략, 경영 전략 등의 전략 계획에 도움을 준다.

정답 ②

《핵심예제》

다음 중 빈칸에 들어갈 용어로 가장 적절한 것은?

이것은 기업이 경쟁에서 우위를 확보하려고 구축·이용하는 것이다. 기존의 정보 시스템이 기업 내 업무의 합리화·효율화에 역점을 두었던 것에 반해, 기업이 경쟁에서 승리해 살아남기 위한 필수적인 시스템이라는 뜻에서 _____ (이)라고 한다. 그 요건으로는 경쟁 우위의 확보, 신규 사업의 창출이나 상권의 확대, 업계 구조의 변혁 등을 들 수 있다. 실례로는 금융 기관의 대규모 온라인시스템, 체인점 등의 판매시점관리(POS)를 들 수 있다.

① 경영정보시스템(MIS)
② 전략정보시스템(SIS)
③ 전사적 자원관리(ERP)
④ 의사결정지원시스템(DSS)

(4) 정보 처리 과정

| 기획 | → | 수집 | → | 관리 | → | 활용 |

① 기획

정보 활동의 가장 첫 단계이며, 정보 관리의 가장 중요한 단계이다.

5W	What(무엇을)	정보의 입수대상을 명확히 한다.
	Where(어디에서)	정보의 소스를 파악한다.
	When(언제)	정보의 요구시점을 고려한다.
	Why(왜)	정보의 필요 목적을 염두에 둔다.
	Who(누가)	정보 활동의 주체를 확정한다.
2H	How(어떻게)	정보의 수집 방법을 검토한다.
	How much(얼마나)	정보 수집의 효용성을 중시한다.

② 수집

ㄱ 다양한 정보원으로부터 목적에 적합한 정보를 입수하는 것이다.

ㄴ 정보 수집의 최종적인 목적은 '예측'을 잘하기 위함이다.

③ 관리

ㄱ 수집된 다양한 형태의 정보를 사용하기 쉬운 형태로 바꾸는 것이다.

ㄴ 정보관리의 3원칙

목적성	사용 목적을 명확히 설명해야 한다.
용이성	쉽게 작업할 수 있어야 한다.
유용성	즉시 사용할 수 있어야 한다.

④ 활용

최신 정보기술을 통한 정보들을 당면한 문제에 활용하는 것이다.

〈 핵심예제 〉

다음 중 정보 관리의 3원칙이 아닌 것은?

① 목적성　　　　　　② 용이성

③ 유용성　　　　　　④ 상대성

예제풀이

➕ 정보 관리의 3원칙에는 목적성, 용이성, 유용성이 있다.

정답 ④

| 02 | 컴퓨터 활용능력

(1) 인터넷 서비스의 종류

① 전자우편

> - 인터넷을 이용하여 다른 이용자들과 정보를 주고받는 통신 방법을 말한다.
> - 포털, 회사, 학교 등에서 제공하는 전자우편 시스템에 계정을 만들어 이용가능하다.

② 웹하드

웹서버에 대용량의 저장 기능을 갖추고 사용자가 개인의 하드디스크와 같은 기능을 인터넷을 통해 이용할 수 있게 하는 서비스를 말한다.

③ 메신저

컴퓨터를 통해 실시간으로 메시지와 데이터를 주고받을 수 있는 서비스이며 응답이 즉시 이루어져 가장 보편적으로 사용되는 서비스이다.

④ 클라우드

> - 사용자들이 별도의 데이터 센터를 구축하지 않고도, 인터넷 서버를 활용해 정보를 보관하고 있다가 필요할 때 꺼내 쓰는 기술을 말한다.
> - 모바일 사회에서는 장소와 시간에 관계없이 다양한 단말기를 통해 사용가능하다.

CHECK POINT

클라우드 컴퓨팅
사용자들이 복잡한 정보를 보관하기 위해 별도의 데이터 센터를 구축하지 않고도, 인터넷을 통해 제공되는 서버를 활용해 정보를 보관하고 있다가 필요할 때 꺼내 쓰는 기술

SNS
온라인 인맥 구축을 목적으로 개설된 커뮤니티형 웹사이트

⑤ SNS

온라인 인맥 구축을 목적으로 개설된 커뮤니티형 웹사이트를 말하며 트위터, 페이스북, 인스타그램과 같은 1인 미디어와 정보 공유 등을 포괄하는 개념이다.

⑥ 전자상거래

협의의 전자상거래	인터넷이라는 전자적인 매체를 통해 재화나 용역을 거래하는 것
광의의 전자상거래	소비자와의 거래 뿐만 아니라 관련된 모든 기관과의 행위를 포함

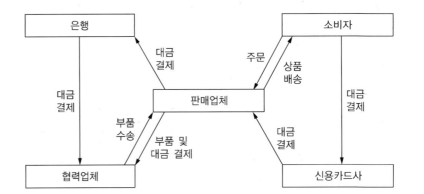

‹핵심예제›

다음 중 전자상거래에 관한 설명으로 옳은 것을 모두 고르면?

> ㉠ 내가 겪은 경험담도 전자상거래 상품이 될 수 있다.
> ㉡ 인터넷 서점, 홈쇼핑, 홈뱅킹 등도 전자상거래 유형이다.
> ㉢ 팩스나 전자우편 등을 이용하면 전자상거래가 될 수 없다.
> ㉣ 개인이 아닌 공공기관이나 정부는 전자상거래를 할 수 없다.

① ㉠, ㉡   ② ㉠, ㉢

③ ㉡, ㉢   ④ ㉡, ㉣

오답분석
㉢ 팩스나 전자우편 등을 이용해 전자상거래를 할 수 있다.
㉣ 공공기관이나 정부도 전자상거래를 할 수 있다.

정답 ①

(2) 검색 엔진의 유형

종류	내용
키워드 검색 방식	• 정보와 관련된 키워드를 직접 입력하여 정보를 찾는 방식 • 방법이 간단하나 키워드를 불명확하게 입력하면 검색이 어려움
주제별 검색 방식	• 주제별, 계층별로 문서들을 정리해 DB를 구축한 후 이용하는 방식 • 원하는 정보를 찾을 때까지 분류된 내용을 차례로 선택해 검색
자연어 검색 방식	• 문장 형태의 질의어를 형태소 분석을 거쳐 각 질 문에 답이 들어 있는 사이트를 연결해 주는 방식
통합형 검색 방식	• 검색엔진 자신만의 DB를 구축하지 않음 • 검색어를 연계된 다른 검색 엔진에 보낸 후 검색 결과를 보여줌

(3) 업무용 소프트웨어

① 워드프로세서

㉠ 문서를 작성, 편집, 저장, 인쇄할 수 있는 프로그램을 말하며, 키보드 등으로 입력한 문서의 내용을 화면으로 확인하면서 쉽게 고칠 수 있어 편리하다.

㉡ 흔글과 MS-Word가 가장 대표적으로 활용되는 프로그램이다.

㉢ 워드프로세서의 주요 기능

종류	내용
입력	키보드나 마우스를 통해 문자, 그림 등을 입력할 수 있는 기능
표시	입력한 내용을 표시 장치를 통해 나타내주는 기능
저장	입력된 내용을 저장하여 필요할 때 사용할 수 있는 기능
편집	문서의 내용이나 형태 등을 변경해 새롭게 문서를 꾸미는 기능
인쇄	작성된 문서를 프린터로 출력하는 기능

② 스프레드시트

    ⊙ 수치나 공식을 입력하여 그 값을 계산해내고, 결과를 차트로 표시할 수 있는 프로그램을 말하며, 다양한 함수를 이용해 복잡한 수식도 계산할 수 있다.

    ⓒ Excel이 가장 대표적으로 활용되는 프로그램이다.

    ⓒ 스프레드시트의 구성단위

    스프레드시트는 셀, 열, 행, 영역의 4가지 요소로 구성된다. 그중에서 셀은 가로행과 세로열이 교차하면서 만들어지는 공간을 말하며, 이는 정보를 저장하는 기본단위이다.

예제풀이

ⓒ은 셀 F4를 =RANK(F4, $E$4:$E$8)로 구한 후에 '자동 채우기' 기능으로 구할 수 있다.

정답 ③

《 핵심예제 》

다음은 스프레드시트로 작성한 워크시트이다. ㉠ ~ ㉣에 대한 설명으로 옳지 않은 것은?

	A	B	C	D	E	F	
1	참고서 구입 현황						← ㉠
2						[단위 : 명]	
3	종류	1학년	2학년	3학년	합계	순위	← ㉡
4	국어	67	98	102	267	3	
5	수학	68	87	128	283	1	
6	영어	24	110	115	249	4	← ㉢
7	사회	56	85	98	239	5	
8	과학	70	86	112	268	2	
9	합계	285	466	555	1306		

↑ ㉣

① ㉠은 '셀 병합' 기능을 이용해 작성할 수 있다.

② ㉡은 '셀 서식'의 '채우기' 탭에서 색상을 변경할 수 있다.

③ ㉢은 셀 F4를 =RANK(F4, E4:E8)로 구한 후에 '자동 채우기' 기능으로 구할 수 있다.

④ ㉣은 '자동 합계' 기능을 사용해 구할 수 있다.

③ 프레젠테이션

    ⊙ 컴퓨터 등을 이용하여 그 속에 담겨 있는 각종 정보를 전달하는 행위를 프레젠테이션이라고 하며, 이를 위해 사용되는 프로그램 들을 프레젠테이션 프로그램이라고 한다.

    ⓒ 파워포인트가 가장 대표적으로 활용되는 프로그램이다.

(4) 데이터베이스

① 데이터베이스의 의의

여러 개의 서로 연관된 파일을 데이터베이스라 하며, 이 연관성으로 인해 사용자는 여러 개의 파일에 있는 정보를 한 번에 검색할 수 있다.

데이터베이스 관리시스템	데이터와 파일의 관계를 생성, 유지, 검색할 수 있게 하는 소프트웨어
파일 관리시스템	한 번에 한 개의 파일만 생성, 유지, 검색할 수 있는 소프트웨어

② 데이터베이스의 필요성

종류	내용
데이터 중복 감소	데이터를 한 곳에서만 갖고 있으므로 유지 비용이 절감된다.
데이터 무결성 증가	데이터가 변경될 경우 한 곳에서 수정하는 것만으로 해당 데이터를 이용하는 모든 프로그램에 반영된다.
검색의 용이	한 번에 여러 파일에서 데이터를 찾을 수 있다.
데이터 안정성 증가	사용자에 따라 보안등급의 차등을 둘 수 있다.

③ 데이터베이스의 기능

종류	내용
입력 기능	형식화된 폼을 사용해 내용을 편리하게 입력할 수 있다.
검색 기능	필터나 쿼리 기능을 이용해 데이터를 빠르게 검색하고 추출할 수 있다.
일괄 관리 기능	테이블을 사용해 데이터를 관리하기 쉽고, 많은 데이터를 종류별로 분류해 일괄적으로 관리할 수 있다.
보고서 기능	데이터를 이용해 청구서나 명세서 등의 문서를 쉽게 만들 수 있다.

CHECK POINT

➕ **데이터베이스의 작업 순서**
데이터베이스 만들기 → 자료 입력 → 저장 → 자료 검색 → 보고서 인쇄

〈핵심예제〉

다음 중 데이터베이스의 필요성에 관한 옳은 설명을 〈보기〉에서 고르면?

보기

㉠ 데이터의 양이 많아 검색이 어려워진다.
㉡ 데이터의 중복을 줄이고 안정성을 높인다.
㉢ 프로그램의 개발이 쉽고 개발기간도 단축한다.
㉣ 데이터가 한 곳에만 기록되어 있어 결함 없는 데이터를 유지하기 어려워진다.

① ㉠, ㉡   ② ㉠, ㉢
③ ㉡, ㉢   ④ ㉡, ㉣

예제풀이

➕ 오답분석

㉠ 한 번에 여러 파일에서 데이터를 찾아내는 기능은 원하는 검색이나 보고서 작성 등을 쉽게 할 수 있게 해준다.
㉣ 데이터가 중복되지 않고 한 곳에만 기록되어 있으므로 데이터의 무결성, 즉 결함 없는 데이터를 유지하는 것이 훨씬 쉬워진다.

정답 ③

(1) 정보의 수집

① 1차 자료와 2차 자료

1차 자료	원래의 연구 성과가 기록된 자료
2차 자료	1차 자료를 효과적으로 찾아보기 위한 자료 혹은 1차 자료에 포함되어 있는 정보를 압축, 정리한 자료

② 인포메이션과 인텔리전스

인포메이션	하나하나의 개별적인 정보
인텔리전스	인포메이션 중에 몇 가지를 선별해 그것을 연결시켜 판단하기 쉽게 도와주는 하나의 정보 덩어리

③ 정보 수집을 잘하기 위한 방법

　㉠ 신뢰관계 수립 : 중요한 정보는 신뢰관계가 좋은 사람에게만 전해지므로 중요한 정보를 수집하려면 먼저 신뢰관계를 이루어야 한다.

　㉡ 선수필승(先手必勝) : 변화가 심한 시대에는 질이나 내용보다 빠른 정보 획득이 중요하다.

　㉢ 구조화 : 얻은 정보를 의식적으로 구조화하여 머릿속에 가상의 서랍을 만들어두자.

　㉣ 도구의 활용 : 기억력에는 한계가 있으므로 박스, 스크랩 등을 활용하여 정리하자.

CHECK POINT

정보분석의 이해(훌륭한 분석)
좋은 데이터(자료)가 있어도 훌륭한 분석이 되는 것은 아니다. 훌륭한 분석이랑 하나의 메커니즘을 그려낼 수 있고, 동향, 미래를 예측할 수 있는 것이어야 한다.

(2) 정보 분석

① 정보 분석의 정의
여러 정보를 상호관련지어 새로운 정보를 생성해내는 활동을 말한다.

② 정보 분석의 절차

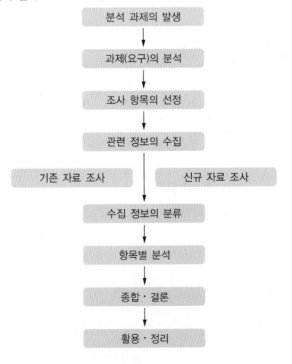

③ 정보의 서열화와 구조화

　　㉠ 1차 정보가 포함하는 내용을 몇 개의 카테고리로 분석해 각각의 상관관계를 확정하고,

　　㉡ 1차 정보가 포함하는 주요 개념을 대표하는 용어(키워드)를 추출하여,

　　㉢ 이를 간결하게 서열화·구조화해야 한다.

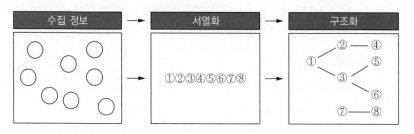

다음 중 정보 분석에 대한 설명으로 옳지 않은 것은?

① 좋은 자료는 항상 훌륭한 분석이 될 수 있다.

② 반드시 고도의 수학적 기법을 요구하는 것만은 아니다.

③ 한 개의 정보로써 불분명한 사항을 다른 정보로써 명백히 할 수 있다.

④ 서로 상반되거나 큰 차이가 있는 정보의 내용을 판단해서 새로운 해석을 할 수 있다.

(3) 효율적인 정보 관리 방법

① 목록을 이용한 정보 관리

　　정보에서 중요 항목을 찾아 기술한 후 정리해 목록을 만드는 것이며, 디지털 파일로 저장해두면 특정 용어를 입력하는 것만으로 결과물을 쉽게 찾을 수 있다.

② 색인을 이용한 정보 관리

　　㉠ 목록과 색인의 차이

목록	하나의 정보원에 하나의 목록이 대응된다.
색인	하나의 정보원에 여러 색인을 부여할 수 있다.

　　㉡ 색인의 구성요소

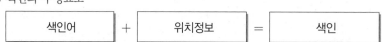

③ 분류를 이용한 정보 관리

　　㉠ 유사한 정보를 하나로 모아 분류하여 정리하는 것은 신속한 정보 검색을 가능하게 한다.

예제풀이

➕ 좋은 자료가 있다고 해서 항상 훌륭한 분석이 되는 것은 아니다. 좋은 자료가 있어도 그것을 평범한 것으로 바꾸는 것만으로는 훌륭한 분석이라고 할 수 없다. 훌륭한 분석이란 하나의 메커니즘을 그려낼 수 있고, 동향과 미래를 예측할 수 있는 것이어야 한다.

정답 ①

ⓛ 분류 기준 예시

기준	내용	예
시간적 기준	정보의 발생 시간별로 분류	2021년 봄, 7월 등
주제적 기준	정보의 내용에 따라 분류	역사, 스포츠 등
기능적 / 용도별 기준	정보의 용도나 기능에 따라 분류	참고자료용, 강의용, 보고서 작성용 등
유형적 기준	정보의 유형에 따라 분류	도서, 비디오, CD, 한글파일, 파워포인트 파일 등

예제풀이

목록은 한 정보원에 하나만 만드는 것이지만, 색인은 여러 개를 추출해 한 정보원에 여러 개의 색인어를 부여할 수 있다.

정답 ②

〈핵심예제〉

다음 중 효율적인 정보 관리 방법에 대한 설명으로 옳지 않은 것은?

① 디지털 파일에 색인을 저장하면 추가·삭제·변경이 쉽다.
② 색인은 1개를 추출해 한 정보원에 1개의 색인어를 부여할 수 있다.
③ 정보 목록은 정보에서 중요 항목을 찾아 기술한 후 정리하면서 만들어진다.
④ 정보를 유사한 것끼리 모아 체계화해 정리하면 나중에 정보를 한번에 찾기가 가능하다.

(4) 인터넷의 역기능과 네티켓

① 인터넷의 역기능

- 불건전 정보의 유통
- 개인 정보 유출
- 사이버 성폭력
- 사이버 언어폭력
- 언어 훼손
- 인터넷 중독
- 불건전한 교제
- 저작권 침해

② 네티켓

네트워크(Network) + 에티켓(Etiquette) = 네티켓(Netiquettee)

상황	내용
전자우편 사용 시	• 메시지는 가능한 짧게 요점만 작성한다. • 메일을 보내기 전에 주소가 올바른지 확인한다. • 제목은 메시지 내용을 함축해 간략하게 쓴다. • 가능한 메시지 끝에 Signature(성명, 직위 등)를 포함시킨다.
온라인 대화 시	• 도중에 들어가면 지금까지 진행된 대화의 내용과 분위기를 익힌다. • 광고, 홍보 등을 목적으로 악용하지 않는다.
게시판 사용 시	• 글의 내용은 간결하게 요점만 작성한다. • 제목에는 내용을 파악할 수 있는 함축된 단어를 사용한다. • 글을 쓰기 전에 이미 같은 내용의 글이 있는지 확인한다.
공개자료실 이용 시	• 자료는 가급적 압축된 형식으로 등록한다. • 프로그램을 등록할 경우에는 바이러스 감염 여부를 점검한다. • 음란물, 상업용 S/W를 올리지 않는다.
인터넷 게임	• 온라인 게임은 온라인 상의 오락으로 끝나야 한다. • 게임 중에 일방적으로 퇴장하지 않는다.

(5) 개인정보 보호

① 개인정보의 의미

생존하는 개인에 관한 정보로서, 정보에 포함된 성명 등에 의해 개인을 식별할 수 있는 정보를 의미하며, 단일 정보뿐만 아니라 다른 정보와 결합해 식별할 수 있는 것도 이에 해당한다.

② 개인정보의 유출 방지

- 회원 가입 시 이용 약관 확인
- 이용 목적에 부합하는 정보를 요구하는지 확인
- 정기적인 비밀번호 교체
- 정체가 불분명한 사이트 접속 자제
- 가입 해지 시 정보 파기 여부 확인
- 생년월일, 전화번호 등 유추 가능한 비밀번호 사용 자제

◁ 핵심예제 ▷

다음 중 개인정보의 유출을 방지할 수 있는 방법으로 옳지 않은 것은?

① 정체 불명의 사이트는 멀리한다.

② 비밀번호는 주기적으로 교체한다.

③ 회원 가입 시 이용약관을 읽는다.

④ 비밀번호는 기억하기 쉬운 전화번호를 사용한다.

예제풀이

생년월일이나 전화번호 등 남들이 쉽게 유추할 수 있는 비밀번호는 사용하지 말아야 한다.

정답 ④

┌연속출제─

2022년에 출시될 음료 제품의 블라인드 테스트를 진행한 설문 응답표를 엑셀 표로 정리하였다. 결과표를 만들고 싶을 때 필요한 엑셀의 함수는?

풀이순서

1) 질문의도
: 응답표 → 결과표
＝엑셀함수

설문지

문항 1. 음료를 개봉했을 때, 냄새가 바로 느껴지는가?
       1. 매우 그렇다.   2. 그렇다.   3. 보통이다.   4. 아니다.   5. 매우 아니다.

문항 2. 음료를 마신 후, 이전에 먹어본 비슷한 음료가 생각나는가?
       1. 매우 그렇다.   2. 그렇다.   3. 보통이다.   4. 아니다.   5. 매우 아니다.
                       ⋮

2) 자료비교
: 조건＋개수세기

	A	B	C	D	E	F	G
1	〈설문 응답표〉						
2		설문자 A	설문자 B	설문자 C	설문자 D	설문자 E	…
3	문항 1	1	2	3	4	5	…
4	문항 2	5	4	3	2	1	…
5	문항 3	1	1	1	1	1	…
6	문항 4	2	2	2	3	3	…
7	문항 5	4	4	5	1	2	…
8	…	…	…	…	…	…	…

설문자 명단별

↓

	A	B	C	D	E	F	G
1	〈결과표〉						
2		매우 그렇다(1)	그렇다(2)	보통(3)	아니다(4)	매우 아니다(5)	…
3	문항 1	1	1	1	1	1	…
4	문항 2	1	1	1	1	1	…
5	문항 3	5	0	0	0	0	…
6	문항 4	0	3	2	0	0	…
7	문항 5	1	1	0	2	1	…
8	…	…	…	…	…	…	…

응답번호별

① COUNTIF
② COUNT
③ COUNTA
④ DSUM
⑤ SUMIF

3) 정답도출
: COUNTIF는 지정한 범위 내에서 조건에 맞는 셀의 개수를 구하는 함수

📑 **유형** 분석
• 문제의 주어진 상황에서 사용할 적절한 엑셀함수가 무엇인지 묻는 문제이다.
• 주로 업무 수행 중에 많이 활용되는 대표적인 엑셀함수가 출제된다.
응용문제 : 엑셀시트를 제시하여 각 셀에 들어갈 함수식을 고르는 문제가 출제된다.

📑 **풀이** 전략
제시된 상황에서 사용할 엑셀함수가 무엇인지 파악한 후 선택지에서 적절한 함수식을 고른다. 사전에 대표적인 엑셀함수를 익혀두면 풀이시간을 줄일 수 있다.

┌연속출제┐

다음 프로그램의 실행 결과로 옳은 것은?

종류	연산자	설명
비트	~	비트를 반전시킨다.
	&	대응되는 비트가 모두 1일 때 1이다. (and)
	|	대응되는 비트가 모두 0일 때 0이다. (or)
	^	두 개의 비트가 다를 때 1이다.
논리	!	논리식의 진위를 반대로 만든다. (not)
	||	논리식 중 하나만 참이면 참이다.
관계	==	좌변과 우변이 같다.
	!=	좌변과 우변이 다르다.
	>	좌변이 우변보다 크다.
	<	좌변이 우변보다 작다.
산술	%	두 연산자를 나눈 후 몫은 버리고 나머지 값만 취한다.

```c
#include <stdio.h>
void main() {
    int a = 9 % 6;
    int b = 20 % 7;
    if ( !(a == b) ) {
        printf("%d", a + b);
    } else {
        printf("%d", a * b);
    }
}
```

① 3   ② 6

③ 9   ④ 18

⑤ −6

풀이순서

1) 질문의도
   : C언어

2) 자료비교
   : 관련 조건 찾기
   → 연산자 %
   → 연산자 !
   → 연산자 ==

3) 정답도출
   : % 연산자 → 나머지
   를 구해주는 연산자
   • 9 % 6의 결과는 3
   • 20 % 7의 결과는 6
   a의 값과 b의 값을
   비교하면 같지 않기
   때문에 결과는 거짓
   이지만 결괏값에 !
   (역)를 취했기 때문에
   if문은 참을 만족하
   게 되어 9가 출력됨

📋 **유형**분석 • 문제에 주어진 정보를 통해 최종적으로 도출값이 무엇인지 묻는 문제이다.
• 주로 C언어 연산자를 적용하여 나오는 값을 구하는 문제가 출제된다.
응용문제 : 정보를 제공하지 않고, 기본적인 C언어 지식을 통해 도출되는 C언어를 고르는 문제가 출제된다.

📋 **풀이**전략 제시된 상황에 있는 C언어 연산자가 무엇이 있는지 파악한 후, 연산자를 적용하여 값을 구한다. C언어에 대한 기본적인 지식을 익혀 두면 도움이 된다.

PART 1

PART 2

PART 3

PART 4

PART 5

01 다음 중 차트에 대한 설명으로 옳지 않은 것은?

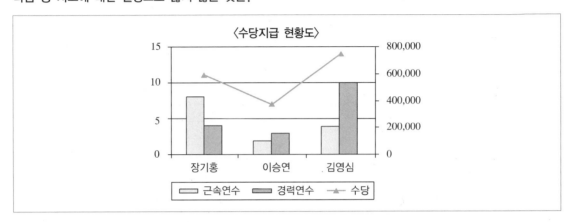

① 두 개의 차트 종류가 혼합되어 있으며, 값 축이 두 개로 설정된 이중 축 혼합형 차트이다.

② 막대그래프 계열 옵션의 계열 겹치기는 0%로 설정되었다.

③ 데이터 레이블이 표시된 차트이다.

④ 기본 가로축 제목이 표시되지 않은 차트이다.

⑤ 막대그래프는 왼쪽 세로축 기준이다.

02 다음 글을 읽고 2차 자료에 해당되는 것으로 옳은 것은?

우리는 흔히 필요한 정보를 수집할 수 있는 원천을 정보원(Sources)이라 부른다. 정보원은 정보를 수집하는 사람의 입장에서 볼 때 공개된 것은 물론이고 비공개된 것도 포함되며 수집자의 주위에 있는 유형의 객체 가운데서 발생시키는 모든 것이 정보원이라 할 수 있다.

이러한 정보원은 크게 1차 자료와 2차 자료로 구분할 수 있다. 1차 자료는 원래의 연구성과가 기록된 자료를 의미한다. 2차 자료는 1차 자료를 효과적으로 찾아보기 위한 자료 혹은 1차 자료에 포함되어 있는 정보를 압축·정리해서 읽기 쉬운 형태로 제공하는 자료를 의미한다.

① 학술회의자료   ② 백과사전

③ 출판 전 배포자료   ④ 학위논문

⑤ 신문

03 다음 시트에서 판매수량과 추가판매의 합계를 구하기 위해서 [B6] 셀에 들어갈 수식으로 올바른 것은?

	A	B	C
1	일자	판매수량	추가판매
2	06월19일	30	8
3	06월20일	48	
4	06월21일	44	
5	06월22일	42	12
6	합계	164	

① =SUM(B2,C2,C5)

② =LEN(B2:B5, 3)

③ =COUNTIF(B2:B5,">=12")

④ =SUM(B2:B5)

⑤ =SUM(B2:B5,C2,C5)

04 다음과 같이 하나의 셀에 두 줄 이상의 데이터를 입력하려고 하는 경우, '컴퓨터'를 입력한 후 줄을 바꾸기 위하여 사용하는 키로 옳은 것은?

① 〈Ctrl〉+〈Enter〉

② 〈Ctrl〉+〈Shift〉+〈Enter〉

③ 〈Alt〉+〈Enter〉

④ 〈Shift〉+〈Enter〉

⑤ 〈Alt〉+〈Shift〉+〈Enter〉

05 김 사원은 다음 사이트에서 '통계요약집'이라는 단어를 검색하려고 한다. 검색 결과창에 PDF형식으로 된 파일만 나타나게 하려고 할 때, 검색창에 입력해야 하는 것으로 올바른 것은?

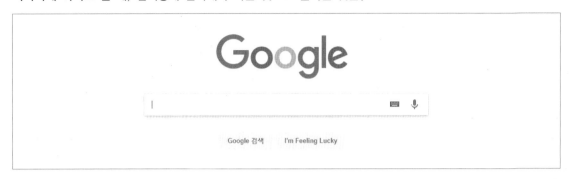

① 통계요약집 filetype:pdf
② 통계요약집 filetype pdf
③ 통계요약집 filetype-pdf
④ 통계요약집 "pdf" filetype
⑤ 통계요약집 filetype=pdf

06 파워포인트는 상단의 [보기] 탭에서 [프레젠테이션 보기] 그룹을 활용하여 여러 가지 방법으로 슬라이드를 볼 수 있다. 다음 중 슬라이드 보기 방법에 대한 설명으로 옳지 않은 것은?

① [기본]은 슬라이드 작성을 위한 주된 편집 보기 방법이다.
② [개요 보기]에서 프레젠테이션의 내용 수정은 불가능하다.
③ [여러 슬라이드] 상태에서는 슬라이드 순서를 바꾸고 구성할 수 있다.
④ [슬라이드 노트]는 노트 창에 텍스트를 입력할 수 있으며, 인쇄도 가능하다.
⑤ [읽기용 보기]에서도 슬라이드 쇼와 같이 애니메이션이 표시된다.

07 다음 중 파워포인트에서 도형을 그리는 방법에 대한 설명으로 옳지 않은 것은?

① 타원의 경우 도형 선택 후 [Shift] 버튼을 누르고 드래그하면 정원으로 크기 조절이 가능하다.
② 도형 선택 후 [Shift] 버튼을 누르고 도형을 회전시키면 30° 간격으로 회전시킬 수 있다.
③ 타원을 중심에서부터 정비례로 크기를 조절하려면 [Ctrl]+[Shift] 버튼을 함께 누른 채 드래그한다.
④ 도형 선택 후 [Ctrl]+[D] 버튼을 누르면 크기와 모양이 같은 도형이 일정한 간격으로 반복해서 나타난다.
⑤ 도형을 선택하고 [Ctrl]+[Shift] 버튼을 누르고 수직 이동하면 수직 이동된 도형이 하나 더 복사된다.

08 다음 중 스프레드 시트의 차트에 대한 설명으로 옳지 않은 것은?

① 표면형 차트 : 두 개의 데이터 집합에서 최적의 조합을 찾을 때 사용한다.

② 방사형 차트 : 분산형 차트의 한 종류로 데이터 계열 간의 항목 비교에 사용된다.

③ 분산형 차트 : 데이터의 불규칙한 간격이나 묶음을 보여주는 것으로 주로 과학이나 공학용 데이터 분석에 사용된다.

④ 이중 축 차트 : 특정 데이터 계열의 값이 다른 데이터 계열의 값과 현저하게 차이가 날 경우나 두 가지 이상의 데이터 계열을 가진 차트에 사용한다.

⑤ 혼합형 차트 : 다른 데이터 계열에 비해 값의 차이가 많은 계열이 차트에 포함되는 경우에 사용된다.

09 다음 중 피벗테이블에 대한 설명으로 옳지 않은 것은?

① 피벗테이블 결과 표시는 동일한 시트 내에만 가능하다.

② 피벗테이블로 작성된 목록에서 행 필드를 열 필드로 편집할 수 있다.

③ 피벗테이블 작성 후에도 사용자가 새로운 수식을 추가하여 표시할 수 있다.

④ 피벗테이블은 많은 양의 데이터를 손쉽게 요약하기 위해 사용되는 기능이다.

⑤ 피벗테이블에서 필터 기능을 사용할 수 있다.

10 다음 중 엑셀의 데이터 입력 및 편집에 관한 설명으로 옳지 않은 것은?

① 한 셀에 여러 줄의 데이터를 입력하려면 〈Alt〉＋〈Enter〉를 이용한다.

② 음수는 숫자 앞에 '－' 기호를 붙이거나 괄호( )로 묶는다.

③ 셀에 날짜 데이터를 입력한 뒤 채우기 핸들을 아래로 드래그하면 1일 단위로 증가하여 나타낼 수 있다.

④ 시간 데이터는 세미콜론(;)을 이용하여 시, 분, 초를 구분한다.

⑤ 〈Ctrl〉＋세미콜론(;)을 누르면 오늘 날짜, 〈Ctrl〉＋〈Shift〉＋세미콜론(;)을 누르면 현재 시각이 입력된다.

11 다음 중 데이터 유효성 검사에 대한 설명으로 옳지 않은 것은?

① 목록의 값들을 미리 지정하여 데이터 입력을 제한할 수 있다.

② 입력할 수 있는 정수의 범위를 제한할 수 있다.

③ 목록으로 값을 제한하는 경우 드롭다운 목록의 너비를 지정할 수 있다.

④ 유효성 조건 변경 시 변경 내용을 범위로 지정된 모든 셀에 적용할 수 있다.

⑤ 한 셀에 허용되는 텍스트의 길이를 제한할 수 있다.

12 다음 중 스프레드 시트의 [창] – [틀 고정]에 대한 설명으로 옳지 않은 것은?

① 셀 포인터의 이동에 상관없이 항상 제목 행이나 제목 열을 표시하고자 할 때 설정한다.

② 제목 행으로 설정된 행은 셀 포인터를 화면의 아래쪽으로 이동시켜도 항상 화면에 표시된다.

③ 제목 열로 설정된 열은 셀 포인터를 화면의 오른쪽으로 이동시켜도 항상 화면에 표시된다.

④ 틀 고정을 취소할 때에는 반드시 셀 포인터를 틀 고정된 우측 하단에 위치시키고 [창] – [틀 고정 취소]를 클릭해야 한다.

⑤ 틀 고정은 첫 행만을 고정하도록 설정할 수 있다.

13 다음 글을 읽고 K대학교 문제해결을 위한 대안으로 가장 적절한 것은?

K대학교는 현재 학생 관리 프로그램, 교수 관리 프로그램, 성적 관리 프로그램의 3개의 응용 프로그램을 갖추고 있다. 학생 관리 프로그램은 학생 정보를 저장하고 있는 파일을 이용하고, 교수 관리 프로그램은 교수 정보 파일 그리고 성적 관리 프로그램은 성적 정보 파일을 이용한다. 즉 다음과 같이 각각의 응용 프로그램들은 개별적인 파일을 이용한다.

이런 경우의 파일에는 많은 정보가 중복 저장되어 있다. 그렇기 때문에 중복된 정보가 수정되면 관련된 모든 파일을 수정해야 하는 불편함이 있다. 예를 들어, 한 학생이 자퇴하게 되면 학생 정보 파일뿐만 아니라 교수 정보 파일, 성적 정보 파일도 수정해야 하는 것이다.

① 데이터베이스 구축   ② 유비쿼터스 구축

③ RFID 구축   ④ NFC 구축

⑤ 와이파이 구축

14 왼쪽 워크시트의 성명 데이터를 오른쪽 워크시트와 같이 성과 이름 두 개의 열로 분리하기 위해 [텍스트 나누기] 기능을 사용하고자 한다. 다음 중 [텍스트 나누기]의 분리 방법으로 가장 적절한 것은?

	A
1	김철수
2	박선영
3	최영희
4	한국인

	A	B
1	김	철수
2	박	선영
3	최	영희
4	한	국인

① 열 구분선을 기준으로 내용 나누기
② 구분 기호를 기준으로 내용 나누기
③ 공백을 기준으로 내용 나누기
④ 탭을 기준으로 내용 나누기
⑤ 행 구분선을 기준으로 내용 나누기

15 다음 시트에서 [C2:C5] 영역을 선택하고 선택된 셀들의 내용을 모두 지우려고 할 때, 결과가 다르게 나타나는 것은?

	A	B	C	D	D
1	성명	출석	과제	실기	총점
2	박경수	20	20	55	95
3	이정수	15	10	60	85
4	경동식	20	14	50	84
5	김미경	5	11	45	61

① 키보드의 〈Back Space〉 키를 누른다.
② 마우스의 오른쪽 버튼을 눌러서 나온 바로가기 메뉴에서 [내용 지우기]를 선택한다.
③ [홈] – [편집] – [지우기] 메뉴에서 [내용 지우기]를 선택한다.
④ 키보드의 〈Delete〉 키를 누른다.
⑤ [홈] – [편집] – [지우기] 메뉴에서 [모두 지우기]를 선택한다.

PART 2

공통과목

회계원리

정답 및 해설 p.036

01 독립된 외부감사인이 충분하고 적합한 감사증거를 입수하였고 왜곡표시가 재무제표에 개별적 또는 집합적으로 중요하지만 전반적이지는 않다는 결론을 내리는 경우 표명하는 감사의견은?

① 의견거절   ② 한정의견

③ 부적정의견   ④ 적정의견

⑤ 재검토의견

02 당기손익에 포함된 비용을 성격별로 표시하는 항목으로 옳지 않은 것은?

① 제품과 재공품의 변동

② 종업원급여비용

③ 감가상각비와 기타상각비

④ 매출원가

⑤ 원재료와 소모품의 사용액

03 수정전시산표에 관한 설명으로 옳지 않은 것은?

① 통상 재무제표를 작성하기 이전에 거래가 오류없이 작성되었는지 자기검증하기 위하여 작성한다.

② 총계정원장의 총액 혹은 잔액을 한 곳에 모아놓은 표이다.

③ 결산 이전의 오류를 검증하는 절차로 원장 및 분개장과 더불어 필수적으로 작성해야 한다.

④ 복식부기의 원리를 전제로 한다.

⑤ 차변합계와 대변합계가 일치하더라도 계정분류, 거래인식의 누락 등에서 오류가 발생했을 수 있다.

04 포괄손익계산서의 보험료가 ₩500이고, 기말의 수정분개가 다음과 같을 경우 수정전시산표와 기말 재무상태표의 선급보험료 금액으로 가능한 것은?

〈수정분개〉	
(차변) 보험료 300	(대변) 선급보험료 300

	수정전시산표의 선급보험료	기말 재무상태표의 선급보험료
①	₩1,300	₩1,500
②	₩2,000	₩1,700
③	₩2,500	₩2,800
④	₩2,500	₩3,000
⑤	₩3,000	₩2,500

05 재고자산의 회계처리에 관한 설명으로 옳은 것은?

① 완성될 제품이 원가 이상으로 판매될 것으로 예상하는 경우에는 그 생산에 투입하기 위해 보유하는 원재료 및 기타 소모품을 감액하지 아니한다.
② 선입선출법은 기말재고자산의 평가관점에서 현행원가를 적절히 반영하지 못한다.
③ 선입선출법은 먼저 매입 또는 생산된 재고자산이 기말에 재고로 남아 있고 가장 최근에 매입 또는 생산된 재고자산이 판매되는 것을 가정한다.
④ 통상적으로 상호 교환될 수 없는 재고자산 항목의 원가와 특정 프로젝트별로 생산되고 분리되는 재화 또는 용역의 원가는 총평균법을 사용하여 결정한다.
⑤ 총평균법은 계속기록법에 의하여 평균법을 적용하는 것으로 상품의 매입시마다 새로운 평균 단가를 계산한다.

06 재무제표 작성원칙에 관한 설명으로 옳지 않은 것은?

① 기업은 현금흐름 정보를 제외하고는 발생기준 회계를 사용하여 재무제표를 작성한다.
② 한국채택국제회계기준의 요구에 따라 공시되는 정보가 중요하지 않다면 그 공시를 제공할 필요는 없다.
③ 재무제표가 한국채택국제회계기준의 요구사항을 모두 충족한 경우가 아니라면 한국채택국제회계기준을 준수하여 작성되었다고 기재하여서는 아니 된다.
④ 일반적으로 재무제표는 일관성 있게 1년 단위로 작성해야 하므로, 실무적인 이유로 특정 기업이 보고기간을 52주로 하는 보고관행은 금지된다.
⑤ 한국채택국제회계기준이 달리 허용하거나 요구하는 경우를 제외하고는 당기 재무제표에 보고되는 모든 금액에 대해 전기 비교정보를 표시한다.

07 다음 자료를 이용할 경우 재무상태표에 표시될 현금 및 현금성 자산은?

당좌예금	₩1,000	당좌개설보증금	₩350
배당금지급통지표	₩455	수입인지	₩25
임차보증금	₩405	우편환증서	₩315
차용증서	₩950	타인발행수표	₩200

① ₩1,655
② ₩1,970
③ ₩2,375
④ ₩2,400
⑤ ₩2,725

08 2020년 초 A회사는 토지와 건물을 1,200,000원에 일괄구입하였다. 취득일 현재 토지와 건물을 처분한 회사의 장부금액은 다음과 같으며, 토지와 건물의 공정가치는 각각 1,200,000원과 300,000원이다. A회사가 인식할 토지와 건물의 취득원가는 각각 얼마인가?

구분	장부금액
토지	₩1,000,000
건물	₩500,000

	토지	건물
①	780,000원	120,000원
②	800,000원	400,000원
③	960,000원	240,000원
④	1,000,000원	500,000원
⑤	1,200,000원	300,000원

09 재무정보의 질적 특성에 관한 설명으로 옳지 않은 것은?

① 검증가능성은 합리적인 판단력이 있고 독립적인 서로 다른 관찰자가 어떤 서술이 표현충실성이라는 데 대체로 의견이 일치할 수 있다는 것을 의미한다.

② 재무정보에 예측가치, 확인가치 또는 이 둘 모두가 있다면 의사결정에 차이가 나도록 할 수 있다.

③ 완벽하게 표현충실성을 위해서 서술은 완전하고, 중립적이며 오류가 없어야 할 것이다.

④ 이해가능성은 정보이용자가 항목 간의 유사점과 차이점을 식별하고 이해할 수 있게 하는 질적 특성이다.

⑤ 적시성은 의사결정에 영향을 미칠 수 있도록 의사결정자가 정보를 제때에 이용 가능하게 하는 것을 의미한다.

10 유형자산의 재평가에 관한 설명으로 옳은 것은?

① 재평가가 단기간에 수행되며 계속적으로 갱신된다면, 동일한 분류에 속하는 자산이라 하더라도 순차적으로 재평가할 수 없다.

② 감가상각대상 유형자산을 재평가할 때, 그 자산의 최초원가를 재평가금액으로 조정하여야 한다.

③ 특정 유형자산을 재평가할 때, 해당 자산이 포함되는 유형자산 분류 전체를 재평가한다.

④ 자산의 장부금액이 재평가로 인하여 감소된 경우에 그 자산에 대한 재평가잉여금의 잔액이 있더라도 재평가감소액 전부를 당기손익으로 인식한다.

⑤ 유형자산 항목과 관련하여 자본에 계상된 재평가잉여금은 그 자산이 제거될 때 이익잉여금으로 직접 대체할 수 없다.

11 충당부채와 우발부채에 관한 설명으로 옳지 않은 것은?

① 충당부채는 재무상태표에 표시되는 부채이나 우발부채는 재무상태표에 표시될 수 없고 주석으로만 기재될 수 있다.

② 충당부채를 현재가치로 평가하기 위한 할인율은 부채의 특유한 위험과 화폐의 시간가치에 대한 현행 시장의 평가를 반영한 세후 이율이다.

③ 충당부채로 인식하는 금액은 현재의무를 보고기간 말에 이행하기 위하여 필요한 지출에 대한 최선의 추정치이어야 한다.

④ 우발부채는 처음에 예상하지 못한 상황에 따라 변할 수 있으므로, 경제적 효익이 있는 자원의 유출 가능성이 높아졌는지를 판단하기 위하여 우발부채를 지속적으로 평가한다.

⑤ 예상되는 자산 처분이 충당부채를 생기게 한 사건과 밀접하게 관련되었더라도 예상되는 자산 처분이익은 충당부채를 측정하는 데 고려하지 아니한다.

12 미래에 현금을 수취할 계약상 권리에 해당하는 금융자산과 이에 대응하여 미래에 현금을 지급할 계약상 의무에 해당하는 금융부채로 옳지 않은 것은?

① 매출채권과 매입채무　　　　　　② 받을어음과 지급어음

③ 대여금과 차입금　　　　　　　　④ 투자사채와 사채

⑤ 선급금과 선수금

13 당기순이익을 감소시키는 거래가 아닌 것은?

① 거래처 직원 접대 후 즉시 현금 지출
② 영업용 건물에 대한 감가상각비 인식
③ 판매사원용 피복 구입 후 즉시 배분
④ 영업부 직원에 대한 급여 미지급
⑤ 토지(유형자산)에 대한 취득세 지출

14 기중거래에서 잔액이 발생되었을 경우, 기말 재무상태표에 표시되지 않는 계정을 모두 고른 것은?

ㄱ. 부가가치세대급금	ㄴ. 가수금
ㄷ. 당좌차월	ㄹ. 예수금
ㅁ. 충당부채	

① ㄱ, ㄴ   ② ㄱ, ㅁ
③ ㄴ, ㄷ   ④ ㄷ, ㄹ
⑤ ㄹ, ㅁ

15 제조업을 영위하는 A회사의 현금흐름표에 관한 설명으로 옳지 않은 것은?

① 단기매매목적으로 보유하는 유가증권의 취득과 판매에 따른 현금흐름은 재무활동현금흐름으로 분류한다.
② 현금흐름표는 회계기간 동안 발생한 현금흐름을 영업활동, 투자활동 및 재무활동으로 분류하여 보고한다.
③ 유형자산 또는 무형자산 처분에 따른 현금유입은 투자활동현금흐름으로 분류한다.
④ 차입금의 상환에 따른 현금유출은 재무활동현금흐름으로 분류한다.
⑤ 법인세로 인한 현금흐름은 별도로 공시하며, 재무활동과 투자활동에 명백히 관련되지 않는 한 영업활동현금흐름으로 분류한다.

16 원가에 관한 설명으로 옳은 것은?

① 기회원가는 미래에 발생할 원가로서 의사결정시 고려하지 않는다.

② 관련 범위 내에서 혼합원가는 조업도가 0이라도 원가는 발생한다.

③ 관련 범위 내에서 생산량이 감소하면 단위당 고정원가도 감소한다.

④ 관련 범위 내에서 생산량이 증가하면 단위당 변동원가도 증가한다.

⑤ 통제가능원가란 특정 관리자가 원가발생을 통제할 수는 있으나 책임질 수 없는 원가를 말한다.

17 다음 중 회계상 거래가 아닌 것은?

① 거래처의 부도로 인하여 매출채권 회수가 불가능하게 되었다.

② 임대수익이 발생하였으나 현금으로 수취하지는 못하였다.

③ 기초에 매입한 단기매매금융자산의 공정가치가 기말에 상승하였다.

④ 재고자산 실사결과 기말 재고수량이 장부상 수량보다 부족한 것을 확인하였다.

⑤ 기존 차입금에 대하여 금융기관의 요구로 부동산을 담보로 제공하였다.

18 당기순이익에 영향을 미치는 항목이 아닌 것은?

① 감자차익

② 재고자산평가손실

③ 유형자산손상차손

④ 단기매매금융자산평가손실

⑤ 매도가능금융자산처분이익

19 다음 중 금융부채에 속하는 것을 모두 고른 것은?

ㄱ. 매입채무	ㄴ. 선수금
ㄷ. 사채	ㄹ. 소득세예수금
ㅁ. 미지급법인세	

① ㄱ, ㄴ

② ㄱ, ㄷ

③ ㄱ, ㄹ, ㅁ

④ ㄴ, ㄷ, ㄹ

⑤ ㄴ, ㄷ, ㅁ

20 유용한 재무정보의 질적 특성에 관한 설명으로 옳지 않은 것은?

① 명확하고 간결하게 분류되고 특징지어져 표시된 정보는 이해가능성이 높다.

② 어떤 재무정보가 예측가치나 확인가치 또는 이 둘 모두를 갖는다면 그 재무정보는 이용자의 의사결정에 차이가 나게 할 수 있다.

③ 검증가능성은 정보가 나타내고자 하는 경제적 현상을 충실히 표현하는지를 정보이용자가 확인하는 데 도움을 주는 근본적 질적 특성이다.

④ 적시성은 정보이용자가 의사결정을 내릴 때 사용되어 그 결정에 영향을 줄 수 있도록 제때에 이용가능함을 의미한다.

⑤ 어떤 정보의 누락이나 오기로 인해 정보이용자의 의사결정이 바뀔 수 있다면 그 정보는 중요한 정보이다.

PART 3

직무수행능력평가

정답 및 해설 p.040

01 메이요(G. Elton Mayo) 등 하버드 대학의 교수들이 진행한 실험으로 과학적 관리법의 한계를 벗어나 비공식 조직에 대한 중요성을 강조한 경영 이론에 해당하는 것은?

① 관료제 이론
② 인간 관계론
③ 시스템 이론
④ 리더십 상황 이론
⑤ 욕구단계 이론

02 다음 중 조직 구조를 유기적 조직과 기계적 조직으로 분류한다면, 유기적 조직의 특징으로 옳지 않은 것은?

① 넓은 통제 범위
② 자유로운 정보흐름
③ 쌍방적 의사소통
④ 분권화된 의사결정
⑤ 높은 직무 공식화

03 다음 중 앙리 페이욜(Henry Fayol)의 관리 5요소론에 해당하지 않는 것은?

① 계획
② 조직
③ 분업
④ 지휘
⑤ 통제

04 다음 중 경영정보시스템 관련 용어에 대한 설명으로 옳은 것은?

① 데이터베이스 관리시스템은 비즈니스 수행에 필요한 일상적인 거래를 처리하는 정보시스템이다.
② 전문가시스템은 일반적인 업무를 지원하는 정보시스템이다.
③ 전사적 자원관리시스템은 공급자와 공급기업을 연계하여 활용하는 정보시스템이다.
④ 의사결정지원시스템은 데이터를 저장하고 관리하는 정보시스템이다.
⑤ 중역정보시스템은 최고경영자층이 전략적인 의사결정을 하도록 도와주는 정보시스템이다.

05 다음 중 동기부여의 내용이론에 해당하는 것은?

① 성취동기이론   ② 기대이론

③ 공정성이론   ④ 목표설정이론

⑤ 인지평가이론

06 다음 중 OJT(On the Job Training)에 해당하는 것은?

① 세미나   ② 사례연구

③ 도제식 훈련   ④ 시뮬레이션

⑤ 역할연기법

07 다음 중 직무분석에 관한 설명으로 옳지 않은 것은?

① 직무분석은 직무와 관련된 정보를 수집·정리하는 활동이다.

② 직무분석을 통해 얻어진 정보는 전반적인 인적자원관리 활동의 기초자료로 활용된다.

③ 직무분석을 통해 직무기술서와 직무명세서가 작성된다.

④ 직무기술서는 직무를 수행하는 데 필요한 인적요건을 중심으로 작성된다.

⑤ 직무평가는 직무분석을 기초로 이루어진다.

08 다음 중 자본예산기법과 포트폴리오에 관한 설명으로 옳지 않은 것은?

① 포트폴리오의 분산은 각 구성주식의 분산을 투자비율로 가중평균하여 산출한다.

② 비체계적 위험은 분산투자를 통해 제거할 수 있는 위험이다.

③ 단일 투자안의 경우 순현가법과 내부수익률법의 경제성 평가 결과는 동일하다.

④ 포트폴리오 기대수익률은 각 구성주식의 기대수익률을 투자비율로 가중평균하여 산출한다.

⑤ 두 투자안 중 하나의 투자안을 선택해야 하는 경우 순현가법과 내부수익률법의 선택 결과가 다를 수 있다.

09 다음 중 조직 설계와 관련된 설명으로 옳지 않은 것은?

① 조직의 과업다양성이 높을수록 조직의 전반적인 구조는 더욱 유기적인 것이 바람직하다.

② 집권화의 수준은 유기적 조직에 비해 기계적 조직의 경우가 높다.

③ 조직의 규모가 커지고 더 많은 부서가 생겨남에 따라 조직구조의 복잡성은 증가한다.

④ 조직의 공식화 정도가 높을수록 직무담당자의 재량권은 줄어든다.

⑤ 전문화 수준이 높아질수록 수평적 분화의 정도는 낮아진다.

10 다음 중 BCG 매트릭스에 관한 설명으로 옳은 것은?

① 횡축은 시장성장률, 종축은 상대적 시장점유율이다.

② 물음표 영역은 시장성장률이 높고, 상대적 시장점유율은 낮아 계속적인 투자가 필요하다.

③ 별 영역은 시장성장률이 낮고, 상대적 시장점유율은 높아 현상유지를 해야 한다.

④ 자금젖소 영역은 현금창출이 많지만, 상대적 시장점유율이 낮아 많은 투자가 필요하다.

⑤ 개 영역은 시장지배적인 위치를 구축하여 성숙기에 접어든 경우이다.

11 다음 중 일정시점의 기업의 재무상태를 나타내는 재무제표는 무엇인가?

① 자본변동표   ② 포괄손익계산서
③ 재무상태표   ④ 현금흐름표
⑤ 자금순환표

12 다음 중 다음 특성에 알맞는 생산운영관리시스템의 명칭은?

• 칸반(Kanban) 시스템 • 린(Lean) 시스템 • 무재고 생산 지향 • 생산의 평준화

① JIT   ② MRP
③ MRP Ⅱ   ④ CIM
⑤ FM

13 다음 중 부하들 스스로가 자신을 리드하도록 만드는 리더십은?

① 슈퍼 리더십
② 서번트 리더십
③ 카리스마적 리더십
④ 거래적 리더십
⑤ 코칭 리더십

14 다음 중 델파이기법에 관한 설명으로 옳지 않은 것은?

① 전문가들을 두 그룹으로 나누어 진행한다.
② 많은 전문가들의 의견을 취합하여 재조정 과정을 거친다.
③ 의사결정 및 의견개진 과정에서 타인의 압력이 배제된다.
④ 전문가들을 공식적으로 소집하여 한 장소에 모이게 할 필요가 없다.
⑤ 미래의 불확실성에 대한 의사결정 및 장기예측에 좋은 방법이다.

15 A기업은 2022년 1월 1일에 150만 원을 투자하여 2022년 12월 31일과 2023년 12월 31일에 각각 100만 원을 회수하는 투자안을 고려하고 있다. A기업의 요구수익률이 연 10%일 때, 이 투자안의 순현재가치(NPV)는 약 얼마인가?(단, 연 10% 기간이자율에 대한 2기간 단일현가계수와 연금현가계수는 각각 0.8264, 1.7355이다)

① 90,910원
② 173,550원
③ 182,640원
④ 235,500원
⑤ 256,190원

16 다음 중 리더십이론에 관한 옳은 설명을 〈보기〉에서 모두 고르면?

> **보기**
>
> ㄱ. 변혁적 리더십을 발휘하는 리더는 부하에게 이상적인 방향을 제시하고 임파워먼트(Empowerment)를 실시한다.
> ㄴ. 거래적 리더십을 발휘하는 리더는 비전을 통해 단결, 비전의 전달과 신뢰의 확보를 강조한다.
> ㄷ. 카리스마 리더십을 발휘하는 리더는 부하에게 높은 자신감을 보이며 매력적인 비전을 제시하지만 위압적이고 충성심을 요구하는 측면이 있다.
> ㄹ. 슈퍼리더십을 발휘하는 리더는 부하를 강력하게 지도하고 통제하는 데 역점을 둔다.

① ㄱ, ㄷ
② ㄱ, ㄴ
③ ㄴ, ㄷ
④ ㄴ, ㄹ
⑤ ㄷ, ㄹ

17 다음 중 신제품을 가장 먼저 받아들이는 그룹에 이어 두 번째로 신제품의 정보를 수집하여 신중하게 수용하는 그룹은?

① 조기수용자(Early Adopters)
② 혁신자(Innovators)
③ 조기다수자(Early Majority)
④ 후기다수자(Late Majority)
⑤ 최후수용자(Laggards)

18 다음 중 자본시장선(CML)에 관한 설명으로 옳은 것을 〈보기〉에서 모두 고르면?

> **보기**
>
> ㄱ. 위험자산과 무위험자산을 둘 다 고려할 경우의 효율적 투자 기회선이다.
> ㄴ. 자본시장선 아래에 위치하는 주식은 주가가 과소평가된 주식이다.
> ㄷ. 개별주식의 기대수익률과 체계적 위험간의 선형관계를 나타낸다.
> ㄹ. 효율적 포트폴리오의 균형가격을 산출하는 데 필요한 할인율을 제공한다.

① ㄱ, ㄴ
② ㄴ, ㄷ
③ ㄱ, ㄹ
④ ㄷ, ㄹ
⑤ ㄴ, ㄷ, ㄹ

19 다음 중 한 사람의 업무담당자가 기능부문과 제품부문의 관리자로부터 동시에 통제를 받도록 이중권한 구조를 형성하는 조직구조는?

① 기능별 조직
② 사업부제 조직
③ 매트릭스 조직
④ 프로젝트 조직
⑤ 팀제 조직

20 다음 중 경영통제의 과정을 올바르게 나열한 것은?

① 표준의 설정 → 편차의 수정 → 실제성과의 측정
② 표준의 설정 → 실제성과의 측정 → 편차의 수정
③ 실제성과의 측정 → 편차의 수정 → 표준의 설정
④ 실제성과의 측정 → 표준의 설정 → 편차의 수정
⑤ 편차의 수정 → 실제성과의 측정 → 표준의 설정

21 다음 중 동종 또는 유사업종의 기업들이 법적, 경제적 독립성을 유지하면서 협정을 통해 수평적으로 결합하는 형태를 뜻하는 말은?

① 지주회사(Holding company)

② 카르텔(Cartel)

③ 컨글로메리트(Conglomerate)

④ 트러스트(Trust)

⑤ 콘체른(Concern)

22 다음 중 포터(M. Porter)의 경쟁전략 유형에 해당하는 것은?

① 차별화(Differentiation) 전략

② 블루오션(Blue ocean) 전략

③ 방어자(Defender) 전략

④ 반응자(Reactor) 전략

⑤ 분석자(Analyzer) 전략

23 다음 사례에서 A팀원의 행동을 설명하는 동기부여이론은?

> A팀원은 작년도 목표 대비 업무실적을 100% 달성하였다. 이에 반해 같은 팀 동료인 B팀원은 동일 목표 대비 업무 실적이 10% 부족하였지만, A팀원과 동일한 인센티브를 받았다. 이 사실을 알게 된 A팀원은 팀장에게 추가 인센티브를 요구하였으나 받아들여지지 않자 결국 이직하였다.

① 기대이론   ② 공정성이론

③ 욕구단계이론   ④ 목표설정이론

⑤ 인지적평가이론

24 다음 중 평가센터법(Assessment Center)에 관한 설명으로 옳지 않은 것은?

① 평가에 대한 신뢰성이 양호하다.

② 승진에 대한 의사결정에 유용하다.

③ 교육훈련에 대한 타당성이 높다.

④ 평가센터에 초대받지 못한 종업원의 심리적 저항이 예상된다.

⑤ 다른 평가기법에 비해 상대적으로 비용과 시간이 적게 소요된다.

25 다음 중 최저임금제의 필요성으로 옳지 않은 것은?

① 계약자유 원칙의 한계 보완　　　　② 저임금 노동자 보호
③ 임금인하 경쟁 방지　　　　　　　④ 유효수요 창출
⑤ 소비자 부담 완화

26 다음 인사평가방법 중 피평가자의 능력, 태도, 작업, 성과 등에 관련된 표준행동들을 제시하고 평가자가 해당 서술문을 대조하여 평가하는 방법은?

① 서열법　　　　　　　　　　　　② 평정척도법
③ 체크리스트법　　　　　　　　　④ 중요사건기술법
⑤ 목표관리법

27 다음 중 교육훈련 필요성을 파악하기 위한 일반적인 분석방법이 아닌 것은?

① 전문가자문법　　　　　　　　　② 역할연기법
③ 자료조사법　　　　　　　　　　④ 면접법
⑤ 델파이기법

28 맥그리거(D. McGregor)의 X - Y 이론은 인간에 대한 기본 가정에 따라 동기부여방식이 달라진다는 것이다. 다음 중 Y이론에 해당하는 가정 또는 동기부여방식이 아닌 것은?

① 문제해결을 위한 창조적 능력 보유
② 직무수행에 대한 분명한 지시
③ 조직목표 달성을 위한 자기 통제
④ 성취감과 자아실현 추구
⑤ 노동에 대한 자연스러운 수용

29 다음 중 서번트(Servant) 리더의 특성으로 옳지 않은 것은?

① 부하의 성장을 위해 헌신한다.
② 부하의 감정에 공감하고 이해하려고 노력한다.
③ 권력이나 지시보다는 설득으로 부하를 대한다.
④ 조직의 구성원들에게 공동체 정신을 심어준다.
⑤ 비전 달성을 위해 위험감수 등 비범한 행동을 보인다.

30 다음 중 〈보기〉에서 설명하는 것은?

> **보기**
> • 기업이 주어진 인건비로 평시보다 더 많은 부가가치를 창출하였을 경우, 이 초과된 부가가치를 노사협동의 산물로 보고 기업과 종업원 간에 배분하는 제도
> • 노무비 외 원재료비 및 기타 비용의 절감액도 인센티브 산정에 반영함

① 연봉제　　　　　　　　　　　② 개인성과급제
③ 임금피크제　　　　　　　　　④ 럭커 플랜
⑤ 스캔론 플랜

31 다음 조직설계에 대한 설명 중 옳은 것을 모두 고른 것은?

> 가. 환경의 불확실성이 높을수록 조직 내 부서의 분화 정도는 높아진다.
> 나. 많은 수의 제품을 생산하는 기업은 사업부 조직(Divisional Structure)이 적절하다.
> 다. 기업의 조직구조는 전략에 영향을 미친다.
> 라. 대량생산 기술을 사용하는 기업은 효율성을 중시하는 유기적 조직으로 설계하는 것이 적절하다.
> 마. 조직 내 부서 간 상호의존성이 증가할수록 수평적 의사소통의 필요성은 증가한다.

① 가, 나, 마　　　　　　　　　② 가, 다, 라
③ 가, 다, 마　　　　　　　　　④ 나, 다, 라
⑤ 나, 라, 마

32 다음 빈칸에 들어갈 벤치마킹 유형으로 올바른 것은?

> ＿＿＿＿＿＿＿은 경쟁회사의 강점과 약점을 파악하여 성공적인 대응전략을 수립하는 방법이다. 이 방법은 특정고객의 요구를 확인하고 상대적인 업무 수준이 평가되기 때문에 업무개선의 우선순위를 정하는데 도움을 준다. 또한 생산방식과 배달방식 등에 초점을 맞추며 이를 통하여 경쟁회사에 대한 경쟁력을 확보할 수 있다.

① 내부 벤치마킹　　　　　　　② 경쟁기업 벤치마킹
③ 산업 벤치마킹　　　　　　　④ 선두그룹 벤치마킹
⑤ 선택적 벤치마킹

33 다음 중 재무제표의 요소에 대한 설명으로 가장 적절하지 않은 것은?

① 인식이란 거래나 사건의 경제적 효과를 재무제표에 기록하고 계상하는 것을 의미한다.

② 자본의 금액은 자산과 부채 금액의 측정에 따라 그 차이를 통해 결정된다.

③ 부채는 과거 사건이나 거래의 결과 현재 기업이 부담하고 미래에 자원의 유출이 예상되는 의무이다.

④ 일반적으로 자산의 취득과 지출의 발생은 밀접한 관련이 있으므로 무상으로 증여받은 자산은 자산의 정의를 충족할 수 없다.

⑤ 재무상태표상의 자본은 주식의 시가 총액과는 일치하지 않는 것이 일반적이다.

34 다음 중 동종 또는 유사업종의 기업들이 법적, 경제적 독립성을 유지하면서 협정을 통해 수평적으로 결합하는 형태로 옳은 것은?

① 지주회사(Holding Company)
② 카르텔(Cartel)
③ 컨글로메리트(Conglomerate)
④ 트러스트(Trust)
⑤ 콘체른(Concern)

35 다음 중 포터(M. Porter)의 경쟁전략 유형에 해당하는 것으로 옳은 것은? [22번 문제 중복]

① 차별화(Differentiation) 전략
② 블루오션(Blue Ocean) 전략
③ 방어자(Defender) 전략
④ 반응자(Reactor) 전략
⑤ 분석자(Analyzer) 전략

36 다음 사례에서 A의 행동을 설명하는 동기부여이론으로 옳은 것은?

> 팀원 A는 작년도 목표 대비 업무실적을 100% 달성하였다. 이에 반해 같은 팀 동료인 B는 동일 목표 대비 업무실적이 10% 부족하였지만 A와 동일한 인센티브를 받았다. 이 사실을 알게 된 A는 팀장에게 추가 인센티브를 요구하였으나 받아들여지지 않자 결국 이직하였다.

① 기대이론
② 공정성이론
③ 욕구단계이론
④ 목표설정이론
⑤ 인지적평가이론

37 다음의 설명 중 옳은 것은?

① 개념체계가 한국채택국제회계기준과 상충되는 경우 당해 회계기준보다 개념체계가 우선 적용되어야 한다.

② 개념체계에 따르면 재무제표의 기본가정은 발생주의와 계속기업이다.

③ 기업은 모든 재무제표를 발생기준 회계를 사용하여 작성한다.

④ 주석은 재무제표와 별도로 공시되며 재무제표에 포함하지 않는다.

⑤ 외부감사는 공인회계사에 의해 수행되며, 경영자들이 작성한 재무제표의 신뢰성을 제고하는 기능을 한다.

38 다음 중 평가센터법(Assessment Center)에 관한 설명으로 옳지 않은 것은?

① 평가에 대한 신뢰성이 양호하다.

② 승진에 대한 의사결정에 유용하다.

③ 교육훈련에 대한 타당성이 높다.

④ 평가센터에 초대받지 못한 종업원의 심리적 저항이 예상된다.

⑤ 다른 평가기법에 비해 상대적으로 비용과 시간이 적게 소요된다.

39 다음 중 최저임금제의 필요성으로 옳지 않은 것은?

① 계약자유 원칙의 한계 보완   ② 저임금 노동자 보호

③ 임금인하 경쟁 방지   ④ 유효수요 창출

⑤ 소비자 부담 완화

40 다음 중 기업 회계에 대한 설명으로 옳지 않은 것은?

① 재무상태표 등식에서 알 수 있듯이 자산과 부채의 합은 수익과 비용의 합과 같다.

② 재무상태표의 왼쪽에는 자산, 오른쪽에는 부채와 자본을 기록한다.

③ 손익계산서는 일정 기간 동안 수익과 비용을 표시한 것이다.

④ 매출채권은 재무상태표의 구성항목에 해당하며, 매출원가는 포괄손익계산서의 구성항목에 해당한다.

⑤ 회계의 순환과정은 '거래발생 → 분개 → 원장 전기 → 수정전시산표 작성 → 수정분개 → 재무제표 작성' 순서이다.

41 조직화에 대한 설명으로 옳지 않은 것은?

① 조직화란 조직구성원들이 기업의 목표를 달성하기 위하여 가장 효과적으로 협력할 수 있도록 수행하여야 할 업무를 명확하게 편성하고 또 그 직무수행에 관한 권한과 책임을 명확하게 함과 아울러 이것을 위양하여 상호관계를 설정하는 과정을 말한다.

② 조직화의 요소로서 직무는 조직의 구성원들에게 각각 분할된 업무의 기술적 단위 또는 업무의 총체를 말한다.

③ 조직화의 요소로서 책임은 일정한 직무와 권한을 일정한 기준에 따라 수행하여야 할 의무로서 직무와 책임은 적절히 하위자에게 위양될 수 있다.

④ 조직화의 요소로서 권한은 일정한 직무를 스스로 수행하거나 또는 타인으로 하여금 수행하도록 하는 데 필요한 공식적인 힘 또는 권리를 말한다.

⑤ 조직화가 잘 이루어지기 위해서는 인간적 요인·기술적 요인·정치적 요인의 조화가 잘 이루어져야 한다.

42 다음 중 성과급제를 설명한 것으로 옳은 것은?

① 노동자의 지급요청에 따라 합의하여 결정한 임금제도
② 노동자가 실시한 작업량에 따라 지급하는 임금제도
③ 업무의 성격에 따라 지급하는 임금제도
④ 노동조합에서 결정한 임금제도
⑤ 관리자의 권한에 의해 결정한 임금제도

43 다음 글에서 설명하는 마케팅 기법을 고르면?

교묘히 규제를 피해가는 마케팅 기법이다. 보통 행사중계방송의 텔레비전 광고를 구입하거나 공식 스폰서인 것처럼 속이기 위해 개별 선수나 팀의 스폰서가 되는 방법을 사용한다. 규정상 올림픽 마크나 올림픽 단어, 국가대표선수단 등과 같은 용어는 IOC(International Olympic Committee : 국제올림픽위원회)나 KOC(Korea Olympic Committee : 대한올림픽위원회) 등과 공식 후원계약을 맺은 업체들만 사용할 수 있다.

① 니치 마케팅   ② 앰부시 마케팅
③ 버즈 마케팅   ④ 플래그십 마케팅
⑤ 바이럴 마케팅

44 K사 공동대표인 A씨는 스톡옵션 100억 상당을 포기하고 정치계로 발을 들여놓아 화제가 되었다. 이 스톡옵션에 대한 설명으로 옳지 않은 것은?

① 기업이 임직원에게 일정수량의 자기회사 주식을 일정한 가격으로 매수할 수 있는 권리를 부여하는 제도이다.

② 임직원이 자사 기업의 주식을 액면가 또는 시세보다 낮은 가격으로 매입할 수 있다.

③ 임직원은 스톡옵션을 통해 보유한 자사의 주식을 처분할 때는 자사의 동의를 얻어야한다.

④ 사업 전망이 밝은 기업일수록 스톡옵션은 임직원에게 유리하다.

⑤ 스톡옵션은 임직원의 근로의욕을 상승시킬 수 있는 효과적인 경영전략이 될 수 있다.

PART 1
PART 2
PART 3
PART 4
PART 5

45 다음 〈보기〉에서 SPA 브랜드의 특징으로 옳은 것을 모두 고른 것은?

> **보기**
>
> ㄱ. 패스트 패션(Fast Fashion)이라고도 한다.
> ㄴ. 빠른 유통을 통해 재고를 최소화한다.
> ㄷ. 최근 백화점 내 매장에 입점하는 등 그 영역을 확장하고 있다.
> ㄹ. 유명 브랜드 디자이너와의 컬래버레이션은 추진하지 않고 있다.

① ㄱ

② ㄱ, ㄴ

③ ㄴ, ㄷ

④ ㄱ, ㄴ, ㄷ

⑤ ㄴ, ㄷ, ㄹ

46 다음에서 설명하는 소비재로 옳은 것은?

> • 특정 브랜드에 대한 고객 충성도가 높다.
> • 제품마다 고유한 특성을 지니고 있다.
> • 브랜드마다 차이가 크다.
> • 구매 시 많은 시간과 노력을 필요로 한다.

① 편의품(Convenience Goods)

② 선매품(Shopping Goods)

③ 전문품(Speciality Goods)

④ 자본재(Capital Items)

⑤ 원자재(Raw Materials)

47 다음 중 신제품 가격결정방법에서 초기고가전략(Skimming Pricing)을 채택하기 어려운 경우는?

① 수요의 가격탄력성이 높은 경우

② 생산 및 마케팅 비용이 높은 경우

③ 경쟁자의 시장진입이 어려운 경우

④ 제품의 혁신성이 큰 경우

⑤ 독보적인 기술이 있는 경우

48 다음 중 효과적인 시장세분화를 위한 요건으로 옳지 않은 것은?

① 측정가능성   ② 충분한 세분시장 규모

③ 접근가능성   ④ 세분시장 간의 동질성

⑤ 실행가능성

49 다음 중 촉진믹스(Promotion Mix) 활동에 해당되지 않는 것은?

① 광고   ② 인적판매

③ PR   ④ 판매촉진

⑤ 개방적 유통

50 자본예산은 투자로 인한 수익이 1년 이상에 걸쳐 장기적으로 실현될 투자결정에 관한 일련의 과정을 말한다. 다음 중 투자안의 평가방법에 해당하지 않는 것은?

① 유동성분석법   ② 수익성지수법

③ 순현재가치법   ④ 내부수익률법

⑤ 회수기간법

01 경제변수는 크게 일정 기간에 측정되는 유량 변수와 일정 시점에서 측정되는 저량 변수로 구분된다. 다음 중 유량 변수에 해당하지 않는 것은?

① 소비   ② 통화량
③ 투자   ④ 국민소득
⑤ 국제수지

02 시장의 자유 경쟁으로 인해 나타나는 결과가 아닌 것은?

① 가격 변동   ② 상품의 품질 향상
③ 서비스의 개선   ④ 상품의 다양성
⑤ 경기 안정

03 다음 중 정부지출 증가의 효과가 가장 크게 나타나게 되는 상황은 언제인가?

① 한계저축성향이 낮은 경우
② 한계소비성향이 낮은 경우
③ 정부지출의 증가로 물가가 상승한 경우
④ 정부지출의 증가로 이자율이 상승한 경우
⑤ 정부지출의 증가로 인해 구축효과가 나타난 경우

04 다음 중 소득분배를 측정하는 방식에 관한 설명으로 옳지 않은 것은?

① 지니계수 값이 커질수록 더 불균등한 소득분배를 나타낸다.
② 십분위분배율 값이 커질수록 더 균등한 소득분배를 나타낸다.
③ 모든 구성원의 소득이 동일하다면 로렌츠 곡선은 대각선이다.
④ 동일한 지니계수 값을 갖는 두 로렌츠 곡선은 교차할 수 없다.
⑤ 전체 구성원의 소득기준 하위 10% 계층이 전체 소득의 10%를 벌면 로렌츠 곡선은 대각선이다.

05 다음 중 노동시장에 관한 설명으로 옳은 것을 〈보기〉에서 모두 고르면?

> **보기**
> ㄱ. 완전경쟁 노동시장이 수요 독점화되면 고용은 줄어든다.
> ㄴ. 단기 노동수요곡선은 장기 노동수요곡선보다 임금의 변화에 비탄력적이다.
> ㄷ. 채용비용이 존재할 때 숙련 노동수요곡선은 미숙련 노동수요곡선보다 임금의 변화에 더 탄력적이다.

① ㄱ　　　　　　　　　　　　　　　② ㄷ
③ ㄱ, ㄴ　　　　　　　　　　　　　④ ㄴ, ㄷ
⑤ ㄱ, ㄴ, ㄷ

06 다음 중 IS곡선을 우측으로 이동시키는 요인으로 옳은 것을 〈보기〉에서 모두 고르면?

> **보기**
> ㄱ. 주택담보대출의 이자율 인하
> ㄴ. 종합소득세율 인상
> ㄷ. 기업에 대한 투자세액공제 확대
> ㄹ. 물가수준 하락으로 가계의 실질자산가치 증대
> ㅁ. 해외경기 호조로 순수출 증대

① ㄱ, ㄴ, ㄹ　　　　　　　　　　　② ㄱ, ㄷ, ㅁ
③ ㄱ, ㄹ, ㅁ　　　　　　　　　　　④ ㄴ, ㄷ, ㄹ
⑤ ㄴ, ㄷ, ㅁ

07 다음 중 고전학파의 이자율에 관한 내용으로 옳은 것은?

① 피셔효과로 인해 화폐의 중립성이 성립된다.
② IS – LM곡선에 의해 균형이자율이 결정된다.
③ 유동성선호가 이자율 결정에 중요한 역할을 한다.
④ 화폐부문과 실물부문의 연결고리 역할을 한다.
⑤ 화폐시장에서 화폐에 대한 수요와 화폐의 공급에 의해 결정된다.

08 다음 중 케인스 소비함수에 관한 설명으로 옳지 않은 것은?

① 한계소비성향은 0보다 크고 1보다 작다.

② 소비는 현재 소득의 함수이다.

③ 소득이 없어도 기본적인 소비는 있다.

④ 소득이 증가할수록 평균소비성향은 증가한다.

⑤ 소득과 소비의 장기적 관계를 설명할 수 없다.

09 제품 A만 생산하는 독점기업의 생산비는 생산량에 관계없이 1단위당 60원이고, 제품 A에 대한 시장수요곡선은 $P = 100 - 2Q$이다. 다음 중 이 독점기업의 이윤극대화 가격(P)과 생산량(Q)은?

	P	Q
①	40원	30개
②	50원	25개
③	60원	20개
④	70원	15개
⑤	80원	10개

10 다음 중 여러 형태의 시장 또는 기업에 관한 설명으로 옳지 않은 것은?

① 독점기업이 직면한 수요곡선은 시장수요곡선 그 자체이다.

② 독점시장의 균형에서 가격과 한계수입의 차이가 클수록 독점도는 커진다.

③ 독점적 경쟁시장에서 제품의 차별화가 클수록 수요의 가격탄력성이 커진다.

④ 모든 기업의 이윤극대화 필요조건은 한계수입과 한계비용이 같아지는 것이다.

⑤ 독점기업은 수요의 가격탄력성이 서로 다른 두 소비자 집단이 있을 때 가격차별로 이윤극대화를 꾀할 수 있다.

11 시장균형에서 X재의 가격을 상승시키는 요인이 아닌 것은?(단, 모든 재화는 정상재이다)

① 인구의 증가
② 소득수준의 상승
③ X재 생산기술의 향상
④ X재의 대체재 가격 상승
⑤ X재 생산에 사용되는 원료가격 상승

12 다음 중 최고가격제에 관한 설명으로 옳은 것을 〈보기〉에서 모두 고르면?

> **보기**
>
> ㄱ. 암시장을 출현시킬 가능성이 있다.
> ㄴ. 초과수요를 야기한다.
> ㄷ. 사회적 후생을 증대시킨다.
> ㄹ. 최고가격은 시장의 균형가격보다 높은 수준에서 설정되어야 한다.

① ㄱ, ㄴ
② ㄱ, ㄷ
③ ㄱ, ㄹ
④ ㄴ, ㄷ
⑤ ㄷ, ㄹ

13 최근 들어 우리나라에서 자동차 부품 생산이 활발하게 이루어지고 있다. 동일한 자동차 부품을 생산하는 5개 기업의 노동투입량과 자동차 부품 생산량 간의 관계가 다음과 같을 때, 평균노동생산성이 가장 낮은 기업은?

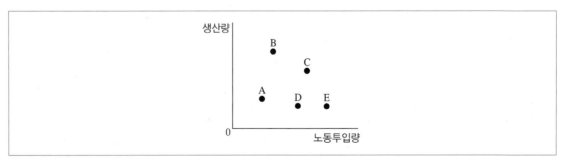

① A기업
② B기업
③ C기업
④ D기업
⑤ E기업

14 다음 중 빈칸 ㉠ ~ ㉢에 들어갈 단어가 올바르게 연결된 것은?

> 여가가 정상재인 상황에서 임금이 상승할 경우 ___㉠___ 효과보다 ___㉡___ 효과가 더 크다면 노동공급은 임금상승에도 불구하고 감소하게 된다. 만약 ___㉢___ 의 기회비용 상승에 반응하여 ___㉢___ 의 총사용량을 줄인다면, 노동공급곡선은 정(+)의 기울기를 가지게 된다.

	㉠	㉡	㉢
①	대체	소득	여가
②	대체	소득	노동
③	소득	대체	여가
④	소득	대체	노동
⑤	가격	소득	여가

15 다음 중 노동시장에 관한 설명으로 옳지 않은 것은?

① 교육과 현장훈련을 받는 행위를 인적투자라고 한다.
② 선별가설(Screen Hypothesis)은 교육이 노동수익을 높이는 원인이라는 인적자본이론을 비판한다.
③ 똑같은 일에 종사하는 사람에게는 똑같은 임금이 지급되어야 한다는 원칙을 상응가치(Comparable Worth)원칙이라고 한다.
④ 이중노동시장이론에 의하면, 내부노동시장은 하나의 기업 내에서 이루어지는 노동시장을 말한다.
⑤ 이중노동시장이론에서 저임금 및 열악한 근로조건의 특징을 가지고 있는 노동시장을 2차 노동시장(Secondary Labor Market)이라고 한다.

16 다음 중 시장실패(Market Failure)의 원인이라고 볼 수 없는 것은?

① 독과점의 존재
② 비대칭 정보의 존재
③ 외부경제의 존재
④ 소비의 경합성
⑤ 공유자원의 존재

17 다음 중 과점시장의 굴절수요곡선 이론에 관한 설명으로 옳지 않은 것은?

① 한계수입곡선에는 불연속한 부분이 있다.
② 굴절수요곡선은 원점에 대해 볼록한 모양을 갖는다.
③ 한 기업이 가격을 내리면 나머지 기업들도 같이 내리려 한다.
④ 한 기업이 가격을 올리더라도 나머지 기업들은 따라서 올리려 하지 않는다.
⑤ 기업은 한계비용이 일정 범위 내에서 변해도 가격과 수량을 쉽게 바꾸려 하지 않는다.

18 다음 중 수요의 가격탄력성이 0이면서 공급곡선은 우상향하고 있는 재화에 대해 조세가 부과될 경우, 조세부담의 귀착에 관한 설명으로 옳은 것은?

① 조세부담은 모두 소비자에게 귀착된다.
② 조세부담은 모두 판매자에게 귀착된다.
③ 조세부담은 양측에 귀착되지만 소비자에게 더 귀착된다.
④ 조세부담은 양측에 귀착되지만 판매자에게 더 귀착된다.
⑤ 조세부담은 소비자와 판매자에게 똑같이 귀착된다.

19 다음 중 여러 가지 비용곡선에 관한 설명으로 옳은 것을 〈보기〉에서 모두 고르면?

> **보기**
> ㄱ. 평균비용곡선은 평균가변비용곡선의 위에 위치한다.
> ㄴ. 평균비용곡선이 상승할 때 한계비용곡선은 평균비용곡선 아래에 있다.
> ㄷ. 평균고정비용곡선은 우하향한다.
> ㄹ. 총가변비용곡선의 기울기와 총비용곡선의 기울기는 다르다.
> ㅁ. 평균비용은 평균고정비용에 평균가변비용을 더한 값이다.

① ㄱ, ㄴ, ㄷ   ② ㄱ, ㄷ, ㅁ
③ ㄱ, ㄹ, ㅁ   ④ ㄴ, ㄷ, ㄹ
⑤ ㄴ, ㄹ, ㅁ

20 다음 중 생산물에 물품세가 부과될 경우 상품시장과 노동시장에서 발생하는 현상으로 옳은 것은?(단, 상품시장과 노동시장은 완전경쟁시장이며, 생산에서 자본은 고정되어 있다)

① 고용은 감소한다.
② 임금은 상승한다.
③ 구매자가 내는 상품가격이 하락한다.
④ 노동공급곡선이 왼쪽으로 이동한다.
⑤ 노동수요곡선이 오른쪽으로 이동한다.

21 다음 중 정보의 비대칭성에 대한 설명으로 옳은 것은?

① 정보의 비대칭성이 존재하면 항상 역선택과 도덕적 해이의 문제가 발생한다.
② 통신사가 서로 다른 유형의 이용자들로 하여금 자신이 원하는 요금제도를 선택하도록 하는 것은 선별(Screening)의 한 예이다.
③ 공동균형(Pooling Equilibrium)에서도 서로 다른 선호체계를 갖고 있는 경제주체들은 다른 선택을 할 수 있다.
④ 사고가 날 확률이 높은 사람일수록 이 사고에 대한 보험에 가입할 가능성이 큰 것은 도덕적 해이의 한 예이다.
⑤ 신호(Signaling)는 정보를 보유하지 못한 측이 역선택 문제를 해결하기 위해 사용할 수 있는 수단 중 하나이다.

22 커피와 크루아상은 서로 보완재이고, 커피와 밀크티는 서로 대체재이다. 커피 원두값이 급등하여 커피 가격이 인상될 경우, 다음 중 각 시장의 변화로 옳은 것을 〈보기〉에서 모두 고르면?(단, 커피, 크루아상, 밀크티의 수요 및 공급곡선은 모두 정상적인 형태이다)

> **보기**
> ㄱ. 커피의 공급곡선은 왼쪽으로 이동한다.
> ㄴ. 크루아상 시장의 생산자잉여는 감소한다.
> ㄷ. 크루아상의 거래량은 증가한다.
> ㄹ. 밀크티 시장의 총잉여는 감소한다.
> ㅁ. 밀크티의 판매수입은 증가한다.

① ㄱ, ㄴ, ㄷ   ② ㄱ, ㄴ, ㅁ
③ ㄴ, ㄷ, ㄹ   ④ ㄴ, ㄷ, ㅁ
⑤ ㄷ, ㄹ, ㅁ

23 완전경쟁시장에서 어떤 재화가 거래되고 있다. 이 시장에는 총 100개의 기업이 참여하고 있으며 각 기업의 장기비용함수는 $C(Q) = 2Q^2 + 10$으로 동일하다. 이 재화의 장기균형가격과 시장 전체의 공급량은?(단, Q는 개별기업의 생산량이다)

	장기균형가격	시장 전체의 공급량
①	$\sqrt{40}$	$25\sqrt{80}$
②	$\sqrt{40}$	$100\sqrt{80}$
③	$\sqrt{80}$	$\sqrt{80}/4$
④	$\sqrt{80}$	$25\sqrt{80}$
⑤	$\sqrt{80}$	$100\sqrt{80}$

24 한 국가의 명목 GDP는 1,650조 원이고, 통화량은 2,500조 원이다. 이 국가의 물가수준은 2% 상승하고, 실질 GDP는 3% 증가할 경우에 적정 통화공급 증가율은 얼마인가?(단, 유통속도 변화 $\Delta V = 0.0033$이다)

① 2.5%
② 3.0%
③ 3.5%
④ 4.0%
⑤ 4.5%

25 다음 중 자본이동이 완전히 자유로운 소규모 개방경제의 IS - LM - BP 모형에서 화폐수요가 감소할 경우 고정환율제도와 변동환율제도하에서 발생하는 변화에 대한 설명으로 옳지 않은 것을 〈보기〉에서 모두 고르면?

> **보기**
> ㄱ. 변동환율제도하에서 화폐수요가 감소하면 LM곡선이 오른쪽으로 이동한다.
> ㄴ. 변동환율제도하에서 이자율 하락으로 인한 자본유출로 외환수요가 증가하면 환율이 상승한다.
> ㄷ. 변동환율제도하에서 평가절하가 이루어지면 순수출이 증가하고 LM곡선이 우측으로 이동하여 국민소득은 감소하게 된다.
> ㄹ. 고정환율제도하에서 외환에 대한 수요증가로 환율상승 압력이 발생하면 중앙은행은 외환을 매각한다.
> ㅁ. 고정환율제도하에서 화폐수요가 감소하여 LM곡선이 오른쪽으로 이동하더라도 최초의 위치로는 복귀하지 않는다.

① ㄱ, ㄴ
② ㄴ, ㄷ
③ ㄷ, ㄹ
④ ㄷ, ㅁ
⑤ ㄹ, ㅁ

26 다음 중 IS-LM 모형에 대한 설명으로 옳은 것을 〈보기〉에서 모두 고르면?

> **보기**
>
> ㄱ. 투자의 이자율탄력성이 클수록 IS곡선과 총수요곡선은 완만한 기울기를 갖는다.
> ㄴ. 소비자들의 저축성향 감소는 IS곡선을 왼쪽으로 이동시키며, 총수요곡선도 왼쪽으로 이동시킨다.
> ㄷ. 화폐수요의 이자율 탄력성이 클수록 LM곡선과 총수요곡선은 완만한 기울기를 갖는다.
> ㄹ. 물가수준의 상승은 LM곡선을 왼쪽으로 이동시키지만 총수요곡선을 이동시키지는 못한다.
> ㅁ. 통화량의 증가는 LM곡선을 오른쪽으로 이동시키며 총수요곡선도 오른쪽으로 이동시킨다.

① ㄱ, ㄷ, ㄹ   ② ㄱ, ㄹ, ㅁ
③ ㄴ, ㄷ, ㅁ   ④ ㄴ, ㄹ, ㅁ
⑤ ㄱ, ㄴ, ㄷ, ㅁ

27 다음 중 수요와 공급의 가격탄력성에 대한 설명으로 옳은 것을 〈보기〉에서 모두 고르면?

> **보기**
>
> ㄱ. 어떤 재화에 대한 소비자의 수요가 비탄력적이라면, 가격이 상승할 경우 그 재화에 대한 지출액은 증가한다.
> ㄴ. 수요와 공급의 가격탄력성이 클수록 단위당 일정한 생산보조금 지급에 따른 자중손실(Deadweight Loss)은 커진다.
> ㄷ. 독점력이 강한 기업일수록 공급의 가격탄력성이 작아진다.
> ㄹ. 최저임금이 인상되었을 때, 최저임금이 적용되는 노동자들의 총임금은 노동의 수요보다는 공급의 가격탄력성에 따라 결정된다.

① ㄱ, ㄴ   ② ㄱ, ㄷ
③ ㄴ, ㄹ   ④ ㄱ, ㄴ, ㄷ
⑤ ㄱ, ㄴ, ㄷ, ㄹ

28 다음 중 현시선호이론에 대한 설명으로 옳은 것을 〈보기〉에서 모두 고르면?

> **보기**
>
> ㄱ. 소비자의 선호체계에 이행성이 있다는 것을 전제로 한다.
> ㄴ. 어떤 소비자의 선택행위가 현시선호이론의 공리를 만족시킨다면, 이 소비자의 무차별곡선은 우하향하게 된다.
> ㄷ. $P_0 Q_0 \geq P_0 Q_1$일 때, 상품묶음 Q_0가 선택되었다면, Q_0가 Q_1보다 현시선호되었다고 말한다(단, P_0는 가격벡터를 나타낸다).
> ㄹ. 강공리가 만족된다면 언제나 약공리는 만족된다.

① ㄱ, ㄴ   ② ㄴ, ㄷ
③ ㄴ, ㄹ   ④ ㄱ, ㄴ, ㄷ
⑤ ㄴ, ㄷ, ㄹ

29 어떤 기업의 생산함수는 $Q=\dfrac{1}{2,000}\,KL^{\frac{1}{2}}$ 임금은 10, 자본임대료는 20이다. 이 기업이 자본 2,000단위를 사용한다고 가정했을 때, 다음 중 이 기업의 단기 비용함수는?(단, K는 자본투입량, L은 노동투입량이다)

① $10Q^2+20,000$
② $10Q^2+40,000$
③ $20Q^2+10,000$
④ $20Q^2+20,000$
⑤ $20Q^2+40,000$

30 다음 중 어떤 기업에 대하여 〈보기〉의 상황을 가정할 때, 이 기업의 가치에 대한 설명으로 옳지 않은 것은?

> **보기**
> • 이 기업의 초기 이윤은 $\pi_0=100$이다.
> • 이 기업의 이윤은 매년 $g=5\%$씩 성장할 것으로 기대된다.
> • 이 기업이 자금을 차입할 경우, 금융시장에서는 $i=10\%$의 이자율을 적용한다.

① 이 기업의 가치는 $PV=\pi_0\,\dfrac{1+g}{i-g}$ 로 계산된다.
② 이 기업의 가치는 2,200이다.
③ 이 기업의 가치는 i가 상승하면 감소한다.
④ 이 기업의 가치는 g가 커지면 증가한다.
⑤ 초기 이윤을 모두 배당으로 지급하면 이 기업의 가치는 2,100이 된다.

31 다음 중 통화승수에 관한 설명으로 옳지 않은 것은?

① 통화승수는 법정지급준비율을 낮추면 커진다.
② 통화승수는 이자율 상승으로 요구불예금이 증가하면 작아진다.
③ 통화승수는 대출을 받은 개인과 기업들이 더 많은 현금을 보유할수록 작아진다.
④ 통화승수는 은행들이 지급준비금을 더 많이 보유할수록 작아진다.
⑤ 화폐공급에 내생성이 없다면 화폐공급곡선은 수직선의 모양을 갖는다.

32 다음 중 물가지수에 관한 설명으로 옳지 않은 것은?

① 소비자물가지수는 소비재를 기준으로 측정하고, 생산자물가지수는 원자재 혹은 자본재 등을 기준으로 측정하기 때문에 두 물가지수는 일치하지 않을 수 있다.

② 소비자물가지수는 상품가격 변화에 대한 소비자의 반응을 고려하지 않는다.

③ GDP 디플레이터는 국내에서 생산된 상품만을 조사 대상으로 하기 때문에 수입상품의 가격동향을 반영하지 못한다.

④ 물가수준 그 자체가 높다는 것과 물가상승률이 높다는 것은 다른 의미를 가진다.

⑤ 물가지수를 구할 때 모든 상품의 가중치를 동일하게 반영한다.

33 다음 중 인플레이션에 관한 설명으로 옳은 것은?

① 피셔가설은 '(명목이자율)=(실질이자율)+(물가상승률)'이라는 명제로, 예상된 인플레이션이 금융거래에 미리 반영됨을 의미한다.

② 새케인즈학파에 의하면 예상된 인플레이션의 경우에는 어떤 형태의 사회적 비용도 발생하지 않는다.

③ 실제 물가상승률이 예상된 물가상승률보다 더 큰 경우, 채권자는 이득을 보고 채무자는 손해를 본다.

④ 실제 물가상승률이 예상된 물가상승률보다 더 큰 경우, 고정된 명목임금을 받는 노동자와 기업 사이의 관계에서 노동자는 이득을 보고 기업은 손해를 보게 된다.

⑤ 예상하지 못한 인플레이션 발생의 불확실성이 커지면 장기계약이 활성화되고 단기계약이 위축된다.

34 어떤 경제의 총수요곡선은 $P_t = -Y_t + 2$, 총공급곡선은 $P_t = P_t^e + (Y_t - 1)$이다. 이 경제가 현재 $P = \dfrac{3}{2}$, $Y = \dfrac{1}{2}$에서 균형을 이루고 있다고 할 때, 다음 중 옳은 것은?(단, P_t^e는 예상물가이다)

① 이 경제는 장기균형 상태에 있다.

② 현재 상태에서 P_t^e는 1/2이다.

③ 현재 상태에서 P_t^e는 3/2이다.

④ 개인들이 합리적 기대를 한다면 P_t^e는 1이다.

⑤ 개인들이 합리적 기대를 한다면 P_t^e는 2이다.

35 어떤 경제를 다음과 같은 필립스(Phillips) 모형으로 표현할 수 있다고 할 때, 다음 설명 중 옳은 것은?

> • $\pi_t = \pi_t^6 - \alpha(u_t - \bar{u})$
> • $\pi_t^6 = 0.7\pi_{t-1} + 0.2\pi_{t-2} + 0.1\pi_{t-3}$
>
> (단, π_t는 t기의 인플레이션율, π_t^6는 t기의 기대 인플레이션율, α는 양의 상수, u_t는 t기의 실업률, $\bar{u}$는 자연실업률이다)

① 기대 형성에 있어서 체계적 오류 가능성은 없다.
② 경제주체들은 기대를 형성하면서 모든 이용 가능한 정보를 활용한다.
③ 가격이 신축적일수록 α 값이 커진다.
④ α 값이 클수록 희생률(Sacrifice Ratio)이 커진다.
⑤ t기의 실업률이 높아질수록 t기의 기대 인플레이션율이 낮아진다.

36 어떤 국가의 인구가 매년 1%씩 증가하고 있고, 국민들의 연평균 저축률은 20%로 유지되고 있으며, 자본의 감가상각률은 10%로 일정할 경우, 솔로우(Solow) 모형에 따른 이 경제의 장기균형의 변화에 대한 설명으로 옳은 것은?

① 기술이 매년 진보하는 상황에서 이 국가의 1인당 자본량은 일정하게 유지된다.
② 이 국가의 기술이 매년 2%씩 진보한다면, 이 국가의 전체 자본량은 매년 2%씩 증가한다.
③ 인구증가율의 상승은 1인당 산출량의 증가율에 영향을 미치지 못한다.
④ 저축률이 높아지면 1인당 자본량의 증가율이 상승한다.
⑤ 감가상각률이 높아지면 1인당 자본량의 증가율이 상승한다.

37 어떤 기업의 비용함수가 $C(Q) = 100 + 2Q^2$이다. 이 기업이 완전경쟁시장에서 제품을 판매하며 시장가격은 20일 때, 다음 설명 중 옳지 않은 것은?(단, Q는 생산량이다)

① 이 기업이 직면하는 수요곡선은 수평선이다.
② 이 기업의 고정비용은 100이다.
③ 이윤극대화 또는 손실최소화를 위한 최적산출량은 5이다.
④ 이 기업의 최적산출량 수준에서 P≥AVC를 만족한다(단, P는 시장가격이고, AVC는 평균가변비용이다).
⑤ 최적산출량 수준에서 이 기업의 손실은 100이다.

38 다음 중 투자이론에 대한 설명으로 옳지 않은 것은?

① 투자는 토빈(Tobin) q의 증가함수이다.

② 자본의 한계생산이 증가하면 토빈(Tobin) q값이 커진다.

③ 투자옵션모형에 따르면, 상품가격이 정상이윤을 얻을 수 있는 수준으로 상승하더라도 기업이 바로 시장에 진입하여 투자하지 못하는 이유는 실물부문의 투자가 비가역성을 갖고 있기 때문이다.

④ 재고투자모형은 수요량 변화에 따른 불확실성의 증가가 재고투자를 증가시킬 수도 있다는 점을 설명한다.

⑤ 신고전학파에 따르면 실질이자율 하락은 자본의 한계편익을 증가시켜 투자의 증가를 가져온다.

39 다음 중 균형경기변동이론(Equilibrium Business Cycle Theory)에 대한 설명으로 옳은 것을 〈보기〉에서 모두 고르면?

> **보기**
>
> ㄱ. 흉작이나 획기적 발명품의 개발은 영구적 기술 충격이다.
> ㄴ. 기술충격이 일시적일 때 소비의 기간 간 대체효과는 크다.
> ㄷ. 기술충격이 일시적일 때 실질이자율은 경기순행적이다.
> ㄹ. 실질임금은 경기역행적이다.
> ㅁ. 노동생산성은 경기와 무관하다.

① ㄱ, ㄴ
② ㄱ, ㄹ
③ ㄴ, ㄷ
④ ㄷ, ㄹ
⑤ ㄹ, ㅁ

40 다음 그림은 국내 통화의 실질절하(Real Depreciation)가 t_0에 발생한 이후의 무역수지 추이를 보여준다. 이에 대한 설명 중 옳지 않은 것은?(단, 초기 무역수지는 균형으로 0이다)

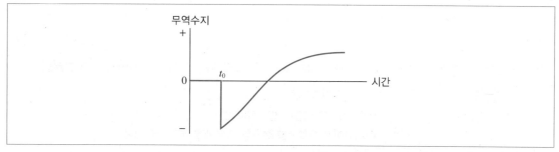

① 그림과 같은 무역수지의 조정과정을 J-곡선(J-curve)이라 한다.

② 실질절하 초기에 수출과 수입이 모두 즉각 변화하지 않아 무역수지가 악화된다.

③ 실질절하 후 시간이 흐름에 따라 수출과 수입이 모두 변화하므로 무역수지가 개선된다.

④ 수출수요탄력성과 수입수요탄력성의 합이 1보다 작다면 장기적으로 실질절하는 무역수지를 개선한다.

⑤ 마샬 – 러너 조건(Marshall – Lerner condition)이 만족되면 장기적으로 실질절하는 무역수지를 개선한다.

41 어떤 소비자의 효용함수는 $U(x, y) = 20x - 2x^2 + 4y$이고, 그의 소득은 24이다. 가격이 $P_X = P_Y = 2$에서 $P_X = 6$, $P_Y = 2$로 변화했다면, 다음 중 가격변화 이전과 이후의 X재와 Y재의 최적 소비량은?(단, x, y는 각각 X재와 Y재의 소비량이다)

	가격변화 이전	가격변화 이후
①	$x=2$, $y=6$	$x=2$, $y=8$
②	$x=2$, $y=6$	$x=4$, $y=8$
③	$x=4$, $y=8$	$x=2$, $y=6$
④	$x=4$, $y=8$	$x=4$, $y=6$
⑤	$x=4$, $y=8$	$x=6$, $y=2$

42 다음 중 완전경쟁시장에서 물품세가 부과될 때 시장에서 나타나는 현상들에 대한 설명으로 옳은 것을 〈보기〉에서 모두 고르면?

> **보기**
> ㄱ. 소비자에게 종가세가 부과되면 시장수요곡선은 아래로 평행이동한다.
> ㄴ. 수요곡선이 수평선으로 주어져 있는 경우 물품세의 조세부담은 모두 공급자에게 귀착된다.
> ㄷ. 소비자에게 귀착되는 물품세 부담의 크기는 공급의 가격탄력성이 클수록 증가한다.
> ㄹ. 소비자와 공급자에게 귀착되는 물품세의 부담은 물품세가 소비자와 공급자 중 누구에게 부과되는가와 상관없이 결정된다.
> ㅁ. 물품세 부과에 따라 감소하는 사회후생의 크기는 세율에 비례하여 증가한다.

① ㄴ, ㄷ
② ㄱ, ㄴ, ㄹ
③ ㄱ, ㄷ, ㅁ
④ ㄴ, ㄷ, ㄹ
⑤ ㄷ, ㄹ, ㅁ

43 다음 중 절약의 역설(Paradox of Thrift)에 대한 설명으로 옳은 것을 〈보기〉에서 모두 고르면?

> **보기**
> ㄱ. 경기침체가 심한 상황에서는 절약의 역설이 발생하지 않는다.
> ㄴ. 투자가 이자율 변동의 영향을 적게 받을수록 절약의 역설이 발생할 가능성이 크다.
> ㄷ. 고전학파 경제학에서 주장하는 내용이다.
> ㄹ. 임금이 경직적이면 절약의 역설이 발생하지 않는다.

① ㄱ
② ㄴ
③ ㄱ, ㄷ
④ ㄴ, ㄹ
⑤ ㄴ, ㄷ, ㄹ

44 꾸르노(Cournot) 복점기업 1과 2의 수요함수가 $P = 10 - (Q_1 + Q_2)$이고 생산비용은 0일 때, 다음 중 옳지 않은 것은?(단, P는 시장가격, Q_1는 기업 1의 산출량, Q_2는 기업 2의 산출량이다)

① 기업 1의 한계수입곡선은 $MR_1 = 10 - 2Q_1 - Q_2$이다.

② 기업 1의 반응함수는 $Q_1 = 5 - \dfrac{1}{2}Q_2$이다.

③ 기업 1의 꾸르노 균형산출량은 $Q_1 = \dfrac{10}{3}$이다.

④ 산업전체의 산출량은 $Q = \dfrac{20}{3}$이다.

⑤ 꾸르노 균형산출량에서 균형가격은 $P = \dfrac{20}{3}$이다.

PART 1 PART 2 PART 3 PART 4 PART 5

45 생산가능인구가 1,000만 명인 어떤 나라가 있다. 이 가운데 취업자가 570만 명이고 실업자가 30만 명일 때, 다음 중 옳지 않은 것은?

① 실업률은 5%이다.
② 비경제활동률은 40%이다.
③ 경제활동인구는 600만 명이다.
④ 고용률은 60%이다.
⑤ 이 나라의 전체 인구는 알 수 없다.

46 기업 A가 생산하는 재화에 투입하는 노동의 양을 L이라 하면, 노동의 한계생산은 $27 - 5L$이다. 이 재화의 가격이 20이고 임금이 40이라면, 이윤을 극대로 하는 기업 A의 노동수요량은?

① 1 　　　　　　　　　　　② 2
③ 3 　　　　　　　　　　　④ 4
⑤ 5

47 노동시장에서 현재 고용상태인 개인이 다음 기에도 고용될 확률을 P_{11}, 현재 실업상태인 개인이 다음 기에 고용될 확률을 P_{21}이라고 하자. 이 확률이 모든 기간에 항상 동일하다고 할 때, 다음 중 이 노동시장에서의 균형실업률은?

① $P_{21} \div (1 - P_{21})$

② $P_{21} \div P_{11}$

③ $(1 - P_{11}) \div (1 - P_{11} + P_{21})$

④ $(1 - P_{11}) \div (P_{11} + P_{21})$

⑤ $(1 - P_{11}) \div (1 - P_{21})$

48 어떤 마을에 총 10개 가구가 살고 있다. 각 가구는 가로등에 대해 동일한 수요함수 $p_i = 10 - Q(i = 1, \cdots, 10)$를 가지며, 가로등 하나를 설치하는 데 소요되는 비용은 20이다. 사회적으로 효율적인 가로등 설치에 대한 설명으로 옳지 않은 것은?

① 어느 가구도 단독으로 가로등을 설치하려 하지 않을 것이다.

② 가로등에 대한 총수요는 $P = 100 - 10Q$이다.

③ 이 마을의 사회적으로 효율적인 가로등 수량은 9개이다.

④ 사회적으로 효율적인 가로등 수량을 확보하려면 각 가구는 가로등 1개당 2의 비용을 지불해야 한다.

⑤ 가구 수가 증가하는 경우, 사회적으로 효율적인 가로등 수량은 증가한다.

49 어떤 국가의 통신시장은 2개의 기업(A와 B)이 복점의 형태로 수량경쟁을 하며 공급을 담당하고 있다. 기업 A의 한계비용은 $MC_A = 2$, 기업 B의 한계비용은 $MC_B = 4$이고, 시장수요곡선은 $P = 36 - 2Q$이다. 다음 중 옳은 것을 〈보기〉에서 모두 고르면?(단, P는 시장가격, Q는 시장의 총공급량이다)

> **보기**
>
> ㄱ. 균형 상태에서 기업 A의 생산량은 6이고 기업 B의 생산량은 4이다.
> ㄴ. 균형가격은 14이다.
> ㄷ. 균형 상태에서 이 시장의 사회후생은 243이다.
> ㄹ. 균형 상태에서 이 시장의 소비자잉여는 100이다.
> ㅁ. 균형 상태에서 이 시장의 생산자잉여는 122이다.

① ㄱ, ㄹ

② ㄴ, ㄷ

③ ㄱ, ㄹ, ㅁ

④ ㄴ, ㄷ, ㅁ

⑤ ㄴ, ㄹ, ㅁ

50 두 폐쇄경제 A국과 B국의 총생산함수는 모두 $Y = EK^{0.5}L^{0.5}$와 같은 형태로 나타낼 수 있다고 하자. A국은 상대적으로 K가 풍부하고 B국은 상대적으로 L이 풍부하며, A국은 기술수준이 높지만 B국은 기술수준이 낮다. 만약 현재 상태에서 두 경제가 통합된다면 B국의 실질임금률과 실질이자율은 통합 이전에 비하여 어떻게 변화하는가? (단, Y, K, L은 각각 총생산, 총자본, 총노동을 나타내며, E는 기술수준을 나타낸다)

① 임금률은 상승하고 이자율은 하락할 것이다.
② 임금률은 하락하고 이자율은 상승할 것이다.
③ 임금률과 이자율 모두 상승할 것이다.
④ 임금률은 상승하지만 이자율의 변화는 알 수 없다.
⑤ 이자율은 하락하지만 임금률의 변화는 알 수 없다.

정답 및 해설 p.054

01 다음 중 자연인의 권리능력에 관한 설명으로 옳지 않은 것은?

① 자연인의 권리능력은 사망에 의해서만 소멸된다.

② 피성년후견인의 권리능력은 제한능력자에게도 차등이 없다.

③ 실종선고를 받으면 권리능력을 잃는다.

④ 우리 민법은 태아에 대해 개별적 보호주의를 취하고 있다.

⑤ 자연인은 출생과 동시에 권리능력을 가진다.

02 다음 중 미성년자가 단독으로 유효하게 할 수 없는 행위는?

① 부담 없는 증여를 받는 것

② 채무의 변제를 받는 것

③ 근로계약과 임금청구

④ 허락된 재산의 처분행위

⑤ 허락된 영업에 관한 행위

03 다음은 우리나라의 민법상 주소, 거소, 가주소에 관해 설명한 내용이다. 옳지 않은 것은?

① 민법에서는 객관주의와 복수주의를 택한다.

② 국내에 주소가 없거나 주소를 알 수 없을 때에는 거소를 주소로 본다.

③ 법인의 주소 효력은 주된 사무소의 소재지로부터 생긴다.

④ 현재지가 주소로서의 효력을 가지는 경우 등의 예외는 있다.

⑤ 어디를 가주소로 정하는지는 당사자의 자유이며, 실제 생활과는 아무 관계없이 임의로 정할 수 있다.

04 다음 중 의사표시의 효력발생에 관한 설명으로 옳지 않은 것은?

① 격지자 간의 계약은 승낙의 통지를 발한 때에 성립한다.

② 우리 민법은 도달주의를 원칙으로 하고 예외적으로 발신주의를 택하고 있다.

③ 의사표시의 부도착(不到着)의 불이익은 표의자가 입는다.

④ 표의자가 그 통지를 발한 후 도달하기 전에 사망하면 그 의사표시는 무효이다.

⑤ 상대방과 통정한 허위의 의사표시는 무효로 한다.

05 다음 중 법률행위의 취소와 추인에 관한 설명으로 옳지 않은 것은?

① 취소할 수 있는 법률행위를 취소할 수 있는 자는 제한능력자, 착오로 인하거나 사기·강박에 의하여 의사표시를 한 자, 그 대리인 또는 승계인이며, 추인할 수 있는 자도 같다.

② 취소할 수 있는 법률행위의 추인은 무권대리행위의 추인과는 달리 추인의 소급효는 문제되지 않는다.

③ 추인은 취소의 원인이 소멸된 후에 하여야 효력이 있는데, 다만 법정대리인이 추인하는 경우에는 그렇지 않다.

④ 취소권자가 전부나 일부의 이행, 이행의 청구, 담보의 제공 등을 한 경우에는 취소의 원인이 소멸되기 전에 한 것이라도 추인한 것으로 보아야 한다.

⑤ 취소된 법률행위는 처음부터 무효인 것으로 본다. 다만, 제한능력자는 그 행위로 인하여 받은 이익이 현존하는 한도에서 상환할 책임이 있다.

06 다음 중 법률행위의 취소에 관한 설명으로 옳지 않은 것은?

① 취소의 효과는 선의의 제3자에게 대항할 수 없는 것이 원칙이다.

② 취소할 수 있는 법률행위는 취소의 원인이 소멸되기 전에 추인을 할 수 있는 것이 원칙이다.

③ 취소된 법률행위는 처음부터 무효인 것으로 보는 것이 원칙이다.

④ 취소할 수 있는 의사표시를 한 자의 대리인도 그 행위를 취소할 수 있다.

⑤ 취소할 수 있는 법률행위의 상대방이 확정한 경우, 그 취소는 그 상대방에 대한 의사표시로 한다.

07 다음 중 甲이 전파상에 고장난 라디오를 수리의뢰한 경우, 전파상 주인이 수리대금을 받을 때까지 甲에게 라디오의 반환을 거부할 수 있는 권리는?

① 저당권
② 질권
③ 지역권
④ 유치권
⑤ 임차권

08 다음 중 민법상 소멸시효기간이 3년인 것은?

① 의복의 사용료 채권
② 여관의 숙박료 채권
③ 연예인의 임금 채권
④ 도급받은 자의 공사에 관한 채권
⑤ 의식 및 유숙에 관한 교사의 채권

09 다음 중 보증채무에 관한 설명으로 옳지 않은 것은?

① 주채무가 소멸하면 보증채무도 소멸한다.
② 보증채무는 주채무가 이행되지 않을 때 비로소 이행하게 된다.
③ 채무를 변제한 보증인은 선의의 주채무자에 대해서는 구상권을 행사하지 못한다.
④ 채권자가 보증인에 대하여 이행을 청구하였을 때, 보증인은 주채무자에게 먼저 청구할 것을 요구할 수 있다.
⑤ 보증인이 당초에 주채무자가 무능력자라는 것을 알고 있었을 때에는 보증채무는 소멸하지 않는다.

10 다음 중 소멸시효에 관한 설명으로 옳은 것은?(단, 다툼이 있는 경우 판례에 따름)

① 소멸시효완성에 의한 권리의 소멸은 법원의 직권조사사항이다.
② 소멸시효는 그 시효기간이 완성된 때로부터 장래에 향하여 권리가 소멸한다.
③ 소멸시효는 법률행위에 의하여 그 기간을 단축할 수 없다.
④ 채무자가 소멸시효 완성 후에 채권자에 대하여 채무를 승인함으로써 그 시효의 이익을 포기한 경우에는 그때부터 새로이 소멸시효가 진행한다.
⑤ 부작위를 목적으로 하는 채권의 소멸시효는 채권이 성립한 때로부터 진행한다.

11 다음 중 손해배상액의 예정에 관한 설명으로 옳은 것은?(단, 다툼이 있는 경우 판례에 따름)

① 사용자는 근로계약 불이행에 대한 위약금 또는 손해배상액을 예정하는 계약을 체결할 수 있다.

② 매매계약에서 채권자는 실제 손해액이 예정액을 초과하는 경우에 그 초과액을 청구할 수 있다.

③ 계약 내용에 손해배상액을 예정하는 약정이 있는 경우에는 계약상의 채무불이행으로 인한 손해액과 함께 그 계약과 관련된 불법행위상의 손해액까지 예정한 것이다.

④ 건물 신축공사에 있어 준공 후에도 건물에 다수의 하자와 미시공 부분이 있어 수급인이 약정기한 내에 그 하자와 미시공 부분에 대한 공사를 완료하지 못할 경우 미지급 공사비 등을 포기하고 이를 도급인의 손해배상금으로 충당한다는 내용의 합의각서를 작성한 경우, 채무불이행에 관한 손해배상액을 예정한 경우에 해당한다.

⑤ 금전채무에 관하여 이행지체에 대비한 지연손해금 비율을 따로 약정한 경우, 손해배상액의 예정으로서 감액의 대상이 되지 않는다.

12 다음 중 금전채무에 관한 설명으로 옳은 것은?(단, 다툼이 있는 경우 판례에 따름)

① 채권의 목적이 다른 나라 통화로 지급할 것인 경우, 채무자는 그 국가의 강제통용력 있는 각종 통화로 변제할 수 있다.

② 민사채권과 상사채권의 법정이율은 모두 연 5분이다.

③ 금전채무 불이행책임의 경우, 그 손해에 대한 채권자의 증명이 필요하다.

④ 금전채무의 이행지체로 인하여 발생하는 지연손해금은 3년간의 단기소멸시효의 대상이다.

⑤ 금전채권의 경우, 특정물채권이 될 여지가 없다.

13 다음 중 채무불이행에 관한 설명으로 옳은 것은?(단, 다툼이 있는 경우 판례에 따름)

① 기한이 정해져 있는 지시채권이나 무기명채권의 경우에는 그 증서의 제시 없이도 이행기에 도달하면 당연히 지체책임을 진다.

② 당사자가 불확정한 사실이 발생한 때를 이행기한으로 정한 경우에는 그 사실이 발생한 때는 물론 그 사실의 발생이 불가능하게 된 때에도 이행기한은 도래한 것으로 보아야 한다.

③ 부동산 이중매매의 경우, 제1매수인이 아닌 제2매수인과 그 부동산에 관한 매매계약이 체결된 사실이 있으면, 이행불능으로서 채무불이행에 해당한다.

④ 부동산의 이중매매에서 매매목적물을 제2매수인에게 처분한 가격이 통상가격을 넘는 경우, 그 처분가격이 매도인의 제1매수인에 대한 배상액 산정의 기준이 된다.

⑤ 아파트 광고모델계약을 체결하면서 품위유지약정을 한 유명 연예인이 남편과의 물리적 충돌로 멍들고 부은 얼굴 등을 언론에 공개한 행위는 채무불이행에 해당하지 않는다.

14 다음 중 상업등기에 관한 설명으로 옳지 않은 것은?

① 영업에 관한 중요한 사항을 상법의 규정에 의하여 상업등기부에 등기하는 것을 말한다.

② 상인과 제3자와의 이해관계 있는 일정사항을 공시함으로써 거래의 안전을 도모하는 동시에, 상인의 신용을 유지하기 위하여 마련한 제도이다.

③ 상업등기부에는 상호, 성년자, 법정대리인, 지배인, 합명회사, 합자회사, 무한회사, 주식회사, 외국회사 등에 관한 9종이 있다.

④ 등기사항은 등기와 공고 후가 아니면 선의의 제3자에게 대항하지 못하고, 등기·공고가 있으면 제3자에게 대항할 수 있다.

⑤ 등기사항은 각종의 상업등기부에 의하여 따로 정해지고, 반드시 등기할 것을 요하느냐의 여부에 따라 절대적 사항과 상대적 사항으로 구분된다.

15 다음 중 주식회사에 관한 다음 설명으로 옳지 않은 것은?

① 자본금은 특정 시점에서 회사가 보유하고 있는 재산의 현재가치로서 주식으로 균등하게 분할되어 있다.

② 무액면주식의 발행도 허용되며, 액면주식이 발행되는 경우 1주의 금액은 100원 이상 균일하여야 한다.

③ 주주는 주식의 인수가액을 한도로 출자의무를 부담할 뿐, 회사의 채무에 대하여 책임을 지지 않는다.

④ 주권 발행 이후 주주는 자신의 주식을 자유롭게 양도 및 처분을 할 수 있다.

⑤ 주식이 수인의 공유에 속하는 때에 공유자는 주주의 권리를 행사할 자 1인을 정하여야 한다.

16 다음 중 회사의 해산사유에 해당하지 않는 것은?

① 사장단의 동의 또는 결의

② 존립기간의 만료

③ 정관으로 정한 사유의 발생

④ 법원의 해산명령·해산판결

⑤ 회사의 합병·파산

17 다음 중 상업사용인의 의무에 대한 설명으로 옳지 않은 것은?

① 상호의 양도는 대항요건에 불과하여 등기하지 않으면 제3자에게 대항하지 못한다.

② 영업과 상호를 양수하였다고 하여 양도인의 채권·채무도 양수한 것으로 볼 수는 없다.

③ 영업과 함께 또는 영업을 폐지할 때 양도할 수 있다.

④ 상호의 양도는 재산적 가치가 인정되어 상속도 가능하다.

⑤ 상호의 양도는 상호의 양도인과 상호양수인과의 합의에 의해서 효력이 생긴다.

18 다음 중 상법상 피보험이익에 관한 설명으로 옳지 않은 것은?

① 인보험계약의 본질적인 요소이다.
② 적법하고 금전으로 산정할 수 있는 이익이어야 한다.
③ 보험계약의 동일성을 결정하는 기준이다.
④ 피보험이익의 주체를 피보험자라 한다.
⑤ 피보험이익을 금전으로 평가한 가액을 보험가액이라고 한다.

19 다음 중 상법상 보험자의 면책사유에 해당하지 않는 것은?

① 보험사고가 보험계약자의 고의로 발생한 경우
② 보험사고가 피보험자의 실수로 발생한 경우
③ 보험사고가 보험계약자의 중대한 과실로 발생한 경우
④ 보험사고가 전쟁 기타의 변란으로 발생한 경우
⑤ 보험사고가 보험수익자의 중대한 과실로 발생한 경우

20 다음 중 상법상 보험계약자의 의무가 아닌 것은?

① 보험료지급의무
② 보험증권교부의무
③ 위험변경증가 통지의무
④ 중요사항에 관한 고지의무
⑤ 위험유지의무

21 다음 〈보기〉 중 화해계약에 관한 설명으로 옳지 않은 것을 모두 고른 것은?(단, 다툼이 있는 경우 판례에 의함)

> **보기**
> ⓐ 화해계약이 사기로 인해 이루어진 경우에는 화해의 목적인 분쟁에 관한 사항에 착오가 있더라도 사기에 의한 의사표시를 이유로 이를 취소할 수 없다.
> ⓑ 채권자와 채무자간의 잔존채무액의 계산행위는 특별한 사정이 없는 한 화해계약이 아니다.
> ⓒ 화해계약은 특별한 사정이 없는 한, 당사자 일방이 양보한 권리가 소멸되고 상대방이 화해로 인하여 그 권리를 취득하는 효력이 있다.
> ⓓ 화해당사자의 자격에 관한 착오가 있는 경우에는 이를 이유로 취소하지 못한다.

① ⓐ, ⓑ
② ⓐ, ⓓ
③ ⓑ, ⓒ
④ ⓑ, ⓓ
⑤ ⓒ, ⓓ

22 다음 중 민법상 계약의 해지, 해제에 관한 설명으로 옳지 않은 것은?

① 당사자의 일방 또는 쌍방이 수인인 경우에는 계약의 해지나 해제는 그 일인에 대하여도 가능하다.
② 당사자 일방이 계약을 해제한 때에는 각 당사자는 그 상대방에 대하여 원상회복의 의무가 있다. 그러나 제삼자의 권리를 해하지 못한다.
③ 채무자의 책임 있는 사유로 이행이 불능하게 된 때에는 채권자는 계약을 해제할 수 있다.
④ 계약 또는 법률의 규정에 의하여 당사자의 일방이나 쌍방이 해지 또는 해제의 권리가 있는 때에는 그 해지 또는 해제는 상대방에 대한 의사표시로 한다.
⑤ 계약의 해지 또는 해제는 손해배상의 청구에 영향을 미치지 아니한다.

23 권리남용의 요건에 관한 다음 기술 중 옳지 않은 것은?(단, 다툼이 있으면 판례에 의함)

A. 권리의 행사에 의하여 권리행사자가 얻는 이익보다 상대방이 잃을 손해가 현저히 크다고 하면 그러한 사정만으로 권리남용이 된다.
B. 권리남용의 요건으로서 권리행사의 목적이 오직 상대방에게 고통을 주고 손해를 입히려는 주관적 요건과 권리행사가 사회질서에 반한다고 하는 객관적 요건이 있어야 한다.
C. 피상속인의 생존 시에 피상속인에 대하여 상속을 포기하기로 약정하였다고 하더라도 상속개시 후에 법률규정에 따른 상속포기를 하지 아니한 이상, 자신의 상속권을 주장하는 것은 정당한 권리행사로서 권리남용에 해당되지 않는다.
D. 나대지에 설정된 저당권 실행의 경매절차에서, 상당한 비용이 투입된 건물이 신축 중임을 알면서 그 건물 부지를 경락받은 자가 그 후 완공된 건물의 철거를 구하는 것은 권리남용에 해당하지 않는다.
E. 권리남용의 주관적 요건은 권리자의 정당한 이익을 결여한 권리행사로 보여지는 객관적인 사정에 의하여 추인될 수 있다.

① A
② B
③ C
④ D
⑤ E

24 다음 〈보기〉 중 민법상 단독행위인 것을 모두 고른 것은?

> **보기**
> ⓐ 청약의 철회
> ⓑ 합의해제
> ⓒ 의사표시의 취소
> ⓓ 법정대리인의 동의
> ⓔ 사단법인의 설립

① ⓐ, ⓑ, ⓒ
② ⓐ, ⓑ, ⓔ
③ ⓐ, ⓒ, ⓓ
④ ⓑ, ⓓ, ⓔ
⑤ ⓑ, ⓒ, ⓓ

25 다음 중 민법상 대리권에 관한 설명으로 옳은 것은?

① 대리권은 성년후견의 개시로 소멸한다.

② 대리권은 대리인의 파산으로 소멸한다.

③ 대리인은 본인의 허락이 없으면 본인을 위하여 자기와 법률행위를 하거나 동일한 법률행위에 관하여 당사자쌍방을 대리하지 못한다. 그러나 채무의 이행은 할 수 없다.

④ 대리인은 행위능력자임을 요한다.

⑤ 대리인이 그 권한범위 밖에서 본인을 위한 것임을 표시한 의사표시는 직접 본인에게 대하여 효력이 생긴다.

26 다음 중 민법상 대리에 관한 설명으로 옳은 것은?

① 대리인이 그 권한 내에서 본인을 위한 것임을 표시한 의사표시는 직접 본인에게 하지 않아도 효력이 생긴다.

② 대리인이 수인인 때에는 각자가 본인을 대리한다. 그러나 법률 또는 수권행위에 다른 정한 바가 있는 때에는 그러하지 아니하다.

③ 대리인은 본인의 허락이 없으면 본인을 위하여 자기와 법률행위를 하거나 동일한 법률행위에 관하여 당사자쌍방을 대리하지 못하며 또한 채무의 이행도 할 수 없다.

④ 대리인은 행위능력자임을 요한다.

⑤ 대리권이 법률행위에 의하여 부여된 경우에는 대리인은 본인의 승낙이 있거나 부득이한 사유가 있는 때가 아니라도 복대리인은 선임할 수 있다.

27 다음 〈보기〉 중 민법상 옳은 내용을 모두 고른 것은?

> **보기**
>
> ⓐ 선량한 풍속 기타 사회질서에 위반한 사항을 내용으로 하는 법률행위는 취소할 수 있다.
> ⓑ 의사표시는 법률행위의 내용의 중요부분에 착오가 있는 때에는 취소할 수 있다.
> ⓒ 의사표시는 표의자가 진의아님을 알고 한 것이라도 그 효력이 있다. 그러나 상대방이 표의자의 진의아님을 알았거나 이를 알 수 있었을 경우에는 무효로 한다.
> ⓓ 당사자의 궁박, 경솔 또는 무경험으로 인하여 현저하게 공정을 잃은 법률행위는 취소할 수 있다.
> ⓔ 사기나 강박에 의한 의사표시는 무효로 한다.

① ⓐ, ⓑ   ② ⓐ, ⓒ

③ ⓑ, ⓒ   ④ ⓑ, ⓓ

⑤ ⓒ, ⓓ

28 다음 중 민법상의 무효가 아닌 것은?

① 상대방과 통정한 허위의 의사표시는 무효로 한다.

② 법률행위의 일부분이 무효인 때에는 그 전부를 무효로 한다.

③ 피성년후견인의 법률행위는 무효로 한다.

④ 조건이 선량한 풍속 기타 사회질서에 위반한 것인 때에는 그 법률행위는 무효로 한다.

⑤ 멸실한 증서나 소지인의 점유를 이탈한 증서는 공시최고의 절차에 의하여 무효로 할 수 있다.

29 다음 중 법률행위의 무효와 취소에 관한 설명으로 옳지 않은 것은?

① 무효의 경우 누구라도 무효를 주장할 수 있다.

② 취소의 경우 취소권자가 취소할 수 있다.

③ 착오로 인한 의사표시의 경우 취소가 가능하다.

④ 불공정한 법률행위는 무효이다.

⑤ 취소란 처음부터 법률행위가 성립한 때부터 법률상 당연히 효력이 없는 것으로 확정된 것을 말한다.

30 다음 〈보기〉 중 근저당권에 관한 설명으로 옳은 것을 모두 고른 것은?(단, 다툼이 있는 경우 판례에 의함)

> **보기**
>
> ㄱ. 근저당권의 실행비용은 채권최고액에 포함된다.
>
> ㄴ. 피담보채권의 이자는 채권최고액에 포함된 것으로 본다.
>
> ㄷ. 물상보증인은 채권최고액까지만 변제하더라도 근저당권등기의 말소를 청구할 수 없다.
>
> ㄹ. 근저당권자가 피담보채무의 불이행을 이유로 경매신청한 후에 새로운 거래관계에서 발생한 원본채권은 그 근저당권에 의해 담보된다.
>
> ㅁ. 근저당권자가 피담보채무의 불이행을 이유로 경매신청을 하여 경매개시결정이 있은 후에 경매신청이 취하된 경우에는 채무확정의 효과는 번복될 수 있다.

① ㄱ, ㄴ

② ㄴ, ㄷ

③ ㄴ, ㄹ

④ ㄷ, ㄹ

⑤ ㄹ, ㅁ

31 추정과 간주에 관한 설명 중 옳은 것은?

① 사실의 확정에 있어서 '추정'보다는 '간주'의 효력이 훨씬 강하다.

② 우리 민법에서 "~한 것으로 본다."라고 규정하고 있으면 이는 추정규정이다.

③ 우리 민법 제28조에서는 "실종선고를 받은 자는 전조의 규정이 만료된 때에 사망한 것으로 추정한다."라고 규정하고 있다.

④ '간주'는 편의상 잠정적으로 사실의 존부를 인정하는 것이므로, 간주된 사실과 다른 사실을 주장하는 자가 반증을 들면 간주의 효과는 발생하지 않는다.

⑤ '추정'은 일종의 법의 의제로서 그 사실이 진실이냐 아니냐를 불문하고 권위적으로 그렇다고 단정해 버리고, 거기에 일정한 법적 효과를 부여하는 것을 의미한다.

32 제한능력자제도에 관한 설명이다. 타당하지 않은 것은?

① 19세에 이르면 성년이 된다.

② 제한능력자가 법정대리인의 동의 없이 한 법률행위는 무효이다.

③ 미성년자라도 혼인을 하면 성년이 된 것으로 본다.

④ 피성년후견인은 일상생활에 필요하고 그 대가가 과도하지 않은 법률행위를 독자적으로 할 수 있다.

⑤ 가정법원은 취소할 수 없는 피성년후견인의 법률행위의 범위를 정할 수 있다.

33 민법상 법인의 설립요건이 아닌 것은?

① 주무관청의 허가   ② 영리 아닌 사업을 목적으로 할 것

③ 설립신고   ④ 정관작성

⑤ 설립등기

34 헌법 제37조 제2항에 의한 기본권의 제한에 대한 설명으로 틀린 것은?

① 국회의 형식적 법률에 의해서만 제한할 수 있다.

② 처분적 법률에 의한 제한은 원칙적으로 금지된다.

③ 국가의 안전보장과 질서유지를 위해서만 제한할 수 있다.

④ 기본권의 본질적 내용은 침해할 수 없다.

⑤ 노동기본권의 제한에 대한 법적 근거를 밝히고 있다.

35 다음 중 헌법상 헌법개정에 관한 설명으로 옳은 것은?

① 헌법개정은 국회 재적의원 과반수 또는 정부의 발의로 제안된다.
② 대통령의 임기연장 또는 중임변경에 관해서는 이를 개정할 수 없다.
③ 헌법개정이 확정되면 대통령은 즉시 이를 공포하여야 한다.
④ 헌법개정안에 대한 국회의결은 출석의원 3분의 2 이상의 찬성을 얻어야 한다.
⑤ 국회는 헌법개정안이 공고된 날로부터 90일 이내에 의결하여야 한다.

36 다음 중 공법과 사법의 구별 기준에 관한 학설의 내용으로서 거리가 먼 것은?

① 공익을 위한 것인가, 사익을 위한 것인가에 따라 구별한다.
② 권력적인 것인가의 여부에 따라 구별한다.
③ 권력의무의 주체에 따라 구별한다.
④ 법규의 명칭에 따라 구별한다.
⑤ 법이 통치권 발동에 관한 것인지, 아닌지에 따라 구별한다.

37 다음 중 법의 성격에 관한 다음 설명 중 타당하지 않은 것은?

① 자연법론자들은 법과 도덕은 그 고유한 영역을 가지고 있지만 도덕을 법의 상위개념으로 본다.
② 법은 타율성에, 도덕은 자율성에 그 실효성의 연원을 둔다.
③ 법은 인간행위에 대한 당위의 법칙이 아니라 필연의 법칙이다.
④ 법은 국가권력에 의하여 보장되는 사회규범의 하나이다.
⑤ 법은 그 위반의 경우에 타율적·물리적 강제를 통하여 원하는 상태와 결과를 실현하는 강제규범이다.

38 다음 중 사회보험에 대한 설명으로 옳지 않은 것은?

① 사회보험의 보험납부비용은 모두 당사자가 부담한다.
② 사회보험은 그 가입이 강제적이다.
③ 사회보험의 계약의 체결 및 해약 등에는 조건이 수반된다.
④ 사회보험의 수급자격과 보험료율 및 급부내용 등의 보험계약내용은 법으로 정해져 있다.
⑤ 사회보험은 사회의 연대성이 적용된다.

39 다음 설명 중 근대 입헌주의적 의미의 헌법에 해당하는 것은?

① 권력분립과 기본권 보장이 없는 국가는 헌법이 없다.
② 영국을 제외하고 모든 나라는 헌법을 가지고 있다.
③ 국가라고 하는 법적 단체가 있는 곳에는 헌법이 있다.
④ 공산주의 국가에도 헌법은 있다.
⑤ 헌법을 불문화 할 필요가 있다.

40 자연인의 권리능력에 관한 설명으로 바르지 않은 것은?

① 자연인의 권리능력은 사망에 의해서만 소멸된다.
② 피성년후견인의 권리능력은 제한능력자에게도 차등이 없다.
③ 실종선고를 받으면 권리능력을 잃는다.
④ 우리 민법은 태아에 대해 개별적 보호주의를 취하고 있다.
⑤ 자연인은 출생과 동시에 권리능력을 가진다.

41 법인에 관한 설명 중 틀린 것은?

① 사단법인의 정관의 필요적 기재사항으로는 목적, 명칭, 사무소 소재지, 자산에 관한 규정, 이사의 임면, 사원의 자격 등이 있다.
② 법인의 이사가 수인인 경우에 사무집행은 정관의 규정에 따른다.
③ 재단법인은 법률, 정관, 목적, 성질, 그 외에 주무관청의 감독, 허가조건 등에 의하여 권리능력이 제한된다.
④ 사원총회는 법인사무 전반에 관하여 결의권을 가진다.
⑤ 법인의 해산이유로는 존립기간의 만료, 정관에 정한 해산사유의 발생, 목적인 사업의 성취나 불능 등을 볼 수 있다.

42 다음 사회권적 기본권을 설명한 내용 중 옳은 것은?

> ㉠ 사회권은 국민의 권리에 해당한다.
> ㉡ 바이마르헌법에서 사회권을 최초로 규정하였다.
> ㉢ 사회권은 천부인권으로서의 인간의 권리이다.
> ㉣ 사회권은 강한 대국가적 효력을 가진다.

① ㉠, ㉡   ② ㉡, ㉢
③ ㉢, ㉣   ④ ㉠, ㉣
⑤ ㉡, ㉣

43 민법이 규정하는 재단법인과 사단법인과의 차이에 관한 설명 중 틀린 것은?

① 사단법인에는 사원총회가 있으나 재단법인에는 없다.

② 양자는 모두 공익법인이다.

③ 재단법인의 기부행위는 반드시 서면으로 작성할 것을 요하지 않으나 사단법인의 정관은 반드시 서면으로 작성하지 않으면 안 된다.

④ 양자는 모두 설립에 있어서 주무관청의 허가를 필요로 한다.

⑤ 사단법인은 2인 이상의 사원으로 구성되며, 재단법인은 일정한 목적에 바쳐진 재산에 의해 구성된다.

44 민법상 과실(果實)에 해당하지 않는 것은?

① 지상권의 지료

② 임대차에서의 차임

③ 특허권의 사용료

④ 젖소로부터 짜낸 우유

⑤ 과수원에서 재배한 사과

45 권력분립론에 관한 설명으로 잘못된 것은?

① 로크(Locke)는 최고 권력은 국민에게 있고, 그 아래에 입법권, 입법권 아래에 집행권과 동맹권이 있어야 한다고 주장하였다.

② 몽테스키외(Montesquieu)의 권력분립론은 자의적인 권력 혹은 권력의 남용으로부터 개인의 자유와 권리를 보장하는 데 그 목적이 있다.

③ 권력분립론은 모든 제도를 정당화시키는 최고의 헌법원리이다.

④ 뢰벤슈타인(Lowenstein)은 권력분립에 대한 비판에서 국가작용을 정책결정, 정책집행, 정책통제로 구분하였다.

⑤ 적극적으로 능률을 증진시키기 위한 원리가 아니라, 권력의 남용 또는 권력의 자의적인 행사를 방지하려는 소극적인 권리이다.

46 다음 중 헌법의 개정과 유사한 개념 중에서 기존 헌법을 배제하고 수평적 헌법전의 교체가 이루어지는 것을 무엇이라 하는가?

① 헌법의 폐지

② 헌법의 파괴

③ 헌법의 정지

④ 헌법의 침해

⑤ 헌법의 개정

47 근대 사법이 공법화 경향을 나타내고 있는 이유로 옳지 않은 것은?

① 계약자유의 범위 확대   ② 공공복리의 실현
③ 사회보장제도의 확충   ④ 사권(私權)의 의무화
⑤ 경제적 약자의 보호

48 다음은 우리나라의 민법상의 주소, 거소, 가주소에 관해 설명한 내용이다. 옳지 않은 것은?

① 민법에서는 객관주의와 복수주의를 택한다.
② 국내에 주소가 없거나 주소를 알 수 없을 때에는 거소를 주소로 본다.
③ 법인의 주소효력은 주된 사무소의 소재지로부터 생긴다.
④ 현재지가 주소로서의 효력을 가지는 경우 등의 예외는 있다.
⑤ 어디를 가주소로 정하는지는 당사자의 자유이며, 실제생활과는 아무 관계없이 임의로 정할 수 있다.

49 다음 중 법과 도덕에 관한 설명으로 옳지 않은 것은?

① 법은 행위의 외면성을, 도덕은 행위의 내면성을 다룬다.
② 법은 강제성을, 도덕은 비강제성을 갖는다.
③ 법은 타율성을, 도덕은 자율성을 갖는다.
④ 권리 및 의무의 측면에서 법은 일면적이나, 도덕은 양면적이다.
⑤ 법은 정의(定義)의 실현을, 도덕은 선(善)의 실현을 추구한다.

50 다음 중 법원(法源)으로서 조례(條例)에 관한 설명으로 옳은 것은?

① 조례는 규칙의 하위규범이다.
② 국제법상의 기관들은 자체적으로 조약을 체결할 수 없다.
③ 시의회가 법률의 위임 범위 안에서 제정한 규범은 조례에 해당한다.
④ 재판의 근거로 사용된 조리(條理)는 조례가 될 수 있다.
⑤ 의원발의의 경우 재적의원 1/3 이상 또는 5인 이상의 의원의 연서가 필요하다.

PART 4
최종점검 모의고사

제1회
최종점검 모의고사

※ 예금보험공사 모의고사는 채용공고를 기준으로 구성한 것으로 실제 시험과 다를 수 있습니다.

취약영역 분석

번호	O/×	영역	번호	O/×	영역	번호	O/×	영역
01			21			41		
02			22			42		
03			23			43		
04			24			44		
05			25			45		
06			26			46		
07			27			47		
08			28			48		
09			29			49		
10		의사소통능력	30		문제해결능력	50		정보능력
11			31			51		
12			32			52		
13			33			53		
14			34			54		
15			35			55		
16			36			56		
17			37			57		
18			38			58		
19			39			59		
20			40			60		

평가 문항	60문항	평가 시간	45분
시작시간	:	종료시간	:
취약 영역			

최종점검 모의고사

모바일 OMR
답안채점/성적분석
서비스

응시시간 : 45분   문항 수 : 60문항

정답 및 해설 p.062

01 다음은 산업은행의 공정거래 자율준수 프로그램 운영세칙이다. 다음 자료에 대한 설명으로 옳은 것은?

제5조(자율준수담당자의 역할)

① 자율준수담당자의 역할은 각 부점 준법감시담당자가 수행한다.

② 자율준수담당자는 자율준수관리자 및 소속 부점장을 보좌하며 다음 각 호의 자율준수업무를 담당한다.

　1. 부점 업무와 관련한 경쟁법규의 변경에 따른 내규의 정비 상태 및 일상 업무에 관한 사전심사 이행여부 점검 (본점부서에 한한다)

　2. 준법감시체크리스트에 의거 부점 업무수행 관련 경쟁법규 위반행위 여부 점검

　3. 경쟁법규 및 자율준수제도 관련 소속부점 직원 교육 및 상담

　4. 경쟁법규 위반사항 발견 시 보고

　5. 제1호 내지 제4호 관련 내용의 기록, 유지

③ 자율준수담당자는 제2항 제1호 내지 제4호의 이행결과를 자율준수관리자에게 보고하여야 한다.

제6조(임직원의 의무)

① 임직원은 담당 업무를 수행함에 있어 경쟁법규를 성실히 준수하여야 한다.

② 임직원은 담당 업무를 수행함에 있어 경쟁법규 위반사항을 발견한 경우에는 지체 없이 이를 자율준수관리자에게 통보 또는 보고하여야 하며, 이와 관련된 절차, 보고자 등의 보호는 내부고발제도 운영지침에 따른다.

③ 부점장은 업무수행과 관련하여 경쟁법규 위반가능성이 있다고 판단될 경우에는 자율준수관리자의 자문을 받아 처리하여야 한다.

제7조(자율준수편람)

① 자율준수관리자는 경쟁법규 자율준수를 위한 매뉴얼인 자율준수편람을 제작, 배포하여야 한다.

② 경쟁법규의 변경이 있을 때에는 동 변경내용을 자율준수편람에 반영하여야 한다.

제8조(모니터링 및 결과보고)

① 자율준수관리자는 연간 자율준수 활동계획을 수립하여 은행장에게 보고하여야 한다.

② 자율준수관리자는 다음 각 호에 해당하는 방법에 의하여 자율준수프로그램의 준수 여부를 점검하여야 한다.

　1. 임직원 및 부점의 자율준수실태 등에 대한 점검, 조사

　2. 자율준수관리자의 지시 또는 자문에 의하여 각 부점별로 작성한 각종 체크리스트의 검토 및 확인

　3. 자율준수관리자의 요구에 의하여 제출된 신고서, 보고서, 각종 자료의 검토 및 확인

③ 자율준수관리자는 자율준수 프로그램의 준수 여부를 점검한 결과, 위반사항이 발견되는 등 필요한 경우 이사회에 보고하여야 한다. 다만, 위반사항이 경미한 경우 은행장에게 보고할 수 있다.

제9조(교육실시)

① 자율준수관리자는 자율준수담당자 및 경쟁법규 위반 가능성이 높은 분야의 임직원을 대상으로 반기당 2시간 이상 경쟁법규 및 자율준수프로그램 등에 대한 교육을 실시하여야 한다.

② 자율준수관리자는 임직원의 자율준수 의지 제고 및 자율준수프로그램의 원활한 이행을 위하여 필요시 집합, 사이버, 기타 교육자료 제공 등 다양한 방법으로 교육을 실시할 수 있다.

제10조(경쟁법규 위반 임직원에 대한 제재)

① 경쟁법규 위반으로 경쟁당국으로부터 과징금 등 제재를 받은 경우, 당해 위반행위 관련 임직원의 제재에 대하여
는 상벌세칙 등 관련내규에서 정하는 바에 따른다.

② 자율준수관리자는 중대한 경쟁법규 위반 사항이 발견된 경우 관련 임직원에 대한 징계 등의 조치를 요구할 수
있다.

③ 자율준수관리자는 경쟁법규 위반사항에 대하여 당해 임직원 및 부점에 시정을 요구할 수 있으며, 경쟁법규 및
자율준수 제도에 대한 교육이수의무를 부과할 수 있다.

제11조(문서관리)

① 자율준수관리자는 은행 전체의 자율준수에 관한 기본 문서들을 분류하고 5년간 보관하여야 한다.

② 자율준수 활동에 관한 모든 문서는 정확하게 기록되고 최신의 정보를 유지하여야 한다.

③ 자율준수담당자는 자율준수 운영 상황에 대한 검사 및 평가가 가능하도록 각부점 자율준수 이행 관련자료(교육
및 모니터링 자료 등 포함)를 작성하여 5년간 보관하여야 한다.

① 임직원은 담당 업무 수행 중 경쟁법규 위반사항 발견 시, 지체 없이 자율준수관리자의 자문을 받아 처리하여야
한다.

② 자율준수관리자는 상황에 따라 자율준수편람을 제작하지 않을 수도 있다.

③ 자율준수관리자가 경쟁법규 위반 가능성이 높은 분야에 근무 중인 임직원을 대상으로 반기당 4시간의 교육을
실시하는 것은 세칙에 부합하는 행위이다.

④ 자율준수관리자는 중대한 경쟁법규 위반을 행한 임직원을 징계하고, 관련 규정 교육이수의무를 부과할 수 있다.

⑤ 자율준수관리자는 자율준수이행 관련 자료를 작성하여 5년간 보관하여야 한다.

02 다음은 근로자 휴가지원 사업에 대한 한국관광공사의 보도자료이다. 다음 자료에 대한 추론으로 옳은 것은?(단, 2019년은 평년이다)

〈'근로자 휴가지원 사업' 이번 주 신청 마감, 10만 명 넘을 듯〉

- 유명 기업부터 음식점, 미용실, 동네마트 등 소상공인까지 다양하게 신청
- 대기업의 중소기업 상생협력 프로그램으로 참여 신청도
- 2019.03.08.(금) 신청 마감, 4월부터 국내여행 경비 40만 원 사용

오는 3월 8일(금) 신청을 마감하는 2019년도 근로자 휴가지원 사업에 다양한 분야의 중소기업 및 소상공인들이 참여를 신청하고 있다. 휴가문화 개선 및 국내여행 활성화를 위해 도입된 근로자 휴가지원 사업은 근로자가 20만 원을 부담하면 기업이 10만 원, 정부가 10만 원을 함께 지원해 근로자가 40만 원을 국내여행 경비로 사용하는 사업이다. 한국관광공사에서 중소기업 및 소상공인 근로자를 대상으로 지난 달 12일부터 3월 8일(금)까지 사업 누리집을 통해 신청을 받고 있다.

신청 현황을 보면 지난 3일까지 참여를 신청한 중소기업과 소상공인은 총 6,645개로 근로자 인원은 75,961명이다. 기업별 참여 인원은 1명부터 500명까지 다양하며, 평균 10명 정도이다. 기업 규모별로는 중기업에서 35,732명(1,299개사), 소기업 26,085명(2,146개사), 소상공인 14,144명(3,200개사)이 신청하였다. 기업 수로는 소상공인이 가장 많다.

업종별로는 일반적인 제조업 및 IT 기업 등 뿐만 아니라 언론사, 운수회사, 병의원, 학원, 주유소, 부동산 중개사무소, 약국, 커피점, 음식점, 미용실, 편의점, 동네마트 등 다양한 곳에서 참여 신청이 이어지고 있다. 신청한 기업들 중엔 '에○○', '잡○○', '하○○' 등의 기업들이 눈에 띄고, 아울러 반려견 행동전문가 강○○ 대표가 운영하는 '보○○'에서도 참여를 신청하는 등 다양한 분야에서 많은 관심을 보이고 있다.

또한 대기업의 중소기업 상생협력 프로그램을 활용한 신청 사례도 있었다. S○○은 상생복지제도를 함께 운영 중인 700개 대리점의 참여를 지원하고 있으며, 사업 참여 시 근로자를 위하여 부담하는 대리점의 비용을 보조하기로 했다. 한국관광공사 관광복지팀장은 "신청 마감일인 8일까지 중소기업 및 소상공인 근로자 10만 명 이상이 참여를 신청할 것으로 예상된다."며 "참여 근로자는 4월 1일부터 내년 2월 말까지 국내여행 경비 40만 원을 전용 온라인 몰을 통해 이용하게 되며, 전용몰 오픈에 맞춰 대대적인 할인 이벤트도 준비 중"이라 설명했다.

---

① 근로자 휴가지원 사업에 따르면, 해당사업에 따른 근로자의 국내여행 경비의 경우 기업의 부담비율이 가장 높다.
② 근로자 휴가지원 사업의 신청기간은 총 24일이다.
③ 대기업은 근로자 휴가지원 사업 대상에 포함되지 않는다.
④ 근로자 휴가지원 사업을 통해 근로자가 확보한 근로자의 국내여행 경비의 사용기간은 약 11개월이다.
⑤ 근로자 휴가지원 사업은 근로자 본인만이 신청가능하다.

03 다음은 2019년 2월 28일 금융통화위원회가 발표한 통화정책 의결사항이다. 다음 〈보기〉의 설명 중 이에 대한 추론으로 옳지 않은 것을 모두 고른 것은?

〈통화정책방향〉

금융통화위원회는 다음 통화정책방향 결정 시까지 한국은행 기준금리를 현 수준(1.75%)에서 유지하여 통화정책을 운용하기로 하였다.

세계경제는 성장세가 다소 완만해지는 움직임을 지속하였다. 국제금융시장에서는 미 연방준비은행의 통화정책 정상화 속도의 온건한 조절 및 미·중 무역협상 진전에 대한 기대가 높아지면서 전월의 변동성 축소 흐름이 이어졌다. 앞으로 세계경제와 국제금융시장은 보호무역주의 확산 정도, 주요국 통화정책 정상화 속도, 브렉시트 관련 불확실성 등에 영향을 받을 것으로 보인다.

국내경제는 설비 및 건설투자의 조정이 이어지고 수출 증가세가 둔화되었지만 소비가 완만한 증가세를 지속하면서 잠재성장률 수준에서 크게 벗어나지 않는 성장세를 이어간 것으로 판단된다. 고용 상황은 취업자 수 증가규모가 소폭에 그치는 등 부진한 모습을 보였다. 앞으로 국내경제의 성장흐름은 지난 1월 전망경로와 대체로 부합할 것으로 예상된다. 건설투자 조정이 지속되겠으나 소비가 증가 흐름을 이어가고 수출과 설비투자도 하반기로 가면서 점차 회복될 것으로 예상된다.

소비자물가는 석유류 가격 하락, 농축수산물 가격 상승폭 축소 등으로 오름세가 0%대 후반으로 둔화되었다. 근원인플레이션율(식료품 및 에너지 제외 지수)은 1% 수준을, 일반인 기대인플레이션율은 2%대 초중반 수준을 나타내었다. 앞으로 소비자물가 상승률은 지난 1월 전망경로를 다소 하회하여 당분간 1%를 밑도는 수준에서 등락하다가 하반기 이후 1%대 중반을 나타낼 것으로 전망된다. 근원인플레이션율도 완만하게 상승할 것으로 보인다.

금융시장은 안정된 모습을 보였다. 주가가 미·중 무역 분쟁 완화 기대 등으로 상승하였으며, 장기시장금리와 원/달러 환율은 좁은 범위 내에서 등락하였다. 가계대출은 증가세 둔화가 이어졌으며, 주택가격은 소폭 하락하였다.

금융통화위원회는 앞으로 성장세 회복이 이어지고 중기적 시계에서 물가상승률이 목표수준에서 안정될 수 있도록 하는 한편 금융안정에 유의하여 통화정책을 운용해 나갈 것이다. 국내경제가 잠재성장률 수준에서 크게 벗어나지 않는 성장세를 지속하는 가운데 당분간 수요 측면에서의 물가상승압력은 크지 않을 것으로 전망되므로 통화정책의 완화기조를 유지해 나갈 것이다. 이 과정에서 완화정도의 추가 조정 여부는 향후 성장과 물가의 흐름을 면밀히 점검하면서 판단해 나갈 것이다. 아울러 주요국과의 교역여건, 주요국 중앙은행의 통화정책 변화, 신흥시장국 금융·경제 상황, 가계부채 증가세, 지정학적 리스크 등도 주의 깊게 살펴볼 것이다.

> **보기**
>
> ㄱ. 미국 연방준비은행의 통화정책이 급변한다면 국제금융시장의 변동성은 증가할 것이다.
> ㄴ. 소비자물가는 앞으로 남은 상반기 동안 1% 미만을 유지하다가 하반기가 되어서야 1%를 초과할 것으로 예상된다.
> ㄷ. 국내산업의 수출이 하락세로 진입하였으나, 경제성장률은 잠재성장률 수준을 유지하는 추세를 보인다.
> ㄹ. 수요 측면에서 물가상승압력이 급증한다면 국내 경제성장률에 큰 변동이 없더라도 금융통화위원회는 기존의 통화정책 기조를 변경할 것이다.

① ㄱ, ㄴ
② ㄱ, ㄷ
③ ㄴ, ㄷ
④ ㄴ, ㄹ
⑤ ㄷ, ㄹ

04 다음은 부당이득징수업무 처리규정의 일부이다. 다음 규정에 대한 〈보기〉의 설명 중 옳은 것을 모두 고른 것은?

제6조(부당이득 징수금 납입고지) 지역본부장은 제5조에 따른 부당이득 관리 수관 즉시 납부의무자에게 그 금액과 납부기한을 별지 제28호서식에 따라 납입고지하여야 한다. 이 경우 납부기한은 고지서 발급일부터 10일 이상 30일 이내로 하여야 한다.

제7조(독촉장 발급) 지역본부장은 납입고지서상에 기재된 납부기한까지 완납하지 아니하였을 때에는 별지 제29호 서식에 따라 납부기한이 지난 후 10일 이내에 독촉장을 발급하여야 하며, 납부기한은 독촉장 발급일부터 10일 이상 20일 이내로 한다.

제9조(체납자의 행방조사) ① 지역본부장은 체납자가 주민등록지에 거주하는지 여부를 확인하여야 하며, 체납자가 주민등록지에 거주하지 아니하는 경우 담당자는 관계공부열람복명서를 작성하거나 체납자의 주민등록지 관할 동(읍·면)장의 행방불명확인서를 발급받는다.

제10조(재산 및 행방조사 시기 등) ① 지역본부장은 체납자에 대한 재산조사 및 행방조사 업무를 체납이 발생할 때마다 수시로 실시하여 체납정리의 신속을 도모하고 특정한 시기에 집중적으로 조회하여 상대기관(협조기관)의 업무폭주에 따른 처리지연, 미회신 등의 사례가 발생하지 않도록 하여야 한다.
② 지역본부장은 체납자의 주소 및 등록기준지가 다른 소속기관 관할인 경우에는 그 관할 지역본부장에게 제8조, 제9조제1항 및 제2항에 따른 조사를 직접 수행하도록 의뢰할 수 있으며, 이 경우 의뢰를 받은 지역본부장은 조사사항을 의뢰일부터 15일 이내에 송부하여야 한다.

보기

ㄱ. 지역본부장이 1월 3일에 납부의무자 A에 대한 부당이득 관리를 수관하였다면 A는 고지된 금액을 늦어도 2월 2일 이내에 납부하여야 한다.

ㄴ. 지역본부장이 4월 2일에 납부의무자 B에게 4월 16일을 납부기한으로 하는 고지서를 발급하였으나 B가 납부하지 않은 경우, 지역본부장의 독촉장에 따른 B의 납부기한은 늦어도 5월 26일이다.

ㄷ. 체납자가 주민등록지에 거주하지 않는 경우, 지역본부장은 관계공부열람복명서를 작성하거나 관계기관에서 행방불명호가인서를 발급받을 수 있다.

ㄹ. 관할 지역본부장은 상시적 업무부담 가중을 피하기 위해 재산조사 및 행방조사를 월말에 일괄적으로 실시해야 한다.

① ㄱ
② ㄴ, ㄷ
③ ㄱ, ㄷ
④ ㄴ, ㄹ
⑤ ㄱ, ㄷ, ㄹ

05 다음은 우리나라 국고제도에 대한 개요이다. 다음에 대한 설명 중 옳지 않은 것은?

〈우리나라 국고제도의 개요〉

• 국고금의 범위

국고금에는 중앙정부가 징수하는 국세와 관련 법규에 따른 각종 범칙금, 과징금, 연금보험료, 고용보험료, 국유재산 등에 대한 점용료·사용료, 각종 벌금 등이 있으며, 지방자치단체가 징수하는 지방세(주민세, 재산세, 자동차세 등)나 공공기관이 부과하는 공과금(전기요금, 전화요금 등)은 포함되지 않는다.

• 국고금의 종류

국고금이 효율적이고 투명하게 관리·운용되기 위해서는 국고관련 법령에 근거한 계획적인 수입 및 지출이 필요한데, 이를 위해 한국은행은 국고금을 그 성격 및 계리체계 등을 기준으로 '수입금과 지출금', '자금관리용 국고금', 그리고 '기타의 국고금'으로 구분하여 관리한다.

① 수입금과 지출금

수입금은 법령 또는 계약 등에 의해 국가의 세입으로 납입되거나 기금에 납입되는 자금을 말하고, 지출금은 세출예산 및 기금운용 계획의 집행에 따라 국고에서 지출되는 자금을 말한다. 세입·세출은 일반회계, 특별회계를 말하며 기금은 중앙행정기관이 관리하는 공공기금만을 말한다.

② 자금관리용 국고금

국고금의 상호예탁·운용, 일시차입, 결산상잉여금의 처분 등 수입금과 지출금의 관리를 위하여 부수적으로 따르는 자금관리 거래로 발생하는 자금을 말한다.

③ 기타의 국고금

수입·지출금 및 자금관리에는 포함되지 않으나 한국은행 및 정부관서의 국고금 관리의 정확성, 효율성 또는 편의성을 제고하기 위하여 취급하는 자금을 말한다.

• 국고금 취급기관

국고금은 정해진 절차에 따라 수입과 지출을 결정하고 결정된 대로 집행(출납)함으로써 종료되는데 국고금의 수입과 지출을 결정하는 국가회계기관을 '결정기관', 동 기관의 결정에 의해 국고금의 실질적인 출납을 담당하는 기관을 '출납기관'이라고 한다. 결정기관은 수입을 담당하는 '수입징수관'과 지출을 담당하는 '지출관'으로 구분되며, 출납기관은 출납공무원과 한국은행 등으로 구성된다. 대부분의 국고금은 최종적으로 한국은행에 예탁하여 출납하고 있으나 일부 기금의 경우에는 금융기관에 예탁하여 출납하고 있다. 한편 국고금 관리법에서는 국가회계 사무의 엄정성을 확보하고 위법·부정을 방지하기 위하여 양 기관의 겸직을 원칙적으로 금지하고 있다.

---

① 각 가구에서 납부하는 전기요금 및 수도세는 국고금의 구성에 포함되지 않는다.
② 한국은행은 계획적인 국고금 관리를 위해 국고금을 3가지로 분류하여 관리하고 있다.
③ 일시차입으로 인하여 발생하는 자금은 자금관리용 국고금에 해당한다.
④ 국고금 중 한국은행이 아닌 금융기관에 예탁하여 출납되는 부분이 존재한다.
⑤ 자금 관리의 효율성 확보를 위해 국고금 관리법에서는 출납기관과 결정기관 간 겸직을 허용하고 있다.

06 다음 글의 내용과 일치하지 않는 것은?

아무리 튤립이 귀하다 한들 알뿌리 하나의 값이 요즈음 돈으로 쳐서 45만 원이 넘는 수준까지 치솟을 수 있을까? 엄지손가락만한 크기의 메추리알 하나의 값이 달걀 한 꾸러미 값보다도 더 비싸질 수 있을까? 이 두 물음에 대한 대답은 모두 '그렇다'이다.

역사책을 보면 1636년 네덜란드에서는 튤립 알뿌리 하나의 값이 정말로 그 수준으로 뛰어오른 적이 있었다. 그리고 그때를 기억하는 사람은 알겠지만, 실제로 1950년대 말 우리나라에서 한때 메추리알 값이 그렇게까지 비쌌던 적이 있었다.

어떤 상품의 가격은 기본적으로 수요와 공급의 힘에 의해 결정된다. 시장에 참여하고 있는 경제 주체들은 자신이 갖고 있는 정보를 기초로 하여 수요와 공급을 결정한다. 이들이 똑같은 정보를 함께 갖고 있으며 이 정보가 아주 틀린 것이 아닌 한, 상품의 가격은 어떤 기본적인 수준에서 크게 벗어나지 않을 것이라고 예상할 수 있다. 예를 들어 튤립 알뿌리 하나의 값은 수선화 알뿌리 하나의 값과 비슷하고, 메추리알 하나는 달걀 하나보다 더 쌀 것으로 짐작해도 무방하다는 말이다.

그러나 현실에서는 사람들이 서로 다른 정보를 갖고 시장에 참여하는 경우가 많다. 어떤 사람은 특정한 정보를 갖고 있는데 거래 상대방은 그 정보를 갖고 있지 못한 경우도 있다. 뿐만 아니라 거래에 참여하는 목적이나 재산 등의 측면에서 큰 차이가 존재하는 것이 보통이다. 이런 경우에는 어떤 상품의 가격이 우리의 상식으로는 도저히 이해하기 힘든 수준까지 일시적으로 뛰어오르는 현상이 나타날 가능성이 있다. 이런 현상은 특히 투기의 대상이 되는 자산의 경우에 자주 목격되는데, 우리는 이를 '거품(Bubbles)'이라고 부른다.

일반적으로 거품은 어떤 상품(특히 자산)의 가격이 지속적으로 급격히 상승하는 현상을 가리킨다. 이와 같은 지속적인 가격 상승이 일어나는 이유는 애초에 생긴 가격 상승이 추가적인 가격 상승의 기대로 이어져 투기 바람이 형성되기 때문이다. 어떤 상품의 가격이 올라 그것을 미리 사둔 사람이 재미를 보았다는 소문이 돌면 너도나도 사려고 달려들기 때문에 가격이 천정부지로 뛰어오르게 된다. 물론 이 같은 거품이 무한정 커질 수는 없고 언젠가는 터져 정상적인 상태로 돌아올 수밖에 없다. 이때 거품이 터지는 충격으로 인해 경제에 심각한 위기가 닥칠 수도 있다.

※ 천정부지 : 물가 따위가 한 없이 오르기만 함을 비유적으로 이르는 말

① 거품은 투기의 대상이 되는 자산에서 자주 일어난다.
② 거품이 터지면 경제에 심각한 위기를 초래할 수 있다.
③ 거래에 참여하는 사람의 목적이나 재산에 큰 차이가 없다면 거품이 일어날 수 있다.
④ 상품의 가격이 일반적인 상식으로는 이해되지 않는 수준까지 일시적으로 상승할 수도 있다.
⑤ 일반적으로 시장에 참여하고 있는 경제 주체들은 자신의 정보를 바탕으로 수요와 공급을 결정한다.

다음 글의 내용과 일치하지 않는 것을 고르면?

일반적으로 문화는 '생활양식' 또는 '인류의 진화로 이룩된 모든 것'이라는 포괄적인 개념을 갖고 있다. 이렇게 본다면 언어는 문화의 하위 개념에 속하는 것이다. 그러나 언어는 문화의 하위 개념에 속하면서도 문화 자체를 표현하여 그것을 전파전승하는 기능도 한다. 이로 보아 언어에는 그것을 사용하는 민족의 문화와 세계 인식이 녹아있다고 할 수 있다. 가령 '사촌'이라고 할 때, 영어에서는 'Cousin'으로 이를 통칭(通稱)하는 것을 우리말에서는 친·외, 고종·이종 등으로 구분하고 있다. 친족 관계에 대한 표현에서 우리말이 영어보다 좀 더 섬세하게 되어 있는 것이다. 이것은 친족 관계를 좀 더 자세히 표현하여 차별 내지 분별하려 한 우리 문화와 그것을 필요로 하지 않는 영어권 문화의 차이에서 기인한 것이다.

문화에 따른 이러한 언어의 차이는 낱말에서만이 아니라 어순(語順)에서도 나타난다. 우리말은 영어와 주술 구조가 다르다. 우리는 주어 다음에 목적어, 그 뒤에 서술어가 온다. 이에 비해 영어에서는 주어 다음에 서술어, 그 뒤에 목적어가 온다. 우리말의 경우 '나는 너를 사랑한다.'라고 할 때, '나'와 '너'를 먼저 밝히고, 그 다음에 '나의 생각'을 밝히는 것에 비하여, 영어에서는 '나'가 나오고, 그 다음에 '나의 생각'이 나온 뒤에 목적어인 '너'가 나온다. 이러한 어순의 차이는 결국 나의 의사보다 상대방에 대한 관심을 먼저 보이는 우리와 나의 의사를 밝히는 것이 먼저인 영어를 사용하는 사람들의 문화 차이에서 기인한 것이다. 대화를 할 때 다른 사람을 대우하는 것에서도 이런 점을 발견할 수 있다.

손자가 할아버지에게 무엇을 부탁하는 경우를 생각해 보자. 이 경우 영어에서는 'You do it, please.'라고 하고, 우리말에서는 '할아버지께서 해주세요.'라고 한다. 영어에서는 상대방이 누구냐에 관계없이 상대방을 가리킬 때 'You'라는 지칭어를 사용하고, 서술어로는 'do'를 사용한다. 그런데 우리말에서는 상대방을 가리킬 때, 무조건 영어의 'You'에 대응하는 '당신(너)'이라는 말만을 쓰는 것은 아니고 상대에 따라 지칭어를 달리 사용한다. 뿐만 아니라, 영어의 'do'에 대응하는 서술어도 상대에 따라 '해 주어라, 해 주게, 해 주오, 해 주십시오, 해 줘, 해 줘요'로 높임의 표현을 달리한다. 이는 우리말이 서열을 중시하는 전통적인 유교 문화를 반영하고 있기 때문이다. 언어는 단순한 음성기호 이상의 의미를 지니고 있다. 앞의 예에서 알 수 있듯이 언어에는 그 언어를 사용하는 민족의 문화가 용해되어 있다. 따라서 우리 민족이 한국어라는 구체적인 언어를 사용한다는 것은 단순히 지구상에 있는 여러 언어 가운데 개별 언어 한 가지를 쓴다는 사실만을 의미하지는 않는다. 한국어에는 우리 민족의 문화와 세계 인식이 녹아있기 때문이다. 따라서 우리말에 대한 애정은 우리 문화에 대한 사랑이요, 우리의 정체성을 살릴 수 있는 길일 것이다.

① 언어는 문화를 표현하고 전파전승하는 기능을 한다.
② 문화의 하위 개념인 언어는 문화와 밀접한 관련이 있다.
③ 영어에 비해 우리말은 친족 관계를 나타내는 표현이 다양하다.
④ 우리말에 높임 표현이 발달한 것은 서열을 중시하는 문화가 반영된 것이다.
⑤ 우리말의 문장 표현에서는 상대방에 대한 관심보다는 나의 생각을 우선시한다.

사회 현상을 볼 때는 돋보기로 세밀하게 그리고 때로는 멀리 떨어져서 전체 속에 어떻게 위치하고 있는가를 동시에 봐야 한다. 숲과 나무는 서로 다르지만 따로 떼어 생각할 수 없기 때문이다.

현대 사회 현상의 최대 쟁점인 과학 기술에 대해 평가할 때도 마찬가지이다. 로봇 탄생의 숲을 보면, 그 로봇 개발에 투자한 사람과 로봇을 개발한 사람의 의도가 드러난다. 그리고 나무인 로봇을 세밀히 보면, 그 로봇이 생산에 이용되는지 아니면 감옥의 죄수들을 감시하기 위한 것인지 그 용도를 알 수가 있다. 이 광범위한 기술의 성격이 객관적이고 물질적이어서 가치 관이 없다고 생각하면 로봇에 당하기 십상이다.

자동화는 자본주의에서 실업자를 늘려 실업자에게 생계의 위협을 가하는 측면뿐 아니라, 기존 근로자에 대한 감시를 더욱 효율적으로 해내는 역할도 수행한다. 자동화를 적용하는 기업 측에서는 자동화가 인간의 삶을 증대시키는 이미지로 일반 사람들에게 인식되기를 바란다. 그래야 자동화 도입에 대한 노동자의 반발을 무마하고 기업가의 구상을 관철할 수 있기 때문 이다. 그러나 자동화나 기계화 도입으로 인해 실업을 두려워하고, 업무 내용이 바뀌는 것을 탐탁해 하지 않았던 유럽의 노동 자들은 자동화 도입에 대해 극렬히 반대했던 경험이 있다.

지금도 자동화·기계화는 좋은 것이라는 고정관념을 가진 사람이 많고, 현실에서 이러한 고정관념이 가져오는 파급 효과는 의외로 크다. 예를 들어 은행에 현금을 자동으로 세는 기계가 등장하면 은행원이 현금을 세는 작업량은 줄어든다. 손님들도 기계가 현금을 재빨리 세는 것을 보고 감탄하면서 행원이 세는 것보다 더 많은 신뢰를 보낸다. 그러나 현금 세는 기계의 도입에는 이익 추구라는 의도가 숨어 있다. 현금 세는 기계는 행원의 수고를 덜어 준다. 그러나 현금 세는 기계를 들여옴으 로써 실업자가 생기고 만다. 사람이 잘만 이용하면 잘 써먹을 수 있을 것만 같은 기계가 엄청나게 혹독한 성품을 지닌 프랑켄 슈타인으로 돌변하는 것이다.

자동화와 정보화를 추진하는 핵심 조직이 기업이란 것에서도 알 수 있듯이 기업은 이윤 추구에 도움이 되지 않는 행위는 무가치하다고 판단한다. 그러므로 자동화는 그 계획 단계에서부터 기업의 의도가 스며들어 탄생한다. 또한, 그 의도대로 자동화나 정보화가 진행되면, 다른 한편으로 의도하지 않은 결과를 초래한다. 자동화와 같은 과학 기술이 풍요를 생산하는 수단이라고 생각하는 것은 하나의 ⊙ 고정관념에 불과하다.

채플린이 제작한 영화 「모던 타임즈」에 나타난 것처럼 초기 산업화 시대에는 기계에 종속된 인간의 모습이 가시적으로 드러 날 수밖에 없었다. 그래서 이러한 종속에 저항하고자 하는 인간의 노력도 적극적인 모습을 보였다. 그러나 현대의 자동화기 기는 그 선두가 정보 통신기기로 바뀌면서 문제가 질적으로 달라진다. 무인 생산까지 진전된 자동화나 정보통신화는 인간에 게 단순 노동을 반복시키는 그런 모습을 보이지 않는다. 그 까닭에 정보 통신은 별 무리 없이 어느 나라에서나 급격하게 개발·보급되고 보편화되어 있다. 그런데 문제는 이 자동화기기가 생산에만 이용되는 것이 아니라, 노동자를 감시하거나 관리하는 데도 이용될 수 있다는 것이다. 궁극적으로 정보 통신의 발달로 인해 이전보다 사람들은 더 많은 감시와 통제를 받게 되었다.

08 다음 중 글에 대한 비판적 반응으로 가장 적절한 것은?

① 기업의 이윤 추구가 사회 복지 증진과 직결될 수 있음을 간과하고 있어.
② 기계화·정보화가 인간의 삶의 질 개선에 기여하고 있음을 경시하고 있어.
③ 기계화를 비판하는 주장만 되풀이할 뿐, 구체적인 근거를 제시하지 않고 있어.
④ 화제의 부분적 측면에 관계된 이론을 소개하여 편향적 시각을 갖게 하고 있어.
⑤ 현대의 기술 문명이 가져다줄 수 있는 긍정적인 측면을 과장하여 강조하고 있어.

09 다음 중 ㉠의 사례로 적절하지 않은 것은?

① 부자는 누구나 행복할 것이라고 믿는 경우이다.

② 고가의 물건이 항상 우수하다고 믿는 경우이다.

③ 구구단이 실생활에 도움을 준다고 믿는 경우이다.

④ 절약이 언제나 경제 발전에 도움을 준다고 믿는 경우이다.

⑤ 아파트가 전통가옥보다 삶의 질을 높여준다고 믿는 경우이다.

10 논지 전개상 빈칸에 들어갈 말로 가장 적절한 것은?

전통문화는 근대화의 과정에서 해체되는 것인가, 아니면 급격한 사회 변동의 과정에서도 유지될 수 있는 것인가? 전통문화의 연속성과 재창조는 왜 필요하며, 어떻게 이루어지는가? 외래문화의 토착화(土着化), 한국화(韓國化)는 사회 변동과 문화 변화의 과정에서 무엇을 의미하는가? 이상과 같은 의문들은 오늘날 한국 사회에서 논란의 대상이 되고 있으며, 입장에 따라 상당한 견해 차이도 드러내고 있다.

전통의 유지와 변화에 대한 견해 차이는 오늘날 한국 사회에서 단순하게 보수주의와 진보주의의 차이로 이해될 성질의 것이 아니다. 한국 사회의 근대화는 이미 한 세기의 역사를 가지고 있으며, 앞으로도 계속되어야 할 광범위하고 심대(深大)한 사회 구조적 변동이다. 그렇기 때문에, 보수주의적 성향을 가진 사람들도 전통문화의 변질을 어느 정도 수긍하지 않을 수 없는가 하면, 사회 변동의 강력한 추진 세력 또한 문화적 전통의 확립을 주장하지 않을 수 없다.

또, 한국 사회에서 전통문화의 변화에 관한 논의는 단순히 외래문화이냐 전통문화이냐의 양자택일적인 문제가 될 수 없다는 것도 명백하다. 근대화는 전통문화의 연속성과 변화를 다 같이 필요로 하며, 외래문화의 수용과 그 토착화 등을 다 같이 요구하는 것이기 때문이다. 그러므로 전통을 계승하고 외래문화를 수용할 때에 무엇을 취하고 무엇을 버릴 것이냐 하는 문제도 단순히 문화의 보편성(普遍性)과 특수성(特殊性)이라고 하는 기준에서만 다룰 수 없다. 근대화라고 하는 사회 구조적 변동이 문화 변화를 결정지을 것이기 때문에, 전통문화의 변화 문제를 _____ 에서 다루어 보는 분석이 매우 중요하리라고 생각한다.

① 보수주의의 시각   ② 진보주의의 시각

③ 사회 변동의 시각   ④ 외래와 전통의 시각

⑤ 보편성과 특수성의 시각

11 다음 중 〈보기〉의 문장이 들어갈 위치로 알맞은 곳은?

사물인터넷(IOT, Internet of Things)은 각종 사물에 센서와 통신 기능을 내장하여 인터넷에 연결하는 기술. 즉, 무선 통신을 통해 각종 사물을 연결하는 기술을 의미한다. (가) 우리들은 이 같은 사물인터넷의 발전을 상상할 때 더 똑똑해진 가전제품들을 구비한 가정집, 혹은 더 똑똑해진 자동차들을 타고 도시로 향하는 모습 등, 유선형의 인공미 넘치는 근미래 도시를 떠올리곤 한다. 하지만 발달한 과학의 혜택은 인간의 근본적인 삶의 조건인 의식주 또한 풍요롭고 아름답게 만든다. 아쿠아포닉스(Aquaponics)는 이러한 첨단기술이 1차 산업에 적용된 대표적인 사례이다. (나)

아쿠아포닉스는 물고기양식(Aquaculture)과 수경재배(Hydro-ponics)가 결합된 합성어로 양어장에 물고기를 키우며 발생한 유기물을 이용하여 식물을 수경 재배하는 순환형 친환경 농법이다. (다) 물고기를 키우는 양어조, 물고기 배설물로 오염된 물을 정화시켜 주는 여과시스템, 정화된 물로 채소를 키워 생산할 수 있는 수경재배 시스템으로 구성되어 있으며, 농약이나 화학비료 없이 물고기와 채소를 동시에 키울 수 있어 환경과 실용 모두를 아우르는 농법으로 주목받고 있다. (라)

이러한 수고로움을 덜어주는 것이 바로 사물인터넷이다. 사물인터넷은 적절한 시기에 물고기 배설물을 미생물로 분해하여 농작물의 영양분으로 활용하고, 최적의 온도를 알아서 맞추는 등 실수 없이 매일매일 세심한 관리가 가능하다. 전기로 가동하여 별도의 환경오염 또한 발생하지 않으므로 가히 농업과 찰떡궁합이라고 할 수 있을 것이다. (마)

보기

물론 단점도 있다. 물고기와 식물이 사는 최적의 조건을 만족시켜야 하며 실수나 사고로 시스템에 큰 문제가 발생할 수도 있다. 물이 지나치게 오염되지 않도록 매일매일 철저한 관리는 필수이다. 아쿠아포닉스는 그만큼 신경 써야 할 부분이 많고 사람의 손이 많이 가기에 자칫 배보다 배꼽이 더 큰 상황이 발생할 수도 있다.

① (가)
③ (다)
⑤ (마)
② (나)
④ (라)

12 다음 〈보기〉에 나타난 '노자'의 입장에서 '자산'을 비판한 것으로 가장 적절한 것은?

거센 바람이 불고 화재가 잇따르자 정(鄭)나라의 재상 자산(子産)에게 측근 인사가 하늘에 제사를 지내라고 요청했지만, 자산은 "천도(天道)는 멀고, 인도(人道)는 가깝다."라며 거절했다. 그가 보기에 인간에게 일어나는 일은 더 이상 하늘의 뜻이 아니었고, 자연 변화 또한 인간의 화복(禍福)과는 거리가 멀었다. 인간이 자연 변화를 파악하면 얼마든지 재난을 대비할 수 있고, 인간사는 인간 스스로 해결할 문제라 생각한 것이다. 이러한 생각에 기초하여 그는 인간의 문제 해결 범위를 확대했고, 정나라의 현실 문제를 극복하고자 하였다.

그는 귀족이 독점하던 토지를 백성들도 소유할 수 있게 하였고, 이것을 문서화하여 세금을 부과하였다. 이에 따라 백성들은 개간(開墾)을 통해 경작지를 늘려 생산을 증대하였고, 국가는 경작지를 계량하고 등록함으로써 민부(民富)를 국부(國富)로 연결시켰다. 아울러 그는 중간 계급도 정치 득실을 논할 수 있도록 하여 귀족들의 정치 기반을 약화시키는 한편, 중국 역사상 처음으로 형법을 성문화하여 정(鼎, 발이 셋이고 귀가 둘 달린 솥)에 새김으로써 모든 백성이 법을 알고 법에 따라 처신하게 하는 법치의 체계를 세웠다. 성문법 도입은 귀족의 임의적인 법 제정과 집행을 막아 그들의 지배력을 약화시키는 조치였으므로 당시 귀족들은 이 개혁 조치에 반발하였다.

> **보기**
>
> 노자(老子)는, 만물의 생성과 변화는 자연스럽고 무의지적이지만, 스스로의 작용에 의해 극대화된다고 보았다. 인간도 이러한 자연의 원리에 따라 삶을 영위해야 한다고 보아 통치자의 무위(無爲)를 강조했다. 또한 사회의 도덕, 법률, 제도 등은 모두 인간의 삶을 인위적으로 규정하는 허위라 파악하고, 그것의 해체를 주장했다.

① 사회 제도에 의거하는 정치 개혁은 사회 발전을 극대화할 것이다.
② 인간의 문제를 스스로 해결하려는 시도는 결국 현실 사회를 허위로 가득 차게 할 것이다.
③ 사회 규범의 법제화는 자발적인 도덕의 실현으로 이어질 것이다.
④ 현실주의적 개혁은 궁극적으로 백성들에게 안정과 혜택을 줄 것이다.
⑤ 자연이 인간의 화복을 주관하지 않는다는 생각은 사회의 도덕, 법률, 제도의 존재를 부정할 수 없다.

13 다음 문장을 논리적 순서대로 알맞게 배열한 것은?

> (가) 1970년 이후 적정기술을 기반으로 많은 제품이 개발되어 현지에 보급되어 왔지만, 그 성과에 대해서는 여전히 논란이 있다.
>
> (나) 적정기술은 새로운 기술이 아닌 우리가 알고 있는 여러 기술 중의 하나로, 어떤 지역의 직면한 문제를 해결하는 데 적절하게 사용된 기술이다.
>
> (다) 빈곤 지역의 문제 해결을 위해서는 기술 개발 이외에도 지역 문화에 대한 이해와 현지인의 교육까지도 필요하다.
>
> (라) 이는 기술의 보급만으로는 특정 지역의 빈곤 탈출과 경제적 자립을 이룰 수 없기 때문이다.

① (가) – (나) – (다) – (라) ② (가) – (라) – (나) – (다)
③ (나) – (가) – (라) – (다) ④ (나) – (다) – (라) – (가)
⑤ (다) – (라) – (나) – (가)

14 다음 글에서 필자가 생각하는 바람직한 사회 변혁 운동의 성격은?

> 임꺽정의 반란은 훈구파와 사림파의 교체를 촉진하였다. 기존의 지배 세력을 역사의 무대에서 끌어내리고, 새로운 사회 세력을 전면에 등장시키는 데 중요한 역할을 한 것이다. 그러나 정작 임꺽정 자신의 문제인 천민층의 신분 해방은 해결하지 못했다. 그가 이러한 문제를 해결하려는 의식을 지니고 있었는지도 사실은 의문이다. 그는 원초적으로 봉건 지배층의 권위에 도전하는 반항심을 지녔지만, 모순을 객관적으로 인식하고 이를 생산 대중의 힘을 결집하여 해결하려는 사회의식은 지니지 못했다. 이 때문에 그의 저항은 생산 활동에서 유리된 채, 잉여물을 약탈하는 도적 형태를 띨 수밖에 없었다.
>
> 봉건 사회의 벼혁 운동은 생산 현장에서 유리된 사회 주변부 세력이 주도하는 산발적이고 일시적인 저항으로부터, 생산 활동에 뿌리를 내린 농민 대중의 지속적이며 견실한 저항으로 발전해 간다. 이런 의미에서 볼 때, 16세기 임꺽정의 활동은 봉건 사회 변혁 운동의 초기적인 형태로서 역사적 의의가 있다.

① 도적 활동을 통한 게릴라 전술
② 백성들의 무력에 의한 왕권 쟁취
③ 세력 교체를 가져올 수 있는 강력한 도전
④ 신분의 철폐를 전제로 하는 천민층의 저항
⑤ 생산 활동에 뿌리를 내린 대중에 의한 계속적이고 견실한 저항

15 다음 글의 내용을 올바르게 이해한 것은?

이슬람사회에서 결혼은 계약관계로 간주된다. 따라서 부부관계는 계약사항이 위반될 때 해제될 수 있다. 결혼식 전 신랑 측과 신부 측이 서로 합의하에 결혼계약서를 작성하며, 결혼식에서 신랑과 신부 집안의 가장(家長), 양가의 중재자, 양쪽 집안에서 정한 증인이 결혼계약서에 각각 서명해야 하는 점은 이를 반영한다. 결혼계약서에 서명이 없거나, 이슬람의 관습에 따라 결혼식이 진행되지 않았거나, 서명이 끝난 결혼계약서가 정부에 등록되지 않으면 결혼은 무효로 간주되어 법적 효력이 없다.

결혼식은 아랍어로 '시가'라고 하는 결혼서약으로 시작된다. 이는 결혼식 날 주례로서 결혼을 주관하는 '마우준'이 신랑 측과 신부 측에 결혼 의사를 묻고 동의 의사를 듣는 것으로 이루어진다. 이슬람사회의 관습에 따르면 결혼식에서 직접 동의 의사를 공표하는 신랑과 달리, 신부는 스스로 자신의 결혼 의사를 공표할 수 없다. 신부의 후견인인 '왈리'가 신부를 대신해 신부의 결혼 의사를 밝힌다. 보통 아버지가 그 역할을 담당하지만 아버지의 부재 시 삼촌이나 오빠가 대신한다. 당사자 혹은 대리인의 동의 없는 결혼서약은 무효로 간주된다.

결혼에 대한 양가의 의사 이외에도 이슬람사회에서 결혼이 성립되기 위한 필수조건으로 '마흐르'라고 불리는 혼납금이 있어야 한다. 이슬람사회의 관습에 따르면 혼납금은 신부의 개인 재산으로 간주된다. 혼납금은 결혼 계약서를 작성하면서 신랑이 신부에게 지급해야 한다.

증인 또한 중요하다. 결혼식의 증인으로는 믿을 만한 양가 친척이나 부모의 친구가 선택된다. 양가를 대표하는 두 명의 증인은 결혼계약서에 서명함으로써 결혼에 거짓이 없음을 증명한다. 결혼식에서 증인이 확인하는 내용은 신랑이나 신부가 친남매 간이나 수양남매 관계가 아니라는 것, 양가의 사회적 지위가 비슷하며 종교가 같다는 것, 이전에 다른 결혼관계가 있었는지 여부, 신부가 '잇다' 기간에 있지 않다는 것 등이다. '잇다' 기간이란 여성이 이전 결혼관계가 해제된 후 다음 결혼 전까지 두어야 하는 결혼 대기 기간으로, 이 기간 동안 전 결혼에서 발생했을지 모를 임신 여부를 확인한다.

① 이슬람사회에서 남성은 전처의 잇다 기간 동안에는 재혼할 수 없다.

② 이슬람사회에서 결혼은 계약관계로 간주되기 때문에 결혼의 당사자가 직접 결혼계약서에 서명해야 법적 효력이 있다.

③ 이슬람사회의 결혼계약서에는 신랑과 신부의 가족관계, 양가의 사회적 배경, 양가의 결합에 대한 정부의 승인 등의 내용이 들어 있다.

④ 이슬람사회에서 남녀의 결혼이 합법적으로 인정받기 위해서는 결혼 중재자와 결혼식 주례, 결혼계약서, 혼납금, 증인, 결혼식 하객이 필수적이다.

⑤ 이슬람사회에서 대리인을 통하지 않고 법적으로 유효하게 결혼 동의 의사를 밝힌 결혼 당사자는 상대방에게 혼납금을 지급하였을 것이다.

신문이나 잡지는 대부분 유료로 판매된다. 반면에 인터넷 뉴스 사이트는 신문이나 잡지의 기사와 같거나 비슷한 내용을 무료로 제공한다. 왜 이런 현상이 발생하는 것일까?

이 현상 속에는 경제학적 배경이 숨어 있다. 대체로 상품의 가격은 그 상품을 생산하는 데 드는 비용의 언저리에서 결정된다. 생산 비용이 많이 들수록 상품의 가격이 상승하는 것이다. 그런데 인터넷에 게재되는 기사를 생산하는 데 드는 비용은 0원에 가깝다. 기자가 컴퓨터로 작성한 기사를 신문사 편집실로 보내 종이 신문에 게재하고, 그 기사를 그대로 재활용하여 인터넷 뉴스 사이트에 올리기 때문이다. 또한, 인터넷 뉴스 사이트 방문자 수가 증가하면 사이트에 걸어 놓은 광고에 대한 수입도 증가하게 된다. 이러한 이유로 신문사들은 경쟁적으로 인터넷 뉴스 사이트를 개설하여 무료로 운영했던 것이다.

그런데 이렇게 무료로 인터넷 뉴스 사이트를 이용하는 사람들이 폭발적으로 늘어나면서 돈을 지불하고 신문이나 잡지를 구독하는 사람들이 점점 줄어들기 시작했다. 그 결과 언론사들의 수익률이 감소하여 재정이 악화되었다. 문제는 여기서 그치지 않는다. 언론사들의 재정적 악화는 깊이있고 정확한 뉴스를 생산하는 그들의 능력을 저하시키거나 사라지게 할 수도 있다. 결국 그로 인한 피해는 뉴스를 이용하는 소비자에게로 되돌아올 것이다.

그래서 언론사들, 특히 신문사들의 재정악화 개선을 위해 인터넷 뉴스를 유료화해야 한다는 의견이 있다. 하지만 그러한 주장을 현실화하는 것은 그리 간단하지 않다. 소비자들은 어떤 상품을 구매할 때 그 상품의 가격이 얼마 정도면 구입할 것이고, 얼마 이상이면 구입하지 않겠다는 마음의 선을 긋는다. 이 선의 최대치가 바로 최대지불의사(Willingness to Pay)이다. 소비자들의 머릿속에 한번 각인된 최대지불의사는 좀처럼 변하지 않는 특성이 있다. 인터넷 뉴스의 경우 오랫동안 소비자에게 무료로 제공되었고, 그러는 사이 인터넷 뉴스에 대한 소비자들의 최대지불의사도 0원으로 굳어진 것이다. 그런데 이제 와서 무료로 이용하던 정보를 유료화한다면 소비자들은 여러 이유를 들어 불만을 토로할 것이다.

해외 신문 중 일부 경제 전문지는 이러한 문제를 성공적으로 해결했다. 그들은 매우 전문화되고 깊이 있는 기사를 작성하여 소비자에게 제공하는 대신 인터넷 뉴스 사이트를 유료화했다. 그럼에도 불구하고 많은 소비자들이 기꺼이 돈을 지불하고 이들 사이트의 기사를 이용하고 있다. 전문화되고 맞춤화된 뉴스일수록 유료화 잠재력이 높은 것이다. 이처럼 제대로 된 뉴스를 만드는 공급자와 정당한 값을 내고 제대로 된 뉴스를 소비하는 수요자가 만나는 순간 문제해결의 실마리를 찾을 수 있을 것이다.

16 윗글의 내용에 바탕이 되는 경제관으로 적절하지 않은 것은?

① 경제적 이해관계는 사회현상의 변화를 초래한다.
② 상품의 가격이 상승할수록 소비자의 수요가 증가한다.
③ 소비자들의 최대지불의사는 상품의 구매 결정과 밀접한 관련이 있다.
④ 일반적으로 상품의 가격은 상품 생산의 비용과 가까운 수준에서 결정된다.
⑤ 적정 수준의 상품가격이 형성될 때 소비자의 권익과 생산자의 이익이 보장된다.

17 윗글을 읽은 학생들의 반응으로 적절하지 않은 것은?

① 정보를 이용할 때 정보의 가치에 상응하는 이용료를 지불하는 것은 당연한 거라고 생각해.

② 현재 무료인 인터넷 뉴스 사이트를 유료화하려면 먼저 전문적이고 깊이 있는 기사를 제공해야만 해.

③ 인터넷 뉴스가 광고를 통해 수익을 내는 경우도 있으니, 신문사의 재정을 악화시키는 것만은 아니야.

④ 인터넷 뉴스 사이트의 유료화가 정확하고 공정한 기사를 양산하는 결과에 직결되는 것은 아니라고 생각해.

⑤ 인터넷 뉴스만 보는 독자들의 행위가 품질이 나쁜 뉴스를 생산하게 만드는 근본적인 원인이므로 종이 신문을 많이 구독해야겠어.

PART 1
PART 2
PART 3
PART 4
PART 5

18 다음 중 ㉠~㉺의 수정 방안으로 적절하지 않은 것은?

사회복지와 근로의욕과의 관계에 대한 조사를 보면 '사회복지와 근로의욕이 관계가 있다.'는 응답과 '그렇지 않다.'는 응답의 비율이 비슷하게 나타난다. 하지만 기타 의견에 ㉠ 따라 과도한 사회복지는 근로의욕을 저하할 수 있다는 응답이 많았던 것으로 조사되었다. 예를 들어 정부지원금을 받으나 아르바이트를 하나 비슷한 돈이 나온다면 ㉡ 더군다나 일하지 않고 정부지원금으로만 먹고사는 사람들이 많이 있다는 것이다. 여기서 주목해야 할 점은 과도한 복지 때문이 아닌 정책상의 문제라는 의견도 있다는 사실이다. 현실적으로 일을 할 수 있는 능력이 있는 사람에게는 ㉢ 최대한의 생계비용 이외의 수입을 인정하고, 빈곤층에서 벗어날 수 있게 지원해주는 것이 개인에게도, 국가에도 바람직한 방식이라는 것이다.

이 설문 조사 결과에서 주목해야 할 또 다른 측면은 사회복지 체제가 잘 되어 있을수록 근로의욕이 떨어진다고 응답한 사람의 ㉣ 과반수 이상이 중산층 이상의 경제력을 가지고 있었다는 점이다. 재산이 많은 사람에게는 약간의 세금 확대도 ㉤ 영향이 적을 수 있기 때문에 경제발전을 위한 세금 확대는 찬성하더라도 복지정책을 위한 세금 확대는 반대하는 것이다. 이러한 점을 고려해보면 소득 격차 축소를 원하는 국민보다 복지정책을 위한 세금 확대에 반대하는 국민이 많은 다소 모순된 설문 결과에 대한 설명이 가능하다.

① ㉠ : 호응 관계를 고려하여 '따르면'으로 수정한다.

② ㉡ : 앞뒤 내용의 관계를 고려하여 '차라리'로 수정한다.

③ ㉢ : 전반적인 내용의 흐름을 고려하여 '최소한의'로 수정한다.

④ ㉣ : '과반수'의 뜻을 고려하여 '절반 이상이' 또는 '과반수가'로 수정한다.

⑤ ㉤ : 일반적인 사실을 말하는 것이므로 '영향이 적기 때문에'로 수정한다.

19 다음 자료를 토대로 이해한 내용으로 옳지 않은 것은?

수신자 : 전 부서

제목 : 전자제품 판매 프로모션 안내

당 부서에서는 아래와 같이 전자제품 판매 프로모션을 기획하였으니 업무에 참고하시기 바랍니다.

– 아래 –

1. 기간 : 2020년 1월 2일(목) ~ 2월 29일(토)
2. 대상 : 행사 품목 구매 고객 중 응모한 자에 한함
3. 내용 : 해당 프로모션 당첨자에게 평생 전기세 지원 명목으로 일정 금액을 증정함(무상 A/S지원 포함)
4. 혜택 : 품목별 혜택이 상이함

품목	혜택	당첨자 수
냉장고	전기세 200만 원 지원, 10년 무상 A/S	2명
에어컨	전기세 200만 원 지원, 5년 무상 A/S	2명
세탁기	전기세 100만 원 지원, 5년 무상 A/S	3명
TV	전기세 50만 원 지원, 5년 무상 A/S	4명
PC	전기세 50만 원 지원, 3년 무상 A/S	4명

5. 기타
   - 제세공과금(22%, 현금)은 당첨자 본인 부담
   - 지정된 행사 매장에 방문 또는 상담 시 구매여부와 관계없이 당해 다이어리 증정(1,000부 선착순)
   - 3월 중순 당첨자 발표 예정(홈페이지 게시, 개별통보)

별첨1. 프로모션 제품별 가격표   1부
별첨2. 지정 행사장 위치 및 진행 계획   1부
별첨3. 온라인 홍보물   1부. 끝.

---

① "이번 프로모션은 본 회사의 행사품목 제품을 구매한 고객 중 당첨자에게 전기세를 지원하는 데 의의를 두고 있겠어."
② "이번 프로모션은 품목별 혜택이 서로 다르긴 하지만 공통적으로 전기세 지원과 무상 A/S를 받을 수 있구나."
③ "전국 매장에 방문하거나 상담 시 구매여부와 관계없이 다이어리를 증정하는구나."
④ "프로모션 당첨자는 제세공과금 22%를 현금으로 부담해야 된다는 것을 응모자들에게 사전에 알려줄 필요가 있구나."
⑤ "행사 품목 구매 고객 중 응모한 자에 한해서만 프로모션을 진행하는구나."

20 다음 글의 예시로 올바르지 않은 것은?

> 현대사회는 익명성을 바탕으로 많은 사람과 소통할 수 있다. 이러한 상황에서 사람 간의 소통은 같은 사회적 기반을 갖추고 있지 않는 한 제대로 이루어지지 않고 있다. 특히 우리 사회는 집단 간 소통이 큰 문제로 부각되고 있다. 그로 인해 같은 집단 내 공감과 대화가 활발할 뿐 다른 집단 간의 대화는 종종 싸움으로 번져 서로에 대한 비방으로 끝이 나는 경우가 많다.

① 가만히 앉아서 우리의 피땀으로 제 주머니만 불리는 돼지 같은 경영자들!

② 요즘 젊은 애들은 배가 불러서 그래. 우리는 더 힘든 상황에서도 열심히 일했는데 말이야.

③ 저 임대 아파트 애들은 게으르고 더러우니까 함께 놀지 마라.

④ A지역에 국가 산업 단지가 들어온다고? 로비라도 했나? 이번 정부는 A지역만 챙기는군.

⑤ 이번에 B기업에서 낸 신제품 봤어? 무리하게 할인을 해서라도 저 제품을 꺾자고.

21 S공사는 지하철 미세먼지 정화설비 A, B, C, D, E, F 중 일부를 도입하고자 한다. 설비들의 호환성에 따른 도입규칙이 다음과 같을 때, 다음 중 S공사에서 도입할 설비만으로 묶인 것은?

> 〈호환성에 따른 도입규칙〉
> • A는 반드시 도입한다.
> • B를 도입하지 않으면 D를 도입한다.
> • E를 도입하면 A를 도입하지 않는다.
> • F, E, B 중 적어도 두 개는 반드시 도입한다.
> • E를 도입하지 않고, F를 도입하면 C는 도입하지 않는다.
> • 최대한 많은 설비를 도입한다.

① A, C, E

② A, B, F

③ A, B, C, E

④ A, B, D, F

⑤ A, C, D, E, F

※ 다음은 공단창립 30주년 행사에서의 좌석배치에 대한 자료이다. 다음 자료를 읽고 이어지는 질문에 답하시오.
　[22~23]

〈상황〉

- 인사관리부는 공단창립 30주년 행사에 참석한다.
- 각 직원들은 다음 규칙에 따라 좌석이 배정된다.
- 인사관리부에는 A부장, B과장, C대리, D대리, E주임, F주임, G주임, H사원이 있다.

〈좌석배치 규칙〉

- 주임, 과장은 같은 직급끼리 서로 이웃해 앉지 않는다.
- A부장은 사장의 바로 뒷줄에 앉는다.
- 부장이 앉는 가로줄에는 부장들만 앉는다.
- 사원끼리는 두 칸 떨어져 앉는다.
- A부장과 C대리는 K이사와 두 칸 떨어져 앉는다.
- B과장과 이웃한 오른쪽 자리에는 F주임이 앉는다.
- 대리는 주임보다 앞줄에 앉는다.
- 주임은 사원과 옆으로 이웃해 앉지 않는다.
- 대리끼리는 같은 줄에 앉는다.
※ 이웃하여 앉는다는 것은 좌, 우, 앞, 뒤로 붙어 앉는 것을 의미한다.
※ X가 Y로부터 n칸 이상 떨어져 앉는다는 것은 X에서 좌, 우, 앞, 뒤 중 어느 한 방향으로 한 칸 이동하는 것을 1칸 이동하는 것으로 보고, 이러한 이동을 n번하여 X의 자리에서 Y의 자리로 이동할 수 있음을 의미한다.
※ 단상이 있는 방향을 앞으로 본다.

〈좌석배치표〉

단상			

K이사	X이사	사장	M이사
	㉠		
㉡	S과장	㉢	
㉣		T과장	
	㉤		I사원

---

22 좌석배정 규칙에 따라 인사관리부 직원들의 좌석이 배정될 때, 다음 중 직원과 해당 직원이 배정받을 좌석이 연결된 것으로 항상 옳은 것은?

　　　좌석　　직원
① ㉠　　C대리
② ㉡　　E주임
③ ㉢　　D대리
④ ㉣　　G주임
⑤ ㉤　　H사원

23 주임과 과장을 같은 직급끼리 이웃하여 앉을 수 있게 하면서 좌석배치표가 다음과 같이 변경되었다. 좌석배치 규칙에 따라 인사관리부 직원들의 좌석을 배치할 때, 직원들의 좌석에 대한 〈보기〉의 설명 중 항상 옳은 것만을 모두 고른 것은?

〈변경된 좌석배치표〉

단상			
K이사	X이사	사장	M이사
S과장	T과장		I사원

보기

ㄱ. E주임과 G주임은 과장과 이웃하여 앉는다.
ㄴ. H사원은 D대리와 옆으로 이웃하여 앉는다.
ㄷ. B과장은 E주임과 이웃하여 앉는다.
ㄹ. G주임은 B과장 앞에 앉는다.

① ㄱ, ㄴ
② ㄱ, ㄷ
③ ㄴ, ㄷ
④ ㄴ, ㄹ
⑤ ㄷ, ㄹ

24 시위에 가담한 A~G 7명이 연행되었는데, 이 중에 시위주동자가 2명이 있다. 누가 시위주동자인지에 대해서 증인 5명이 아래와 같이 진술하였다. 증인들의 진술을 고려해 볼 때, 시위주동자 중 1명은 누구인가?

> • 증인 1 : A, B, G는 모두 아니다.
> • 증인 2 : E, F, G는 모두 아니다.
> • 증인 3 : C와 G 중에서 최소 1명은 시위주동자이다.
> • 증인 4 : A, B, C, D 중에서 최소 1명은 시위주동자이다.
> • 증인 5 : B, C, D 중에서 최소 1명이 시위주동자이고, D, E, F 중에서 최소 1명이 시위주동자이다.

① A
② B
③ C
④ F
⑤ G

25 K공사 직원 A, B, C, D, E, F 6명은 설문조사를 위하여 2인 1조로 나누어 외근을 나가려고 한다. 다음 〈조건〉에 따라 조를 구성한다면, 한 조가 될 수 있는 두 사람은 누구인가?

> **조건**
> • A는 C나 D와 함께 갈 수 없다.
> • B는 반드시 D 아니면 F와 함께 가야 한다.
> • C는 반드시 E 아니면 F와 함께 가야 한다.
> • A가 C와 함께 갈 수 없다면, A는 반드시 F와 함께 가야 한다.

① A, E
② B, D
③ B, F
④ C, D
⑤ C, F

26 가족들과 레스토랑에서 외식을 계획 중인 H씨는 레스토랑에서 가격 할인을 받기 위해 A ~ E레스토랑에 대한 통신사별 멤버십 혜택을 다음과 같이 정리하였다. 다음의 각 상황에서 가장 비용이 저렴한 경우는?

〈통신사별 멤버십 혜택〉

구분	X통신사	Y통신사	Z통신사
A레스토랑	1,000원당 100원 할인	15% 할인	–
B레스토랑	15% 할인	20% 할인	15% 할인
C레스토랑	20% 할인 (VIP의 경우 30% 할인)	1,000원당 200원 할인	30% 할인
D레스토랑	–	10% 할인 (VIP의 경우 20% 할인)	1,000원당 100원 할인
E레스토랑	15% 할인	–	20% 할인

① A레스토랑에서 14만 3천 원의 금액을 사용하고, Y통신사의 할인을 받는다.
② B레스토랑에서 16만 5천 원의 금액을 사용하고, X통신사의 할인을 받는다.
③ C레스토랑에서 16만 4천 원의 금액을 사용하고, X통신사의 VIP 할인을 받는다.
④ D레스토랑에서 15만 4천 원의 금액을 사용하고, Y통신사의 VIP 할인을 받는다.
⑤ E레스토랑에서 16만 2천 원의 금액을 사용하고, Z통신사의 할인을 받는다.

27 빨간색, 파란색, 노란색, 초록색의 화분에 빨강, 파랑, 노랑, 초록 꽃씨를 심으려고 하는데, 다음 〈조건〉에 따라 심는다고 한다. 〈보기〉에 가장 알맞은 것은?

조건
• 빨간색, 파란색, 노란색, 초록색의 화분에 빨강, 파랑, 노랑, 초록 꽃씨를 심으려고 한다.
• 각각의 화분에 화분과 같은 색깔의 꽃씨는 심을 수 없다.
• 빨강 꽃씨는 노란 화분에 심을 수 없으며, 노랑 꽃씨는 빨간 화분에 심지 못한다.
• 파랑 꽃씨는 초록 화분에 심을 수 없으며, 초록 꽃씨는 파란 화분에 심지 못한다.

보기
초록 화분과 노란 화분에 심을 수 있는 꽃씨의 종류는 같다.

① 확실히 아니다.
② 확실하지 않지만 틀릴 확률이 높다.
③ 확실하지 않지만 맞을 확률이 높다.
④ 확실히 맞다.
⑤ 알 수 없다.

※ 다음은 P회사의 인재 채용 조건과 입사 지원자 A ~ E에 대한 자료이다. 다음 자료를 보고, 이어지는 질문에 답하시오. [28~29]

〈인재 채용 조건〉

• 직원의 평균 연령대를 고려하여 35세 미만의 지원자만 채용한다(1986년 이후 출생자).
• 경영·경제·회계·세무학 전공자이면서 2년 이상의 경력을 지닌 지원자만 채용한다.
• 지원자의 예상 출퇴근 소요시간을 10분당 1점, 희망연봉을 100만 원당 1점으로 계산하여 평가 점수가 낮은 사람 순서로 채용을 고려한다.

〈A ~ E지원자의 상세 정보〉

구분	A	B	C	D	E
출생연도	1988년	1982년	1993년	1990년	1994년
전공학과	경제학과	경영학과	회계학과	영문학과	세무학과
경력	5년	8년	2년	3년	1년
예상 출퇴근 소요시간	1시간	40분	1시간 30분	20분	30분
희망연봉	3,800만 원	4,200만 원	3,600만 원	3,000만 원	3,200만 원

28 A ~ E지원자 중 단 1명을 채용한다고 할 때, 다음 중 P회사가 채용할 사람은?

① A
② B
③ C
④ D
⑤ E

29 인재 채용 조건이 다음과 같이 변경되어 A ~ E지원자 중 단 1명을 채용한다고 할 때, 다음 중 P회사가 채용할 사람은?

〈인재 채용 조건〉

• 직원들과의 관계를 고려하여 30세 미만의 지원자만 채용한다(1991년 이후 출생자).
• 2년 이상의 경력자라면 전공과 상관없이 채용한다(단, 2년 미만의 경력자는 경영·경제·회계·세무학을 전공해야만 한다).
• 지원자의 예상 출퇴근 소요시간을 10분당 3점, 희망연봉을 100만 원당 2점으로 계산하여 평가한다. 이때, 경력 1년당 5점을 차감하며, 경영·경제·회계·세무학 전공자의 경우 30점을 차감한다. 총 평가 점수가 낮은 사람 순서로 채용을 고려한다.

① A
② B
③ C
④ D
⑤ E

30 A회사는 사내 체육대회를 위해 인사팀, 영업팀, 생산팀 직원을 대상으로 조를 편성하기로 했다. 다음 〈조건〉에 따라 조를 편성할 때, 반드시 같은 조가 되는 사람으로 옳은 것은?

> **조건**
> • 네 명씩 조를 편성한다.
> • 각 조의 성별은 모두 같을 수 없다.
> • 각 조에는 팀별로 최소 한 명은 있어야 하며, 3명 이상의 연령대가 서로 달라야 한다.
> • 같은 팀의 다른 성별은 같은 조를 할 수 없다(단, 같은 팀의 같은 성별은 같은 조를 할 수 있다).

〈A회사 팀별 직원 명단〉

인사팀	김영진	이영후	최진영	한아람
	30대	20대	40대	30대
	남	남	남	여
영업팀	이승준	이하랑	김한결	황은준
	20대	30대	40대	40대
	남	남	남	남
생산팀	조여울	주아영	김승희	강우주
	20대	30대	30대	30대
	남	여	여	남

① 한아람, 주아영
② 한아람, 이승준
③ 한아람, 이하랑
④ 한아람, 조여울
⑤ 김승희, 강우주

※ 다음은 K공사가 본사 이전을 위해 A ~ E건물에 대해 조사한 자료이다. 다음 자료를 보고, 이어지는 질문에 답하시오. [31~32]

구분	층수 및 면적	승강기 유무	주차장 유무	비용(1년)
A	• 지하 1층 ~ 지상 3층 • 층당 면적 80평	• 지상용 승강기 1대 • 모든 층 운행 승강기 1대	• 지하 1층 주차장 • 건물 밖 주차부지(20평)	8,000만 원
B	• 지하 2층 ~ 지상 2층 • 층당 면적 120평	• 승강기 없음	• 주차장 없음	7,000만 원

C	• 지상 5층
	  ※ 1층 사용불가
	• 층당 면적 70평
		• 모든 층 운행 승강기 1대	• 건물 밖 2층형 주차타워
			  (층당 50평)
				9,000만 원

D	• 지하 1층 ~ 지상 4층 • 층당 면적 60평	• 지상용 승강기 1대 ※ 지하 운행 불가	• 지하 1층 주차장	7,500만 원
E	• 지하 2층 ~ 지상 4층 • 층당 면적 50평	• 모든 층 운행 승강기 2대	• 지하 1·2층 주차장 • 건물 밖 주차부지(50평)	8,000만 원

31 다음의 환산점수 공식에 따른 점수가 가장 높은 건물로 이전한다고 할 때, 이전할 건물과 환산점수로 옳은 것은?

〈환산점수 공식〉

- 환산점수(점) $= \left(p \times \dfrac{q}{10} + \dfrac{r}{10} - \dfrac{t}{1,000} \right) \times s$
- p : 주차장을 제외한 이용 가능 층수
- q : 각 층당 면적(평)
- r : 주차장 면적(평)
- s : 모든 층을 운행하는 승강기가 있을 경우 1점, 없을 경우 0점
- t : 비용(만 원)

① A, 26점
② B, 28점
③ C, 29점
④ D, 29점
⑤ E, 27점

32 공사의 지침이 변경되어 A ~ E건물 중 다음 〈조건〉에 적합한 건물로 이전한다고 할 때, 이전할 건물로 가장 적절한 것은?

> **조건**
> • 주차장을 제외한 이용 가능 면적은 총 200평을 초과하여야 한다.
> • 1년 동안 지불해야 할 비용은 9,000만 원 미만이어야 한다.
> • 지상층을 모두 운행할 수 있는 승강기가 있어야 한다.
> • 위 조건을 모두 만족할 경우 주차장 면적이 가장 넓은 곳으로 이전한다.

① A   ② B
③ C   ④ D
⑤ E

PART 1
PART 2
PART 3
PART 4
PART 5

33 직원 A, B, C, D, E가 〈조건〉에 따라 이번 주 당직을 섰다고 할 때, 다음 중 반드시 참이 되는 것은?

> **조건**
> • A ~ E는 평일 주 1회 이상 3회 미만의 당직을 서야 한다.
> • B와 D의 당직일은 겹치지 않는다.
> • B와 D의 경우 하루는 혼자 당직을 섰고, 다른 하루는 A와 함께 당직을 섰다.
> • B와 D는 이틀 연속으로 당직을 섰다.
> • A는 월요일과 금요일에 당직을 섰다.
> • C는 혼자 당직을 섰다.
> • E는 이번 주에 한 번 당직을 섰고, 그 날은 최대 인원수가 근무했다.

① B는 월요일에 당직을 섰다.
② B는 금요일에 당직을 섰다.
③ C는 수요일에 당직을 섰다.
④ D는 금요일에 당직을 섰다.
⑤ E는 금요일에 당직을 섰다.

※ P회사는 사내 체육대회를 위해 직원 20명의 단체복을 제작하려고 한다. 총무부는 단체복 제작 업체를 선정하기 위해 A ~ E업체에 대해 다음과 같이 조사하였다. 다음 자료를 보고, 이어지는 질문에 답하시오. [34~35]

〈단체복 제작 업체별 평가〉

구분	A업체	B업체	C업체	D업체	E업체
가격	★★★☆	★★☆	★★★	★★★★	★★★☆
신축성	★★★★	★★★★☆	★★★☆	★★★	★★★☆
통기성	★★☆	★★★	★★	★★★☆	★★★★
디자인	★★★☆	★★☆	★★★	★★★	★★
A/S	★★★★☆	★★★★	★★★★★	★☆	★★★
배송	★★☆	★★★★☆	★★★★☆	★★★☆	★★★

※ 평가 점수 산정 시 ★은 2점, ☆은 1점으로 계산한다.

〈단체복 판매 가격(1벌 기준)〉

(단위 : 원)

A업체	B업체	C업체	D업체	E업체
58,000	64,000	61,000	45,000	52,000

34 제품의 신축성과 통기성만을 고려하여 업체를 선정한다고 할 때, 선정될 업체로 옳은 것은?(단, 평가 점수가 같을 경우 가격의 평가 점수가 높은 업체를 선정한다)

① A업체
② B업체
③ C업체
④ D업체
⑤ E업체

35 120만 원의 예산 내에서 모든 평가 항목을 고려하여 업체를 선정한다고 할 때, 선정될 업체로 옳은 것은?

① A업체
② B업체
③ C업체
④ D업체
⑤ E업체

36 H공사 홍보실에 근무하는 A사원은 12일부터 15일까지 워크숍을 가게 되어, 스마트폰 날씨예보 어플을 통해 워크숍 장소인 춘천의 날씨를 확인해보았다. 다음 중 A사원이 확인한 날씨예보의 내용으로 옳은 것은?

① 워크숍 기간 중 오늘이 일교차가 가장 크므로 감기에 유의해야 한다.
② 내일 춘천지역의 미세먼지가 심하므로 주의해야 한다.
③ 워크숍 기간 중 비를 동반한 낙뢰가 예보된 날이 있다.
④ 내일모레 춘천지역의 최고·최저기온이 모두 영하이므로 야외활동 시 옷을 잘 챙겨 입어야 한다.
⑤ 글피엔 비는 내리지 않지만 최저기온이 영하이다.

37 다음 〈조건〉을 바탕으로 했을 때, 5층에 있는 부서로 올바른 것은?(단, 한 층에 한 부서씩 있다)

- 기획조정실의 층수에서 경영지원실의 층수를 빼면 3이다.
- 보험급여실은 경영지원실 바로 위층에 있다.
- 급여관리실은 빅데이터운영실보다는 아래층에 있다.
- 빅데이터운영실과 보험급여실 사이에는 두 층이 있다.
- 경영지원실은 가장 아래층이다.

① 빅데이터운영실   ② 보험급여실
③ 경영지원실   ④ 기획조정실
⑤ 급여관리실

38 다음 〈조건〉을 통해 추론할 때, 서로 언어가 통하지 않는 사람끼리 짝지어진 것은?

- A는 한국어와 영어만을 할 수 있다.
- B는 영어와 독일어만을 할 수 있다.
- C는 한국어와 프랑스어만을 할 수 있다.
- D는 중국어와 프랑스어만을 할 수 있다.

① A, B   ② A, C
③ B, D   ④ C, D
⑤ 없음

※ P회사는 신입 사원 채용 안내를 위한 현수막을 설치하려고 한다. 다음 자료를 보고, 이어지는 질문에 답하시오.
[39~40]

- 현수막 설치 일자 : 3월 28일 월요일 ~ 4월 5일 화요일
- 현수막 설치 후보 장소

구분		회사 본관	A고등학교	B대학교	C마트	D주유소
게시 가능 기간		4월 내	3월 내	평일	4월 내 평일	4월 3일 이전
하루 평균 유동인구		200명	240명	280명	300명	250명
1일 게시비용	평일	8만 원	10만 원	12만 원	26만 원	9만 원
	주말	13만 원	7만 원	10만 원	20만 원	11만 원
설치비용		250만 원	280만 원	240만 원	200만 원	220만 원

- 장소 선정 기준
1) 하루 평균 유동인구가 가장 많은 곳
2) 게시 가능한 기간이 제일 긴 곳
3) 총비용[(총 게시비용)+(설치비용)+(철거비용)]이 가장 적게 드는 곳
   ※ 선정 기준에 따라 각 장소마다 1개씩 총 3개의 현수막을 설치하되, 장소가 중복될 경우 설치 현수막 수가 줄어들 수 있다(예 하루 평균 유동인구가 가장 많은 곳과 게시 가능 기간이 제일 긴 곳, 총 비용이 가장 적게 드는 곳이 모두 동일 장소일 경우 1개의 현수막만 설치한다).
   ※ 설치비용은 한 번만 지불하며, 설치비용의 20%인 철거비용을 별도로 지불해야 한다.

39 다음 중 현수막이 설치될 장소를 모두 고른 것은?

① 회사 본관, C마트
② 회사 본관, D주유소
③ 회사 본관, B대학교
④ B대학교, C마트
⑤ B대학교, C마트, D주유소

40 현수막 게시 지침이 변경됨에 따라 4월 1일부터 4월 5일까지 하루 평균 유동인구가 상대적으로 많은 2곳에 현수막을 설치하기로 결정하였다. 다음 중 현수막 설치 과정에 필요한 총비용은 얼마인가?

① 588만 원
② 642만 원
③ 668만 원
④ 702만 원
⑤ 748만 원

41 [A1:A2] 영역을 선택한 후 채우기 핸들을 아래쪽으로 드래그했을 때 [A5] 셀에 입력될 값으로 옳은 것은?

	A1	▼	f_x	월요일		
◢	A	B	C	D	D	E
1	월요일					
2	수요일					
3						
4						
5						

① 월요일   ② 화요일

③ 수요일   ④ 금요일

⑤ 목요일

42 다음의 [C2:C3] 셀처럼 수식을 작성한 셀에 결괏값 대신 수식 자체가 표시되도록 하는 방법으로 옳은 것은?

◢	A	B	C
1	국어	국사	총점
2	93	94	=SUM(A2:B2)
3	92	88	=SUM(A3:B3)

① [수식] 탭 – [수식 분석] 그룹 – [수식 표시] 클릭

② [보기] 탭 – [표시 / 숨기기] 그룹 – [수식 입력줄] 클릭

③ [셀 서식] – [표시 형식] 탭 – [수식] 선택

④ [셀 서식] – [표시 형식] 탭 – [계산식] 선택

⑤ [수식] 탭 – [수식 분석] 그룹 – [수식 계산] 클릭

43 H중학교에서 근무하는 P교사는 반 학생들의 과목별 수행평가 제출 여부를 확인하기 위해 아래와 같이 자료를 정리하였다. P교사가 [D11] ~ [D13] 셀에 〈보기〉와 같이 함수를 입력하였을 때, [D11] ~ [D13] 셀에 나타날 결괏값으로 알맞은 것은?

	A	B	C	D
1				(제출했을 경우 '1'로 표시)
2	이름	A과목	B과목	C과목
3	김혜진	1	1	1
4	이방숙	1		
5	정영교	재제출 요망	1	
6	정혜운		재제출 요망	1
7	이승준		1	
8	이혜진			1
9	정영남	1		1
10				
11				
12				
13				

보기

[D11] 셀에 입력한 함수	→	=COUNTA(B3:D9)
[D12] 셀에 입력한 함수	→	=COUNT(B3:D9)
[D13] 셀에 입력한 함수	→	=COUNTBLANK(B3:D9)

	[D11]	[D12]	[D13]
①	12	10	11
②	12	10	9
③	10	12	11
④	10	12	9
⑤	10	10	9

44 다음 워크시트에서 [A1:B1] 영역을 선택한 후 채우기 핸들을 이용하여 [B3] 셀까지 드래그 했을 때, [A3] 셀과 [B3] 셀의 값으로 옳은 것은?

	A	B
1	가-011	01월15일
2		
3		
4		

	[A3]	[B3]
①	다-011	01월17일
②	가-013	01월17일
③	가-013	03월15일
④	다-011	03월15일
⑤	가-011	01월15일

45 다음 B사원의 답변에서 빈칸 (A), (B)에 들어갈 단축키로 적절한 것은?

A대리 : B씨, 혹시 파워포인트에서 도형 높이와 너비를 미세하게 조절하고 싶은데 어떻게 해야 하는지 알아요? 이거 도형 크기 조절하기가 쉽지 않네.

B사원 : 네 대리님, (A) 버튼과 (B) 버튼을 같이 누르신 후, 화살표 버튼을 누르시면서 크기를 조절하시면 됩니다.

① (A) - [Ctrl], (B) - [Shift]
② (A) - [Ctrl], (B) - [Alt]
③ (A) - [Ctrl], (B) - [Tab]
④ (A) - [Alt], (B) - [Tab]
⑤ (A) - [Alt], (B) - [Shift]

46 귀하는 최근 회사 내 업무용 개인 컴퓨터의 보안을 강화하기 위하여 다음과 같은 메일을 받았다. 메일 내용을 토대로 귀하가 취해야 할 행동으로 옳지 않은 것은?

발신 : 전산보안팀

수신 : 전 임직원

제목 : 업무용 개인 컴퓨터 보안대책 공유

내용 :
안녕하십니까. 전산팀장입니다.

최근 개인정보 유출 등 전산보안 사고가 자주 발생하고 있어 각별한 주의가 필요한 상황입니다. 이에 따라 자사에서도 업무상 주요 정보가 유출되지 않도록 보안프로그램을 업그레이드하는 등 전산보안을 더욱 강화하고 있습니다. 무엇보다 업무용 개인 컴퓨터를 사용하는 분들이 특히 신경을 많이 써주셔야 철저한 보안이 실천됩니다. 번거로우시더라도 아래와 같은 사항을 따라주시길 바랍니다.

• 인터넷 익스플로러를 종료할 때마다 검색기록이 삭제되도록 설정해주세요.
• 외출 또는 외근으로 장시간 컴퓨터를 켜두어야 하는 경우에는 인터넷 검색기록을 직접 삭제해주세요.
• 인터넷 검색기록 삭제 시, 기본 설정되어 있는 항목 외에도 '다운로드 기록', '양식 데이터', '암호', '추적방지, ActiveX 필터링 및 Do Not Track 데이터'를 모두 체크하여 삭제해주세요(단, 즐겨찾기 웹 사이트 데이터 보존 부분은 체크 해제할 것).
• 인터넷 익스플로러에서 방문한 웹 사이트 목록을 저장하는 기간을 5일로 변경해주세요.
• 자사에서 제공 중인 보안프로그램은 항시 업데이트하여 최신 상태로 유지해주세요.

위 사항을 적용하는 데 어려움이 있을 경우에는 아래 첨부파일에 이미지와 함께 친절하게 설명되어 있으니 참고바랍니다.

〈첨부〉 업무용 개인 컴퓨터 보안대책 적용 방법 설명(이미지).zip

---

① 인터넷 익스플로러에서 [도구(또는 톱니바퀴 모양)]를 클릭하여 [인터넷 옵션]의 '일반' 카테고리에 있는 [종료할 때 검색 기록 삭제]를 체크한다.
② 장시간 외출할 경우에는 [인터넷 옵션]의 '일반' 카테고리에 있는 [삭제]를 클릭해 직접 삭제한다.
③ 검색기록 삭제 시 [인터넷 옵션]의 '일반' 카테고리에 있는 [삭제]를 클릭하여 기존에 설정되어 있는 항목을 포함한 모든 항목을 체크하여 삭제한다.
④ [인터넷 옵션]의 '일반' 카테고리 중 검색기록 부분에서 [설정]을 클릭하고, '기록' 카테고리의 [페이지 보관일수]를 5일로 설정한다.
⑤ 자사의 보안프로그램을 실행하고 [설정]에서 업데이트를 실행한다.

47 다음은 컴퓨터 범죄 유형 중 하나이다. 이 컴퓨터 범죄는 무엇인가?

> 악성코드에 감염된 사용자 PC를 조작하여 금융정보 등을 빼내는 범죄 유형으로 정상 홈페이지로 가장하여 금융정보(보안카드번호 전부) 입력을 요구하는 신종 금융사기의 주요 범행수단이다.
> ① 사용자 PC가 악성코드에 감염 → ② 정상 홈페이지에 접속하여도 가짜 사이트로 유도 → ③ 금융정보 등 탈취 → ④ 범행계좌로 이체 등

① 피싱
② 파밍
③ 스미싱
④ 스누핑
⑤ 스푸핑

48 다음 중 엑셀의 틀 고정 및 창 나누기에 대한 설명으로 옳지 않은 것은?

① 화면에 나타나는 창 나누기 형태는 인쇄 시 적용되지 않는다.
② 창 나누기를 수행하면 셀 포인터의 오른쪽과 아래쪽으로 창 구분선이 표시된다.
③ 창 나누기는 셀 포인터의 위치에 따라 수직, 수평, 수직·수평 분할이 가능하다.
④ 첫 행을 고정하려면 셀 포인터의 위치에 상관없이 [틀 고정]-[첫 행 고정]을 선택한다.
⑤ 셀 편집 모드에 있거나 워크시트가 보호된 경우에는 틀 고정 명령을 사용할 수 없다.

49 다음 워크시트의 데이터 입력에 관한 설명 중 옳은 것은?

① 숫자와 문자가 혼합된 데이터가 입력되면 문자열로 입력된다.
② 문자 데이터는 기본적으로 오른쪽으로 정렬된다.
③ 날짜 데이터는 자동으로 셀의 왼쪽으로 정렬된다.
④ 수치 데이터는 셀의 왼쪽으로 정렬된다.
⑤ 시간 데이터는 세미콜론(;)을 이용하여 시, 분, 초를 구분한다.

50 다음 중 엑셀의 메모에 대한 설명으로 옳지 않은 것은?

① 새 메모를 작성하려면 바로가기 키 〈Shift〉＋〈F2〉를 누른다.

② 작성된 메모가 표시되는 위치를 자유롭게 지정할 수 있고, 메모가 항상 표시되도록 설정할 수 있다.

③ 피벗 테이블의 셀에 메모를 삽입한 경우 데이터를 정렬하면 메모도 데이터와 함께 정렬된다.

④ 메모의 텍스트 서식을 변경하거나 메모에 입력된 텍스트에 맞도록 메모 크기를 자동으로 조정할 수 있다.

⑤ [메모서식]에서 채우기 효과를 사용하면 이미지를 삽입할 수 있다.

51 워드프로세서의 커서 이동키에 대한 설명으로 옳은 것은?

① 〈Home〉 : 커서를 현재 문서의 맨 처음으로 이동시킨다.

② 〈End〉 : 커서를 현재 문단의 맨 마지막으로 이동시킨다.

③ 〈Back Space〉 : 커서를 화면의 맨 마지막으로 이동시킨다.

④ 〈Page Down〉 : 커서를 한 화면 단위로 하여 아래로 이동시킨다.

⑤ 〈Alt〉＋〈Page Up〉 : 커서를 파일의 맨 처음으로 이동시킨다.

52 워드프로세서의 인쇄용지 중 낱장 용지에 대한 설명으로 옳은 것은?

① 낱장 인쇄용지 중 크기가 가장 큰 용지는 A1이다.

② 낱장 인쇄용지의 가로 : 세로의 비율은 1 : 2이다.

③ B4는 A4보다 2배 크다.

④ 규격은 전지의 종류와 전지를 분할한 횟수를 사용하여 표시한다.

⑤ 용지를 나타내는 숫자가 1씩 커질수록 용지의 크기도 2배씩 커진다.

53 다음 설명에 해당하는 차트는 무엇인가?

> • 데이터 계열이 하나만 있으므로 축이 없다.
> • 차트의 조각은 사용자가 직접 분리할 수 있다.
> • 차트에서 첫째 조각의 각을 '0 ~ 360°' 사이의 값을 이용하여 회전시킬 수 있다.

① 영역형 차트   ② 분산형 차트

③ 꺾은선형 차트   ④ 원형 차트

⑤ 표면형 차트

54 방대한 양의 납품 자료를 한눈에 파악할 수 있게 데이터를 요약해서 보내라는 연락을 받았다. B대리가 이러한 상황에 대응하기 위한 엑셀 사용 방법으로 가장 적절한 것은?

① 매크로 기능을 이용한다.

② 조건부 서식 기능을 이용한다.

③ 피벗 테이블 기능을 이용한다.

④ 유효성 검사 기능을 이용한다.

⑤ 필터 검사 기능을 이용한다.

55 Windows에 설치된 프린터의 [인쇄 관리자] 창에서 할 수 있는 작업으로 옳지 않은 것은?

① 인쇄 중인 문서도 강제로 종료시킬 수 있다.

② 인쇄 중인 문서를 일시 중지하고 다른 프린터로 출력하도록 할 수 있다.

③ 현재 사용 중인 프린터를 기본 프린터로 설정할 수 있다.

④ 현재 사용 중인 프린터를 공유하도록 설정할 수 있다.

⑤ 현재 사용 중인 프린터의 기본 설정을 변경할 수 있다.

※ 다음은 자료, 정보, 지식을 구분해 놓은 것이다. 자료는 다음과 같은 과정을 거쳐 정보가 되고 지식이 된다. 다음 자료를 읽고, 이어지는 질문에 답하시오. [56~57]

〈자료, 정보, 지식에 대한 구분〉

자료 (Data)	⇨	객관적 실제의 반영이며, 그것을 전달할 수 있도록 기호화한 것	⇨	예 • 고객의 휴대폰 기종 • 고객의 휴대폰 활용 횟수
⇩				
정보 (Information)	⇨	자료를 특정한 목적과 문제해결에 도움이 되도록 가공한 것	⇨	예 • 중년층의 휴대폰 기종 • 중년층의 휴대폰 활용 횟수
⇩				
지식 (Knowledge)	⇨	정보를 집적하고 체계화하여 장래의 일반적인 사항에 대비해 보편성을 갖도록 한 것	⇨	예 • 휴대폰 디자인에 대한 중년층의 취향 • 중년층을 주요 타깃으로 신종 휴대폰 개발

56 다음 〈보기〉 중 정보(Information)에 대한 사례를 모두 고른 것은?

보기
ⓐ 라면 종류별 전체 판매량　　　　　ⓒ 1인 가구의 인기 음식
ⓒ 남성을 위한 고데기 개발　　　　　ⓔ 다큐멘터리와 예능 시청률
ⓓ 만보기 사용 횟수　　　　　　　　ⓕ 5세 미만 아동들의 선호 색상

① ㉠, ㉢　　　　　　　　　　　　② ㉡, ㉣
③ ㉡, ㉤　　　　　　　　　　　　④ ㉢, ㉥
⑤ ㉣, ㉤

57 다음 〈보기〉에 나열되어 있는 자료(Data)를 통해 추론할 수 있는 지식(Knowledge)으로 적절하지 않은 것은?

보기
• 연령대별 선호 운동
• 직장인 평균 퇴근 시간
• 실내운동과 실외운동의 성별 비율
• 운동의 목적에 대한 설문조사 자료
• 선호하는 운동 부위의 성별 비율
• 운동의 실패 원인에 대한 설문조사 자료

① 퇴근 후 부담없이 운동 가능한 운동기구 개발
② 20·30대 남성들을 위한 실내체육관 개설 계획
③ 요일마다 특정 운동부위 발달을 위한 운동 가이드 채널 편성
④ 다이어트에 효과적인 식이요법 자료 발행
⑤ 목적에 맞는 운동 프로그램 계획 설계

58 다음은 A회사 인트라넷에 올라온 컴퓨터의 비프음과 관련된 문제 해결 방법에 대한 공지사항이다. 부팅 시 비프음 소리와 해결방법에 대한 설명으로 올바르지 않은 것은?

안녕하십니까.
최근 사용하시는 컴퓨터를 켤 때 비프음 소리가 평소와 다르게 들리는 경우가 종종 있습니다.
해당 비프음 소리별 해결원인과 방법을 공지하오니 참고해주시기 바랍니다.

〈비프음으로 진단하는 컴퓨터 상태〉

– 짧게 1번 : 정상
– 짧게 2번 : 바이오스 설정이 올바르지 않은 경우, 모니터에 오류 메시지가 나타나게 되므로 참고하여 문제 해결
– 짧게 3번 : 키보드가 불량이거나 올바르게 꽂혀 있지 않은 경우
– 길게 1번+짧게 1번 : 메인보드 오류
– 길게 1번+짧게 2번 : 그래픽 카드의 접촉 점검
– 길게 1번+짧게 3번 : 쿨러의 고장 등 그래픽 카드 접촉 점검
– 길게 1번+짧게 9번 : 바이오스의 초기화, A/S 점검
– 아무 경고음도 없이 모니터가 켜지지 않을 때 : 전원 공급 불량 또는 합선, 파워서플라이의 퓨즈 점검, CPU나 메모리의 불량
– 연속으로 울리는 경고음 : 시스템 오류, 메인보드 점검 또는 각 부품의 접촉 여부와 고장 확인

---

① 짧게 2번 울릴 때는 모니터에 오류 메시지가 뜨니 원인을 참고해 해결할 수 있다.
② 비프음이 길게 1번, 짧게 1번 울렸을 때 CPU를 교체해야 한다.
③ 길게 1번, 짧게 9번 울리면 바이오스 ROM 오류로 바이오스의 초기화 또는 A/S가 필요하다.
④ 키보드가 올바르게 꽂혀 있지 않은 경우 짧게 3번 울린다.
⑤ 연속으로 울리는 경고음은 시스템 오류일 수 있다.

59 다음 중 함수식에 대한 결과로 옳지 않은 것은?

① =ODD(12) → 13
② =EVEN(17) → 18
③ =MOD(40,−6) → −2
④ =POWER(6,3) → 18
⑤ =QUOTIENT(19,6) → 3

60 다음 중 ㉠, ㉡에 들어갈 기능으로 옳은 것은?

> ____㉠____ 은/는 특정 값의 변화에 따른 결괏값의 변화 과정을 한 번의 연산으로 빠르게 계산하여 표의 형태로 표시해 주는 도구이고, ____㉡____ 은/는 비슷한 형식의 여러 데이터의 결과를 하나의 표로 통합하여 요약해 주는 도구이다.

	㉠	㉡
①	데이터 표	통합
②	정렬	시나리오 관리자
③	데이터 표	피벗 테이블
④	해 찾기	데이터 유효성 검사
⑤	통합	정렬

안심Touch

제2회
최종점검 모의고사

취약영역 분석

번호	O/×	영역	번호	O/×	영역	번호	O/×	영역
01			21			41		
02			22			42		
03			23			43		
04			24			44		
05			25			45		
06			26			46		
07			27			47		
08			28			48		
09			29			49		
10		의사소통능력	30		문제해결능력	50		정보능력
11			31			51		
12			32			52		
13			33			53		
14			34			54		
15			35			55		
16			36			56		
17			37			57		
18			38			58		
19			39			59		
20			40			60		

평가 문항	60문항	평가 시간	45분
시작시간	:	종료시간	:
취약 영역			

FINAL
제2회

최종점검 모의고사

모바일 OMR
답안채점/성적분석
서비스

🕐 응시시간 : 45분　　📋 문항 수 : 60문항　　　　　　　정답 및 해설 p.076

01 다음은 '혁신성장 Fair'에 관련된 산업은행의 보도자료이다. 다음 〈보기〉의 사람 중 자료에 대한 추론으로 옳은 설명을 한 사람을 모두 고른 것은?

> ### 산업은행, 『혁신성장 Fair』 주최기관 발대식 개최
>
> - 산업은행은 무역협회, 벤처기업협회, 벤처캐피탈협회, 국가과학기술연구회와 공동으로 금년 7월 COEX에서 「혁신성장 Fair」 개최 예정
> - 벤처・스타트업의 투자유치 및 대・중견기업 사업협력을 활성화하여 제2의 벤처 붐 확산 선도
>
> 산업은행은 28일(목) 산업은행 본점에서 금년 7월 서울 COEX에서 열릴 예정인 「혁신성장 Fair」의 성공적인 개최를 기원하는 발대식을 진행하였다고 밝혔다. 「혁신성장 Fair」는 산업은행, 한국무역협회, 벤처기업협회, 한국벤처캐피탈협회, 국가과학기술연구회가 공동으로 금년 7월 23일(화), 24일(수) 양일간 서울 COEX에서 개최하는 벤처・스타트업 중심의 행사로 국내외 벤처캐피탈과 액셀러레이터, 국내 대기업과 해외 유수의 기업들이 다수 참여하여 벤처・스타트업의 투자유치 및 사업협력을 추진할 수 있는 장이 될 것으로 기대된다.
> 산업은행은 벤처・스타트업 육성 및 창업생태계 조성을 위해 2017년 벤처기업협회 및 국가과학기술연구회와 업무협약을 체결하였고, 2018년 벤처・스타트업의 해외진출을 지원하기 위해 한국무역협회와 업무협약을 체결하는 등 유관기관과의 지속적인 협력을 강화해왔다. 「혁신성장 Fair」는 산업은행이 "제2의 벤처 붐" 확산에 기여하기 위하여 이들 기관과 공동으로 주최하는 행사로서, 국내 벤처・스타트업 및 동남아 등 아시아계 스타트업들도 참여하여 대한민국 벤처생태계를 아시아로 확장하는 계기가 될 전망이다.
> 「혁신성장 Fair」는 COEX 3개 층에서 동시에 진행될 예정으로, 1층 그랜드볼룸에서는 150여 개의 벤처・스타트업이 자사의 제품과 서비스를 전시하고, 행사장 내 무대에서는 투자유치 IR과 스타트업을 위한 포럼 등이 개최될 예정이다. 2층 아셈볼룸에서는 국내 대기업과 해외 유수의 기업들이 참여하는 사업협력 상담 창구와 국내외 벤처캐피탈이 다수 참여하는 투자유치 상담 창구가 운영되고, 이외에도 법무・특허・회계 등 스타트업을 지원하는 상담 창구 또한 운영된다. 또한 참여기관들이 다양한 포럼과 세미나들을 개최하여, 벤처・스타트업이 최신 기술 트렌드 및 전문지식을 공유하고 상호 네트워킹을 강화할 수 있는 자리를 마련할 계획이다. 한편, 3층 오디토리움에서는 글로벌 VC 및 액셀러레이터, 성공한 창업가 및 유니콘 기업의 저명인사들을 초청하여 기조연설 및 패널토론 등의 컨퍼런스를 개최할 예정이다.
> 이날 발대식에서 공동 주최기관들은 그간 추진해온 업무에 대해 설명하는 시간을 가진 후 「혁신성장 Fair」의 개최를 공식화하고, 기관별 역할 분담 및 향후 추진일정에 대하여 논의하는 등 성공적인 개최 의지를 밝혔다. 지난 수년간 대한민국 벤처생태계는 양적인 면에서 상당한 수준의 성장이 있었으나, 국내 벤처・스타트업이 자사를 홍보하고 사업협력 파트너를 찾는 기회가 많지 않았던 것이 사실이다. 산업은행은 금년 처음 시도되는 「혁신성장 Fair」를 아시아를 대표하는 연례행사로 발전시켜, 국내 벤처・스타트업들이 국내외 유수의 투자자 및 기업들을 대상으로 자사를 홍보하는 기회를 가질 수 있도록 지원할 계획이다. 산업은행은 이번 「혁신성장 Fair」 주최기관 발대식을 통해 스타트업 생태계의 질적 향상과 혁신성장의 선도 역할에 더욱 노력할 것임을 밝혔다.

- 서영 : 이번 '혁신성장 Fair'는 산업은행이 3개의 기관과 공동으로 개최하였고, 국내 벤처・스타트업의 해외진출 지원이라는 행사의 목적에 부합하게 국내의 벤처・스타트업만이 참여하였어.
- 승빈 : 국내외 벤처캐피탈의 투자유치 상담 창구와 유니콘 기업 저명인사들의 패널토론은 동시에 진행될 거야.
- 현식 : 산업은행은 국내 벤처・스타트업의 창업환경을 개선하기 위해 2017년부터 2년 연속 한국무역협회와 업무협약을 체결하였어.
- 민주 : '혁신성장 Fair'의 개최는 지난 수년간 국내 벤처・스타트업의 질적 및 양적 성장부진에 배경을 두고 있어.

① 서영
② 승빈
③ 승빈, 민주
④ 승빈, 현식
⑤ 서영, 현식, 민주

02 다음 빈칸에 들어갈 내용으로 가장 적절한 것은?

오늘날 유전 과학자들은 유전자의 발현에 관한 물음에 관심을 갖고 있다. 맥길 대학의 연구팀은 이 물음에 답하려고 연구를 수행하였다. 어미 쥐가 새끼를 핥아주는 성향에는 편차가 있다. 어떤 어미는 다른 어미보다 더 많이 핥아주었다.

연구팀은 어미가 누구든 많이 핥인 새끼는 그렇지 않은 새끼보다 뇌의 특정 부분, 특히 해마에서 글루코코르티코이드 수용체들, 곧 GR들이 더 많이 생겨났다는 것을 발견했다. 이렇게 생긴 GR의 수는 성체가 되어도 크게 바뀌지 않았다. GR의 수는 GR 유전자의 발현에 달려있다. 이 쥐들의 GR 유전자는 차이는 없지만 그 발현 정도에는 차이가 있을 수 있다. 이 발현을 촉진하는 인자 중 하나가 NGF 단백질인데, 많이 핥인 새끼는 그렇지 못한 새끼에 비해 NGF 수치가 더 높다.

스트레스 반응 정도는 코르티솔 민감성에 따라 결정되는데 GR이 많으면 코르티솔 민감성이 낮아지게 하는 되먹임 회로가 강화된다. 이 때문에 _____

① 어미의 보살핌 정도에 따라 GR 유전자의 차이가 발생하는 것이다.
② GR과 관계없이 코르티솔 민감성에 따라 스트레스 반응 정도가 달리 나타난다.
③ GR 유전자가 스트레스 반응에 중요한 작용을 하는 것이다.
④ 똑같은 스트레스를 받아도 많이 핥인 새끼는 그렇지 않은 새끼보다 더 무디게 반응한다.
⑤ GR의 수는 스트레스 반응과 아무런 관련이 없다는 것이 밝혀졌다.

03 다음은 Y공단의 압류재산 공매입찰 참가자 준수규칙의 일부이다. 다음 규칙에 대한 〈보기〉의 설명 중 옳지 않은 것만을 있는 대로 고른 것은?

〈압류재산 공매입찰 참가자 준수규칙〉

제3조(공매참가자 자격제한) 다음 각 호의 어느 하나에 해당하는 자는 입찰에 참가할 수 없다. 다만, 제1호부터 제3호까지의 경우에는 그 사실이 있은 후 2년이 경과되지 아니한 자에 한한다.

1. 입찰을 하고자 하는 자의 공매참가, 최고가격 입찰자의 결정 또는 매수자의 매수대금 납부를 방해한 사실이 있는 자
2. 공매에 있어 부당하게 가격을 떨어뜨릴 목적으로 담합한 사실이 있는 자
3. 허위명의로 매수신청한 사실이 있는 자
4. 입찰 장소 및 그 주위에서 소란을 피우는 자와 입찰을 실시하는 담당직원의 업무집행을 방해하는 자
5. 체납자 및 공단직원

제4조(입찰방법) 입찰은 공매물건의 입찰번호단위로 입찰하기로 한다. 다만, 별도선언이 있을 때에는 그러하지 아니하다.

제5조(입찰서 기재방법)

① 입찰하고자 하는 자는 입찰서에 입찰일 현재 주민등록부상의 주소(법인은 법인등기부상의 본점 소재지)와 성명, 매수하고자 하는 재산의 입찰번호, 입찰가격, 입찰보증금 기타 필요한 사항을 기재하여 기명날인하여야 하며 2명 이상의 공동명의로 입찰에 참가할 시는 연명으로 기명날인한 후 공동입찰자명부를 입찰서에 첨부하여야 한다.

② 입찰서에 기재할 금액은 총계금액으로서 금액의 표시는 한글로, ( ) 안은 아라비아숫자로 기재하여야 하며 금액이 불분명한 것은 무효로 한다. 다만, 오기된 경우에는 두 줄을 긋고 정정 날인 후 다시 기입하여야 한다.

③ 입찰자가 법인인 경우에는 입찰자 성명란에 법인의 이름과 대표자의 지위 및 성명을, 주민등록번호란에는 법인등록번호를 기재하고 법인인감을 날인한 후 대표자의 자격을 증명하는 서류(법인등기부등본 또는 초본과 인감증명서)를 입찰서에 첨부하여야 한다.

④ 날인란에는 반드시 도장을 찍어야 하며 손도장(무인)을 찍는 것은 인정하지 아니한다.

제6조(입찰보증금)

① 입찰보증금은 입찰금액의 1할 해당액의 현금 또는 당일 결제 가능한 금융기관(우체국 포함) 발행 자기앞수표로서 입찰서와 함께 납부하여야 한다. 단, 추심료가 소요되는 자기앞수표는 결제에 필요한 추심료를 별도로 납부하여야 한다.

② 입찰보증금을 납부하지 아니하거나 입찰보증금이 입찰금액의 1할에 미달할 때에는 입찰을 무효로 한다.

보기

ㄱ. 450만 원에 입찰하고자 하는 A가 당일 결제 가능한 금융기관이 발행하였고 4만 원의 추심료가 소요되는 자기앞수표로 입찰보증금을 납부하는 경우, A는 총 45만 4천 원을 입찰서와 함께 납부해야 한다.

ㄴ. 2016년 4월 1일에 있었던 입찰에서 사기 피해사실을 호소하며 소란을 피운 B는 2018년 4월 9일에 있는 입찰에 참여할 수 없다.

ㄷ. 2015년 11월 20일에 있었던 입찰에서 공매가격을 낮추기 위해 담합하였던 C는 2018년 1월 5일에 있는 입찰에 참여할 수 없다.

ㄹ. E와 함께 공동명의로 입찰에 참가하는 D는 둘 중 대표자를 정하여 대표 명의로 입찰서를 작성하여 기명날인하면 된다.

① ㄷ

② ㄱ, ㄴ

③ ㄴ, ㄹ

④ ㄱ, ㄷ, ㄹ

⑤ ㄴ, ㄷ, ㄹ

04 다음 글의 요지로 가장 적절한 것은?

신문이 진실을 보도해야 한다는 것은 새삼스러운 설명이 필요 없는 당연한 이야기이다. 정확한 보도를 하기 위해서는 문제를 전체적으로 보아야 하고, 역사적으로 새로운 가치의 편에서 봐야 하며, 무엇이 근거이고, 무엇이 조건인가를 명확히 해야 한다. 그런데 이러한 준칙을 강조하는 것은 기자들의 기사 작성 기술이 미숙하기 때문이 아니라, 이해관계에 따라 특정 보도의 내용이 달라지기 때문이다. 자신들에게 유리하도록 기사가 보도되게 하려는 외부 세력이 있으므로 진실 보도는 일반적으로 수난의 길을 걷게 마련이다. 신문은 스스로 자신들의 임무가 '사실 보도'라고 말한다. 그 임무를 다하기 위해 신문은 자신들의 이해관계에 따라 진실을 왜곡하려는 권력과 이익 집단, 그 구속과 억압의 논리로부터 자유로워야 한다.

① 진실 보도를 위하여 구속과 억압의 논리로부터 자유로워야 한다.

② 자신들에게 유리하도록 기사가 보도되게 하는 외부 세력이 있다.

③ 신문의 임무는 '사실 보도'이나, 진실 보도는 수난의 길을 걷는다.

④ 정확한 보도를 하기 위하여 전체적 시각을 가져야 한다.

⑤ 신문 보도에 있어 준칙을 강조하는 것은, 기자들의 기사 작성 기술이 미숙하기 때문이다.

※ 다음은 H공사의 임직원 행동강령 일부이다. 다음을 읽고 이어지는 질문에 답하시오. **[5~6]**

〈부당이득의 수수 금지 등〉

제1조(이권개입 금지) 임직원은 자신의 직위를 직접 이용하여 부당한 이익을 얻거나 타인이 부당한 이익을 얻도록 해서는 아니 된다.

제2조(직위의 사적 이용 금지) 임직원은 직무의 범위를 벗어나 사적 이익을 위하여 공사의 명칭이나 직위를 공표하고 게시하는 등의 방법으로 이용하거나 이용하게 해서는 아니된다.

제3조(공용재산의 사적사용 수익 금지)
① 임직원은 차량, 부동산 등 공사 소유의 재산과 예산사용으로 제공되는 항공마일리지, 적립 포인트 등 부가서비스를 정당한 사유 없이 사적인 용도로 사용·수익해서는 아니 된다.
② 제1항의 규정에 의거 관련 비위행위의 적발 시 공용재산 사적사용 및 취득비용 전액을 환수 조치할 수 있다.

제15조(직무 관련 정보를 이용한 거래 등의 제한)
① 임직원은 직무수행 중 알게 된 미공개정보를 이용하여 자신 또는 타인의 명의로 주식 등 유가증권 부동산 등과 관련된 재산상 거래 또는 투자를 하거나 타인에게 그러한 정보를 제공하여 재산상 거래 또는 투자를 돕는 행위를 해서는 아니 된다.

제16조(금품 등의 수수 금지)
① 임직원은 직무 관련 여부 및 기부·후원·증여 등 그 명목에 관계없이 동일인으로부터 1회에 100만 원 또는 매 회계연도에 300만 원을 초과하는 금품 등을 받거나 요구 또는 약속해서는 아니 된다.
② 임직원은 직무와 관련하여 대가성 여부를 불문하고 제1항에서 정한 금액 이하의 금품 등을 받거나 요구 또는 약속해서는 아니 된다.
③ 외부강의 등에 관한 사례금 또는 다음의 어느 하나에 해당하는 금품 등은 제1항 또는 제2항에서 수수(收受)를 금지하는 금품 등에 해당하지 아니한다.
   1. 공공기관의 장이 소속 임직원이나 파견 임직원에게 지급하거나 상급자가 위로·격려·포상 등의 목적으로 하급자에게 제공하는 금품 등
   2. 원활한 직무수행 또는 사교·의례 또는 부조의 목적으로 제공되는 음식물·경조사비·선물 등
   3. 사적 거래(증여는 제외)로 인한 채무의 이행 등 정당한 권원(權原)에 의하여 제공되는 금품 등
   4. 4촌 이내의 친족이 제공하는 금품 등
   5. 임직원과 관련된 직원상조회·동호회·동창회·향우회·친목회·종교단체·사회단체 등이 정하는 기준에 따라 구성원에게 제공하는 금품 등 및 그 소속 구성원 등 임직원과 특별히 장기적·지속적인 친분관계를 맺고 있는 자가 질병·재난 등으로 어려운 처지에 있는 임직원에게 제공하는 금품 등
   6. 임직원의 직무와 관련된 공식적인 행사에서 주최자가 참석자에게 통상적인 범위에서 일률적으로 제공하는 교통, 숙박, 음식물 등의 금품 등
   7. 불특정 다수인에게 배포하기 위한 기념품 또는 홍보용품 등이나 경연·추첨을 통하여 받는 보상 또는 상품 등
   8. 그 밖에 사회상규(社會常規)에 따라 허용되는 금품 등

05 위의 임직원 행동강령에 대한 질문과 답변으로 옳지 않은 것은?

① Q : 출장비로 결제한 항공편을 이용하고 받은 항공마일리지를 개인 여행에 사용할 수 있나요?

   A : 우리 공사의 임직원은 공사 소유의 예산을 사용하여 제공되는 항공마일리지, 적립 포인트 등의 부가서비스를 정당한 사유 없이 사적인 용도로 사용해서는 안 됩니다.

② Q : 하급자가 상급자에게 제공하는 금품은 수수를 금지하는 물품에 해당하지 않는 것이죠?

   A : 공공기관에서 상급자가 위로·격려·포상 등의 목적으로 하급자에게 제공하는 금품과 하급자가 상급자에게 제공하는 금품은 수수를 금지하는 물품에 해당하지 않습니다.

③ Q : 최근에 후원 명목으로 150만 원의 금품을 받았습니다. 직무와 관련이 없는 금품임에도 받을 수 없는 건가요?

   A : 직무 관련 여부와 명목에 관계없이 1회 100만 원 이상의 금품을 받는 것은 금지되어 있습니다.

④ Q : 외부강의를 하고 그 사례금으로 100만 원을 받았습니다. 이 역시도 금지된 금품 수수에 해당하나요?

   A : 외부강의 등에 관한 사례금은 수수를 금지하는 금품에 해당하지 않습니다.

⑤ Q : 다른 사람에게는 알리지 않고, 업무상 알게 된 부동산에 저의 명의로 투자를 하였습니다. 타인에게 정보를 제공한 것이 아니므로 임직원 행동강령에 어긋나지 않는 것이죠?

   A : 직무수행 중 알게 된 미공개정보를 타인에게 알리는 행위뿐 아니라 이를 이용하여 자신의 명의로 부동산 등과 관련된 투자를 하는 행위도 금지하고 있습니다.

06 다음 중 수수를 금지하는 금품에 해당하는 것은?

① 공식행사에서 주최자가 제공한 명품시계
② 동창회에서 참석자에게 제공하는 기념품
③ H공사 사장이 연말에 지급한 포상금
④ 자녀의 결혼식에 받은 경조사비
⑤ 명절에 이종사촌에게 받은 선물세트

07 다음은 국채에 대한 구성 및 국고채 발행에 관한 내용이다. 다음 중 자료에 대한 내용으로 옳지 않은 것은?

- 국채의 구성

  연간 국채 발행 규모=(적자국채용 발행)+(만기상환용 국채 발행)+(조기상환용 국채 발행)

  ※ 연간 국채 발행 규모와 적자국채용 발행 규모는 한도가 정해져 있음

  ※ 조기상환(바이백, 조기차환) : 국채를 발행한 자금으로 만기 이전에 국채를 상환하는 것

- 국채의 발행 절차

  1. 국채법에 따라 재경부장관이 중앙정부의 각 부처로부터 발행요청을 받아 계획안을 작성하고 국회로부터 발행 한도를 심의 받음
  2. 연간 발행규모 및 만기별 발행 일정계획을 수립
  3. 만기별로 통합발행 발행
     - 3년 만기 국고채는 매년 6월 10일과 12월 10일에 신규종목을 발행
     - 5년 만기 국고채는 매년 3월 10일과 9월 10일에 신규종목을 발행
     - 10년 만기 국고채는 매년 3월 10일과 9월 10일에 신규종목을 발행
     - 20년 만기 및 30년 만기 국고채는 격년으로 12월 10일에 신규종목을 발행
     - 변동금리부 국고채는 국채시장 상황을 고려하여 만기와 발행일을 결정
     - 통합발행제도 : 국고채의 유통시장 원활화를 위해 발행 기준일 이후부터 다음 발행일까지 발행되는 국고채 는 통합발행제도에 근거하여 전차 기준일자 국채로 간주
  4. 이후 국고채 입찰 및 발행

  ※ 추가설명 : 채권가격과 채권금리는 역의 상관관계를 가지고 있다.

---

① 국채는 매년 계획을 수립하는데 발행 한도의 경우 국회 심의를 거쳐 정해진다.

② 조기상환용 국채 발행액이 높아지면 만기상환용 국채 발행액은 적어질 수밖에 없다.

③ 1994년부터 2000년까지 국채발행 비율을 살펴보면 3·5·10년 만기 국고채 신규종목이 가장 많이 발행되었을 것이다.

④ 2018년 6월 10일에 발행된 3년 만기 국고채는 2021년 6월이 만기일이다.

⑤ 국채 중 금리가 변하는 변동금리부 국고채는 미리 만기와 발행일을 결정해야 한다.

08 다음 글의 핵심내용으로 알맞은 것은?

지구 내부는 끊임없이 운동하며 막대한 에너지를 지표면으로 방출하고, 이로 인해 지구 표면에서는 지진이나 화산 등의 자연 현상이 일어난다. 그런데 이러한 자연 현상을 예측하기란 매우 어렵다. 그 이유는 무엇일까?

지구 내부는 지각, 상부 맨틀, 하부 맨틀, 외핵, 내핵이 층상 구조를 이루고 있다. 지구 내부로 들어갈수록 온도가 증가하는데, 이 때문에 외핵은 액체 상태로 존재한다. 고온의 외핵이 하부 맨틀의 특정 지점을 가열하면 이 부분의 중심부 물질은 상승류를 형성하여 움직이기 시작한다. 아주 느린 속도로 맨틀을 통과한 상승류는 지표면 가까이에 있는 판에 부딪치게 된다. 판은 매우 단단한 암석으로 이루어져 있어 거대한 상승류도 쉽게 뚫지 못한다. 그러나 간혹 상승류가 판의 가운데 부분을 뚫고 곧바로 지표면으로 나오기도 하는데, 이곳을 열점이라 한다. 열점에서는 지진과 화산 활동이 활발히 일어난다.

한편 딱딱한 판을 만난 상승류는 꾸준히 판에 힘을 가하여 거대한 길이의 균열을 만들기도 한다. 결국 판이 완전히 갈라지면 이 틈으로 아래의 물질이 주입되어 올라오고, 올라온 물질은 지표면에서 옆으로 확장되면서 새로운 판을 형성한다. 상승류로 인해 판이 갈라지는 이 부분에서도 지진과 화산 활동이 일어난다.

새롭게 생성된 판은 오랜 세월 천천히 이동하는 동안 식으면서 밀도가 높아지는데, 이미 존재하고 있던 다른 판 중 밀도가 낮은 판과 충돌하면 그 아래로 가라앉게 된다. 가라앉는 판이 상부 맨틀의 어느 정도 깊이까지 들어가면 용융 온도가 낮은 일부 물질은 녹는데, 이 물질이 이미 존재하던 판의 지표면으로 상승하면서 지진을 동반한 화산 활동이 일어나기도 한다. 그러나 녹지 않은 대부분의 물질은 위에서 내리누르는 판에 의해 큰 흐름을 만들면서 맨틀을 통과한다. 이 하강류는 핵과 하부 맨틀 경계면까지 내려와 외핵의 한 부분을 누르게 된다. 외핵은 액체로 되어 있으므로 한 부분을 누르면 다른 부분에서 위로 솟아오르는데, 솟아오른 이 지점에서 또 다른 상승류가 시작된다. 그런데 하강류가 규칙적으로 발생하지 않으므로 상승류가 언제 어디서 발생하는지 알기 어렵다.

지금까지 살펴본 바처럼 화산과 지진 등의 자연 현상은 맨틀의 상승류와 하강류로 인해 일어난다. 맨틀의 상승류와 하강류는 흘러가는 동안 여러 장애물을 만나게 되고 이로 인해 그 흐름이 불규칙하게 진행된다. 그런데 현대과학 기술로 지구 내부에 있는 이 장애물의 성질과 상태를 모두 밝혀내기는 어렵다. 바로 이것이 지진이나 화산과 같은 자연 현상을 쉽게 예측할 수 없는 이유이다.

① 판의 분포
② 지각의 종류
③ 지구 내부의 구조
④ 내핵의 구성 성분
⑤ 우리나라 화산의 종류

09 다음 글의 주제 또는 주제문으로서 가장 적절한 것은?

> 힘 있는 나라를 가지고 싶어 하는 것은 인류의 공통적인 염원이다. 이것은 시간의 고금(古今)을 가리지 아니하고 공간의 동서(東西)를 따질 것이 없는 한결같은 진리다. 그래서 위대하지 않은 나라에서 태어난 사람은 태어난 나라를 위대하게 만들기 위하여 혼신의 힘을 기울인다. 보잘것없는 나라의 국민이 된다는 것은 내세울 것 없는 집안의 후손인 것 이상으로 우리를 슬프게 한다. 세계 여러 나라 사람이 모인 곳에 간다고 가정해 보자. 누가 여기서 가장 큰소리치면서 위세 당당하게 처신할 것인가? 얼핏 생각하면 이목구비가 시원하게 생긴 사람, 지식과 화술이 뛰어난 사람, 교양과 인품이 훌륭한 사람, 외국어에 능통한 사람이 돋보일 것처럼 생각된다. 실제로 그런 사람들이 국제 무대에서 뛰어난 활약을 하는 것은 사실이다. 그래서 사람은 스스로 다듬고 기르는 것이 아닌가? 그러나 실제에 있어서 어떤 사람으로 하여금 국제 사회에서 돋보이게 하는 것은 그가 등에 업고 있는 조국의 국력이다.

① 배움에 힘쓰자.
② 일등 국민을 본받자.
③ 역경을 이겨내자.
④ 국력을 키우자.
⑤ 훌륭한 인품을 갖추자.

10 다음 중 ㉠의 예로 적절한 것은?

> 우리말에서 의미를 강조하기 위해 정도부사를 이용하는 경우가 있다. 정도부사란 용언 또는 용언형이나 다른 부사의 정도를 한정하는 부사로 예를 들어 '철수는 키가 매우 크다.'에서 '매우', '정상은 너무 멀다.'의 '너무' 따위이다. 이를 통해 ㉠ 언어의 정도성을 나타낼 수 있다.

① 과반수 이상이 찬성하였으므로 의결되었습니다.
② 너 혼자 독차지하는 이런 경우가 어디 있니?
③ 그녀는 그를 보자 곧바로 직행했다.
④ 나는 너를 정말 정말 좋아해.
⑤ 추운 겨울 이웃을 향한 따뜻한 온정의 손길이 이어졌다.

11 다음 글과 가장 관련 있는 한자성어는?

> 패스트푸드점 매장에서 새벽에 종업원을 폭행한 여성이 경찰에 붙잡혔다. 부산의 한 경찰서는 폭행 혐의로 30대 A씨를 현행범으로 체포해 조사 중이라고 밝혔다. 경찰에 따르면 A씨는 새벽 3시 반쯤 부산의 한 패스트푸드점 매장에서 술에 취해 "내가 2층에 있는데 왜 부르지 않았냐."며 여성 종업원을 수차례 밀치고 뺨을 7 ~ 8차례 때리는 등 폭행한 혐의를 받고 있다. 보다 못한 매장 매니저가 경찰에 신고해 A씨는 현행범으로 체포되었다. A씨는 경찰에서 "기분이 나빠서 때렸다."고 진술한 것으로 알려졌다. 경찰은 A씨를 상대로 폭행 경위를 조사한 뒤 신병을 처리할 예정이다. 지난해 11월 울산의 다른 패스트푸드점 매장에서도 손님이 햄버거를 직원에게 던지는 등 손님의 갑질 행태가 끊이지 않고 있다.

① 견마지심
② 빙청옥결
③ 소탐대실
④ 호승지벽
⑤ 방약무인

12 다음 글에 대한 반응으로 적절하지 않은 것은?

> 최근 거론되고 있는 건 전자 판옵티콘이다. 각종 전자 감시 기술은 프라이버시에 근본적인 위협으로 대두되고 있다. '감시'는 거대한 성장 산업으로 비약적인 발전을 거듭 하고 있다. 2003년 7월 '노동자 감시 근절을 위한 연대모임'이 조사한 바에 따르면, 한국에서 전체 사업장의 90%가 한 가지 이상의 방법으로 노동자 감시를 하고 있는 것으로 밝혀졌다. "24시간 감시에 숨이 막힌다."는 말까지 나오고 있다.
> 최근 러시아에서는 공무원들의 근무 태만을 감시하기 위해 공무원들에게 감지기를 부착시켜 놓고 인공위성 추적 시스템을 도입하는 방안을 둘러싸고 논란이 벌어지고 있다. 전자 감시 기술은 인간의 신체 속에까지 파고 들어갈 만반의 준비를 갖추고 있다.
> 어린아이의 몸에 감시 장치를 내장하면 아이의 안전을 염려할 필요는 없겠지만, 그게 과연 좋기만 한 것인지, 또 그 기술이 다른 좋지 않은 목적에 사용될 위험은 없는 것인지, 따져볼 일이다. 감시를 위한 것이 아니라 하더라도 전자 기술에 의한 정보의 집적은 언제든 개인의 프라이버시를 위협할 수 있다.

① 전자 기술의 발전이 순기능만을 가지는 것은 아니구나.
② 직장은 개인의 생활공간이라기보다 공공장소로 보아야 하므로 프라이버시의 보호를 바라는 것은 지나친 요구인 것 같아.
③ 감시를 당하는 사람은 언제나 감시당하고 있다는 생각 때문에 자기 검열을 강화하게 될 거야.
④ 전자 기술사용의 일상화는 의도하지 않은 프라이버시 침해를 야기할 수도 있어.
⑤ 전자 감시 기술의 발달은 필연적이므로 프라이버시를 위협할 수도 있어.

13 다음 글에 나타난 '벤야민'의 주된 논지에 대한 비판으로 가장 적절한 것은?

오늘날 영화 한 편에 천만 명의 관객이 몰릴 정도로 영화는 우리 시대의 대표적인 예술 장르로 인정받고 있다. 그런데 영화 초창기인 1930년대에 발터 벤야민(W. Benjamin)이 영화를 비판적으로 조망하고 있어 흥미롭다. 그에 따르면 영화는 전통적인 예술 작품이 지니는 아우라(Aura)를 상실하고 있다는 것이다.

아우라는 비인간화되고 사물화된 의식과 태도를 버리고, 영혼의 시선으로 대상과 교감할 때 경험할 수 있는 아름다운 향기 내지 살아 숨 쉬는 듯한 생명력과 같은 것이다. 그것은 우리들 가까이 있으면서도 저 멀리 있는데, 대상과 영혼의 교감을 통해 몰입할 때, 그때 어느 한 순간 일회적으로 나타난다. 예술 작품은 심연에 있는 아우라를 불러내는 것이고, 수용자는 그런 예술 작품과의 교감을 통해 아우라를 경험한다. 그런데 사진이나 카메라 등과 같은 기계적·기술적 장치들이 예술의 영역에 침투하면서 예술 작품의 아우라는 파괴되는데, 벤야민은 그 대표적인 예로 영화를 든다.

벤야민은 영화의 가장 중요한 특징으로 관객의 자리에 카메라가 대신 들어선다는 점을 지적하고 있다. 연극의 경우 배우와 관객은 직접적으로 교감하면서, 배우는 자기 자신이 아닌 다른 인물을 연출해 보이고 관중의 호흡에 맞추어 연기를 할 수 있다. 관객은 연극의 주인공을 둘러싸고 있는 아우라를 그 주인공 역할을 하는 배우를 통해 경험할 수 있다. 그러나 영화의 경우 배우와 관객 사이에 카메라가 개입된다. 배우는 카메라 앞에서 연기를 하지만, 카메라라는 기계가 갖는 비인간적 요소로 인해 시선의 교감을 나눌 수 없게 된다. 관객은 스크린에 비친 영상만을 접하기 때문에 배우와 교감할 수 없고, 다만 카메라와 일치감을 느낄 때만 배우와 일치감을 느낄 수 있다. 이로 인해, 관객은 카메라처럼 배우를 시각적으로 시험하고 비평하는 태도를 취한다. 그 결과 배우는 모든 교감의 관계가 차단된 유배지 같은 곳에서 카메라를 앞에 두고 재주를 부리는 것으로 만족해야 한다. 배우를 감싸고 있는 아우라도, 배우가 그려내는 인물의 아우라도 사라질 수밖에 없다.

영화배우의 연기는 하나의 통일된 작업이 아니라 여러 개의 개별적 작업이 합쳐져서 이루어진다. 이는 연기자의 연기를 일련의 조립할 수 있는 에피소드로 쪼개어 놓는 카메라의 특성에서 비롯된다. 카메라에 의해 여러 측면에서 촬영되고 편집된 한 편의 완성된 영화에 담긴 동작의 순간들은 카메라 자체의 그것일 뿐이다. 영화배우는 각 동작의 순간순간에 선별적으로 배치된 여러 소도구 중의 하나에 불과하다. 따라서 카메라에 의해 조립된 영상들에 아우라가 개입할 여지는 없다.

이런 점들을 들어, 벤야민은 전통적인 예술이 피어날 수 있는 유일한 영역으로 간주되어 온 아름다운 가상(假像)의 왕국으로부터 예술과 그 수용층이 멀어지고 있음을 영화가 가장 극명하게 보여 준다고 비판한다. 영화 초창기에 대두된 벤야민의 이러한 비판이 오늘날 문화의 총아로 각광받는 영화에 전면적으로 적용될 수 있을지는 미지수이다.

① 요즘 좋은 영화가 매우 많다. 화려하면서도 눈부신 영상미는 영화만이 갖는 큰 강점이다.

② 벤야민이 살던 시대의 영화배우들은 연기를 못했던 것 같다. 요즘 영화배우들은 연기를 정말 잘한다.

③ 우리나라 영화 규모는 매우 증가했다. 제작비만 하더라도 몇 십억 원이 든다. 그리고 영화관에 몰리는 관객 수도 매우 많다.

④ 요즘 카메라 촬영 기법이 아주 좋아졌다. 배우들의 섬세한 표정은 물론이고 세밀한 행동 하나하나를 그대로 화면으로 옮겨 놓는다.

⑤ 영화를 두고 예술인지 아닌지를 가르는 기준이 하나만 있는 것은 아니다. 사람에 따라 여러 가지가 있을 수 있다. 그리고 시대가 변하면 기준도 변한다.

14 다음 글에서 〈보기〉가 들어갈 가장 적절한 곳은?

(㉠) 우리는 보통 공간을 배경으로 사물을 본다. 그리고 시간이나 사유를 비롯한 여러 개념을 공간적 용어로 표현한다. 이처럼 공간에 대한 용어가 중의적으로 쓰이는 과정에서, 일상적으로 쓰는 용법과 달라 혼란을 겪기도 한다. (㉡) 공간에 대한 용어인 '차원' 역시 다양하게 쓰인다. 차원의 수는 공간 내에 정확하게 점을 찍기 위해 알아야 하는 수의 개수이다. (㉢) 특정 차원의 공간은 한 점을 표시하기 위해 특정한 수가 필요한 공간을 의미한다. (㉣) 따라서 다차원 공간은 집을 살 때 고려해야 하는 사항들의 공간처럼 추상적일 수도 있고, 실제의 물리 공간처럼 구체적일 수도 있다. 이러한 맥락에서 어떤 사람을 1차원적 인간이라고 표현했다면 그것은 그 사람의 관심사가 하나밖에 없다는 것을 의미한다. (㉤)

> **보기**
>
> 집에 틀어박혀 스포츠만 관람하는 인간은 오로지 스포츠라는 하나의 정보로 기술될 수 있고, 그 정보를 직선 위에 점을 찍은 1차원 그래프로 표시할 수 있는 것이다.

① ㉠
② ㉡
③ ㉢
④ ㉣
⑤ ㉤

15 다음 중 제시된 문장의 빈칸에 사용할 단어로 적절하지 않은 것은?

- 곤충이란 것은 모두 그렇게 (   )을/를 거쳐서 자란다.
- 그 기관이 예산을 (   )(으)로 운영한 것이 알려졌다.
- 밀봉은 외부로부터 공기와 미생물의 침입을 차단하여 용기 내 식품의 (   )을/를 방지한다.
- 충신으로 알려진 그의 (   )은/는 뜻밖이었다.

① 변칙
② 변절
③ 변고
④ 변태
⑤ 변질

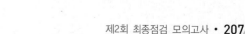

16 다음 글의 논지 전개상 특징으로 적절한 것은?

> 영화는 특정한 인물이나 집단, 나라 등을 주제로 하는 대중문화로, 작품 내적으로 시대상이나 당시의 유행을 반영한 다는 사실은 굳이 평론가의 말을 빌리지 않더라도 모두가 공감하는 사실일 것이다. 하지만 영화가 유행에 따라 작품의 외적인 부분, 그중에서도 제목의 글자 수가 변화한다는 사실을 언급하면 고개를 갸웃하는 이들이 대부분일 것이다. 2000년대에는 한국 최초의 블록버스터 영화로 꼽히는 '쉬리'와 '친구'를 비롯해 두 글자의 간결한 영화 제목이 주류를 이뤘지만 그로부터 5년이 지난 2005년에는 두 글자의 짧은 제목의 영화들이 7%로 급격히 감소하고 평균 제목의 글자 수가 5개에 달하게 되었다. 이는 영화를 한 두 줄의 짧은 스토리로 요약할 수 있는 코미디 작품들이 늘어났기 때문이었는데 '나의 결혼 원정기', '미스터 주부 퀴즈왕', '내 생애 가장 아름다운 일주일' 등이 대표적이다.
>
> 이후 2010년대 영화계에서는 오랜 기간 세 글자 영화 제목이 대세였다고 해도 과언이 아니다. '추격자'를 비롯해 '우리 생애 최고의 순간'을 줄인 '우생순'과 '좋은 놈, 나쁜 놈, 이상한 놈'을 '놈놈놈'으로 줄여 부르기도 했으며 '아저씨', '전우치'나 '해운대', '신세계'를 비롯해 '베테랑', '부산행', '강철비', '곤지암'은 물론 최근 '기생충'에 이르기 까지 세 글자 영화들의 대박행진은 계속되고 있다. 이에 반해 2018년에는 제작비 100억을 넘은 두 글자 제목의 한국 영화 네 편이 모두 손익분기점을 넘기지 못하는 초라한 성적표를 받기도 했다.
>
> 그렇다면 역대 박스오피스에 등재된 한국영화들의 평균 글자 수는 어떻게 될까? 부제와 시리즈 숫자, 줄임 단어로 주로 불린 영화의 원 음절 등을 제외한 2019년까지의 역대 박스오피스 100위까지의 한국영화 제목 글자 수는 평균 4.12였다. 다만 두 글자 영화는 21편, 세 글자 영화는 29편, 네 글자 영화는 21편으로 세 글자 제목의 영화가 역대 박스오피스 TOP 100에 가장 많이 등재된 것으로 나타났다.

① 특정한 이론을 제시한 뒤 그에 반박하는 의견을 제시하여 대비를 이루고 있다.

② 현상을 언급한 뒤 그에 대한 사례를 순서대로 나열하고 있다.

③ 특정한 현상을 분석하여 추려낸 뒤, 해결 방안을 이끌어 내고 있다.

④ 대상을 하위 항목으로 구분하여 논의의 범주를 명시하고 있다.

⑤ 현상의 변천 과정을 고찰한 뒤 앞으로의 발전 방향을 제시하고 있다.

17 다음 글을 통해 알 수 있는 내용으로 적절하지 않은 것은?

한국 고유의 전통 무술인 택견은 유연하고 율동적인 춤과 같은 동작으로 다리를 걸어 넘어뜨리거나 상대를 공격한다. 택견 전수자는 우아한 몸놀림으로 움직이며 부드러운 곡선을 만들어 내지만, 이를 통해 유연성뿐 아니라 힘도 보여준다. 택견에서는 발동작이 손만큼이나 중요한 역할을 한다. 택견은 부드러워 보이지만, 모든 가능한 전투 방법을 이용하며 다양한 공격과 방어 기술을 강조하는 효과적인 무술이다.

택견은 또한 배려의 무술이다. 숙련된 택견 전수자는 짧은 시간 내에 상대를 제압할 수 있지만, 진정한 고수는 상대를 다치게 하지 않으면서도 물러나게 하는 법을 안다. 우리 민족의 역사 속에서 택견은 계절에 따른 농업과 관련된 전통의 한 부분으로서 공동체의 통합을 이루어 왔고, 대중적인 스포츠로서 공중 보건을 증진하는 역할까지 맡아왔다. 택견의 동작은 유연하고 율동적인 춤과 같으며, 이러한 동작으로 상대를 공격하거나 다리를 걸어 넘어뜨린다. 천천히 꿈틀거리고 비트는 유연하고 곡선적인 동작은 때로 웃음을 자아내기도 하지만, 전수자에게 내재된 에너지는 엄청난 유연성과 힘으로 나타난다. 수천 년의 역사를 지닌 이 한국의 토착 무술은 보기에는 정적이고 품위 있으나 근본적으로는 활력이 있으며 심지어 치명적이다.

택견은 주도권을 장악하는 바로 그 순간까지도 상대를 배려해야 한다고 가르친다. 또한 공격보다는 수비 기술을 더 많이 가르치는데 바로 이러한 점에서 여타의 무술과는 다르다. 이는 전투 스포츠에서는 상상도 할 수 없는 개념이나 택견에서는 이 모든 것이 가능하다.

택견은 자신보다 상대를, 개인보다 집단을 배려하도록 가르친다. 택견의 동작은 유연하고 부드럽지만 전수자를 강력하게 유도하는 힘이 있다. 한 마리의 학과 같이 우아하기만 한 숙련된 택견 전수자의 몸놀림도 공격할 때만은 매와 같이 빠르고 강력하다.

택견에는 몇 가지 독특한 특징이 있다. 첫째, 곡선을 그리는 듯한 움직임 때문에 외적으로는 부드러우나 내적으로는 강한 무술이다. 둘째, 우아함과 품위를 강조하는 자연스럽고 자발적인 무술이다. 셋째, 걸고 차는 다양한 기술을 통해 공격과 방어가 조화를 이루는 실질적이고 통합된 무술이다. 부드러운 인상을 풍기지만, 택견은 모든 가능한 전투 방법을 이용하며 다양한 공격과 방어 기술을 강조하는 효과적인 무술이다. 한국의 전통 무술의 뿌리라 할 수 있는 택견은 한국 문화의 특징인 합일과 온전함을 대표한다.

① 택견은 상대방을 다치지 않게 하기 위해 수비의 기술을 더 많이 가르친다.
② 택견은 공격과 수비가 조화를 이루는 무술이다.
③ 택견은 부드러운 동작 때문에 유연성만 강조된 무술 같으나 실은 강력한 힘이 내제되어 있다.
④ 택견은 자연스러움의 무술이다.
⑤ 택견은 내면의 아름다움을 중시하는 스포츠이다.

18 다음 글을 통해 알 수 없는 것은?

언어는 생성, 변천, 소멸과 같은 과정을 거치면서 발전해 간다. 또한 각 언어는 서로 영향을 미치고 영향을 받으면서 변천하여 간다. 그런데 어떤 언어는 오랜 역사 기간 동안에 잘 변동되지 않는가 하면 어떤 언어는 쉽게 변한다. 한 나라의 여러 지역 방언들도 이와 같은 차이가 일어날 수 있다. 즉, 어떤 지역의 방언은 빨리 변천하여 옛말을 찾아보기 어려운 반면, 어떤 지역 방언은 그 변천의 속도가 느려서 아직도 옛말의 흔적이 많이 남아 있는 경우가 있다.

방언의 변천은 지리적·문화적·정치적인 면에서 그 원인을 찾을 수 있다. 지리적으로는 교통이 원활히 소통되는 곳이 그렇지 않은 곳보다 전파가 빨리 이루어진다. 문화적으로는 문화가 발달한 곳에서 발달하지 못한 곳으로 영향을 미치게 된다. 이는 대개의 표준말이 수도를 중심으로 결정되며 도시의 언어가 시골의 언어에 침투됨이 쉽다는 말과 같다. 또한 정치적으로는 정치의 중심지가 되는 곳에서 지배를 받는 지역으로 전파된다.

이러한 여러 요인으로 인한 방언의 전파에도 불구하고 자기 방언의 특성을 지키려는 노력을 하게 되는데 이것이 방언의 유지성이다. 각 지역의 방언은 그 유지성에도 불구하고 서로 영향을 끼쳐서 하나의 방언일지라도 사실은 여러 방언의 요소가 쓰이고 있다. 따라서 각 방언을 엄밀히 분리한다는 것은 어려운 일이다.

방언은 한편으로는 통일되려는 성질도 가지고 있다. 즉, 국가, 민족, 문화가 동일한 지역 내에 살고 있는 주민들은 원활한 의사소통을 위하여 방언의 공통성을 추구하려는 노력을 하는 것이다. 그 대표적인 결과가 표준어의 제정이다.

① 방언의 변화 양상은 언어의 변화 양상과 유사하다.
② 방언에는 다른 지역 방언의 요소들이 포함되어 있다.
③ 방언의 통일성은 표준어 제정에 영향을 주었을 것이다.
④ 방언이 유지되려는 힘이 클수록 방언의 통일성은 강화될 것이다.
⑤ 정치적·문화적·지리적 조건은 방언의 유지성과 통합성에 영향을 끼친다.

19 다음 글의 ㉠~㉤을 바꾸어 쓸 때 적절하지 않은 것은?

> 산등성이가 검은 바위로 끊기고 산봉우리가 여기저기 솟아 있어서 이들 산은 때로 ㉠ <u>황량하고</u> 접근할 수 없는 것처럼 험준해 보인다. 산봉우리들은 분홍빛의 투명한 자수정으로 빛나고, 그 그림자는 짙은 코발트빛을 띠며 내려앉고, 하늘은 푸른 금빛을 띤다. 서울 인근의 풍광은 이른 봄에도 아름답다. 이따금 녹색의 연무가 산자락을 ㉡ <u>휘감고</u>, 산등성이는 연보랏빛 진달래로 물들고, 불그레한 자두와 화사한 벚꽃, 그리고 ㉢ <u>흐드러지게</u> 핀 복숭아꽃이 예상치 못한 곳에서 나타난다.
>
> 서울처럼 인근에 아름다운 산책로와 마찻길이 있고 외곽지대로 조금만 나가더라도 한적한 숲이 펼쳐져 있는 도시는 동양에서는 거의 찾아볼 수 없다. 또 한 가지 덧붙여 말한다면, 서울만큼 안전한 도시는 없다는 것이다. 내가 직접 경험한 바이지만, 이곳에서는 여자들이 유럽에서처럼 누군가를 ㉣ <u>대동하지</u> 않고도 성 밖의 어느 곳이든 아무런 ㉤ <u>성가신</u> 일을 겪지 않고 나다닐 수 있다.

① ㉠ – 경사가 급하고 ② ㉡ – 둘러 감고
③ ㉢ – 탐스럽게 ④ ㉣ – 데리고 가지
⑤ ㉤ – 번거로운

20 다음 글에서 ㉠ ~ ㉤의 수정 방안으로 적절하지 않은 것은?

실제로 예상보다 많은 청소년이 아르바이트를 하고 있거나, 아르바이트를 했던 경험이 있다고 응답했다. ㉠ 청소년들이 가장 많은 아르바이트는 '광고 전단 돌리기'였다. 전단지 아르바이트는 ㉡ 시급이 너무 높지만 아르바이트 중에서도 가장 짧은 시간에 할 수 있는 대표적인 단기 아르바이트로 유명하다. 이러한 특징으로 인해 대부분의 사람이 전단지 아르바이트를 꺼리게 되고, 돈은 필요하지만 학교에 다니면서 고정적으로 일하기는 어려운 청소년들이 주로 하게 된다고 한다. 전단지 아르바이트 다음으로는 음식점에서 아르바이트를 해보았다는 청소년들이 많았다. 음식점 중에서도 패스트푸드점에서 아르바이트를 하고 있거나 해보았다는 청소년들이 가장 많았는데, 패스트푸드점은 ㉢ 대체로 최저임금을 주거나 대형 프랜차이즈가 아닌 경우에는 최저임금마저도 주지 않는다는 조사 결과가 나왔다. 또한 식대나 식사를 제공하지 않아서 몇 시간 동안 서서 일하면서도 ㉣ 끼니만도 제대로 해결하지 못했던 경험을 한 청소년이 많은 것으로 밝혀졌다. ㉤ 근로자로써 당연히 보장받아야 할 권리를 청소년이라는 이유로 보호받지 못하고 있다.

① ㉠ : 호응 관계를 고려하여 '청소년들이 가장 많이 경험해 본'으로 수정한다.
② ㉡ : 앞뒤 문맥을 고려하여 '시급이 너무 낮지만'으로 수정한다.
③ ㉢ : 호응 관계를 고려하여 '대체로 최저임금으로 받거나'로 수정한다.
④ ㉣ : 호응 관계를 고려하여 '끼니조차'로 수정한다.
⑤ ㉤ : '로써'는 어떤 일의 수단이나 도구를 나타내는 격조사이므로 '근로자로서'로 수정한다.

21 회사에서는 직원 A, B, C, D, E 중 일부를 지방으로 발령하기로 결정하였다. 다음 〈조건〉에 따라 A의 지방 발령이 결정되었다고 할 때, 지방으로 발령되지 않는 직원은 총 몇 명인가?

> **조건**
> • 회사는 B와 D의 지방 발령에 대하여 같은 결정을 한다.
> • 회사는 C와 E의 지방 발령에 대하여 다른 결정을 한다.
> • D를 지방으로 발령한다면, E는 지방으로 발령하지 않는다.
> • E를 지방으로 발령하지 않는다면, A도 지방으로 발령하지 않는다.

① 1명   ② 2명
③ 3명   ④ 4명
⑤ 5명

22 경영기획실에서 근무하는 귀하는 매년 부서별 사업계획을 정리하는 업무를 맡고 있다. 부서별 사업계획을 간략하게 정리한 보고서를 보고 귀하가 할 수 있는 생각으로 옳은 것은?

〈사업별 기간 및 소요예산〉

• A사업 : 총 사업기간은 2년으로, 첫해에는 1조 원, 둘째 해에는 4조 원의 예산이 필요하다.
• B사업 : 총 사업기간은 3년으로, 첫해에는 15조 원, 둘째 해에는 18조 원, 셋째 해에는 21조 원의 예산이 필요하다.
• C사업 : 총 사업기간은 1년으로, 총 소요예산은 15조 원이다.
• D사업 : 총 사업기간은 2년으로, 첫해에는 15조 원, 둘째 해에는 8조 원의 예산이 필요하다.
• E사업 : 총 사업기간은 3년으로, 첫해에는 6조 원, 둘째 해에는 12조 원, 셋째 해에는 24조 원의 예산이 필요하다.
올해를 포함한 향후 5년간 위의 5개 사업에 투자할 수 있는 예산은 아래와 같다.

〈연도별 가용예산〉

(단위 : 조 원)

1차 연도(올해)	2차 연도	3차 연도	4차 연도	5차 연도
20	24	28.8	34.5	41.5

〈규정〉

(1) 모든 사업은 한번 시작하면 완료될 때까지 중단할 수 없다.
(2) 5개 사업에 투자할 수 있는 예산은 당해 사업연도에 남아도 상관없다.
(3) 각 사업연도의 예산은 이월될 수 없다.
(4) 모든 사업을 향후 5년 이내에 반드시 완료한다.

① B사업을 세 번째 해에 시작하고, C사업을 최종연도에 시행한다.
② A사업과 D사업을 첫해에 동시에 시작한다.
③ 첫해에는 E사업만 시작한다.
④ D사업을 첫해에 시작한다.
⑤ 첫해에 E사업과 A사업을 같이 시작한다.

※ 다음은 스키장별 요금표 및 할인정보에 대한 자료이다. 다음 자료를 읽고 이어지는 질문에 답하시오. [23~24]

<상황>

• 인사관리과는 연말을 맞아 12월 14일에 스키장으로 단합활동을 간다.
• 인사관리과 직원 중 단합활동 참여자는 A과장, B대리, C주임, D사원이다.
• 모든 직원들은 리프트 이용권을 끊고, 장비와 스키복을 대여하여야 한다.
• 단합 활동 비용은 비용을 최소화할 수 있는 직원 1명이 모두 결제한 후, 회비를 모아 보전해주기로 하였다.

<스키장별 요금표>

구분		1인당 대여료	할인
리프트	성수기	43,000원	K카드로 결제 시 1인당 4,000원 할인
	비성수기	31,000원	
장비	성수기	67,000원	P카드로 결제 시 1인당 10% 할인
	비성수기	44,000원	S통신사 멤버십카드 제시 시 1인당 5,000원 할인
스키복	성수기	35,000원	M통신사 멤버십카드 제시 시 1인당 20% 할인
	비성수기	30,000원	K카드로 결제 시 1인당 10% 할인

※ 성수기는 12월 10일 ~ 1월 20일, 비성수기는 성수기를 제외한 모든 시기를 가리킨다.

23 할인혜택을 고려하지 않을 때, 동일한 참여인원으로 1월 27일에 방문하였을 때의 총지급금액과 이번 단합활동 시 총지급금액 차이로 알맞은 것은?

① 140,000원
② 152,000원
③ 160,000원
④ 192,000원
⑤ 220,000원

24 직원들의 결제정보가 다음과 같을 때, 단합활동을 가서 결제를 할 때 할인받을 수 있는 금액이 가장 큰 직원과 그 때의 1인당 지급금액이 알맞게 연결된 것은?

〈직원별 결제정보〉

구분	결제정보
A과장	K카드 사용
B대리	M통신사 멤버십카드 제시
C주임	P카드 사용
D사원	S통신사 멤버십카드 제시

	할인금액이 가장 큰 직원	지급금액
①	A과장	137,500원
②	A과장	138,000원
③	B대리	137,500원
④	B대리	138,000원
⑤	C사원	138,300원

25 12명의 사람이 모자, 상의, 하의를 착용하는데 모자, 상의, 하의는 빨간색 또는 파란색 중 하나이다. 12명이 모두 모자, 상의, 하의를 착용했을 때, 〈보기〉와 같은 모습이었다. 이때, 하의만 빨간색인 사람은 몇 명인가?

> **보기**
> • 어떤 사람을 보아도 모자와 하의는 서로 다른 색이다.
> • 같은 색의 상의와 하의를 입은 사람의 수는 6명이다.
> • 빨간색 모자를 쓴 사람의 수는 5명이다.
> • 모자, 상의, 하의 중 1가지만 빨간색인 사람은 7명이다.

① 1명   ② 2명
③ 3명   ④ 4명
⑤ 5명

※ G편의점은 새로 출시된 상품을 매장에 입고하기 위해 매장 방문고객 중 남성 500명, 여성 500명을 대상으로 상품별 선호도를 다음과 같이 조사하였다. 다음 자료를 보고, 이어지는 질문에 답하시오. **[26~27]**

〈사전 선호도 조사 결과〉

후보 상품	종류	남성	여성
A	도시락	74%	41%
B	빵	46%	66%
C	음료	26%	42%
D	도시락	61%	84%
E	음료	78%	52%

※ 응답자는 후보 상품에 대해 '선호' 혹은 '비선호'로 응답하였으며, 조사 결과는 '선호' 응답 비율을 의미한다.

26 G편의점이 다음 방식에 따라 입고 상품을 선정한다고 할 때, 매장에 입고될 상품으로 옳은 것은?

〈입고 상품 선정 방식〉

• 적합점수가 가장 높은 상품 1개를 선정한다.
• 적합점수는 A~E상품에 대한 각 성별의 사전 선호도 점수와 예산점수를 모두 합산한 값으로 도출한다.
• 각 성별의 선호도 점수는 사전 선호도 조사의 응답률을 10으로 나누어 도출한다.
• A~E상품별 입고 시 필요 예산은 다음과 같으며, 필요 예산이 가장 적은 식품부터 10, 8, 6, 4, 2점의 점수를 부여한다.

상품	A	B	C	D	E
필요 예산	250만 원	310만 원	140만 원	710만 원	440만 원

① A
② B
③ C
④ D
⑤ E

27 다음 〈보기〉 중 사전 선호도 조사 결과에 대한 설명으로 옳은 것을 모두 고른 것은?

보기
ㄱ. 후보 상품 중 음료에 대한 남성의 선호도는 여성보다 높다.
ㄴ. B상품을 매장에 입고한다면 남성보다 여성이 더 소비할 것으로 예측할 수 있다.
ㄷ. 남성의 경우, 후보 상품 중 빵보다 도시락에 대한 선호도가 높다.

① ㄱ
② ㄴ
③ ㄱ, ㄴ
④ ㄴ, ㄷ
⑤ ㄱ, ㄴ, ㄷ

28

다음 설명을 근거로 〈보기〉를 계산한 값은?

연산자 A, B, C, D는 다음과 같이 정의한다.
- A : 좌우에 있는 두 수를 더한다. 단, 더한 값이 10 미만이면 좌우에 있는 두 수를 곱한다.
- B : 좌우에 있는 두 수 가운데 큰 수에서 작은 수를 뺀다. 단, 두 수가 같거나 뺀 값이 10 미만이면 두 수를 곱한다.
- C : 좌우에 있는 두 수를 곱한다. 단, 곱한 값이 10 미만이면 좌우에 있는 두 수를 더한다.
- D : 좌우에 있는 두 수 가운데 큰 수를 작은 수로 나눈다. 단, 두 수가 같거나 나눈 값이 10 미만이면 두 수를 곱한다.

※ 연산은 '( )', '{ }'의 순서로 한다.

보기

$$\{(1\,A\,5)\,B\,(3\,C\,4)\}\,D\,6$$

① 10
② 12
③ 90
④ 210
⑤ 360

※ 다음 4월 달력을 참고하여 이어지는 질문에 답하시오. [29~30]

<4월>

월	화	수	목	금	토	일
		1	2	3	4	5
6	7	8	9	10	11	12
13	14	15 선거일	16	17	18	19
20	21	22	23	24	25	26
27	28	29	30			

29 A회사가 <조건>에 따라 4월 내로 가능한 빠르게 신입사원 채용시험을 진행한다고 할 때, 다음 중 채용시험일이
바르게 연결된 것은?

조건

• 최근 발생한 전염병으로 인해 A회사는 4월 10일까지 휴무하기로 결정하였으나, 직원 중 한 명이 확진자로 판정받
아 기존 휴무 기간에서 일주일 더 연장하기로 결정하였다.
• A회사의 신입사원 채용시험은 필기시험과 면접시험으로 이루어지며, 각각 하루씩 소요된다. 필기시험 후 2일 동
안 필기시험 결과를 바탕으로 면접시험 진행자를 선별해 필기시험일로부터 3일이 되는 날 면접시험 해당자에게
면접대상자임을 고지한 후 고지한 날로부터 2일이 되는 날 면접시험을 진행한다(단, 필기시험과 면접시험의 시험
일이 월요일, 토요일, 일요일 및 법정공휴일인 경우 그 다음날로 한다).

	필기시험	면접시험
①	21일	28일
②	21일	29일
③	22일	28일
④	22일	29일
⑤	28일	29일

30 A회사는 채용시험에 최종 합격한 신입사원을 〈조건〉에 따라 각 부서에 배치하려 한다. 다음 중 신입사원이 소속 부서로 출근하는 날은 언제인가?(단, 면접시험일은 **29**번 문제를 통해 결정된 날짜이다)

> 조건
> • 면접시험일 이틀 뒤에 최종 합격자를 발표한다.
> • 최종 합격자는 합격자 발표일 그 다음 주 월요일에 첫 출근을 한다.
> • 최종 합격자는 첫 출근일을 포함하여 2주간 신입사원 교육을 받는다. 이때, 공휴일 및 휴일도 교육받은 것으로 간주한다.
> • 신입사원 교육이 끝난 뒤 이틀 동안의 회의를 통해 신입사원의 배치를 결정한다.
> • 부서 배치가 결정되면 신입사원은 그 다음 주 월요일부터 소속 부서로 출근한다.

① 5월 4일 ② 5월 11일
③ 5월 18일 ④ 5월 20일
⑤ 5월 25일

31 다음은 A회사의 당직 근무 규칙과 이번 주 당직 근무자들의 일정표이다. 당직 근무 규칙에 따라 이번 주에 당직 근무 일정을 추가해야 하는 사람으로 옳은 것은?

〈당직 근무 규칙〉
• 1일 당직 근무 최소 인원은 오전 1명, 오후 2명으로 총 3명이다.
• 1일 최대 6명을 넘길 수 없다.
• 같은 날 오전·오후 당직 근무는 서로 다른 사람이 해야 한다.
• 오전 또는 오후 당직을 모두 포함하여 당직 근무는 주당 3회 이상 5회 미만으로 해야 한다.

〈당직 근무 일정〉

성명	일정	성명	일정
공주원	월 오전 / 수 오후 / 목 오전	최민관	월 오후 / 화 오후 / 토 오전 / 일 오전
이지유	월 오후 / 화 오전 / 금 오전 / 일 오후	이영유	화 오후 / 수 오전 / 금 오후 / 토 오후
강리환	수 오전 / 목 오전 / 토 오후	지한준	월 오전 / 수 오후 / 금 오전
최유리	화 오전 / 목 오후 / 토 오후	강지공	화 오후 / 수 오후 / 금 오후 / 토 오전
이건율	목 오전 / 금 오전 / 일 오후	김민정	월 오전 / 수 오후 / 토 오전 / 일 오후

① 공주원 ② 이지유
③ 최유리 ④ 지한준
⑤ 김민정

32 A회사는 진급 규정에 따라 2020년 5월 1일자로 진급 대상자를 진급시키기로 결정하였다. 다음 중 진급하는 사원은 총 몇 명이고, 가장 높은 점수를 받은 직원은 누구인가?

〈진급 규정〉

• 진급 대상자
　– 사원 : 2년 이상 재직
　– 대리 : 5년 이상 재직
• 내용
　– 각 항목에 따른 점수 합산 결과, 최고점자순으로 총 5명의 진급을 결정함
　– 각 항목당 최소 조건을 미달하는 경우 진급자에서 제외됨
• 진급 점수 항목

구분	내용	비고
총 재직기간	– 3년 이내 : 2점 – 3년 초과 7년 이내 : 5점 – 7년 초과 : 10점	진급일을 기준으로 함
공인영어시험	– 770점 이내 : 3점 – 880점 이내 : 5점 – 880점 초과 : 10점	최소 점수 : 660점
필기시험	– 80점 미만 : 10점 – 80점 이상 90점 미만 : 15점 – 90점 이상 : 20점	최소 점수 : 70점
면접시험	– 70점 미만 : 5점 – 70점 이상 80 미만 : 10점 – 80점 이상 90점 미만 : 20점 – 90점 이상 : 30점	최소 점수 : 60점
인사평가점수	– 85점 미만 : 5점 – 85점 이상 90점 미만 : 10점 – 90점 이상 : 20점	최소 점수 : 80점

〈진급 대상자〉

성명	직급	입사일	점수(점)			
			공인영어	필기	면접	인사평가
최근원	사원	2017.3.1.	680	75	88	81
김재근	대리	2010.5.1.	720	72	78	78
이윤결	대리	2013.8.1.	590	73	81	90
전리사	사원	2015.6.1.	820	81	68	88
류이현	사원	2014.8.1.	910	79	66	86
정연지	사원	2014.3.1.	690	82	82	86
이지은	대리	2013.2.1.	880	66	79	92
이윤미	사원	2015.3.1.	460	91	67	92
최지나	대리	2014.5.1.	690	89	55	77
류미래	사원	2017.9.1.	710	90	59	91

① 3명, 정연지   ② 3명, 정리사
③ 4명, 최근원   ④ 4명, 정연지
⑤ 5명, 정리사

33 B공사에서는 인건비를 줄이기 위해 다양한 방식을 고민하고 있다. 다음 중 주어진 정보를 참고하여 가장 적절한 방법을 고른 것은?(단, 한 달은 4주이다)

〈정보〉

• 정직원은 오전 8시부터 오후 7시까지 평일·주말 상관없이 주 6일 근무하며, 1인당 월 급여는 220만 원이다.
• 계약직원은 오전 8시부터 오후 7시까지 평일·주말 상관없이 주 5일 근무하며, 1인당 월 급여는 180만 원이다.
• 아르바이트생은 평일 3일, 주말 2일로 하루 9시간씩 근무하며, 평일은 시급 9,000원, 주말은 시급 12,000원이다.
• 현재 정직원 5명, 계약직원 3명, 아르바이트생 3명이 근무 중이며 전체 인원을 줄일 수는 없다.

① 계약직원을 정직원으로 전환한다.
② 계약직원을 아르바이트생으로 전환한다.
③ 아르바이트생을 정직원으로 전환한다.
④ 아르바이트생을 계약직원으로 전환한다.
⑤ 직원을 더 이상 채용하지 않고 아르바이트생만 채용한다.

※ P항공사는 수도권 지역에서 셔틀 버스를 운영하기 위해 지역별 거주자를 대상으로 셔틀 버스의 배차 간격에 대한 선호도 조사를 실시하였다. 다음 자료를 보고, 이어지는 질문에 답하시오. [34~35]

- 지역별로 거주자 200명씩을 무작위로 선정하여, 셔틀 버스 배차 간격에 대한 선호에 따라 0 ~ 10점의 점수를 부여하도록 하였다.
- 셔틀 버스의 배차 간격이 짧아질 경우 이용 기회는 많아지나, 이용 요금이 상승한다.
- 셔틀 버스의 배차 간격이 길어질 경우 이용 요금은 낮아지나, 대기 시간이 길어진다.

〈배차 간격 사전 선호도 조사 결과〉

(단위 : 점)

배차 간격 \ 지역	서울	경기	인천
5분	4.2	9.0	7.5
7분	7.2	5.4	5.4
9분	7.4	6.6	8.2
11분	6.0	8.1	4.4
13분	7.2	8.4	5.5

※ 점수가 높을수록 선호도가 높으며, 조사 결과는 지역별 200명의 평균 점수를 나타낸다.

34 P항공사가 다음 방식에 따라 적정 배차 간격을 설정한다고 할 때, 다음 중 적정 배차 간격으로 옳은 것은?

〈배차 간격 선정 방식〉

- 배정점수가 가장 높은 배차 간격을 적정 배차 간격으로 설정한다.
- 배정점수는 각 지역별 사전 선호도 점수를 가중치에 따라 합산한 값으로 도출한다.
- 각 지역별 P항공사 이용자의 비율이 높은 순위에 따라 다음의 가중치를 부여한다.

구분	1위	2위	3위
가중치	4	2	1

- 각 지역별 P항공사 이용자 비율은 다음과 같다.

지역	서울	경기	인천
이용자 비율	45%	24%	31%

① 5분 ② 7분
③ 9분 ④ 11분
⑤ 13분

35 다음 〈보기〉 중 배차 간격 사전 선호도 조사 결과에 대한 설명으로 옳은 것을 모두 고른 것은?

ㄱ. 10분 이상의 배차 간격에 대한 선호도는 경기 지역의 거주자가 다른 지역의 거주자보다 높다.

ㄴ. 서울 지역 거주자의 경우, 배차 간격이 짧을수록 선호도가 높다.

ㄷ. 지역별 선호도 점수의 합이 가장 낮은 배차 간격은 7분이다.

ㄹ. 인천 지역 거주자의 경우, 낮은 이용 요금보다 짧은 대기 시간을 더 선호한다.

① ㄱ, ㄴ   ② ㄱ, ㄷ

③ ㄴ, ㄷ   ④ ㄴ, ㄹ

⑤ ㄷ, ㄹ

36 L공사 직원 A, B, C, D, E 5명은 점심식사를 하고 카페에서 각자 원하는 음료를 주문하였다. 다음 〈조건〉을 참고할 때, 카페라테 한 잔의 가격은 얼마인가?

• 5명이 주문한 음료의 총 금액은 21,300원이다.

• A를 포함한 3명의 직원은 아메리카노를 주문하였다.

• B는 혼자 카페라테를 주문하였다.

• 나머지 한 사람은 5,300원인 생과일주스를 주문하였다.

• A와 B의 음료 금액은 총 8,400원이다.

① 3,800원   ② 4,000원

③ 4,200원   ④ 4,400원

⑤ 4,600원

※ 다음은 A, B, C, D사원의 6월 근태 현황 중 일부를 나타낸 것이다. 자료를 보고 이어지는 질문에 답하시오. [37~38]

<6월 근태 현황>

(단위 : 회)

구분	A사원	B사원	C사원	D사원
지각	1			1
결근				
야근				2
근태 총 점수(점)	0	−4	−2	0

<6월 근태 정보>

- 근태는 지각(−1), 결근(−1), 야근(+1)으로 이루어져 있다.
- A, B, C, D사원의 근태 총 점수는 각각 0점, −4점, −2점, 0점이다.
- A, B, C사원은 지각, 결근, 야근을 각각 최소 1회, 최대 3회 하였고, 각 근태 횟수는 모두 달랐다.
- A사원은 지각을 1회 하였다.
- 근태 중 야근은 A사원이 가장 많이 했다.
- 지각은 B사원이 C사원보다 적게 했다.

37 다음 중 항상 옳은 것은?

① 지각을 제일 많이 한 사람은 C사원이다.
② B사원은 결근을 2회 했다.
③ C사원은 야근을 1회 했다.
④ A사원은 결근을 3회 했다.
⑤ 야근은 가장 적게 한 사람은 A사원이다.

38 다음 중 지각보다 결근을 많이 한 사람은?

① A사원, B사원
② A사원, C사원
③ B사원, C사원
④ B사원, D사원
⑤ C사원, D사원

39 다음은 정보공개 대상별 정보공개수수료에 대한 자료이다. 다음 표에 따를 때, 〈보기〉의 정보열람인 중 정보공개 수수료를 가장 많이 지급하는 사람부터 순서대로 나열한 것은?(단, 정보열람인들이 열람한 정보는 모두 공개 대상인 정보이다)

〈정보공개 대상별 정보공개 방법 및 수수료〉

공개 대상	열람 · 시청	사본(종이출력물) · 인화물 · 복제물
문서 · 도면 · 사진 등	• 열람 　– 1일 1시간 이내 : 무료 　– 1시간 초과 시 30분마다 1,000원	• 사본(종이출력물) 　– A3 이상 : 300원(1장 초과 시 100원/장) 　– B4 이하 : 250원(1장 초과 시 50원/장)
필름 · 테이프 등	• 녹음테이프(오디오자료)의 청취 　– 1건이 1개 이상으로 이루어진 경우 　　: 1개(60분 기준)마다 1,500원 　– 여러 건이 1개로 이루어진 경우 　　: 1건(30분 기준)마다 700원 • 영화필름의 시청 　– 1편이 1캔 이상으로 이루어진 경우 　　: 1캔(60분 기준)마다 3,500원 　– 여러 편이 1캔으로 이루어진 경우 　　: 1편(30분 기준)마다 2,000원 • 사진필름의 열람 　– 1장 : 200원 　– 1장 초과 시 50원/장	• 녹음테이프(오디오자료)의 복제 　– 1건이 1개 이상으로 이루어진 경우 　　: 1개마다 5,000원 　– 여러 건이 1개로 이루어진 경우 　　: 1건마다 3,000원 • 사진필름의 복제 　– 1컷마다 6,000원 • 사진필름의 인화 　– 1컷마다 500원
마이크로필름 · 슬라이드 등	• 마이크로필름의 열람 　– 1건(10컷 기준)1회 : 500원 　– 10컷 초과 시 1컷마다 100원 • 슬라이드의 시청 　– 1컷마다 200원	• 사본(종이출력물) 　– A3 이상 : 300원(1장 초과 시 200원/장) 　– B4 이하 : 250원(1장 초과 시 150원/장) • 마이크로필름의 복제 　– 1롤마다 1,000원 • 슬라이드의 복제 　– 1컷마다 3,000원

보기

• A : 공시지가에 관련된 문서와 지가비공개 대상에 대한 문서를 하루 동안 각각 3시간 30분씩 열람하고, 공시지가 관련 문서를 A3용지로 총 25장에 걸쳐 출력하였다.
• B : 한 캔에 포함된 두 편의 영화필름 중 20분짜리 독립유공자 업적 관련 한 편의 영화를 시청하고, 13컷으로 구성된 관련 슬라이드를 시청하였으며, 해당 슬라이드의 1컷부터 6컷까지를 복제하였다.
• C : 공단 사업연혁과 관련된 마이크로필름 2롤과 3건(1건이 1개)으로 이루어진 녹음테이프 자료를 복제하였고, 최근 해외협력사업과 관련된 사진필름 8장을 열람하였다.
• D : 하반기 공사 입찰계약과 관련된 문서의 사본을 B4용지로 35장을 출력하고, 작년 공사 관련 사진필름을 22장 열람하였다.

① A－B－C－D
② A－B－D－C
③ B－A－C－D
④ B－C－A－D
⑤ D－C－A－B

40 A고객은 3일 후 떠날 3주간의 제주도 여행에 대비하여 가족 모두 여행자 보험에 가입하고자 L은행에 방문하였다. 이에 K사원이 A고객에게 여행자 보험 상품을 추천하고자 할 때, K사원의 설명으로 적절하지 않은 것은?(단, A고객 가족의 나이는 만 14세, 17세, 45세, 51세, 75세이다)

〈L은행 여행자 보험〉

- 가입연령 : 만 1 ~ 79세(인터넷 가입 만 19 ~ 70세)
- 납입방법 : 일시납
- 납입기간 : 일시납
- 보험기간 : 2일 ~ 최대 1개월
- 보장내용

보장의 종류	보험금 지급사유	지급금액
상해사망 및 후유장해	여행 중 사고로 상해를 입고 그 직접적인 결과로 사망하거나 후유장해상태가 되었을 때	– 사망 시 가입금액 전액 지급 – 후유장해 시 장해정도에 따라 가입액의 30 ~ 100% 지급
질병사망	여행 중 발생한 질병으로 사망 또는 장해지급률 80% 이상의 후유장해가 남았을 경우	가입금액 전액 지급
휴대품 손해	여행 중 우연한 사고로 휴대품이 도난 또는 파손되어 손해를 입은 경우	가입금액 한도 내에서 보상하되 휴대품 1개 또는 1쌍에 대하여 20만 원 한도로 보상(단, 자기부담금 1만 원 공제)

- 유의사항
  - 보험계약 체결일 기준 만 15세 미만자의 경우 사망은 보장하지 않음
  - 보장금액과 상해, 질병 의료실비에 관한 보장내용은 홈페이지 참조

① 고객님, 가족 모두 가입하시려면 반드시 은행에 방문해주셔야 합니다.
② 고객님, 만 14세 자녀의 경우 본 상품에 가입하셔도 사망보험금은 지급되지 않습니다.
③ 고객님, 여행 도중 귀중품을 분실하셨을 경우에 분실물의 수량과 관계없이 최대 20만 원까지 보상해드립니다.
④ 고객님, 후유장해 시 보험금은 장해정도에 따라 차등지급됩니다.
⑤ 고객님, 보험가입 시 보험금은 한 번만 납입하시면 됩니다.

41 엑셀에서 차트를 작성할 때 [차트 마법사]를 이용할 경우 차트 작성 순서로 옳은 것은?

ⓐ 작성할 차트 중 차트 종류를 선택하여 지정한다.
ⓑ 데이터 범위와 계열을 지정한다.
ⓒ 차트를 삽입할 위치를 지정한다.
ⓓ 차트 옵션을 설정한다.

① ㉠ → ㉡ → ㉢ → ㉣
② ㉠ → ㉡ → ㉣ → ㉢
③ ㉠ → ㉢ → ㉡ → ㉣
④ ㉡ → ㉠ → ㉢ → ㉣
⑤ ㉡ → ㉢ → ㉣ → ㉠

42 다음 중 워크시트의 인쇄에 대한 설명으로 옳지 않은 것은?

① 인쇄 영역에 포함된 도형은 기본적으로 인쇄가 되지 않으므로 인쇄를 하려면 도형의 [크기 및 속성] 대화 상자에서 '개체 인쇄' 옵션을 선택해야 한다.

② 인쇄하기 전에 워크시트를 미리 보려면 〈Ctrl〉+〈F2〉 키를 누른다.

③ 기본적으로 화면에 표시되는 열 머리글(A, B, C 등)이나 행 머리글(1, 2, 3 등)은 인쇄되지 않는다.

④ 워크시트의 내용 중 특정 부분만을 인쇄 영역으로 설정하여 인쇄할 수 있다.

⑤ 워크시트의 셀 구분선을 그대로 인쇄하려면 페이지 설정 대화상자의 [시트] 탭에서 '눈금선'을 선택하면 된다.

43 다음 중 워드프로세서의 복사(Copy)와 잘라내기(Cut)에 대한 설명으로 옳은 것은?

① 복사하거나 잘라내기를 할 때 영역을 선택한 다음에 해야 한다.

② 한 번 복사하거나 잘라낸 내용은 한 번만 붙이기를 할 수 있다.

③ 복사한 내용은 버퍼(Buffer)에 보관되며, 잘라내기한 내용은 내문서에 보관된다.

④ 복사하거나 잘라내기를 하여도 문서의 분량에는 변화가 없다.

⑤ [Ctrl]+[C]는 잘라내기, [Ctrl]+[X]는 복사하기의 단축키이다.

44 다음은 K사 영업팀의 실적을 정리한 파일이다. 고급 필터의 조건 범위를 [E1:G3] 영역으로 지정한 후 고급 필터를 실행했을 때 나타나는 데이터에 대한 설명으로 옳은 것은?(단, [G3] 셀에는 「=C2>=AVERAGE($C$2:$C$8)」이 입력되어 있다)

	A	B	C	D	E	F	G
1	부서	사원	실적		부서	사원	식
2	영업2팀	최지원	250,000		영업1팀	*수	
3	영업1팀	김창수	200,000		영업2팀		TRUE
4	영업1팀	김홍인	200,000				
5	영업2팀	홍상진	170,000				
6	영업1팀	홍상수	150,000				
7	영업1팀	김성민	120,000				
8	영업2팀	황준하	100,000				

① 부서가 '영업1팀'이고 이름이 '수'로 끝나거나, 부서가 '영업2팀'이고 실적이 실적의 평균 이상인 데이터

② 부서가 '영업1팀'이거나 이름이 '수'로 끝나고, 부서가 '영업2팀'이거나 실적이 실적의 평균 이상인 데이터

③ 부서가 '영업1팀'이고 이름이 '수'로 끝나거나, 부서가 '영업2팀'이고 실적의 평균이 250,000 이상인 데이터

④ 부서가 '영업1팀'이거나 이름이 '수'로 끝나고, 부서가 '영업2팀'이거나 실적의 평균이 250,000 이상인 데이터

⑤ 부서가 '영업1팀'이고 이름이 '수'로 끝나고, 부서가 '영업2팀'이고 실적의 평균이 250,000 이상인 데이터

※ 병원에서 근무하는 귀하는 건강검진 관리 현황을 정리하고 있다. 이어지는 질문에 답하시오. **[45~46]**

	A	B	C	D	E	F
1			〈건강검진 관리 현황〉			
2	이름	검사구분	주민등록번호	검진일	검사항목 수	성별
3	강민희	종합검진	960809-2******	2021-11-12	18	
4	김범민	종합검진	010323-3******	2021-03-13	17	
5	조현진	기본검진	020519-3******	2021-09-07	10	
6	최진석	추가검진	871205-1******	2021-11-06	6	
7	한기욱	추가검진	980232-1******	2021-04-22	3	
8	정소희	종합검진	001015-4******	2021-02-19	17	
9	김은정	기본검진	891025-2******	2021-10-14	10	
10	박미옥	추가검진	011002-4******	2021-07-21	5	

45 2021년 하반기에 검진받은 사람의 수를 확인하려 할 때 사용해야 할 함수는?

① COUNT
② COUNTA
③ SUMIF
④ MATCH
⑤ COUNTIF

46 주민등록번호를 통해 성별을 구분하려고 할 때, 각 셀에 필요한 함수식으로 옳은 것은?

① F3 : =IF(AND(MID(C3,8,1)="2",MID(C3,8,1)="4"),"여자","남자")

② F4 : =IF(AND(MID(C4,8,1)="2",MID(C4,8,1)="4"),"여자","남자")

③ F7 : =IF(OR(MID(C7,8,1)="2",MID(C7,8,1)="4"),"여자","남자")

④ F9 : =IF(OR(MID(C9,8,1)="1",MID(C9,8,1)="3"),"여자","남자")

⑤ F6 : =IF(OR(MID(C6,8,1)="2",MID(C6,8,1)="3"),"남자","여자")

47 다음 대화를 읽고 K사원이 안내할 엑셀함수로 가장 적절한 것은?

P과장 : K씨, 제품 일련번호가 짝수인 것과 홀수인 것을 구분하고 싶은데, 일일이 찾아 분류하자니 데이터가 너무 많아 번거로울 것 같아. 엑셀로 분류할 수 있는 방법이 없을까?

K사원 : 네, 과장님. _____ 함수를 사용하면 편하게 분류할 수 있습니다. 이 함수는 지정한 숫자를 특정 숫자로 나눈 나머지를 알려줍니다. 만약 제품 일련번호를 2로 나누면 나머지가 0 또는 1이 나오는데, 여기서 나머지가 0이 나오는 것은 짝수이고 나머지가 1이 나오는 것은 홀수이기 때문에 분류가 빠르고 쉽게 됩니다. 분류하실 때는 필터기능을 함께 사용하면 더욱 간단해집니다.

P과장 : 그렇게 하면 간단히 처리할 수 있겠어. 정말 큰 도움이 되었네.

---

① SUMIF   ② MOD
③ INT   ④ NOW
⑤ VLOOKUP

48 H사에는 시각 장애를 가진 C사원이 있다. C사원의 원활한 컴퓨터 사용을 위해 동료 사원들이 도움을 주고자 대화를 나누었다. 다음 사원 중 옳게 설명한 사람은?

① A사원 : C사원은 Windows [제어판]에서 [접근성 센터]의 기능에 도움을 받는 게 좋겠어.
② B사원 : 아니야. [동기화 센터]의 기능을 활용해야지.
③ D사원 : [파일 탐색기]의 [옵션]을 활용하면 도움이 될 거야.
④ E사원 : [관리 도구]의 기능이 좋을 것 같아.
⑤ F사원 : [프로그램 및 기능]에서 도움을 받아야 하지 않을까?

49 엑셀에서 [데이터 유효성] 대화 상자의 [설정] 탭 중 제한 대상 목록에 해당하지 않는 것은?

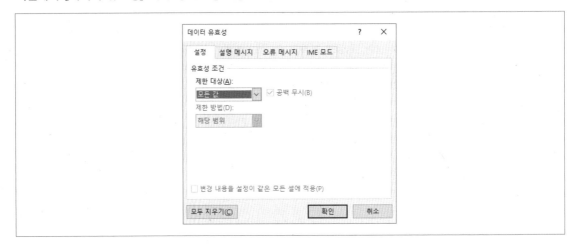

① 정수   ② 날짜
③ 시간   ④ 분수
⑤ 소수점

50 다음 [A2:B8] 영역을 선택한 후 오른쪽 그림과 같이 중복된 항목을 제거하였다. 다음 중 유지되는 행의 개수로 옳은 것은?

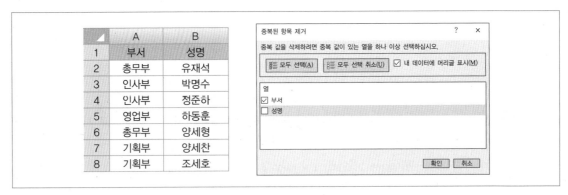

① 1개   ② 2개
③ 3개   ④ 4개
⑤ 5개

51 다음 중 Windows 7에서 인터넷 익스플로러의 작업 내용과 바로 가기의 연결이 옳지 않은 것은?

① 현재 창 닫기 : 〈Ctrl〉+〈Q〉

② 홈페이지로 이동 : 〈Alt〉+〈Home〉

③ 현재 웹 페이지를 새로 고침 : 〈F5〉

④ 브라우저 창의 기본 보기와 전체 화면 간 전환 : 〈F11〉

⑤ 현재 창에서 단어나 문장 찾기 : 〈Ctrl〉+〈F〉

52 다음 중 파일 삭제 시 파일이 [휴지통]에 임시 보관되어 복원이 가능한 경우는?

① 바탕 화면에 있는 파일을 [휴지통]으로 드래그 앤 드롭하여 삭제한 경우

② USB 메모리에 저장된 파일을 〈Delete〉 키로 삭제한 경우

③ 네트워크 드라이브의 파일을 바로 가기 메뉴의 [삭제]를 클릭하여 삭제한 경우

④ [휴지통]의 크기를 0%로 설정한 후 [내 문서] 폴더 안의 파일을 삭제한 경우

⑤ 〈Shift〉+〈Delete〉 키로 삭제한 경우

53 다음 빈칸에 공통으로 들어갈 용어로 옳은 것은?

> _____은/는 '언제 어디에나 존재한다'는 뜻의 라틴어로, 사용자가 컴퓨터나 네트워크를 의식하지 않고 장소에 상관없이 자유롭게 네트워크에 접속할 수 있는 환경을 말한다. 그리고 컴퓨터 관련 기술이 생활 구석구석에 스며들어 있음을 뜻하는 '퍼베이시브 컴퓨팅(Pervasive Computing)'과 같은 개념이다.
>
> _____화가 이루어지면 가정·자동차는 물론, 심지어 산 꼭대기에서도 정보기술을 활용할 수 있고, 네트워크에 연결되는 컴퓨터 사용자의 수도 늘어나 정보기술산업의 규모와 범위도 그만큼 커지게 된다. 그러나 _____ 네트워크가 이루어지기 위해서는 광대역통신과 컨버전스 기술의 일반화, 정보기술 기기의 저가격화 등 정보기술의 고도화가 전제되어야 한다. 그러나 _____은/는 휴대성과 편의성뿐 아니라 시간과 장소에 구애받지 않고도 네트워크에 접속할 수 있는 장점 때문에 현재 세계적인 개발 경쟁이 일고 있다.

① 유비쿼터스(Ubiquitous)

② AI(Artificial Intelligence)

③ 딥 러닝(Deep Learning)

④ 블록체인(Block Chain)

⑤ P2P(Peer to Peer)

54 홍보팀 A차장이 업무상 자주 사용하는 Coocle 포털사이트를 인터넷 익스플로러의 기본검색 공급자로 설정하고 싶다고 전산팀 소속인 귀하에게 문의하였다. 귀하가 A차장에게 검색 공급자 변경 방법을 설명한다고 할 때, 아래의 모니터 화면에서 무엇을 클릭하라고 안내하여야 하는가?

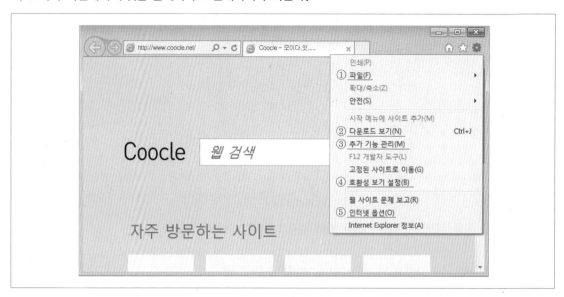

① 파일(F)   ② 다운로드 보기(N)
③ 추가 기능 관리(M)   ④ 호환성 보기 설정(B)
⑤ 인터넷 옵션(O)

55 G기업은 출근 시스템 단말기에 직원들이 카드로 출근 체크를 하면 엑셀 워크시트에 실제 출근시간(B4:B10) 데이터가 자동으로 전송되어 입력된다. 총무부에서 근무하는 귀하는 데이터에 따라 직원들의 근태상황을 체크하려고 할 때, [C8] 셀에 입력할 함수는?(단, 9시까지는 출근으로 인정한다)

〈출근시간 워크시트〉

	A	B	C	D
1			날짜	2020.08.11
2		〈직원별 출근 현황〉		
3	이름	체크시간	근태상황	비고
4	이청용	7:55		
5	이하이	8:15		
6	구자철	8:38		
7	박지민	8:59		
8	손흥민	9:00		
9	박지성	9:01		
10	홍정호	9:07		

① =IF(B8>=TIME(9,1,0), "지각", "출근")

② =IF(B8>=TIME(9,1,0), "출근", "지각")

③ =IF(HOUR(B8)>=9, "지각", "출근")

④ =IF(HOUR(B8)>9, "출근", "지각")

⑤ =IF(B8>=TIME(9,0,0), "지각", "출근")

56 옆 부서 K과장은 컴맹으로 유명하다. 어느 날 귀하에게 "어제 내가 무엇을 건드렸는지 모르겠는데, 보조프로그램 폴더에 가면 그림판이 있었는데 사라졌어. 그림판이 없으면 업무하기 불편한데…."라고 말하며 어떻게 조치하면 되는지 물었다. K과장의 물음에 대해 가장 간단한 조치 방법을 안내한다면, 다음 중 가장 적절한 것은?

① 컴퓨터를 다시 재부팅하면 그림판이 돌아오지 않을까요?

② 포맷을 하고 Windows 운영체제를 재설치하는 것이 좋을 것 같습니다.

③ 그림판 대신에 포토샵이나 일러스트를 사용하시는 건 어떨까요?

④ 바로가기 아이콘이 삭제된 것이니 그림판 응용프로그램이 설치되어 있는 폴더에서 다시 찾으면 됩니다.

⑤ 처음부터 설치되어 있지 않을 수 있으니, Windows 설치 CD를 넣고 프로그램을 추가 설치하면 됩니다.

57 A물산에 근무하는 B사원은 제품 판매 결과보고서를 작성할 때, 자주 사용하는 여러 개의 명령어를 묶어 하나의 키 입력 동작으로 만들어서 빠르게 완성하였다. 그리고 판매 결과를 여러 유통 업자에게 알리기 위해 같은 내용의 안내문을 미리 수집해 두었던 주소록을 활용하여 쉽게 작성하였다. 이러한 사례에서 사용한 워드프로세서(한글 2010)의 기능으로 옳은 것을 〈보기〉에서 모두 고른 것은?

ㄱ. 매크로	ㄴ. 글맵시
ㄷ. 메일 머지	ㄹ. 하이퍼링크

① ㄱ, ㄴ   ② ㄱ, ㄷ
③ ㄴ, ㄷ   ④ ㄴ, ㄹ
⑤ ㄷ, ㄹ

58 아래 워크시트의 [A1:E9] 영역에서 고급 필터를 실행하여 영어점수가 평균을 초과하거나 성명의 두 번째 문자가 '영'인 데이터를 추출하고자 한다. 다음 중 ㉮와 ㉯에 입력할 내용으로 옳은 것은?

	A	B	C	D	E	F	G	H
1	성명	반	국어	영어	수학		영어	성명
2	강동식	1	81	89	99		㉮	
3	남궁영	2	88	75	85			㉯
4	강영주	2	90	88	92			
5	이동수	1	86	93	90			
6	박영민	2	75	91	84			
7	윤영미래	1	88	80	73			
8	이순영	1	100	84	96			
9	명지오	2	95	75	88			

	㉮	㉯
①	=D2>AVERAGE(D2:D9)	="=?영*"
②	=D2>AVERAGE(D2:D9)	="=*영?"
③	=D2>AVERAGE($D$2:$D$9)	="=?영*"
④	=D2>AVERAGE($D$2:$D$9)	="=*영?"
⑤	=D2>AVERAGE($A$2:$E$9)	="=*영*"

59 다음 그림처럼 셀 값을 입력하기 위해서 [A1] 셀에 숫자 1을 입력하고, [A1] 셀에서 마우스로 채우기 핸들을 아래로 드래그하려고 한다. 이때 숫자가 증가하여 입력되도록 하기 위해 함께 눌러줘야 하는 키로 옳은 것은?

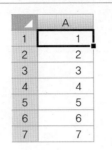

① [Alt]
② [Ctrl]
③ [Shift]
④ [Tab]
⑤ [Insert]

60 아래 시트에서 [A7] 셀에 수식 「=$A$1+$A2」를 입력한 후 [A7] 셀을 복사하여 [C8] 셀에 붙여넣기 했을 때, [C8] 셀에 표시되는 결과로 옳은 것은?

	A	B	C
1	1	2	3
2	2	4	6
3	3	6	9
4	4	8	12
5	5	10	15
6			
7			
8			

① 3
② 4
③ 7
④ 10
⑤ 15

PART 5

채용 가이드

블라인드 채용 소개

| 01 | 블라인드 채용

1. 블라인드 채용이란?

채용 과정에서 편견이 개입되어 불합리한 차별을 야기할 수 있는 출신지, 가족관계, 학력, 외모 등의 편견요인은 제외하고, 직무능력만을 평가하여 인재를 채용하는 방식입니다.

2. 블라인드 채용의 필요성

- 채용의 공정성에 대한 사회적 요구
  - 누구에게나 직무능력만으로 경쟁할 수 있는 균등한 고용기회를 제공해야 하나 아직도 채용의 공정성에 대한 불신이 존재
  - 채용상 차별금지에 대한 법적 요건이 권고적 성격에서 처벌을 동반한 의무적 성격으로 강화되는 추세
  - 시민의식과 지원자의 권리의식 성숙으로 차별에 대한 법적 대응 가능성 증가
- 우수 인재 채용을 통한 기업의 경쟁력 강화 필요
  - 직무능력과 무관한 학벌, 외모 위주의 선발로 우수인재 선발기회 상실 및 기업경쟁력 약화
  - 채용 과정에서 차별 없이 직무능력중심으로 선발한 우수인재 확보 필요
- 공정한 채용을 통한 사회적 비용 감소 필요
  - 편견에 의한 차별적 채용은 우수인재 선발을 저해하고 외모·학벌 지상주의 등의 심화로 불필요한 사회적 비용 증가
  - 채용에서의 공정성을 높여 사회의 신뢰수준 제고

3. 블라인드 채용의 특징

편견 요인을 요구하지 않는 대신 직무능력을 평가합니다.

※ 직무능력중심 채용이란?
   기업의 역량기반 채용, NCS기반 능력중심 채용과 같이 직무수행에 필요한 능력과 역량을 평가하여 선발하는 채용방식을 통칭합니다.

4. 블라인드 채용의 평가요소

직무수행에 필요한 지식, 기술, 태도 등을 과학적인 선발기법을 통해 평가합니다.

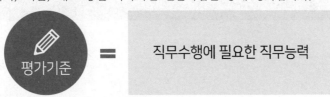

※ 과학적 선발기법이란?
  직무분석을 통해 도출된 평가요소를 서류, 필기, 면접 등을 통해 체계적으로 평가하는 방법으로 입사지원서, 자기소개서, 직무수행능력
  평가, 구조화 면접 등이 해당됩니다.

5. 블라인드 채용 주요 도입 내용

- 입사지원서에 인적사항 요구 금지
  - 인적사항에는 출신지역, 가족관계, 결혼여부, 재산, 취미 및 특기, 종교, 생년월일(연령), 성별, 신장 및 체중, 사진, 전공, 학교명, 학점, 외국어 점수, 추천인 등이 해당
  - 채용 직무를 수행하는 데 있어 반드시 필요하다고 인정될 경우는 제외
    예 특수경비직 채용 시 : 시력, 건강한 신체 요구
        연구직 채용 시 : 논문, 학위 요구 등
- 블라인드 면접 실시
  - 면접관에게 응시자의 출신지역, 가족관계, 학교명 등 인적사항 정보 제공 금지
  - 면접관은 응시자의 인적사항에 대한 질문 금지

6. 블라인드 채용 도입의 효과성

- 구성원의 다양성과 창의성이 높아져 기업 경쟁력 강화
  - 편견을 없애고 직무능력 중심으로 선발하므로 다양한 직원 구성 가능
  - 다양한 생각과 의견을 통하여 기업의 창의성이 높아져 기업경쟁력 강화
- 직무에 적합한 인재선발을 통한 이직률 감소 및 만족도 제고
  - 사전에 지원자들에게 구체적이고 상세한 직무요건을 제시함으로써 허수 지원이 낮아지고, 직무에 적합한 지원자 모집 가능
  - 직무에 적합한 인재가 선발되어 직무이해도가 높아져 업무효율 증대 및 만족도 제고
- 채용의 공정성과 기업이미지 제고
  - 블라인드 채용은 사회적 편견을 줄인 선발 방법으로 기업에 대한 사회적 인식 제고
  - 채용과정에서 불합리한 차별을 받지 않고 실력에 의해 공정하게 평가를 받을 것이라는 믿음을 제공하고, 지원자들은 평등한 기회와 공정한 선발과정 경험

서류전형 가이드

| 01 | 채용공고문

1. 채용공고문의 변화

기존 채용공고문	변화된 채용공고문
• 취업준비생에게 불충분하고 불친절한 측면 존재 • 모집분야에 대한 명확한 직무관련 정보 및 평가기준 부재 • 해당분야에 지원하기 위한 취업준비생의 무분별한 스펙 쌓기 현상 발생	• NCS 직무분석에 기반한 채용공고를 토대로 채용전형 진행 • 지원자가 입사 후 수행하게 될 업무에 대한 자세한 정보 공지 • 직무수행내용, 직무수행 시 필요한 능력, 관련된 자격, 직업기초능력 제시 • 지원자가 해당 직무에 필요한 스펙만을 준비할 수 있도록 안내
• 모집 부문 및 응시자격 • 지원서 접수 • 전형절차 • 채용조건 및 처우 • 기타사항	• 채용절차 • 채용유형별 선발분야 및 예정인원 • 전형방법 • 선발분야별 직무기술서 • 우대사항

2. 지원 유의사항 및 지원요건 확인

채용 직무에 따른 세부사항을 공고문에 명시하여 지원자에게 적격한 지원 기회를 부여함과 동시에 채용과정에서의 공정성과 신뢰성을 확보합니다.

구성	내용	확인사항
모집분야 및 규모	고용형태(인턴 계약직 등), 모집분야, 인원, 근무지역 등	채용직무가 여러 개일 경우 본인이 해당되는 직무의 채용규모 확인
응시자격	기본 자격사항, 지원조건	지원을 위한 최소자격요건을 확인하여 불필요한 지원을 예방
우대조건	법정・특별・자격증 가점	본인의 가점 여부를 검토하여 가점 획득을 위한 사항을 사실대로 기재
근무조건 및 보수	고용형태 및 고용기간, 보수, 근무지	본인이 생각하는 기대수준에 부합하는지 확인하여 불필요한 지원을 예방
시험방법	서류・필기・면접전형 등의 활용방안	전형방법 및 세부 평가기법 등을 확인하여 지원전략 준비
전형일정	접수기간, 각 전형 단계별 심사 및 합격자 발표일 등	본인의 지원 스케줄을 검토하여 차질이 없도록 준비
제출서류	입사지원서(경력・경험기술서 등), 각종 증명서 및 자격증 사본 등	지원요건 부합 여부 및 자격 증빙서류 사전에 준비
유의사항	임용취소 등의 규정	임용취소 관련 법적 또는 기관 내부 규정을 검토하여 해당여부 확인

| 02 | 직무기술서

직무기술서란 직무수행의 내용과 필요한 능력, 관련 자격, 직업기초능력 등을 상세히 기재한 것으로 입사 후 수행하게 될 업무에 대한 정보가 수록되어 있는 자료입니다.

1. 채용분야

설명

NCS 직무분류 체계에 따라 직무에 대한 「대분류 – 중분류 – 소분류 – 세분류」 체계를 확인할 수 있습니다.
채용직무에 대한 모든 직무기술서를 첨부하게 되며 실제 수행 업무를 기준으로 세부적인 분류정보를 제공합니다.

채용분야	분류체계			
사무행정	대분류	중분류	소분류	세분류
분류코드	02. 경영 · 회계 · 사무	03. 재무 · 회계	01. 재무	01. 예산
				02. 자금
			02. 회계	01. 회계감사
				02. 세무

2. 능력단위

설명

직무분류 체계의 세분류 하위능력단위 중 실질적으로 수행할 업무의 능력만 구체적으로 파악할 수 있습니다.

능력단위	(예산)	03. 연간종합예산수립 04. 추정재무제표 작성 05. 확정예산 운영 06. 예산실적 관리
	(자금)	04. 자금운용
	(회계감사)	02. 자금관리 04. 결산관리 05. 회계정보시스템 운용 06. 재무분석 07. 회계감사
	(세무)	02. 결산관리 05. 부가가치세 신고 07. 법인세 신고

3. 직무수행내용

설명

세분류 영역의 기본정의를 통해 직무수행내용을 확인할 수 있습니다. 입사 후 수행할 직무내용을 구체적으로 확인할 수 있으며, 이를 통해 입사서류 작성부터 면접까지 직무에 대한 명확한 이해를 바탕으로 자신의 희망직무인지 아닌지, 해당 직무가 자신이 알고 있던 직무가 맞는지 확인할 수 있습니다.

직무수행내용	(예산) 일정기간 예상되는 수익과 비용을 편성, 집행하며 통제하는 일
	(자금) 자금의 계획 수립, 조달, 운용을 하고 발생 가능한 위험 관리 및 성과평가
	(회계감사) 기업 및 조직 내 · 외부에 있는 의사결정자들이 효율적인 의사결정을 할 수 있도록 유용한 정보를 제공, 제공된 회계정보의 적정성을 파악하는 일
	(세무) 세무는 기업의 활동을 위하여 주어진 세법범위 내에서 조세부담을 최소화시키는 조세전략을 포함하고 정확한 과세소득과 과세표준 및 세액을 산출하여 과세당국에 신고 · 납부하는 일

4. 직무기술서 예시

태도	(예산) 정확성, 분석적 태도, 논리적 태도, 타 부서와의 협조적 태도, 설득력
	(자금) 분석적 사고력
	(회계 감사) 합리적 태도, 전략적 사고, 정확성, 적극적 협업 태도, 법률준수 태도, 분석적 태도, 신속성, 책임감, 정확한 판단력
	(세무) 규정 준수 의지, 수리적 정확성, 주의 깊은 태도
우대 자격증	공인회계사, 세무사, 컴퓨터활용능력, 변호사, 워드프로세서, 전산회계운용사, 사회조사분석사, 재경관리사, 회계관리 등
직업기초능력	의사소통능력, 문제해결능력, 자원관리능력, 대인관계능력, 정보능력, 조직이해능력

5. 직무기술서 내용별 확인사항

항목	확인사항
모집부문	해당 채용에서 선발하는 부문(분야)명 확인 예 사무행정, 전산, 전기
분류체계	지원하려는 분야의 세부직무군 확인
주요기능 및 역할	지원하려는 기업의 전사적인 기능과 역할, 산업군 확인
능력단위	지원분야의 직무수행에 관련되는 세부업무사항 확인
직무수행내용	지원분야의 직무군에 대한 상세사항 확인
전형방법	지원하려는 기업의 신입사원 선발전형 절차 확인
일반요건	교육사항을 제외한 지원 요건 확인(자격요건, 특수한 경우 연령)
교육요건	교육사항에 대한 지원요건 확인(대졸 / 초대졸 / 고졸 / 전공 요건)
필요지식	지원분야의 업무수행을 위해 요구되는 지식 관련 세부항목 확인
필요기술	지원분야의 업무수행을 위해 요구되는 기술 관련 세부항목 확인
직무수행태도	지원분야의 업무수행을 위해 요구되는 태도 관련 세부항목 확인
직업기초능력	지원분야 또는 지원기업의 조직원으로서 근무하기 위해 필요한 일반적인 능력사항 확인

| 03 | 입사지원서

1. 입사지원서의 변화

기존지원서		능력중심 채용 입사지원서
직무와 관련 없는 학점, 개인신상, 어학점수, 자격, 수상경력 등을 나열하도록 구성	VS	해당 직무수행에 꼭 필요한 정보들을 제시할 수 있도록 구성

직무기술서

직무수행내용

요구지식 / 기술

관련 자격증

사전직무경험

인적사항	성명, 연락처, 지원분야 등 작성(평가 미반영)
교육사항	직무지식과 관련된 학교교육 및 직업교육 작성
자격사항	직무관련 국가공인 또는 민간자격 작성
경력 및 경험사항	조직에 소속되어 일정한 임금을 받거나(경력) 임금 없이(경험) 직무와 관련된 활동 내용 작성

PART 1
PART 2
PART 3
PART 4
PART 5

2. 교육사항

- 지원분야 직무와 관련된 학교 교육이나 직업교육 혹은 기타교육 등 직무에 대한 지원자의 학습 여부를 평가하기 위한 항목입니다.
- 지원하고자 하는 직무의 학교 전공교육 이외에 직업교육, 기타교육 등을 기입할 수 있기 때문에 전공 제한 없이 직업교육과 기타교육을 이수하여 지원이 가능하도록 기회를 제공합니다.

  (기타교육 : 학교 이외의 기관에서 개인이 이수한 교육과정 중 지원직무와 관련이 있다고 생각되는 교육내용)

구분	교육과정(과목)명	교육내용	과업(능력단위)

3. 자격사항

- 채용공고 및 직무기술서에 제시되어 있는 자격 현황을 토대로 지원자가 해당 직무를 수행하는 데 필요한 능력을 가지고 있는지를 평가하기 위한 항목입니다.
- 채용공고 및 직무기술서에 기재된 직무관련 필수 또는 우대자격 항목을 확인하여 본인이 보유하고 있는 자격사항을 기재합니다.

자격유형	자격증명	발급기관	취득일자	자격증번호

4. 경력 및 경험사항

- 직무와 관련된 경력이나 경험 여부를 표현하도록 하여 직무와 관련한 능력을 갖추었는지를 평가하기 위한 항목입니다.
- 해당 기업에서 직무를 수행함에 있어 필요한 사항만을 기록하게 되어 있기 때문에 직무와 무관한 스펙을 갖추지 않아도 됩니다.
- 경력 : 금전적 보수를 받고 일정기간 동안 일했던 경우
- 경험 : 금전적 보수를 받지 않고 수행한 활동

※ 기업에 따라 경력 / 경험 관련 증빙자료 요구 가능

구분	조직명	직위 / 역할	활동기간(년 / 월)	주요과업 / 활동내용

Tip

입사지원서 작성 방법

○ 경력 및 경험사항 작성
- 직무기술서에 제시된 지식, 기술, 태도와 지원자의 교육사항, 경력(경험)사항, 자격사항과 연계하여 개인의 직무역량에 대해 스스로 판단 가능

○ 인적사항 최소화
- 개인의 인적사항, 학교명, 가족관계 등을 노출하지 않도록 유의

부적절한 입사지원서 작성 사례
- 학교 이메일을 기입하여 학교명 노출
- 거주지 주소에 학교 기숙사 주소를 기입하여 학교명 노출
- 자기소개서에 부모님이 재직 중인 기업명, 직위, 직업을 기입하여 가족관계 노출
- 자기소개서에 석·박사 과정에 대한 이야기를 언급하여 학력 노출
- 동아리 활동에 대한 내용을 학교명과 더불어 언급하여 학교명 노출

| 04 | 자기소개서

1. 자기소개서의 변화

- 기존의 자기소개서는 지원자의 일대기나 관심 분야, 성격의 장·단점 등 개괄적인 사항을 묻는 질문으로 구성되어 지원자가 자신의 직무능력을 제대로 표출하지 못합니다.
- 능력중심 채용의 자기소개서는 직무기술서에 제시된 직업기초능력(또는 직무수행능력)에 대한 지원자의 과거 경험을 기술하게 함으로써 평가 타당도의 확보가 가능합니다.

1. 우리 회사와 해당 지원 직무분야에 지원한 동기에 대해 기술해 주세요.

2. 자신이 경험한 다양한 사회활동에 관해 기술해 주세요.

3. 지원 직무에 대한 전문성을 키우기 위해 받은 교육과 경험 및 경력사항에 대해 기술해 주세요.

4. 인사업무 또는 팀 과제 수행 중 발생한 갈등을 원만하게 해결해 본 경험이 있습니까? 당시 상황에 대한 설명과 갈등의 대상이 되었던 상대방을 설득한 과정 및 방법을 하단에 기술해 주세요.

5. 과거에 있었던 일 중 가장 어려웠었던(힘들었었던) 상황을 고르고, 어떤 방법으로 그 상황을 해결했는지를 하단에 기술해 주세요.

자기소개서 작성 방법

① 자기소개서 문항이 묻고 있는 평가 역량 추측하기

예시

• 팀 활동을 하면서 갈등 상황 시 상대방의 니즈나 의도를 명확히 파악하고 해결하여 목표 달성에 기여했던 경험에 대해서 작성해 주시기 바랍니다.
• 다른 사람이 생각해내지 못했던 문제점을 찾고 이를 해결한 경험에 대해 작성해 주시기 바랍니다.

② 해당 역량을 보여줄 수 있는 소재 찾기(시간×역량 매트릭스)

예시

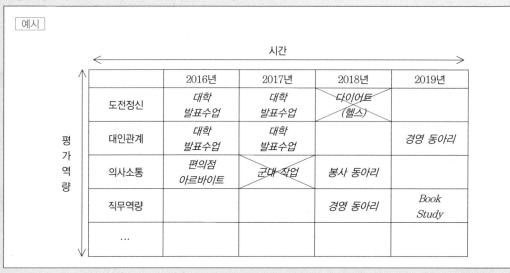

	2016년	2017년	2018년	2019년
도전정신	대학 발표수업	대학 발표수업	~~다이어트 (헬스)~~	
대인관계	대학 발표수업	대학 발표수업		경영 동아리
의사소통	편의점 아르바이트	~~군대 작업~~	봉사 동아리	
직무역량			경영 동아리	*Book Study*
…				

③ 자기소개서 작성 Skill 익히기
• 두괄식으로 작성하기
• 구체적 사례를 사용하기
• '나'를 중심으로 작성하기
• 직무역량 강조하기
• 경험 사례의 차별성 강조하기

인성검사 소개 및 모의테스트

| 01 | 인성검사 유형

인성검사는 지원자의 성격특성을 객관적으로 파악하고 그것이 각 기업에서 필요로 하는 인재상과 가치에 부합하는가를 평가하기 위한 검사입니다. 인성검사는 KPDI(한국인재개발진흥원), K-SAD(한국사회적성개발원), KIRBS(한국행동과학연구소), SHR(에스에이치알) 등의 전문기관을 통해 각 기업의 특성에 맞는 검사를 선택하여 실시합니다. 대표적인 인성검사의 유형에는 크게 다음과 같은 세 가지가 있으며, 채용 대행업체에 따라 달라집니다.

1. KPDI 검사

조직적응성과 직무적합성을 알아보기 위한 검사로, 인성검사, 인성역량검사, 인적성검사, 직종별 인적성검사 등의 다양한 검사 도구를 구현합니다. KPDI는 성격을 파악하고 정신건강 상태 등을 측정하고, 직무검사는 해당 직무를 수행하기 위해 기본적으로 갖추어야 할 인지적 능력을 측정합니다. 역량검사는 특정 직무 역할을 효과적으로 수행하는 데 직접적으로 관련 있는 개인의 행동, 지식, 스킬, 가치관 등을 측정합니다.

2. KAD(Korea Aptitude Development) 검사

K-SAD(한국사회적성개발원)에서 실시하는 적성검사 프로그램입니다. 개인의 성향, 지적 능력, 기호, 관심, 흥미도를 종합적으로 분석하여 적성에 맞는 업무가 무엇인가 파악하고, 직무수행에 있어서 요구되는 기초능력과 실무능력을 분석합니다.

3. SHR 직무적성검사

직무수행에 필요한 종합적인 사고 능력을 다양한 적성검사(Paper and Pencil Test)로 평가합니다. SHR의 모든 직무능력검사는 표준화 검사입니다. 표준화 검사는 표본집단의 점수를 기초로 규준이 만들어진 검사이므로 개인의 점수를 규준에 맞추어 해석·비교하는 것이 가능합니다. S(Standardized Tests), H(Hundreds of Version), R(Reliable Norm Data)을 특징으로 하며, 직군·직급별 특성과 선발 수준에 맞추어 검사를 적용할 수 있습니다.

| 02 | 인성검사와 면접

인성검사는 특히 면접질문과 관련성이 높습니다. 면접관은 지원자의 인성검사 결과를 토대로 질문을 하기 때문입니다. 일관적이고 이상적인 답변을 하는 것이 가장 좋지만, 실제 시험은 매우 복잡하여 전문가라 해도 일정 성격을 유지하면서 답변을 하는 것이 힘듭니다. 또한, 인성검사에는 라이 스케일(Lie Scale) 설문이 전체 설문 속에 교묘하게 섞여들어가 있으므로 겉치레적인 답을 하게 되면 회답태도의 허위성이 그대로 드러나게 됩니다. 예를 들어 '거짓말을 한적이 한 번도 없다.'에 '예'로 답하고, '때로는 거짓말을 하기도 한다.'에 '예'라고 답하여 라이 스케일의 득점이 올라가게 되면 모든 회답의 신빙성이 사라지고 '자신을 돋보이게 하려는 사람'이라는 평가를 받을 수 있으므로 주의해야 합니다. 따라서 모의테스트를 통해 인성검사의 유형과 실제 시험 시 어떻게 문제를 풀어야 하는지 연습해 보고 체크한 부분 중 자신의 단점과 연결되는 부분은 면접에서 질문이 들어왔을 때 어떻게 대처해야 하는지 생각해 보는 것이 좋습니다.

| 03 | 유의사항

1. 기업의 인재상을 파악하라!

인성검사를 통해 개인의 성격 특성을 파악하고 그것이 기업의 인재상과 가치에 부합하는지를 평가하는 시험이기 때문에 해당 기업의 인재상을 먼저 파악하고 시험에 임하는 것이 좋습니다. 모의테스트에서 인재상에 맞는 가상의 인물을 설정하고 문제에 답해 보는 것도 많은 도움이 됩니다.

2. 일관성 있는 대답을 하라!

짧은 시간 안에 다양한 질문에 답을 해야 하는데, 그 안에는 중복되는 질문이 여러 번 나옵니다. 이때 앞서 자신이 체크했던 대답을 잘 기억해뒀다가 일관성 있는 답을 하는 것이 중요합니다.

3. 모든 문항에 대답하라!

많은 문제를 짧은 시간 안에 풀려다 보니 다 못 푸는 경우도 종종 생깁니다. 하지만 대답을 누락하거나 끝까지 다 못했을 경우 좋지 않은 결과를 가져올 수도 있으니 최대한 주어진 시간 안에 모든 문항에 답할 수 있도록 해야 합니다.

| 04 | KPDI 모의테스트

※ 모의테스트는 질문 및 답변 유형 연습을 위한 것으로 실제 시험과 다를 수 있습니다.

번호	내용	예	아니요
01	나는 솔직한 편이다.	☐	☐
02	나는 리드하는 것을 좋아한다.	☐	☐
03	법을 어겨서 말썽이 된 적이 한 번도 없다.	☐	☐
04	거짓말을 한 번도 한 적이 없다.	☐	☐
05	나는 눈치가 빠르다.	☐	☐
06	나는 일을 주도하기보다는 뒤에서 지원하는 것을 선호한다.	☐	☐
07	앞일은 알 수 없기 때문에 계획은 필요하지 않다.	☐	☐
08	거짓말도 때로는 방편이라고 생각한다.	☐	☐
09	사람이 많은 술자리를 좋아한다.	☐	☐
10	걱정이 지나치게 많다.	☐	☐
11	일을 시작하기 전 재고하는 경향이 있다.	☐	☐
12	불의를 참지 못한다.	☐	☐
13	처음 만나는 사람과도 이야기를 잘 한다.	☐	☐
14	때로는 변화가 두렵다.	☐	☐
15	나는 모든 사람에게 친절하다.	☐	☐
16	힘든 일이 있을 때 술은 위로가 되지 않는다.	☐	☐
17	결정을 빨리 내리지 못해 손해를 본 경험이 있다.	☐	☐
18	기회를 잡을 준비가 되어 있다.	☐	☐
19	때로는 내가 정말 쓸모없는 사람이라고 느낀다.	☐	☐
20	누군가 나를 챙겨주는 것이 좋다.	☐	☐
21	자주 가슴이 답답하다.	☐	☐
22	나는 내가 자랑스럽다.	☐	☐
23	경험이 중요하다고 생각한다.	☐	☐
24	전자기기를 분해하고 다시 조립하는 것을 좋아한다.	☐	☐
25	감시받고 있다는 느낌이 든다.	☐	☐

26	난처한 상황에 놓이면 그 순간을 피하고 싶다.	☐	☐
27	세상엔 믿을 사람이 없다.	☐	☐
28	잘못을 빨리 인정하는 편이다.	☐	☐
29	지도를 보고 길을 잘 찾아간다.	☐	☐
30	귓속말을 하는 사람을 보면 날 비난하고 있는 것 같다.	☐	☐
31	막무가내라는 말을 들을 때가 있다.	☐	☐
32	장래의 일을 생각하면 불안하다.	☐	☐
33	결과보다 과정이 중요하다고 생각한다.	☐	☐
34	운동은 그다지 할 필요가 없다고 생각한다.	☐	☐
35	새로운 일을 시작할 때 좀처럼 한 발을 떼지 못한다.	☐	☐
36	기분 상하는 일이 있더라도 참는 편이다.	☐	☐
37	업무능력은 성과로 평가받아야 한다고 생각한다.	☐	☐
38	머리가 맑지 못하고 무거운 느낌이 든다.	☐	☐
39	가끔 이상한 소리가 들린다.	☐	☐
40	타인이 내게 자주 고민상담을 하는 편이다.	☐	☐

※ 모의테스트는 질문 및 답변 유형 연습을 위한 것으로 실제 시험과 다를 수 있습니다.

※ 이 성격검사의 각 문항에는 서로 다른 행동을 나타내는 네 개의 문장이 제시되어 있습니다. 이 문장들을 비교하여, 자신의 평소 행동과 가장 가까운 문장을 'ㄱ' 열에 표기하고, 가장 먼 문장을 'ㅁ' 열에 표기하십시오.

01 나는 _____

	ㄱ	ㅁ
A. 실용적인 해결책을 찾는다.	☐	☐
B. 다른 사람을 돕는 것을 좋아한다.	☐	☐
C. 세부 사항을 잘 챙긴다.	☐	☐
D. 상대의 주장에서 허점을 잘 찾는다.	☐	☐

02 나는 _____

	ㄱ	ㅁ
A. 매사에 적극적으로 임한다.	☐	☐
B. 즉흥적인 편이다.	☐	☐
C. 관찰력이 있다.	☐	☐
D. 임기응변에 강하다.	☐	☐

03 나는 _____

	ㄱ	ㅁ
A. 무서운 영화를 잘 본다.	☐	☐
B. 조용한 곳이 좋다.	☐	☐
C. 가끔 울고 싶다.	☐	☐
D. 집중력이 좋다.	☐	☐

04 나는 _____

	ㄱ	ㅁ
A. 기계를 조립하는 것을 좋아한다.	☐	☐
B. 집단에서 리드하는 역할을 맡는다.	☐	☐
C. 호기심이 많다.	☐	☐
D. 음악을 듣는 것을 좋아한다.	☐	☐

05 나는 _____

	ㄱ	ㅁ
A. 타인을 늘 배려한다.	☐	☐
B. 감수성이 예민하다.	☐	☐
C. 즐겨하는 운동이 있다.	☐	☐
D. 일을 시작하기 전에 계획을 세운다.	☐	☐

06 나는 _____

	ㄱ	ㅁ
A. 타인에게 설명하는 것을 좋아한다.	☐	☐
B. 여행을 좋아한다.	☐	☐
C. 정적인 것이 좋다.	☐	☐
D. 남을 돕는 것에 보람을 느낀다.	☐	☐

07 나는 _____

	ㄱ	ㅁ
A. 기계를 능숙하게 다룬다.	☐	☐
B. 밤에 잠이 잘 오지 않는다.	☐	☐
C. 한 번 간 길을 잘 기억한다.	☐	☐
D. 불의를 보면 참을 수 없다.	☐	☐

08 나는 _____

	ㄱ	ㅁ
A. 종일 말을 하지 않을 때가 있다.	☐	☐
B. 사람이 많은 곳을 좋아한다.	☐	☐
C. 술을 좋아한다.	☐	☐
D. 휴양지에서 편하게 쉬고 싶다.	☐	☐

09 나는 _____

	ㄱ	ㅁ
A. 뉴스보다는 드라마를 좋아한다.	☐	☐
B. 길을 잘 찾는다.	☐	☐
C. 주말엔 집에서 쉬는 것이 좋다.	☐	☐
D. 아침에 일어나는 것이 힘들다.	☐	☐

10 나는 _____

	ㄱ	ㅁ
A. 이성적이다.	☐	☐
B. 할 일을 종종 미룬다.	☐	☐
C. 어른을 대하는 게 힘들다.	☐	☐
D. 불을 보면 매혹을 느낀다.	☐	☐

11 나는 _____

	ㄱ	ㅁ
A. 상상력이 풍부하다.	☐	☐
B. 예의 바르다는 소리를 자주 듣는다.	☐	☐
C. 사람들 앞에 서면 긴장한다.	☐	☐
D. 친구를 자주 만난다.	☐	☐

12 나는 _____

	ㄱ	ㅁ
A. 나만의 스트레스 해소 방법이 있다.	☐	☐
B. 친구가 많다.	☐	☐
C. 책을 자주 읽는다.	☐	☐
D. 활동적이다.	☐	☐

면접전형 가이드

| 01 | 면접유형 파악

1. 면접전형의 변화

기존 면접전형에서는 일상적이고 단편적인 대화나 지원자의 첫인상 및 면접관의 주관적인 판단 등에 의해서 입사 결정 여부를 판단하는 경우가 많았습니다. 이러한 면접전형은 면접 내용의 일관성이 결여되거나 직무 관련 타당성이 부족하였고, 면접에 대한 신뢰도에 영향을 주었습니다.

기존 면접(전통적 면접)		능력중심 채용 면접(구조화 면접)
• 일상적이고 단편적인 대화 • 인상, 외모 등 외부 요소의 영향 • 주관적인 판단에 의존한 총점 부여 ⇩ • 면접 내용의 일관성 결여 • 직무관련 타당성 부족 • 주관적인 채점으로 신뢰도 저하	VS	• 일관성 – 직무관련 역량에 초점을 둔 구체적 질문 목록 – 지원자별 동일 질문 적용 • 구조화 – 면접 진행 및 평가 절차를 일정한 체계에 의해 구성 • 표준화 – 평가 타당도 제고를 위한 평가 Matrix 구성 – 척도에 따라 항목별 채점, 개인 간 비교 • 신뢰성 – 면접진행 매뉴얼에 따라 면접위원 교육 및 실습

2. 능력중심 채용의 면접 유형

① 경험 면접
   • 목적 : 선발하고자 하는 직무 능력이 필요한 과거 경험을 질문합니다.
   • 평가요소 : 직업기초능력과 인성 및 태도적 요소를 평가합니다.

② 상황 면접
   • 목적 : 특정 상황을 제시하고 지원자의 행동을 관찰함으로써 실제 상황의 행동을 예상합니다.
   • 평가요소 : 직업기초능력과 인성 및 태도적 요소를 평가합니다.

③ 발표 면접
   • 목적 : 특정 주제와 관련된 지원자의 발표와 질의응답을 통해 지원자 역량을 평가합니다.
   • 평가요소 : 직무수행능력과 인지적 역량(문제해결능력)을 평가합니다.

④ 토론 면접
   • 목적 : 토의과제에 대한 의견수렴 과정에서 지원자의 역량과 상호작용능력을 평가합니다.
   • 평가요소 : 직무수행능력과 팀워크를 평가합니다.

| 02 | 면접유형별 준비 방법

1. 경험 면접

① 경험 면접의 특징
- 주로 직업기초능력에 관련된 지원자의 과거 경험을 심층 질문하여 검증하는 면접입니다.

> - 능력요소, 정의, 심사 기준
>   – 평가하고자 하는 능력요소, 정의, 심사기준을 확인하여 면접위원이 해당 능력요소 관련 질문을 제시합니다.
> - Opening Question
>   – 능력요소에 관련된 과거 경험을 유도하기 위한 시작 질문을 합니다.
> - Follow-up Question
>   – 지원자의 경험 수준을 구체적으로 검증하기 위한 질문입니다.
>   – 경험 수준 검증을 위한 상황(Situation), 임무(Task), 역할 및 노력(Action), 결과(Result) 등으로 질문을 구분합니다.

경험 면접의 형태

[면접관 1] [면접관 2] [면접관 3]   [면접관 1] [면접관 2] [면접관 3]

[지원자]   [지원자 1] [지원자 2] [지원자 3]

〈일대다 면접〉   〈다대다 면접〉

- 직무능력과 관련된 과거 경험을 평가하기 위해 심층 질문을 하며, 이 질문은 지원자의 답변에 대하여 '꼬리에 꼬리를 무는 형식'으로 진행됩니다.

② 경험 면접의 구조

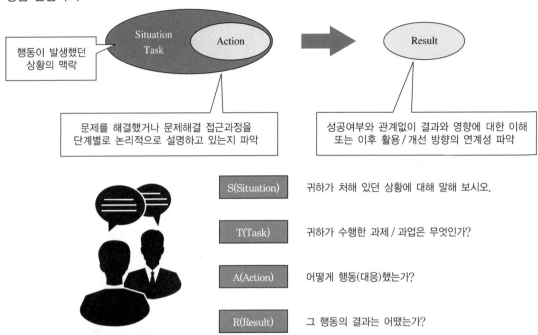

S(Situation) 귀하가 처해 있던 상황에 대해 말해 보시오.

T(Task) 귀하가 수행한 과제 / 과업은 무엇인가?

A(Action) 어떻게 행동(대응)했는가?

R(Result) 그 행동의 결과는 어땠는가?

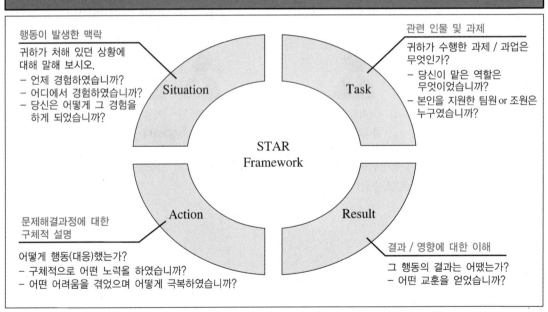

③ 경험 면접 질문 예시(직업윤리)

시작 질문	
1	남들이 신경 쓰지 않는 부분까지 고려하여 절차대로 업무(연구)를 수행하여 성과를 낸 경험을 구체적으로 말해 보시오.
2	조직의 원칙과 절차를 철저히 준수하며 업무(연구)를 수행한 것 중 성과를 향상시킨 경험에 대해 구체적으로 말해 보시오.
3	세부적인 절차와 규칙에 주의를 기울여 실수 없이 업무(연구)를 마무리한 경험을 구체적으로 말해 보시오.
4	조직의 규칙이나 원칙을 고려하여 성실하게 일했던 경험을 구체적으로 말해 보시오.
5	타인의 실수를 바로잡고 원칙과 절차대로 수행하여 성공적으로 업무를 마무리하였던 경험에 대해 말해 보시오.

후속 질문		
상황 (Situation)	상황	구체적으로 언제, 어디에서 경험한 일인가?
		어떤 상황이었는가?
	조직	어떤 조직에 속해 있었는가?
		그 조직의 특성은 무엇이었는가?
		몇 명으로 구성된 조직이었는가?
	기간	해당 조직에서 얼마나 일했는가?
		해당 업무는 몇 개월 동안 지속되었는가?
	조직규칙	조직의 원칙이나 규칙은 무엇이었는가?
임무 (Task)	과제	과제의 목표는 무엇이었는가?
		과제에 적용되는 조직의 원칙은 무엇이었는가?
		그 규칙을 지켜야 하는 이유는 무엇이었는가?
	역할	당신이 조직에서 맡은 역할은 무엇이었는가?
		과제에서 맡은 역할은 무엇이었는가?
	문제의식	규칙을 지키지 않을 경우 생기는 문제점 / 불편함은 무엇인가?
		해당 규칙이 왜 중요하다고 생각하였는가?
역할 및 노력 (Action)	행동	업무 과정의 어떤 장면에서 규칙을 철저히 준수하였는가?
		어떻게 규정을 적용시켜 업무를 수행하였는가?
		규정은 준수하는 데 어려움은 없었는가?
	노력	그 규칙을 지키기 위해 스스로 어떤 노력을 기울였는가?
		본인의 생각이나 태도에 어떤 변화가 있었는가?
		다른 사람들은 어떤 노력을 기울였는가?
	동료관계	동료들은 규칙을 철저히 준수하고 있었는가?
		팀원들은 해당 규칙에 대해 어떻게 반응하였는가?
		규칙에 대한 태도를 개선하기 위해 어떤 노력을 하였는가?
		팀원들의 태도는 당신에게 어떤 자극을 주었는가?
	업무추진	주어진 업무를 추진하는 데 규칙이 방해되진 않았는가?
		업무수행 과정에서 규정을 어떻게 적용하였는가?
		업무 시 규정을 준수해야 한다고 생각한 이유는 무엇인가?

		규칙을 어느 정도나 준수하였는가?
결과 (Result)	평가	그렇게 준수할 수 있었던 이유는 무엇이었는가?
		업무의 성과는 어느 정도였는가?
		성과에 만족하였는가?
		비슷한 상황이 온다면 어떻게 할 것인가?
	피드백	주변 사람들로부터 어떤 평가를 받았는가?
		그러한 평가에 만족하는가?
		다른 사람에게 본인의 행동이 영향을 주었다고 생각하는가?
	교훈	업무수행 과정에서 중요한 점은 무엇이라고 생각하는가?
		이 경험을 통해 느낀 바는 무엇인가?

2. 상황 면접

① 상황 면접의 특징

직무 관련 상황을 가정하여 제시하고 이에 대한 대응능력을 직무관련성 측면에서 평가하는 면접입니다.

- 상황 면접 과제의 구성은 크게 2가지로 구분
  - 상황 제시(Description) / 문제 제시(Question or Problem)
- 현장의 실제 업무 상황을 반영하여 과제를 제시하므로 직무분석이나 직무전문가 워크숍 등을 거쳐 현장성을 높임
- 문제는 상황에 대한 기본적인 이해능력(이론적 지식)과 함께 실질적 대응이나 변수 고려능력(실천적 능력) 등을 고르게 질문해야 함

상황 면접의 형태

[면접관 1] [면접관 2]

[연기자 1] [연기자 2]

[지원자]

〈시뮬레이션〉

[면접관 1] [면접관 2]

[지원자 1] [지원자 2] [지원자 3]

〈문답형〉

② 상황 면접 예시

상황 제시	인천공항 여객터미널 내에는 다양한 용도의 시설(사무실, 통신실, 식당, 전산실, 창고 면세점 등)이 설치되어 있습니다.	실제 업무 상황에 기반함
	금년에 소방배관의 누수가 잦아 메인 배관을 교체하는 공사를 추진하고 있으며, 당신은 이번 공사의 담당자입니다.	배경 정보
	주간에는 공항 운영이 이루어져 주로 야간에만 배관 교체 공사를 수행하던 중, 시공하는 기능공의 실수로 배관 연결 부위를 잘못 건드려 고압배관의 소화수가 누출되는 사고가 발생하였으며, 이로 인해 인근 시설물에 누수에 의한 피해가 발생하였습니다.	구체적인 문제 상황
문제 제시	일반적인 소방배관의 배관연결(이음)방식과 배관의 이탈(누수)이 발생하는 원인에 대해 설명해 보시오.	문제 상황 해결을 위한 기본 지식 문항
	담당자로서 본 사고를 현장에서 긴급히 처리하는 프로세스를 제시하고, 보수완료 후 사후적 조치가 필요한 부분 및 재발방지 방안에 대해 설명해 보시오.	문제 상황 해결을 위한 추가 대응 문항

3. 발표 면접

① 발표 면접의 특징

• 직무관련 주제에 대한 지원자의 생각을 정리하여 의견을 제시하고, 발표 및 질의응답을 통해 지원자의 직무 능력을 평가하는 면접입니다.

• 발표 주제는 직무와 관련된 자료로 제공되며, 일정 시간 후 지원자가 보유한 지식 및 방안에 대한 발표 및 후속 질문을 통해 직무적합성을 평가합니다.

• 주요 평가요소
  – 설득적 말하기 / 발표능력 / 문제해결능력 / 직무관련 전문성
• 이미 언론을 통해 공론화된 시사 이슈보다는 해당 직무분야에 관련된 주제가 발표면접의 과제로 선정되는 경우가 최근 들어 늘어나고 있음
• 짧은 시간 동안 주어진 과제를 빠른 속도로 분석하여 발표문을 작성하고 제한된 시간 안에 면접관에게 효과적인 발표를 진행하는 것이 핵심

발표 면접의 형태

[면접관 1]　[면접관 2]　　　　　　　　[면접관 1]　[면접관 2]

[지원자]　　　　　　　　[지원자 1]　[지원자 2]　[지원자 3]

〈개별과제 발표〉　　　　　　　　〈팀 과제 발표〉

※ 면접관에게 시각적 효과를 사용하여 메시지를 전달하는 쌍방향 커뮤니케이션 방식

※ 심층면접을 보완하기 위한 방안으로 최근 많은 기업에서 적극 도입하는 추세

② 발표 면접 예시

1. 지시문

당신은 현재 A사에서 직원들의 성과평가를 담당하고 있는 팀원이다. 인사팀은 지난주부터 사내 조직문화관련 인터뷰를 하던 도중 성과평가제도에 관련된 개선 니즈가 제일 많다는 것을 알게 되었다. 이에 팀장님은 인터뷰 결과를 종합하려 성과평가제도 개선 아이디어를 A4용지에 정리하여 신속 보고할 것을 지시하셨다. 당신에게 남은 시간은 1시간이다. 자료를 준비하는 대로 당신은 팀원들이 모인 회의실에서 5분 간 발표할 것이며, 이후 질의응답을 진행할 것이다.

2. 배경자료

〈성과평가제도 개선에 대한 인터뷰〉

최근 A사는 회사 사세의 급성장으로 인해 작년보다 매출이 두 배 성장하였고, 직원 수 또한 두 배로 증가하였다. 회사의 성장은 임금, 복지에 대한 상승 등 긍정적인 영향을 주었으나 업무의 불균형 및 성과보상의 불평등 문제가 발생하였다. 또한 수시로 입사하는 신입직원과 경력직원, 퇴사하는 직원들까지 인원들의 잦은 변동으로 인해 평가해야 할 대상이 변경되어 현재의 성과평가제도로는 공정한 평가가 어려운 상황이다.

[생산부서 김상호]
우리 팀은 지난 1년 동안 생산량이 급증했기 때문에 수십 명의 신규인력이 급하게 채용되었습니다. 이 때문에 저희 팀장님은 신규 입사자들의 이름조차 기억 못할 때가 많이 있습니다. 성과평가를 제대로 하고 있는지 의문이 듭니다.

[마케팅 부서 김흥민]
개인의 성과평가의 취지는 충분히 이해합니다. 그러나 현재 평가는 실적기반이나 정성적인 평가가 많이 포함되어 있어 객관성과 공정성에는 의문이 드는 것이 사실입니다. 이러한 상황에서 평가제도를 재수립하지 않고, 인센티브에 계속 반영한다면, 평가제도에 대한 반감이 커질 것이 분명합니다.

[교육부서 홍경민]
현재 교육부서는 인사팀과 밀접하게 일하고 있습니다. 그럼에도 인사팀에서 실시하는 성과평가제도에 대한 이해가 부족한 것 같습니다.

[기획부서 김경호 차장]
저는 저의 평가자 중 하나가 연구부서의 팀장님인데, 일 년에 몇 번 같이 일하지 않는데 어떻게 저를 평가할 수 있을까요? 특히 연구팀은 저희가 예산을 배정하는데, 저에게는 좋지만….

4. 토론 면접

① 토론 면접의 특징

- 다수의 지원자가 조를 편성해 과제에 대한 토론(토의)을 통해 결론을 도출해가는 면접입니다.
- 의사소통능력, 팀워크, 종합인성 등의 평가에 용이합니다.

---

1. 주요 평가요소
   - 설득적 말하기, 경청능력, 팀워크, 종합인성
2. 의견 대립이 명확한 주제 또는 채용분야의 직무 관련 주요 현안을 주제로 과제 구성
3. 제한된 시간 내 토론을 진행해야 하므로 적극적으로 자신 있게 토론에 임하고 본인의 의견을 개진할 수 있어야 함

토론 면접의 형태

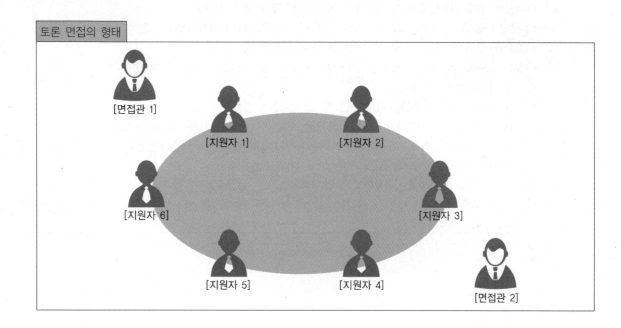

② 토론 면접 예시

고객 불만 고충처리

1. 들어가며

최근 우리 상품에 대한 고객 불만의 증가로 고객고충처리 TF가 만들어졌고 당신은 여기에 지원해 배치받았다. 당신의 업무는 불만을 가진 고객을 만나서 애로사항을 듣고 처리해 주는 일이다. 주된 업무로는 고객의 니즈를 파악해 방향성을 제시해 주고 그 해결책을 마련하는 일이다. 하지만 경우에 따라서 고객의 주관적인 의견으로 인해 제대로 된 방향으로 의사결정을 하지 못할 때가 있다. 이럴 경우 설득이나 논쟁을 해서라도 의견을 관철시키는 것이 좋을지 아니면 고객의 의견대로 진행하는 것이 좋을지 결정해야 할 때가 있다. 만약 당신이라면 이러한 상황에서 어떤 결정을 내릴 것인지 여부를 자유롭게 토론해 보시오.

2. 1분 자유 발언 시 준비사항

• 당신은 의견을 자유롭게 개진할 수 있으며 이에 따른 불이익은 없습니다.

• 토론의 방향성을 이해하고, 내용의 장점과 단점이 무엇인지 문제를 명확히 말해야 합니다.

• 합리적인 근거에 기초하여 개선방안을 명확히 제시해야 합니다.

• 제시한 방안을 실행 시 예상되는 긍정적·부정적 영향요인도 동시에 고려할 필요가 있습니다.

3. 토론 시 유의사항

• 토론 주제문과 제공해드린 메모지, 볼펜만 가지고 토론장에 입장할 수 있습니다.

• 사회자의 지정 또는 발표자가 손을 들어 발언권을 획득할 수 있으며, 사회자의 통제에 따릅니다.

• 토론회가 시작되면, 팀의 의견과 논거를 정리하여 1분간의 자유발언을 할 수 있습니다. 순서는 사회자가 지정합니다. 이후에는 자유롭게 상대방에게 질문하거나 답변을 하실 수 있습니다.

• 핸드폰, 서적 등 외부 매체는 사용하실 수 없습니다.

• 논제에 벗어나는 발언이나 지나치게 공격적인 발언을 할 경우, 위에서 제시한 유의사항을 지키지 않을 경우 불이익을 받을 수 있습니다.

| 03 | 면접 Role Play

1. 면접 Role Play 편성

- 교육생끼리 조를 편성하여 면접관과 지원자 역할을 교대로 진행합니다.
- 지원자 입장과 면접관 입장을 모두 경험해 보면서 면접에 대한 적응력을 높일 수 있습니다.

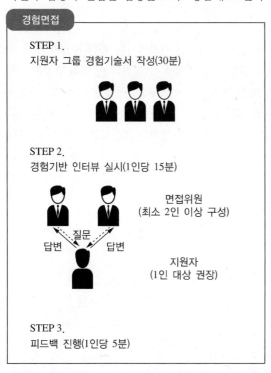

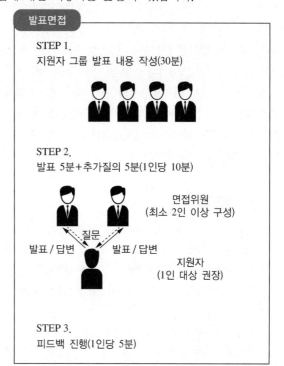

> **Tip**
>
> 면접 준비하기
> 1. 면접 유형 확인 필수
>   - 기업마다 면접 유형이 상이하기 때문에 해당 기업의 면접 유형을 확인하는 것이 좋음
>   - 일반적으로 실무진 면접, 임원면접 2차례를 거쳐 면접을 실시하는 기업이 많고 실무진 면접과 임원 면접에서 평가 요소가 다르기 때문에 유형에 맞는 준비방법이 필요
> 2. 후속 질문에 대한 사전 점검
>   - 블라인드 채용 면접에서는 주요 질문과 함께 후속 질문을 통해 지원자의 직무능력을 판단
>   → STAR 기법을 통한 후속 질문을 미리 대비하는 것이 필요

예금보험공사 면접 기출질문

예금보험공사 면접은 1차 실무진 면접, 2차 임원 면접으로 진행한다. 실무진 면접에서는 지원 분야에 대한 이해 및 전문성, 공사 직원으로서의 품위 및 태도 등을 바탕으로 직무수행능력 및 인성 등을 평가하며, 임원 면접은 지원 동기 및 입사의지, 공사 직원으로서의 품위 및 태고, 지원직무에 대한 능력 등을 바탕으로 종합평가하므로, 면접 유형별 평가 요소의 파악과 이에 대한 대비가 필요하다. 따라서 실무진 면접의 경우 직무와 관련된 다양한 상황에서 예금보험 공사의 인재상과 자신의 가치관을 적절히 녹여내는 것이 필요하며, 임원 면접에서는 예금보험공사에 대한 관심도를 잘 나타내는 것이 중요하다.

기출 엿보기

- 갈등상황이 발생하였을 때 어떻게 해결하는가?
- 1분 자기소개를 해 보시오.
- 상사가 본인의 동료에게 부당한 지시를 내린다면 어떻게 할 것인가?
- 예금보험공사에 입사하여 배우고 싶은 것은 무엇인가?
- 최근에 읽은 기사는 무엇인가?
- 입사한다면 어떠한 능력을 보여줄 것인가?
- 본인을 어필해 보시오.
- 예금보험공사는 어떤 일을 하는 공사인가?
- 조직생활에 어떻게 적응할 것인가?
- 다른 지원자들보다 뛰어난 점이 있다면 무엇인가?
- 본인이 원하는 부서가 아닌 다른 곳에 배치된다면 어떻게 할 것인가?
- 빠른 업무처리와 정확한 업무처리 중 무엇이 더 중요하다고 생각하는가?
- 본인 성격의 장점과 단점을 말해 보시오.
- 스트레스를 어떻게 해소하는가?
- 관심 있는 경제 이슈는 무엇인가?

현재 나의 실력을 객관적으로 파악해 보자!

모바일 OMR
답안채점 / 성적분석 서비스

도서에 수록된 모의고사에 대한 객관적인 결과(정답률, 순위)를 종합적으로 분석하여 제공합니다.

OMR 입력

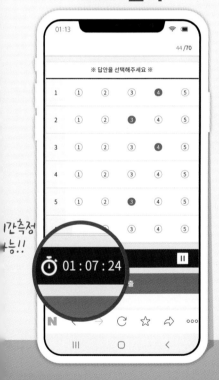

성적분석

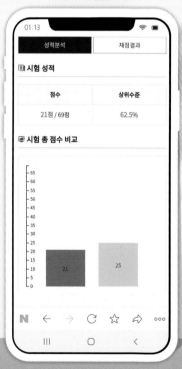

채점결과

※OMR 답안채점 / 성적분석 서비스는 등록 후 30일간 사용 가능합니다.

참여방법

도서 내 모의고사 우측 상단에 위치한 QR코드 찍기 → **LOG IN** 로그인 하기 → '시작하기' 클릭 → '응시하기' 클릭 → 나의 답안을 모바일 OMR 카드에 입력 → '성적분석 & 채점결과' 클릭 → 현재 내 실력 확인하기

2022 · All New 100% 전면 개정

합격의 공식 | 시대에듀

NCS 예금보험 공사

NCS + 공통과목(회계원리) + 전공 + 모의고사 4회

+ 무료NCS특강

정답 및 해설

SD에듀
(주)시대고시기획

Add+

특별부록

정답 및 해설

잠깐! 도서 관련 최신 정보 및 정오사항이 있는지
우측 QR을 통해 확인해 보세요!

01	02	03	04	05	06	07	08	09	10	11	12	13	14	15	16	17	18	19	20
④	③	①	④	⑤	④	⑤	③	③	②	②	⑤	①	③	⑤	②	④	②	①	③
21	22	23	24	25	26	27	28	29	30	31	32	33	34	35	36	37	38	39	40
④	①	②	④	⑤	⑤	③	②	④	②	①	④	④	①	②	⑤	②	④	③	②
41	42	43	44	45	46	47	48	49	50										
⑤	④	⑤	②	③	①	④	③	④	④										

01

정답 ④

제시문의 두 번째 문단에서 전기자동차 산업이 확충되고 있음을 언급하면서 구리와 같은 산업금속이 전기자동차의 배터리를 만드는 데 핵심 재료임을 설명하고 있기 때문에 전기자동차 산업 확충에 따른 산업금속 수요의 증가 상황이 글의 핵심 내용으로 적절하다.

오답분석

①·⑤ 제시문에서 언급하고 있는 내용이나 핵심 내용으로 보기는 어렵다.
② 제시문에서 '그린 열풍'을 언급하고 있으나 그 이유는 제시되어 있지 않다.
③ 제시문에서 산업금속 공급난이 우려된다고 언급하고 있으나, 그로 인한 문제가 제시되어 있지는 않다.

02

정답 ③

치안 불안 해소를 위해 CCTV를 설치하는 것은 정부가 사회간접자본인 치안 서비스를 제공하는 것이지, 공공재·공공자원 실패의 해결책이라고 보기는 어렵다.

오답분석

①·② 공공재·공공자원 실패의 해결책 중에서 사용 할당을 위한 정책이라고 볼 수 있다.
④·⑤ 공공재·공공자원 실패의 해결책 중에서 사용 제한을 위한 정책이라고 볼 수 있다.

03

정답 ①

제시문에서는 천재가 선천적인 재능뿐만 아니라 후천적인 노력에 의해서 만들어지는 존재라는 주장을 하고 있기 때문에 ①은 옳지 않다.

오답분석

②·③·④ 제시문에서 언급된 절충적 천재(선천적 재능과 후천적 노력이 결합한 천재)에 대한 내용이다.
⑤ 영감을 가져다주는 것은 신적인 힘보다도 연습이라는 논지이므로 제시문과 같은 입장이다.

04

정답 ④

(라)의 빈칸에는 글의 내용상 보편화된 언어 사용은 적절하지 않다.

오답분석

① 표준어를 사용하는 이유에 대한 상세한 설명이 들어가야 하므로 적절하다.
②·③ 지문에서 개정안에 대한 부정적인 입장을 취하고 있으므로 적절하다.
⑤ '다만' 이후로 언론이 지양해야 할 방향을 제시하는 것이 자연스러우므로 적절하다.

05

정답 ⑤

(마) 문단은 앞으로 ASMR 콘텐츠들이 공감각적인 콘텐츠로 대체될 것이라는 내용을 담고 있다.

오답분석

① ASMR을 자주 접하는 사람들에 대한 내용은 찾을 수 없다.
② 트리거로 작용하는 소리는 사람에 따라 다를 수 있다.
③ 청각적 혹은 인지적 자극에 반응한 뇌가 신체 뒷부분에 분포하는 자율 신경계에 신경 전달 물질을 촉진하며 심리적 안정감을 느끼게 된다.
④ 연예인이 일반인보다 ASMR을 많이 하는지는 제시문에서 알 수 없다.

06

정답 ④

장피에르 교수 외 고대 그리스 수학자들의 학문에 대한 공통적 입장은 새로운 진리를 찾는 기쁨이라는 것이다.

오답분석

①·③ 제시문과 반대되는 내용이므로 옳지 않다.
②·⑤ 제시문에 언급되어 있지 않아 알 수 없다.

07

정답 ⑤

기타를 제외한 통합시청점유율과 기존시청점유율의 차이는 C방송사가 20.5%로 가장 크다. A방송사는 17%이다.

오답분석

① B는 2위, J는 10위, K는 11위로 모두 순위가 같다.
② 기존시청점유율은 D가 20%로 가장 높다.
③ F의 기존시청점유율은 10.5%로 다섯 번째로 높다.
④ G의 차이는 6%로, 기타를 제외하면 차이가 가장 작다.

08

정답 ③

N스크린 영향력에 대한 방송국을 정리하면 다음과 같다.

방송사	A	B	C	D	E	F	G	H	I	J	K	L	기타
N스크린 영향력	1.1	0.9	2.7	0.4	1.6	1.2	0.4	0.8	0.7	1.7	1.6	4.3	1.8
구분	다	나	마	가	라	다	가	나	나	라	라	마	라

따라서 옳게 짝지어진 것은 (다)=F이다.

09

정답 ③

오전 9시에 B과 진료를 본다면 10시에 진료가 끝나고, 셔틀을 타고 이동하면 10시 30분이 된다. 이후 C과 진료를 이어보면 12시 30분이 되고, 점심시간 이후 바로 A과 진료를 본다면 오후 2시에 진료를 다 받을 수 있다. 따라서 가장 빠른 순서는 B－C－A이다.

10

무지에 호소하는 오류는 어떤 주장에 대해 증명할 수 없거나 결코 알 수 없음을 들어 거짓이라고 반박하는 오류로, 귀신이 없다는 것을 증명할 수 없으니 귀신이 있다는 주장은 무지에 호소하는 오류이다.

오답분석
① 성급한 일반화의 오류 : 제한된 정보, 부적합한 증거, 대표성을 결여한 사례를 근거로 일반화하는 오류이다.
③ 거짓 딜레마의 오류 : 어떠한 문제 상황에서 제3의 선택지가 있음에도 두 가지 선택지가 있는 것처럼 상대에게 둘 중 하나를 강요하는 오류이다.
④ 대중에 호소하는 오류 : 많은 사람이 그렇게 행동하거나 생각한다는 것을 내세워 군중심리를 자극하는 오류이다.
⑤ 인신공격의 오류 : 주장을 제시한 자의 비일관성이나 도덕성의 문제를 이유로 제시된 주장을 잘못이라고 판단하는 오류이다.

11

가대리와 마대리의 진술이 서로 모순이므로, 둘 중 한 사람은 거짓을 말하고 있다.
ⅰ) 가대리의 진술이 거짓인 경우
　가대리의 말이 거짓이라면 나사원의 말도 거짓이 되고, 라사원의 말도 거짓이 되므로 모순이 된다.
ⅱ) 가대리의 진술이 진실인 경우
　가대리, 나사원, 라사원의 말이 진실이 되고, 다사원과 마대리의 말이 거짓이 된다.

진실
가대리 : 가대리·마대리 출근, 결근 사유 모름
나사원 : 다사원 출근, 가대리 진술은 진실
라사원 : 나사원 진술은 진실

거짓
다사원 : 라사원 결근 → 라사원 출근
마대리 : 라사원 결근, 라사원이 가대리님께 결근 사유 전함 → 라사원 출근, 가대리는 결근 사유를 듣지 못함
따라서 나사원이 출근하지 않았다.

12

결과를 표로 정리하면 다음과 같다.

구분	A	B	C	D	E
가	○	○	×	?	?
나	?	?	○	○	?
다	○	○	?	?	×
라	×	○	?	×	?
마	○	×	?	○	×

먼저 '나'는 병이 치료되지 않았기 때문에 C와 D는 성공한 신약이 아니므로 제외하고 나머지를 확인한다.
• A가 성공한 경우

구분	A(성공)	B	C	D	E
가	○	○	×	?	?
나	×	?	○	○	×
다	○	○	?	?	×
라	×	○	?	×	?
마	○	×	?	○	×

세 명이 치료되므로 성공한 신약이 될 수 없다.

• B가 성공한 경우

구분	A	B(성공)	C	D	E
가	○	○	×	?	?
나	?	×	○	○	×
다	○	○	?	?	×
라	×	○	?	×	?
마	○	×	?	○	×

세 명이 치료되므로 성공한 신약이 될 수 없다.

• E가 성공한 경우

구분	A	B	C	D	E(성공)
가	○	○	×	?	?
나	?	?	○	○	×
다	○	○	?	?	×
라	×	○	?	×	?
마	○	×	?	○	×

가와 라 두 명이 치료될 수 있으므로 성공한 신약이다.

13

정답 ①

1인당 1일 폐기물 배출량을 정리하면 다음과 같다.

구분	1일 폐기물 배출량(톤)	인구수(명)	1인당 1일 폐기물 배출량
용산구	305.2	132,259	2.31kg/일
중구	413.7	394,679	1.05kg/일
종로구	339.9	240,665	1.41kg/일
서대문구	240.1	155,106	1.55kg/일
마포구	477.5	295,767	1.61kg/일

따라서 1인당 1일 폐기물 배출량이 가장 큰 구인 용산구(2.31kg/일)에 폐기물 처리장을 만들어야 한다.

14

정답 ③

폐기물 처리장이 설치되는 용산구에서 출발하여 1인당 1일 폐기물 배출량이 많은 지역을 순서대로 나열하면 용산구 → 마포구 → 서대문구 → 종로구 → 중구 → 용산구 순서이다. 따라서 폐기물 수집에 걸리는 최소시간은 100＋80＋50＋60＋50＝340＝5시간 40분이다.

15

정답 ⑤

구분	월요일	화요일	수요일	목요일	금요일	토요일	일요일
낮	가, 나, 마	나, 다	다, 마	아, 자	바, 자	라, 사, 차	바
야간	라	마, 바, 아, 자	가, 나, 라, 바, 사	가, 사, 차	나, 다, 아	마, 자	다, 차

일정표를 보면 일요일 낮에 한 명, 월요일 야간에 한 명이 필요하고, 수요일 야간에 한 명이 빠져야 한다. 따라서 가, 나, 라, 바, 사 중 한 명이 당직 일정을 옮겨야 한다. 이때 세 번째 당직 근무 규칙에 따라 같은 날에 낮과 야간 당직 근무는 함께 설 수 없으므로 월요일에 근무하는 '가, 나, 라, 마'와 일요일에 근무하는 '다, 바, 차'는 제외된다. 따라서 '사'의 당직 근무 일정을 변경하여 일요일 낮과 월요일 야간에 당직 근무를 서게 해야 한다.

16

정답 ②

- 예상 수입 : 40,000×50=2,000,000원
- 공연 준비비 : 500,000원
- 공연장 대여비 : 6×200,000×0.9=1,080,000원
- 소품 대여비 : 50,000×3×0.96=144,000원
- 보조진행요원 고용비 : 50,000×4×0.88=176,000원
- 총비용 : 500,000+1,080,000+144,000+176,000=1,900,000원

총비용이 150만 원 이상이므로 공연 준비비의 10%인 50,000원이 할인된다. 따라서 할인이 적용된 비용은 1,900,000−50,000=1,850,000원이다.

17

정답 ④

ⅰ) 총 원화금액 : (4×1,000)+(3×1,120)+(2×1,180)=9,720원

ⅱ) 평균환율 : $\frac{9,720}{9}$=1,080원/달러

18

정답 ②

200×1,080=216,000원

19

정답 ①

입구와 출구가 같고, 둘레의 길이가 456m인 타원 모양의 호수 둘레를 따라 4m 간격으로 일정하게 심어져 있는 가로수는 456÷4=114그루이며, 입구에 심어져 있는 가로수를 기준으로 6m 간격으로 가로수를 옮겨 심으려고 할 때, 4m와 6m의 최소공배수인 12m 간격의 가로수 456÷12=38그루는 그 자리를 유지하게 된다. 이때 호수 둘레를 따라 6m 간격으로 일정하게 가로수를 심을 때, 필요한 가로수는 456÷6=76그루이므로 그대로 두는 가로수 38그루를 제외한 76−38=38그루를 새롭게 옮겨 심어야 한다.

20

정답 ③

- 일비 : 2만×3=6만 원
- 철도운임 : 7만×2=14만 원
- 숙박비 : 15만×2=30만 원
- 항공운임 : 100만×2=200만 원
- 자가용승용차운임 : 20만×3=60만 원
- 식비 : 2.5만×3=7.5만 원

따라서 A부장이 받을 수 있는 최대 여비는 6+200+14+60+30+7.5=317만 5천 원이다.

21

정답 ④

- 가군
  - 일비 : 2만×2=4만 원
  - 선박운임 : 50만×1=50만 원
  - 버스운임 : 1,500×2=3,000원
  - 숙박비 : 15만×1=15만 원
  - 항공운임 : 100만×1=100만 원
  - 철도운임 : 7만×2=14만 원
  - 자가용승용차운임 : 20만×2=40만 원
  - 식비 : 2.5만 원×2=5만 원

  그러므로 4+100+50+14+0.3+40+15+5=228만 3천 원이다.
- 나군
  - 일비 : 2만×2=4만 원
  - 선박운임 : 20만×1=20만 원
  - 버스운임 : 1,500×2=3,000원
  - 숙박비 : 7만×1=7만 원
  - 항공운임 : 50만×1=50만 원
  - 철도운임 : 7만×2=14만 원
  - 자가용승용차운임 : 20만×2=40만 원
  - 식비 : 2만×2=4만 원

  그러므로 4+50+20+14+0.3+40+7+4=139만 3천 원이다.

• 다군
 – 일비 : 2만×2=4만 원
 – 선박운임 : 20만×1=20만 원
 – 버스운임 : 1,500×2=3,000원
 – 숙박비 : 6만×1=6만 원
 – 항공운임 : 50만×1=50만 원
 – 철도운임 : 3만×2=6만 원
 – 자가용승용차운임 : 20만×2=40만 원
 – 식비 : 2만×2=4만 원

 그러므로 4+50+20+6+0.3+40+6+4=130만 3천 원이다.
따라서 총 여비는 228.3+139.3+130.3=497만 9천 원이다.

22 정답 ①

가. 뇌혈관은 중증질환에 해당되고, 소득수준도 조건에 해당되기 때문에 이 사업의 지원금을 받을 수 있다.
나. 기준중위소득 50% 이하는 160만 원 초과 시 지원할 수 있다.

오답분석

다. 기준중위소득 200%는 연소득 대비 의료비부담비율을 고려해 개별심사 후 지원받을 수 있다. 이때 재산 과표 5.4억 원을 초과하는 고액재산보유자는 지원이 제외되므로 재산이 5.4억 원인 다의 어머니는 심사에 지원할 수 있다.
라. 통원 치료는 대상질환에 해당하지 않는다.

23 정답 ②

감사실은 이사장 직속 부서가 아니라 따로 분리된 독립 부서이다.

오답분석

① 각 상임이사는 모두 3개의 부서를 가지고 있다.
③ 급여보장실과 급여관리실은 급여상임이사 소속이다.
④ 자격부과실과 고객지원실은 징수상임이사 소속으로, 징수상임이사를 통해 보고한다.

24 정답 ④

안전관리실이 안전관리본부로 새롭게 개편되므로 총무상임이사 소속 부서는 인력지원실, 경영지원실이 될 것이다.

오답분석

① 급여상임이사 소속 부서는 급여지원실(급여보장실, 급여관리실 통합), 약가관리실, 의료기관지원실, 건강관리실, 보장지원실로 총 5개로 개편될 것이다.
② 개편기준에 징수상임이사 소속 부서는 포함되지 않는다.
③ 개편기준에 따라 이사장 직속 부서였던 기획조정실이 기획상임이사 소속으로 추가되었다.

25 정답 ⑤

정보에 따라 점수를 산정하면 다음과 같다.

노트북	가격	속도	모니터	메모리	제조년도	합계
TR-103	3점	2점	1점	3점	5점	14점
EY-305	1점	3점	3점	5점	4점	16점
WS-508	5점	1점	2점	2점	1점	11점
YG-912	2점	4점	5점	4점	2점	17점
NJ-648	4점	5점	5점	1점	4점	19점

따라서 A사원이 구입할 노트북은 NJ-648이다.

26

노트북	TR-103	EY-305	WS-508	YG-912	NJ-648
가격	3점	1점	5점	2점	4점
속도	2점	3점	1점	4점	5점
메모리	3점	5점	2점	4점	1점
제조년도	5점	4점	1점	2점	4점
무게	4점	2점	1점	5점	3점
합계	17점	15점	10점	17점	17점
할인가격	10%(675만 원)	없음(1,000만 원)	10%(495만 원)	10%(720만 원)	30%(455만 원)

TR-103, YG-912, NJ-648의 평가점수는 모두 17점으로 동일하지만, YG-912와 TR-103가 각각 720만 원, 675만 원으로 예산인 600만 원을 초과한다. 따라서 한국산업인력공단에서 구입할 노트북은 NJ-648이다.

27

본사에서 출발하여 B지점과 D지점의 물건을 수거하고, 본사로 돌아와 물건을 하차하는 시간이 가장 짧은 루트는 다음과 같다.
본사 → (10분) A지점 → (15분) B지점(수거 10분) → (15분) C지점 → (10분) D지점(수거 10분) → (10분) C지점 → (15분) F지점 → (10분) A지점 → (10분) 본사(하차 10분)
따라서 10+15+10+15+10+10+10+15+10+10=125분 → 2시간 5분이다.

28

• A : 매 회계연도에 300만 원을 초과하는 금품 등을 받거나 요구 또는 약속해서는 아니 된다.
• D : 임직원의 친족이 제공하는 금품 등은 금품 등의 수수 금지에 해당되지 않는다.

오답분석

• B : 제25조 제4항에 따라 소속기관의 장에게 신고하여야 한다.
• C : 동일인으로부터 1회에 100만 원을 초과하는 금품 등을 받거나 요구 또는 약속해서는 아니 된다.

29

본사와 지사가 있는 사업장은 신청할 수 없다는 내용은 자료에서 찾을 수 없다.

오답분석

① 한국산업인력공단 일학습병행 운영규칙 제2조 제4항
② 한국산업인력공단 일학습병행 운영규칙 제2조 제5항
③ 한국산업인력공단 일학습병행 운영규칙 제2조 제7항
⑤ 한국산업인력공단 일학습병행 운영규칙 제2조 제2항

30

교육훈련을 통해 로열티를 지급하는 관행을 깰 수 있으므로 로열티를 지급해야 훈련을 받을 수 있다는 것은 옳지 않다.

오답분석

① 직업 및 교육훈련으로 이직률이 감소하였다.
③ 교육훈련 등을 통해 현장기반 실무를 향상시킬 수 있다.
④ 직무별, 수준별 교육으로 신입들의 업무적응력이 향상되었다.
⑤ 현장과 교육, 자격이 미스매치가 되는 경우가 줄어들었다.

31

제시문에서 중장년층의 고용정책과 관련된 내용은 찾을 수 없다.

오답분석

② 당장 소득이 없어 생계가 불안정한 취약계층에게 지원금을 주기 위해 이들에 대한 조사가 필요하다.
③ 코로나19 장기화로 고용유지에 어려움을 겪고 있는 사업주를 지원하기 위해 피해 규모 등을 파악해야 한다.
④ 실업자 등 취약계층 보호를 위해 공공·민간부문 일자리사업과 직업훈련을 속도감 있게 추진하기 위해 이들을 위한 맞춤 훈련 프로그램을 기획해야 한다.
⑤ 저소득, 청년 등 고용충격 집중계층의 고용안전망 강화도 차질 없이 추진하기 위해서 도움이 되는 일자리를 마련해야 한다.

32

정답 ④

• 기간제 : $(6 \times 365) \div 365$일$\times 15 = 90$일
• 시간제 : $(8 \times 30 \times 6) \div 365 \fallingdotseq 4$일
따라서 $90 + 4 = 94$일이다.

33

정답 ④

A는 직접적인 대화보다 눈치를 중요시하고 있으므로 '말하지 않아도 아는 문화'에 안주하고 있다. 따라서 A는 의사소통에 대한 잘못된 선입견을 가지고 있다.

의사소통을 저해하는 요소
• '일방적으로 말하고', '일방적으로 듣는' 무책임한 마음 → 의사소통 과정에서의 상호작용 부족
• '그래서 하고 싶은 말이 정확히 뭐야?' 분명하지 않은 메시지 → 복잡한 메시지, 경쟁적인 메시지
• '말하지 않아도 아는 문화'에 안주하는 마음 → 의사소통에 대한 잘못된 선입견

34

정답 ①

명함은 악수를 한 이후에 건네주어야 한다.

35

정답 ②

가위바위보를 해서 이기는 경우는 다음과 같다.

승자	갑	을	병	정	무
갑		갑	갑	갑	갑
을	갑		을	을	을
병	갑	을		병	병
정	갑	을	병		정
무	갑	을	병	정	

갑~무의 점수를 구하면 다음과 같다.
• 갑 : $2+2+2+2=8$점
• 병 : $2+2+0+0=4$점
• 무 : $0+0+0+0=0$점
• 을 : $2+2+2+0=6$점
• 정 : $2+0+0+0=2$점
따라서 갑~무의 점수를 모두 합하면 $8+6+4+2+0=20$점이다.

36

정답 ⑤

10번째 판에서 결과가 결정된다.

37

정답 ②

동일 및 유사 물품의 분류는 보관의 원칙 중 동일성의 원칙과 유사성의 원칙에 따른 것이다. 동일성의 원칙은 '같은 품종은 같은 장소'에 보관한다는 것이며, 유사성의 원칙은 '유사품은 인접한 장소'에 보관한다는 것을 말한다.

38

정답 ④

하향식 기술선택은 중장기적인 목표를 설정하고, 이를 달성하기 위해 핵심고객층 등에 제공하는 제품 및 서비스를 결정한다.

39

정답 ③

노하우는 경험적이고 반복적인 행위에 의해 얻어지는 것이며, 이러한 성격의 지식을 흔히 Technique 혹은 Art라고 부른다.

오답분석
① 노하우에 대한 설명이다.
② 노와이에 대한 설명이다.
④ 기술은 원래 노하우의 개념이 강했으나, 시간이 지나면서 노와이와 노하우가 결합하게 되었다.
⑤ 노하우에 대한 설명이다.

40

정답 ②

• 앞 두 자리 : ㅎ, ㅈ → N, I
• 세 번째, 네 번째 자리 : 1, 3
• 다섯 번째, 여섯 번째 자리 : Q, L
• 마지막 자리 : 01
따라서 생성할 비밀번호는 'NI13QL01'이다.

41

정답 ⑤

황희찬 부장(4월 8일생)의 비밀번호는 'NJ08QM03'이다.

42

정답 ④

조건에 따라 점수를 산정하면 다음과 같다.

업체명	1차	2차	최종
A	4+7+9=20	4+7+18=29	-
B	5+4+8=17	-	-
C	6+10+3=19	-	-
D	9+6+7=22	9+6+14=29	선정
E	7+5+8=20	7+5+16=28	-

따라서 A업체와 D업체 중 가격 점수가 높은 D업체가 선정된다.

43

정답 ⑤

조건에 따라 점수를 산정하면 다음과 같다.

업체명	1차	2차	최종
A	4+7+9+6=26	−	−
B	5+4+8+7=24	−	−
C	6+10+3+9=28	6+10+6+9=31	−
D	9+6+7+5=27	9+6+14+5=34	−
E	7+5+8+8=28	7+5+16+8=36	선정

따라서 최종적으로 선정될 업체는 E업체이다.

44

정답 ②

〈9월 달력〉

일요일	월요일	화요일	수요일	목요일	금요일	토요일
			1	2	3	4
5	6	7	8	9	10	11
12	13	14	15	16	17	18
19	20	21	22	23	24	25
26	27	28	29	30		

첫째 주와 주말, 매주 월요일, 추석 다음날인 23일은 연차를 사용할 수 없다. 또한, 프로젝트를 둘째 주에 2일, 셋째 주에 1일, 넷째 주에 1일 동안 작업하므로 연차를 쓸 수 있는 날은 셋째 주(프로젝트 작업 없는 날)와 마지막 주에 가능하다. 따라서 가능한 날짜는 14 ~ 16일이다.

45

정답 ③

공장의 연기 형태가 환상형을 이룰 때는 대기가 불안정할 때이다.

오답분석

① 대기오염물질은 기상이나 지형 조건에 의해 다른 지역으로 이동·확산되거나 한 지역에 농축된다.
② 마지막 문단에 따르면 굴뚝이 건물보다 높을 때와 높지 않을 때에 따라 이동 양상이 달라질 수 있다고 하였다.
④ 아래쪽이 차갑고, 위쪽이 뜨거우면 공기의 대류가 발생하지 않아, 오염물질이 모여 스모그가 생기기 쉽다.

46

정답 ①

연료전지 1호 사업은 경기도 파주시에 유치하였다.

오답분석

② 미래 희망에너지 타운은 신재생에너지 등 친환경적인 지방 도시 건설을 목적으로 하는 사업이다.
③ 1단계로 태양광을 이용한 '햇빛상생 발전사업'을 기획하고 있으므로, 태양광이 가장 먼저 활용된다고 할 수 있다.
④ 산지가 많은 울주군의 특성을 고려하여 자연환경을 보전할 것이라고 언급하였다.

47

정답 ④

제시문에서는 신재생에너지를 통한 이산화탄소 감축 등 환경 보호를 더 중요한 목표로 본다. 따라서 산업 규모 성장을 우선 목표로 해야 한다는 주장은 제시문의 주장에 부합하지 않는다.

오답분석

① 신재생에너지가 이산화탄소 감축 목표 달성을 위해 필요하다고 하였다.
② 친환경 산업 구조의 변화를 살펴보고 인력을 양성을 해야 한다고 언급하였다.
③ 시멘트 산업을 예시로 들며, 에너지 다소비 산업에 대한 정부 지원 교육사업이 활성화되어야 한다고 언급하였다.

48

정답 ③

조력발전소가 설치되면서 발전소의 해수유통으로 인해 시화호의 수질이 개선되었다.

오답분석

① 조력발전소는 밀물의 힘으로 발전기를 돌려 전기를 생산하며, 글의 도입부에 조력발전이 주목을 받고 있다고 언급하였다.
② 시화호 발전소의 연간 생산량이 40만~50만 도시의 소비량과 맞먹는다고 하였으므로, 1년 동안 전기 공급이 가능하다.
④ 글에서 우리나라에 위치한 시화호 발전소가 세계 최대 규모임을 밝혔다.

49

정답 ④

ⅰ) 연봉 3,600만 원인 O사원의 월 수령액을 구하면 3,600만÷12=3,000,000원이다.
　 월평균 근무시간은 200시간이므로 시급은 300만÷200=15,000원/시간이다.
ⅱ) 야근 수당
　 O사원이 평일에 야근한 시간은 2+3+1+3+2=11시간이므로 야근 수당은 15,000×11×1.2=198,000원이다.
ⅲ) 특근 수당
　 O사원이 주말에 특근한 시간은 2+3=5시간이므로 특근 수당은 15,000×5×1.5=112,500원이다.
식대는 야근·특근 수당에 포함되지 않으므로 O사원의 이번 달 야근·특근 근무 수당의 총액은 198,000+112,500=310,500원이다.

50

정답 ④

수술이 필요한 경우 지역에 위치한 안과와 연계하는 것이지 무조건 서울에 위치한 병원에서 수술받아야 하는 것은 아니다.

오답분석

① 노인층을 사업의 대상으로 한다고 하였다.
② 저시력 위험군에 선정되면 개안 수술과 재활 훈련을 지원해 준다.
③ 정기적인 검진을 받기 힘든 계층의 안구 질환 조기 발견과 적기 치료가 목적이다.
⑤ 보건소가 재단에 신청하는 것이며, 개별 신청은 받지 않는다.

| 01 | 경영

01	02	03	04	05	06	07	08	09	10
④	⑤	④	①	⑤	②	④	②	④	⑤
11	12	13	14	15	16	17	18	19	20
③	②	③	④	③	⑤	②	⑤	④	④
21	22	23	24	25	26	27	28	29	30
④	③	②	③	④	②	④	④	④	④

01

정답 ④

제조업체가 최종 소비자에게 직접 판촉을 진행하는 전략은 풀(Pull)전략에 해당한다.

비교 기준	푸시(Push)전략	풀(Pull)전략
의미	제조업체가 유통업체를 대상으로 판촉을 진행하는 전략	제조업체가 최종 소비자에게 직접 판촉을 진행하는 전략
목표	고객에게 제품이나 브랜드에 대해 알릴 수 있음	고객이 제품이나 브랜드를 찾도록 유도
용도	영업 인력, 무역 진흥, 돈 등	광고, 판촉 및 기타 의사소통 수단
강조	자원 할당	민감도
적당	브랜드 충성도가 낮을 때	브랜드 충성도가 높을 때
리드타임	길다	짧다

02

정답 ⑤

다품종 생산이 가능한 것은 공정별 배치에 해당한다.

구분	제품별 배치	공정별 배치
장점	• 높은 설비이용률 • 노동의 전문화 • 낮은 제품단위당 원가	• 다품종 생산이 가능 • 저렴한 범용설비 • 장려임금 실시 가능
단점	• 수요 변화에 적응이 어려움 • 설비 고장에 영향을 받음 • 장려임금 실시 불가 • 단순작업	• 낮은 설비이용률 • 높은 제품단위당 원가 • 재공품 재고 증가 • 경로와 일정계획의 문제

03

정답 ④

컨조인트 분석(Conjoint Analysis)은 제품의 각 속성에 고객이 부여하는 효용을 추정하여 소비자의 효용 분석을 통해 고객이 선택할 제품을 예측하는 기법이다. 컨조인트 분석은 시장에 출시된 제품의 속성이 다양하지 않더라도 선호도에 근거하여 하나의 속성이 미치는 영향을 추정할 수 있고, 신제품이나 리포지셔닝을 할 제품을 위한 잠재시장을 평가하는 데 유용하게 사용할 수 있다.

오답분석

① 설문조사 : 직접 시장에 설문조사를 통해 선호도와 관여도 조사에 유용하다.
② 산업구조 분석 : 산업구조를 분석하기 위한 모델로 경쟁우위를 위한 전략수립에 유용하다.
③ SWOT 분석 : 마케팅 전략을 검토할 때 우선 자사 제품과 서비스의 강점과 약점을 알고, 나아가 시장의 상황과 경쟁사의 움직임 등을 파악하는데 유용하다.
⑤ 히트맵 : 주로 웹사이트의 방문자를 분석하는 웹로그분석에 많이 사용하는 분석 기법이다.

04

정답 ①

오답분석

② 링컨 플랜 : 노동자의 협력 증진과 생산성 향상을 위해 고안된 제도로, 성과급제와 이윤분배제의 결합 형태이다.
③ 임프로쉐어 플랜 : 단위당 소요되는 표준노동시간과 실제노동시간을 비교하여 절약된 노동시간만큼을 분배하는 제도이다.
④ 코닥 플랜 : 표준시간과 성과표준을 결정하는 데 근로자들을 참여시킴으로써 설정 과정에 근로자의 의사를 반영한 다음 근로자들에게 할증급을 지급하는 제도이다.
⑤ 카이저 플랜 : 재료, 노무 측에서 발생하는 비용의 절감액을 분배하는 제도이다.

05
정답 ⑤

지식창출 과정은 지식에서 정보를 추출하고, 정보에서 데이터를 추출하는 것이다.

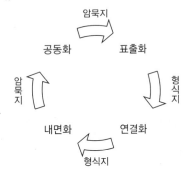

06
정답 ②

역직승진은 가장 일반적인 승진 방식으로 주임, 계장, 과장, 부장 등과 같은 역직으로 승진하는 것인데, 이는 직무에 따른 승진이라기보다 조직운영의 원리에 의한 승진 방식이다. 이 경우 역직의 세분에 일정한 한계가 있으며, 역직을 계속하여 세분 시 직무내용의 전문성 등이 낮아져 조직의 효율성이 저하될 수 있다.

오답분석
① 대용승진
③ 자격승진
④ 직무승진
⑤ 조직변화승진

07
정답 ④

마일즈와 스노우의 전략유형
• 공격형
  새로운 제품과 시장기회를 포착 및 개척하려는 전략이다. 진입장벽을 돌파하여 시장에 막 진입하려는 기업들이 주로 이 전략을 활용하며, 신제품과 신기술의 혁신을 주요 경쟁수단으로 삼는다.
  – 위험을 감수하고 혁신과 모험을 추구하는 적극적 전략
  – (분권화)=(결과에 의한 통제)
  – 충원과 선발은 영입에 의함
  – 보상은 대외적 경쟁성과 성과급 비중이 큼
  – 인사고과는 성과 지향적이고, 장기적인 결과를 중시함
• 방어형
  효율적인 제조를 통해 기존의 제품을 높은 품질이나 낮은 가격으로 고객의 욕구를 충족시키며, 가장 탁월한 전략으로 여겨진다.
  – 조직의 안정적 유지를 추구하는 소극적 전략으로, 틈새시장(니치)을 지향하고 그 밖의 기회는 추구하지 않음
  – 기능식 조직
  – 중앙집권적 계획에 의한 통제
  – 보상은 대내적 공정성을 중시하고, 기본급 비중이 큼
  – 인사고과는 업무과정 지향적이고, 단기적인 결과를 중시함

• 분석형
  먼저 진입하지 않고 혁신형을 관찰하다가 성공가능성이 보이면 신속하게 진입하는 전략으로, 공정상의 이점이나 마케팅 상의 이점을 살려서 경쟁한다. '공격형 전략과 방어형 전략의 결합형'으로, 한편으로는 수익의 기회를 최대화하면서 다른 한편으로는 위험을 최소화하려는 전략이다.

08
정답 ④

(가) 집단 양극화, (나) 델파이법
집단 의사결정은 집단 사고, 집단 양극화, 많은 시간의 소요, 책임소재의 부재, 동조 발생, 사회적 압력과 순응 등의 문제가 발생한다. 이에 따른 해결방안으로는 브레인스토밍, 명목집단법, 델파이법, 변증법적 토의, 캔 미팅, 프리모텀 기법 등이 있다.

09
정답 ④

유한회사는 자기가 투자한 지분만큼만 책임을 진다는 점 외에 외부감사나 공시 의무가 없다는 특징이 있다.

10
정답 ⑤

마이클 포터의 산업구조분석모델은 산업에 참여하는 주체를 기존 기업, 잠재적 진입자, 대체재, 공급자, 구매자로 나누고 이들 간의 경쟁 우위에 따라 기업 등의 수익률이 결정되는 것으로 본다.

오답분석
① 정부의 규제 완화 : 정부의 규제 완화는 시장 진입장벽이 낮아지게 만들며 신규 진입자의 위협으로 볼 수 있다.
② 고객 충성도 : 고객의 충성도의 정도에 따라 진입자의 위협도가 달라진다.
③ 공급업체 규모 : 공급업체의 규모에 따라 공급자의 교섭력에 영향을 준다.
④ 가격의 탄력성 : 소비자들은 가격에 민감할 수도 둔감할 수도 있기에 구매자 교섭력에 영향을 준다.

11
정답 ③

동기부여이론

내용 이론	• 매슬로(Maslow)의 욕구단계설 • 알더퍼(Alderfer)의 EFG 이론 • 허즈버그의 2요인 이론 • 맥그리거의 X이론 – Y이론 • 맥클랜드(McClelland)의 성취동기 이론
과정 이론	• 브룸(V. Vroom)의 기대이론 • 포터(L. W. Porter)와 로울러(E. E. Lawler)의 기대이론 • 아담스(J. S. Adams)의 공정성이론

12

정답 ②

표적 집단면접법(FGI; Focus Group Interview)은 전문지식을 보유한 조사자가 소수의 응답자 집단을 대상으로 특정한 주제를 가지고 자유로운 토론을 벌여 필요한 정보를 획득하는 방법으로, 마케팅 조사자가 가장 많이 이용하는 탐색조사 방법 중의 하나이다.

FGI 진행 순서
조사 기획 – 가이드라인 작성 – 리쿠르팅 – FGI 진행 – 결과 분석

조사 기획	• 조사 목적을 확인하고 문제의 파악과 가설을 정립 • 조사방법 및 비용을 결정하고 조사 대상자의 특성, 그룹 수를 결정하는 조사 디자인을 계획
가이드라인 작성	• 담당 연구원이 클라이언트와 협의하여 참석자 자격 조건을 결정 • 참석자 선정 질문지 작성
리쿠르팅	• 프로젝트 전담 팀장의 지휘 하에 리쿠르팅 전문 보조 감독자가 참석자 자격을 참석자 소개자(전문 리쿠르터)에게 알려 자격조건에 적합한 대상자를 추천 받은 후 선정 질문지를 완성하여 FGI 참석자를 선정
FGI 진행	• 담당연구원이 사전에 클라이언트와 협의하여 준비된 FGI 가이드라인에 따라 진행 • 토의 내용을 전문 모니터가 녹음하고 속기
결과 분석	• 전문 모니터가 녹음된 내용을 그룹별로 자세하게 분석 • 결과 분석보고서 및 제안 도출

13

정답 ⑤

해당 사례는 통제 불가능한 외부 환경요인으로 인한 원인의 귀착이 이뤄지는 것이 적절하며 해당 사례 속 주인공은 심리적으로 불안정하다고 볼 수 있다.

귀인이론(Attribution Theory)
사람들이 자신 또는 타인의 행동의 원인을 설명하는 방식에 대한 이론이다. 귀인(歸因, Attribution)은 '원인의 귀착'의 줄임말로서, 한 개인이 타인의 행동이나 사건의 원인을 어떻게 설명하느냐와 관련이 있는 말이다.

14

정답 ④

주주자본주의란 회사의 주식을 가진 주주에 경영 초점을 맞춘 미국식 자본주의 형태를 일컫는 말이다. 기업은 주주들이 주식을 사들인 투자금을 기반으로 기업을 운영하고, 수익을 낸다. 이에 따라 이윤극대화가 아닌 주주가치 즉, 주식의 가치를 높여 자기 회사에 투자를 해 준 주주들에게 보상을 해 주는 것을 기업경영의 최고 가치로 삼는 이론이다. 주주 가치를 높이는 방법으로는 자사주 매입을 통해 시장에 유통되는 주식 수를 줄여 주식 가격을 상승시키는 방안, 그리고 주주총회 활성화를 통해 이해관계자들과 경영진들의 의사소통을 원활히 하여 주주들의 의결권을 강화하여 주주들이 이익을 실현하거나 일정기간 동안 영업활동을 통해 얻은 이익의 일부 또는 전부를 주주들에게 분배 즉 배당하는

것을 통해 직접적인 주주가치를 높일 수 있다. 거시적으로는 기업실적이 증가하여 주가를 상승시켜 주주자본주의를 실현할 수도 있다. 하지만 기업의 투자활동 확대는 주주들에게 보상을 해주는 기업가치와는 다르게 기업의 이윤극대화 추구에 목적을 우선으로 두기에 주주자본주의에 해당하지 않는다.

15

정답 ⑤

라인 확장(Line Extension)은 기존 제품 카테고리에서 새로운 세부시장으로 진입할 때, 새롭게 개발된 제품에 모 브랜드를 적용하여 확장하는 것으로, 대표적인 사례로 불닭볶음면이라는 브랜드 라인을 적용하여 확장한 삼양식품을 들 수 있다.

오답분석

① 대의명분 마케팅(Cause Related Marketing) : 기업이나 상표(브랜드)를 자선이나 대의명분과 연관지어 이익을 도모한다는 전략적 위치설정의 도구이다.

② 카테고리 확장(Category Extension) : 모 브랜드의 제품군과 전혀 다른 범주의 제품군으로 진입할 때, 모 브랜드를 적용하여 확장하는 것이다. 라인 확장과 함께 브랜드 확장 전략 기법에서 수평적 확장으로 구분된다.

③ 구전 마케팅(Word of Mouth Marketing) : 소비자 또는 그 관련인의 입에서 입으로 전달되는 제품, 서비스, 기업 이미지 등 말에 의한 마케팅을 말한다.

④ 귀족 마케팅(Noblesse Marketing) : VIP 고객을 대상으로 차별화된 서비스를 제공하는 것을 말한다.

16

정답 ③

자본회사(물적회사)
현행 상법상 주식회사가 대표적인 물적회사이며, 유한회사도 물적회사의 성격이 강하다. 물적회사는 각 사원이 단순히 그 출자를 매개로 해 결합할 뿐 사원 각자의 개성이 중요시되지 않으므로 회사의 내부 관계에 있어서 회사와 사원 간의 관계 외에 사원 상호간의 관계가 성립할 여지가 없다. 출자자인 사원은 단순히 자본이윤에 참가하는 것만을 목적으로 하기 때문에 회사의 중요한 사항의 결정에는 참여하지 않게 되어 기업의 소유와 경영이 자연히 분리된다. 또한, 기업 지배의 형식도 원칙적으로 출자액에 비례하는 물적 지배형식을 취함으로써 두치주의(頭致主義)에 의한 인적 지배형식을 가지는 인적회사와 구별된다. 출자자인 사원은 회사 채권자에 대해 간접·유한의 책임을 지게 되어 회사 채무에 대해 각자의 출자분(주식회사의 경우 주식인수가액)에 대해서만 책임을 지게 되어, 회사 재산만이 회사의 대외적 신용의 유일한 기초가 된다. 이에 따라 출자의 종류도 담보가치가 있는 재산 출자(금전·현물)에 한정되며, 회사 재산의 충실·유지를 목적으로 하는 자본충실의 원칙이 물적회사에서는 기본원칙으로 등장하게 된다. 그 밖에 사원의 개성보다 자본을 기초로 하고 있는 특성상 최저자본금 주식회사 5,000만 원, 유한회사 1,000만 원(상법 제329조 제1항, 제546조 제1항)을 법정하고 있으며, 사원의 지위를 자유로이 양도할 수 있고(상법 제335조 제1항), 청산은 법정된 절차에 따라 엄격히 하도록 규제하고 있다.

17
정답 ⑤

알더퍼의 ERG 이론은 매슬로의 욕구 이론을 발전시킨 이론이다. 이 이론에서는 상위욕구가 개인의 행동과 태도에 영향을 미치기 전에 하위욕구가 먼저 충족되어야 한다는 매슬로 이론의 가정을 배제한 것이 특징이다.

18
정답 ②

후광 효과란 대상에 대한 인식과 판단이 일부분에서 출발해 커지면서 전체적인 인상을 만드는 것을 말한다. 후광 효과의 본질은 일부를 가지고 전체를 평가하는 것이고, 점을 면으로 확대하여 평가하는 경향이며, 개인의 주관적 판단이 일반화되고 확장된 결과로 나타난다. 후광 효과가 작용하면 한 대상의 장점 또는 단점이 일단 확대되어 과장되면서 다른 장점이나 단점은 그 뒤로 감춰진다.

오답분석

① 미소 효과 : 미국의 작가 오그 만디노(Og Mandino)가 처음 제기한 '만디노 효과' 또는 '미소 효과'로, 한마디로 말하면 '미소는 황금과 바꿀 수 있다.'는 것이다.
③ 초두 효과 : 미국의 심리학자 루친시(A. S. Luchins)가 가장 먼저 제기한 것으로, 인상을 형성하는 데 처음에 들어온 정보가 나중에 들어온 정보보다 중요한 역할을 한다는 것이다.
④ 자존감 효과 : 다른 사람의 자존감이 큰 만족을 얻게 되면, 다른 사람 역시 우리를 인정한다는 것이다. 자존감을 얻는 방식은 사람마다 다르지만, 다른 사람들로부터 인정을 받는다는 법칙을 따른다.

19
정답 ④

분석 결과에 따라 초기 기업 목적 그리고 시작 단계에서의 평가 수정이 가능하다는 것이 앤소프 의사결정의 장점이다. 1960년대 전 세계적 호황기에 많은 기업들은 성장 전략에 관심을 가지고 있었고, 앤소프가 성장과 관련된 전략적 의사결정에 관한 분석 모델을 제시하였다.

앤소프의 의사결정

전략적 의사결정	• 기업의 목표 목적을 설정하고 그에 따른 각 사업에 효율적인 자원배분을 전략화한다. • 비일상적이며, 일회적 의사결정이라는 특징이 있다.
운영적 의사결정	• 기업 현장에서 일어나는 생산 판매 등 구체적인 행위와 관련된 의사결정이다. • 일상적이면서 반복적이다.
관리적 의사결정	• 결정된 목표와 전략을 가장 효과적으로 달성하기 위한 활동들과 관련되어 있다. • 전략적 의사결정과 운영적 의사결정의 중간 지점이다.

20
정답 ④

콘체른(Konzern)은 가입기업이 법률적으로 독립성을 가지고 있으며, 동종 업종뿐만 아니라 이종 업종 간에도 결합되는 형태이다. 콘체른은 유럽, 특히 독일에 흔한 기업형태로 법률적으로 독립되어 있으나 경제적으로는 통일된 지배를 받는 기업 집단이며, 콘체른에 소속된 회사를 계열사라고 부른다.

21
정답 ④

제시문은 근로자와 사용자의 이해 및 협력을 위한 기구인 노사협의회에 관한 문답기록지이다.

22
정답 ③

원가우위 전략은 경쟁사보다 저렴한 원가로 경쟁하며 동일한 품질의 제품을 경쟁사보다 낮은 가격에 생산 및 유통한다는 점에 집중되어 있다. 디자인, 브랜드 충성도 또는 성능 등으로 우위를 점하는 전략은 차별화 전략이다.

23
정답 ②

인사관리는 채용과 평가, 보상, 배치 등을 관리하는 HRM(Human Resource Management)과 인적자원의 교육, 훈련, 육성, 역량개발, 경력관리 및 개발 등을 관리하는 HRD(Human Resource Development)로 구분된다.

24
정답 ③

다음 정관은 지역사회의 재단으로부터 합자회사가 사회적 기업으로 인증받기 위한 정관이다.
(A) 정관 제5조에 무한책임사원, 제6조 유한책임사원을 통해 각각 한 명 이상의 무한책임사원과 유한책임사원이 있다는 사실을 알 수 있다. 따라서 (A)에 들어갈 내용은 '합자'이다.
(B) 제1조에 대한 내용은 사회적 기업에 관한 개념이다. 지역사회에서 지역주민들의 경제적 안정과 자립기반을 높이는 데 목적을 둔다는 부분에서 (B)를 유추할 수 있다. 따라서 (B)에 들어갈 내용은 '사회적'이다.

합자회사와 사회적 기업

• 합자회사 : 무한책임사원과 유한책임사원으로 이루어지는 회사로, 무한책임사원이 경영하고 있는 사업에 유한책임사원이 자본을 제공하고 사업으로부터 생기는 이익의 분배에 참여하는 회사이다.
• 사회적 기업 : 취약계층에게 사회서비스 또는 일자리를 제공하거나 지역사회에 공헌함으로써 지역주민의 삶의 질을 높이는 등의 사회적 목적을 추구하면서 재화 및 서비스의 생산·판매 등 영업활동을 하는 기업이다.

25 〔정답〕 ④

① VE(Value Engineering) : 제네럴 일렉트릭사의 마일스가 1947년에 개발한 것으로, 필요한 기능을 최저의 총비용으로 확실히 달성하기 위하여 제품 또는 서비스의 기능을 분석하는 것이다.
② M&A(Mergers and Acquisitions) : 기업의 인수합병을 뜻한다.
③ MOU(Memorandum Of Understanding) : MOU의 의미는 좁은 의미와 넓은 의미의 MOU로 나눌 수 있다. 좁은 의미의 MOU는 국가와 국가 사이의 외교교섭 결과 서로 양해된 내용을 확인·기록하기 위해 정식계약 체결에 앞서 체결하는 문서로 된 합의를 말하며, 양해각서로 표기되기도 한다. 또한 넓은 의미의 MOU는 법적 구속력이나 효력은 좁은 의미의 MOU와 크게 다르지 않으나, 국가 대 국가뿐 아니라 국가기관 사이, 일반기관 사이, 일반기업 사이 등 다양한 문서의 형태로 이루어질 수 있다는 점에서 차이를 보인다.

26 〔정답〕 ②

스키너의 강화이론

구분	첨가	제거
유쾌한 사건	정적 강화(Positive Reinforcement) 행동이 증가	소거(Extinction) 행동이 감소
불쾌한 사건	벌(Punishment) 행동이 감소	부적 강화(Negetive Reinforcement) 행동이 증가

• 정적 강화(Positive Reinforcement) – 유쾌한 사건 첨가
 : 바람직한 행동에 대해 바람직한 결과를 제공함으로써 행동의 빈도를 높이는 것이다.
 예 칭찬, 보상, 승진, 발표를 할 때마다 추가점수를 제공하거나 선물을 준다.
• 부적 강화(Negative Reinforcement) – 불쾌한 사건 제거
 : 바람직하지 않은 결과를 회피시켜 줌으로써 바람직한 행동의 빈도를 늘리는 것이다.
 예 개근한 학생에게 화장실 청소를 면제시켜 준다.
• 소거(Extinction) – 유쾌한 사건 제거
 : 바람직하지 않게 된 행동에 대해 바람직한 결과를 소거시킴으로써 행동의 빈도를 줄이는 것이다.
 예 교실에서 A학생이 떠들자 교실 밖에서 공부하도록 하여 편하게 공부할 수 있는 기회를 박탈한다.
• 벌(Punishment) – 불쾌한 사건 첨가
 : 바람직하지 않은 행동에 대해 바람직하지 않은 결과를 제시함으로써 그 행동이 야기될 확률을 낮추는 것이다.
 예 체벌, 지각을 하면 벌점을 준다.

27 〔정답〕 ④

억압은 좋지 않았던 기억을 무의식 저편으로 억압하여 기억하지 못하게 하며, 이와 관련된 충동이나 욕구도 함께 억압되는 것으로 자기방어기제 중 하나이다.

지각의 오류 10가지

• 스테레오 타이핑(상동적인 태도) : 타인을 평가할 때 경직된 편견을 지니고 그가 속한 사회적 집단에 따라 평가함으로써 잘못을 범하는 일이다.
• 후광효과 : 인상이나 외모 등의 어느 한 특성이 전체의 이미지에 영향을 미치는 것이다.
• 관대화 경향 : 피평가자의 실제 업적이나 능력보다 높게 평가하는 경향을 뜻한다.
• 중심화 경향 : 지나치게 긍정적인 판단이나 부정적인 판단을 유보하고 중간 정도로 평가하려는 경향이다.
• 최근효과 : 기억할 대상 중에서 그 이전의 것보다 나중의 것을 더 잘 기억하는 경향이 있으며, 나중의 것이 더 중요하다고 가정하는 것이다.
• 대조 효과 : 품질이 서로 다른 제품의 평가에서 한 제품의 반대 품질 수준을 갖는 제품 다음에 평가할 때 두 제품을 각각 따로 평가할 때보다 더 높거나 더 낮게 평가되는 현상이다.
• 투사 : 자신의 바람직스럽지 않은 감정을 다른 사람에게 옮겨서, 그 감정이 외부로부터 오는 위협으로 보이게 하는 과정이다.
• 유사효과 : 여러 명을 평가할 때 그중에 자신이 좋아하는 사람을 더 호의적으로 평가하는 오류이다.
• 지각적 방어 : 기존 신념이나 태도를 위협하거나 반대되는 자극으로부터 자신을 보호하려는 일종의 심리현상이다.
• 초기효과 : 먼저 제시된 정보가 나중에 들어온 정보보다 전반적인 인상 현상에 더욱 강력한 영향을 미치는 것이다.

28 〔정답〕 ④

감정노동과 감정고갈 간의 상관관계를 파악하기 위해 상관관계분석을 실시한 결과 군집별로 감정노동에 미치는 영향도 다른 특성을 보였다. 특히 높은 자기 효능감군에서는 감정노동 요인 중 감정표현 요인이 감정고갈에 유의적인 영향을 미치는 것으로 나타났다. 낮은 자기 효능감군에서는 감정표현 요인과 표면행위 요인이 감정고갈에 영향을 주는 특성을 보였다. 즉, 자신의 능력에 대한 신념이 높은 경우(높은 자기 효능감군) 감정노동의 감정표현에만 영향을 받지만 자기 효능감이 낮은 경우 감정노동의 감정표현 및 표면행위 모두가 감정고갈에 영향을 미쳐 감정노동의 증가를 나타낸다. 따라서 감정노동의 변동성은 자기 효능감이 높아질수록 감소하고, 낮아질수록 증가한다.

29

정답 ④

동기부여이론은 행동에는 동기가 필요하며, 이 동기를 무엇이 유발시키는지에 대한 이론으로 크게 내용이론과 과정이론으로 나눌 수 있다.
- 내용이론 : 매슬로의 욕구단계설, ERG 이론, 성취와 친교 권력의 욕구이론, 허즈버그의 2요인 이론 등
- 과정이론 : 기대이론, 형평이론, 목표설정이론, 인지평가이론, 조직 공정성이론 등

30

정답 ④

공정성이론에서 투입과 산출의 개념 이해가 선행되어야 한다는 것은 한계점보다는 해당 이론이 증명되기 위한 가설 중 하나이다.

공정성이론의 가설
- 투입에 비해 더 나은 대우를 받는 사람이 느끼는 불공정성의 정도는 별로 크지 않다.
- 모든 사람이 다 공정성 문제에 대해 민감하게 반응하는 것은 아니다.
- 급여 외에 다른 것에 더 관심을 갖는 사람도 많다.
- 개인의 직무만족도에 가장 큰 영향을 미치는 것은 분배적 공정성(Distributive Justice)이지만, 조직 충성이나 상사에 대한 신뢰, 그리고 사직 여부는 결과의 분배가 얼마나 공정한 과정을 통해 이뤄지는가를 뜻하는 절차적 공정성(Procedural Justice)에 의해 좌우된다. 투명하고 공정한 과정을 거쳐 보상이 주어진다면 다소 부당한 급여를 받고 있거나, 승진이 부적절하게 되었다고 생각하는 사람도 조직과 상사에 대해 긍정적으로 보려 하는 경향이 있다.

| 02 | 경제

01	02	03	04	05	06	07	08	09	10
②	①	⑤	①	④	④	③	④	④	①
11	12	13	14	15	16				
④	④	③	④	④	③				

01

정답 ②

소득 불평등 정도를 나타내는 용어에는 지니계수, 로렌츠 곡선, 십분위 분배율 등이 있다. 지니계수는 소득분배가 얼마만큼 균등한가를 나타낸 지표로 0과 1사이 값을 갖는다. 0이면 완전평등, 1이면 완전불평등을 의미한다. 보통 0.4가 넘으면 소득분배 불평등 정도가 심하다고 본다. 로렌츠 곡선은 가로축에 소득계층별 가구비율, 세로축에 누계소득 점유율을 놓고 그린 곡선이다. 소득 분포가 완전히 균등할 때 로렌츠 곡선은 대각선(45도 직선)과 일치하게 된다. 상위 20% 계층 소득대비 하위 40% 계층 소득의 비율을 나타낸 것은 십분위분배율이라고 하며, 이 수치는 2에 가까울수록 소득분포가 고르다는 의미이나 중간계층 소득이 반영되지 못하는 단점이 있다.

02

정답 ①

- 공공재 적정공급모형 : 사무엘슨 모형
- 공공재 시장수요곡선 : 개별수요곡선의 수직합

공공재 시장균형에 따라 가격이 결정되면 각 수요자의 수요함수(곡선)에 따라 개별소비자들이 나누어 지불한다.
공공재 시장수요곡선은 개별수요곡선의 수직합이므로 [시장가격(P_M)]
$=(10-Q)+(20-Q)+(20-2Q)=50-4Q$
공공재 시장균형 : [시장가격(P_M)]=[한계비용(MC)]
$50-4Q=30$
$\therefore Q=5$
개별소비자 지불가격 : $P_a=10-5=5$, $P_b=20-5=15$, $P_c=20-2$
$\times 5=10$

03

정답 ⑤

물가지수는 개별상품 거래액을 가중치로 하여 측정하므로 거래액 비중에 따라 가중치가 다르다.

04

정답 ①

지급준비금은 은행이 고객들의 예금 반환 요구에 대비해 갖고 있는 돈이고, 지급준비율(지준율)은 예금 중 지급준비금으로 보유하는 돈의 비율이다. 법정 지준율은 중앙은행이 정하고, 중앙은행이 찍어낸 돈은 은행을 통해 시중에 유통되면서 또 다른 돈을 만들어 낸다. 이를 신용창조(예금창조)라고 하는데, 예금창조액은 지준율의 역수이다. 예를 들어 지준율이 20%일 때, 1,000만 원의 예금으로 만들어지는 예금창

조액은 $\frac{(예금액)}{(지준율)} = \frac{1,000}{0.2} = 5,000$만 원이다. 지준율이 100%로 인상되면 예금통화액은 $\frac{1,000}{1} = 1,000$만 원이 되므로 4,000만 원이 감소한다.

05

국내총생산(GDP)은 일정 기간 동안 한 나라 안에서 생산된 모든 최종 재화와 서비스의 시장가치이다. 명목GDP는 재화와 서비스 생산액을 현재가격으로 계산한 것이며, 실질GDP는 일정 기준연도 가격을 사용해 불변가격으로 계산한 것이다. GDP디플레이터는 명목GDP를 실질GDP로 나누고 100을 곱한 것으로 물가수준의 지표로 사용된다. 문제에서 2020년 GDP디플레이터는 100, 명목GDP는 300억 원이었기 때문에 실질GDP도 300억 원이다. 2021년 GDP디플레이터는 120, 명목GDP는 360억 원이므로 실질GDP는 300억 원이다. 따라서 실질GDP에는 변화가 없었다.

06

수요의 탄력성은 재화의 가격변동 비율에 대한 수요량의 변화 비율로 수요곡선이 수직선이면 수요의 가격탄력성은 완전비탄력적(0)이다.

오답분석

① 기펜재는 열등재, 열등재 수요의 소득탄력성은 (−)이다.
② 대체재 수요의 교차탄력성은 (+)이다.
③ 우하향하는 직선의 수요곡선 상에서 수요의 가격탄력성은 상이한 값을 가진다.

07

최저가격제란 정부가 공급자를 보호하기 위하여 정부가 설정한 최저가격 이하로 재화를 구입하는 것을 금지하는 제도로, 농산물가격지지제도와 최저임금제가 있다. 장기적으로 최저임금제에서는 노동을 자본으로의 대체가 이루어져 노동수요는 더욱 감소하므로 실업규모는 더욱 증가한다.

오답분석

① 최저임금제로 인해 단기적 실업이 증가하며, 노동수요의 감소로 장기적 실업규모는 더욱 증가한다.
② 최저임금제는 실업을 증가시키며, 노동수요의 감소로 실업이 더욱 증가한다.
④ 최저임금제로 인해 단기적 실업이 증가하고, 노동공급의 증가로 실업규모는 더욱 증가한다.

08

정부가 세금을 부과하면 수요·공급의 가격탄력성의 상대적인 크기에 의해 조세부담이 결정된다. 일반적으로 수요가 탄력적일수록 소비자부담이 작고, 공급이 탄력적일수록 생산자의 부담이 작아진다. 즉, 탄력성이 낮은 쪽이 조세부과로 인한 가격상승에 신축적으로 대응하기 어렵기 때문에 조세부담이 상대적으로 커진다. 조세부담은 조세를 부과한 사람이 부담하는 것이 아니라 수요와 공급의 탄력성에 의해 결정된다. 세율의 인상은 반드시 세금 수입을 늘리는 것은 아니며, 세금은 자원배분의 왜곡을 일으켜 사회 총잉여를 감소시킨다.

09

해당 그래프는 필립스 곡선의 우상향 이동을 나타내고 있다. 실업률이 낮아진다는 것은 고용이 늘어난다는 것이니 이는 총수요 증가로 연결되고 총수요 증가는 전반적인 물가 인상, 즉 인플레이션 압력으로 작용한다. 반대로 실업률이 높은 경우는 고용 부진으로 총수요가 감소할 것이고 이는 전반적인 물가 하락으로 연결된다. 필립스 곡선이 시사하는 바는 두 가지로 나눌 수 있는데 첫째는 낮은 인플레이션과 낮은 실업률 달성은 불가능하다는 것이고, 둘째는 정부가 실업률을 희생하고 인플레이션을 잡거나 아니면 반대로 인플레이션을 희생하는 대신 실업률을 낮추는 정책을 선택할 수 있다는 것이다. 이때, 통화량 증가는 단기곡선을 이동시키는 것이 아닌 곡선내 실업률과 물가 상승률의 상쇄관계를 나타낸다.

필립스 곡선의 우상향 이동
• 오일 쇼크 및 수입 원자재 가격 상승
• 자연재해 및 흉작 발생
• 자원 고갈
• 노조 임금 인상
• 노동자 여가선호 높아져 실업보험 등 사회보장제도 확대
• 노동자 예상 물가 상승률이 높아진 경우
• 노동시장 비경쟁적으로 만드는 정책(각종 제도적 장애물)
• 구인 − 구직자 간 짝짓기 효율성이 저하되어 자발적 실업 발생

10

경제학에서 시장의 형태와 상관없이 기업은 이윤극대화를 추구하는 주체로 간주한다. 완전경쟁시장의 기업과 독점기업의 총생산량에 차이가 나는 이유는 시장의 형태에 따라 각 기업이 직면하는 수요곡선의 형태가 다르기 때문이다. 완전경쟁시장의 기업은 시장의 정의상 주어진 가격수준에서 원하는 만큼 물건을 생산해서 팔 수 있다. 즉, 수평인 수요곡선에 직면한다. 따라서 추가적으로 물건을 생산해서 판매하는 경우 기존의 가격과 동일한 가격으로 팔 수 있고, 한계수입과 가격이 일치하고 일정하다. 하지만 독점기업의 경우 직면하는 수요곡선이 시장수요곡선이기 때문에 수요곡선이 우하향한다. 따라서 더 많은 물건을 판매하고 싶다면 종전 판매량에 대한 가격도 같이 낮춰야 한다.

11

정답 ④

소비자물가지수는 종종 유일한 물가측정수단으로 여겨지지만, 이것은 잘못된 생각이다. 소비자물가지수는 물가상승률을 나타내는 여러 가지 공식 통계의 하나이며, 그 외에도 생산자의 판매가격을 나타내는 생산자 물가지수, 수출입가격을 나타내는 수출입 물가지수 등이 있다.

12

정답 ④

밀턴 프리드먼에 의하면 장기 총공급곡선은 수직이므로 총수요가 변화해도 물가만 변화하고 총생산과 실업률은 불변이다. 따라서 장기 필립스 곡선은 자연실업률 수준에서 수직선이다.

오답분석
① 단기 필립스 곡선은 우하향하며, 이는 단기 총공급곡선이 우상향하는 것을 의미한다. 이 경우, 확장정책(총수요 증가)이 시행되면 국민소득 증가한다.
② 단기 필립스 곡선이 우하향하므로 총수요가 감소(총수요곡선 좌측 이동)하면 물가가 내려가고 국민소득이 감소. 따라서 희생률 개념이 성립한다.
③ 필립스 곡선은 임금 상승률과 실업률 사이의 관계를 분석한 것을 말한다.

13

정답 ③

과점시장(Oligopoly)은 유사하거나 동일한 상품을 공급하는 소수의 공급자가 존재하는 시장구조이다. 공급자 수가 많지 않은 까닭에 소수의 기업 대표가 담합해 판매 가격을 일치시키거나 생산량을 서로 할당하여 이윤을 극대화하는 사례가 발생한다. 과점시장은 가격이 경직적이므로 광고 · 제품 차별화 등 비가격경쟁이 치열하다. 과점시장의 수요 곡선은 우하향하므로 제품 가격을 높일수록 판매량이 줄어 기업 이윤은 감소하게 된다. 독점시장(Monopoly)은 시장에 유일한 생산자가 존재하는 시장으로 특허권이나 정부 허가, 규모의 경제가 발생하는 경우 등에 의해 형성된다.

14

정답 ④

• 수요곡선 : $P=16-2Q$(수요함수를 가격으로 정리)
• 공급곡선 : $P=4+Q$(공급함수를 가격으로 정리)
• 균형조건 : (수요량)=(공급량) → $8-0.5P=P-4$ → $1.5P=12$
　　　　　　→ $P=8$, $Q=4$

소비자 잉여(CS) : $\dfrac{(균형가격)\times(균형량)}{2}=\dfrac{8\times4}{2}=16$

따라서 균형가격(P)=8, 소비자 잉여(CS)=16이다.

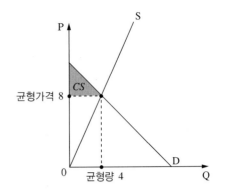

15

정답 ④

ㄱ. 불완전 정보모형 : 루카스의 섬 모형으로 개별생산자는 물가상승이 전반적인 물가상승에 기인한 것인지 아닌지 자신의 상품만 가격이 상승한 것인지를 정보의 불완전성으로 알지 못한다는 것이다.
ㄴ. 노동자 오인모형 : 노동자들은 기업에 비해서 정보가 부족하여 명목임금의 변화를 실질임금의 변화로 오인하여 화폐환상에 빠지게 되어 총공급곡선이 우상향하게 된다.
ㄷ. 비신축적 가격모형 : 가격을 신축적으로 조정하지 않는 기업이 많을수록 총공급곡선은 수평에 가까워진다.
ㄹ. 비신축적 임금모형 : 명목임금이 계약기간 내에는 경직적이므로 물가상승은 실질임금 하락으로 이어져 노동고용량의 증가로 이어진다.

16

정답 ③

기본적으로 통화량이 증가할 때 정부에서는 각종 출구전략을 통해 이자율을 상승시킨다. 통화량이 증가하면 채권 수요가 증가하고, 이자율이 하락하기에 소비자의 구매욕구를 촉진시키거나 단위당 기대수익률이 높은 사업을 제시하여 투자를 활성화하며, 향후 인플레이션 발생을 경고해서 구매력에 영향을 줄 수도 있다. 또한, 대중들의 인지도가 높은 기업의 채권회수율의 하락을 공시하여 자연스럽게 이자율을 상승시킨다. 그러나 경제성장률과 물가상승률의 하락은 이자율을 낮춰 투자를 활성화해야 하는 상황에 해당한다.

| 03 | 법학

01	02	03	04	05	06	07	08	09	10
③	②	③	④	③	④	③	④	③	②
11	12	13	14	15	16	17	18	19	20
④	③	④	④	④	③	④	④	⑤	②

01
정답 ③

국회의 임시회는 대통령 또는 국회재적의원 4분의 1 이상의 요구에 의하여 집회된다(헌법 제47조 제1항).

오답분석

ㄱ. 국회의원은 법률이 정하는 직을 겸할 수 없다(헌법 제43조).
ㄴ. 국회의원은 국회에서 직무상 행한 발언과 표결에 관하여 국회 외에서 책임을 지지 아니한다(헌법 제45조).
ㄹ. 정기회의 회기는 100일을, 임시회의 회기는 30일을 초과할 수 없다(헌법 제47조 제2항).
ㅁ. 국회는 의장 1인과 부의장 2인을 선출한다(헌법 제48조).

02
정답 ②

흉기를 휴대하거나 2명 이상이 합동하여 타인의 재물을 절취한 자도 1년 이상 10년 이하의 징역에 처한다(형법 제331조 제2항).

오답분석

① 타인의 재물을 절취한 자는 6년 이하의 징역 또는 1천만 원 이하의 벌금에 처한다(형법 제329조).
③ 권리자의 동의 없이 타인의 자동차, 선박, 항공기 또는 원동기장치 자전거를 일시 사용한 자는 3년 이하의 징역, 500만 원 이하의 벌금, 구류 또는 과료에 처한다(형법 제331조의2).
④ 야간에 사람의 주거, 관리하는 건조물, 선박, 항공기 또는 점유하는 방실(房室)에 침입하여 타인의 재물을 절취(竊取)한 자는 10년 이하의 징역에 처한다(형법 제330조).
⑤ 상습으로 타인의 재물을 절취한 자는 그 죄에 정한 형의 2분의 1까지 가중한다(형법 제332조).

03
정답 ③

의복, 침구, 장구 기타 동산의 사용료는 1년의 단기소멸시효가 적용된다.

오답분석

①·②·④·⑤는 3년의 단기소멸시효가 적용된다.

3년의 단기소멸시효(민법 제163조)
다음 각 호의 채권은 3년간 행사하지 아니하면 소멸시효가 완성한다.
1. 이자, 부양료, 급료, 사용료 기타 1년 이내의 기간으로 정한 금전 또는 물건의 지급을 목적으로 한 채권
2. 의사, 조산사, 간호사 및 약사의 치료, 근로 및 조제에 관한 채권
3. 도급받은 자, 기사 기타 공사의 설계 또는 감독에 종사하는 자의 공사에 관한 채권
4. 변호사, 변리사, 공증인, 공인회계사 및 법무사에 대한 직무상 보관한 서류의 반환을 청구하는 채권
5. 변호사, 변리사, 공증인, 공인회계사 및 법무사의 직무에 관한 채권
6. 생산자 및 상인이 판매한 생산물 및 상품의 대가
7. 수공업자 및 제조자의 업무에 관한 채권

1년의 단기소멸시효(민법 제164조)
다음 각 호의 채권은 1년간 행사하지 아니하면 소멸시효가 완성한다.
1. 여관, 음식점, 대석, 오락장의 숙박료, 음식료, 대석료, 입장료, 소비물의 대가 및 체당금의 채권
2. 의복, 침구, 장구 기타 동산의 사용료의 채권
3. 노역인, 연예인의 임금 및 그에 공급한 물건의 대금채권
4. 학생 및 수업자의 교육, 의식 및 유숙에 관한 교주, 숙주, 교사의 채권

04
정답 ④

헌법재판소 재판관은 탄핵 또는 금고 이상의 형의 선고에 의하지 아니하고는 파면되지 아니한다(헌법 제112조 제3항).

오답분석

① 헌법재판소 재판관의 임기는 6년으로 하며, 법률이 정하는 바에 의하여 연임할 수 있다(헌법 제112조 제1항).
② 헌법재판소 재판관은 정당에 가입하거나 정치에 관여할 수 없다(헌법 제112조2항).
③ 헌법재판소는 법관의 자격을 가진 9인의 재판관으로 구성하며, 재판관은 대통령이 임명한다(헌법 제111조 제2항).
⑤ 헌법재판소에서 법률의 위헌결정, 탄핵의 결정, 정당해산의 결정 또는 헌법소원에 관한 인용결정을 할 때에는 재판관 6인 이상의 찬성이 있어야 한다(헌법 제113조 제1항).

05
정답 ③

즉결심판은 관할경찰서장 또는 관할해양경찰서장이 관할법원에 이를 청구한다(즉결심판에 관한 절차법 제3조 제1항).

오답분석

① 지방법원 또는 그 지원의 판사는 소속 지방법원장의 명령을 받아 소속 법원의 관할사무와 관계없이 즉결심판청구사건을 심판할 수 있다(즉결심판에 관한 절차법 제3조의2).
② 판사는 사건이 즉결심판을 할 수 없거나 즉결심판절차에 의하여 심판함이 적당하지 아니하다고 인정할 때에는 결정으로 즉결심판의 청구를 기각하여야 한다(즉결심판에 관한 절차법 제5조 제1항).
④ 즉결심판을 청구할 때에는 사전에 피고인에게 즉결심판의 절차를 이해하는 데 필요한 사항을 서면 또는 구두로 알려주어야 한다(즉결심판에 관한 절차법 제3조 제3항).
⑤ 지방법원, 지원 또는 시·군법원의 판사는 즉결심판절차에 의하여 피고인에게 20만 원 이하의 벌금, 구류 또는 과료에 처할 수 있다(즉결심판에 관한 절차법 제2조).

06
정답 ④

유추해석 금지의 원칙에 따르면 법률의 해석은 규정에 따라 엄격하게 해야 하며, 유사한 사항을 확대 적용하는 것을 금지한다.

오답분석
① 관습법 금지의 원칙 : 범죄와 형벌은 성문법률(문서의 형식으로 표현되고 일정한 절차와 형식을 거쳐 공포된 법)에 의해 규정되어야 한다는 원칙이다.
② 소급효 금지의 원칙 : 범죄의 성립과 처벌은 행위 시의 법률에 의한다는 원칙이다.
③ 명확성의 원칙 : 형법은 무엇이 범죄이고, 그에 따른 형벌은 어떤 것인지 명확히 규정해야 한다는 원칙이다.
⑤ 적정성의 원칙 : 형법의 내용이 헌법의 기본적 인권을 실질적으로 보장할 수 있어야 한다는 원칙이다.

07
정답 ③

ㄴ. 의사표시는 법률행위의 내용의 중요부분에 착오가 있는 때에는 취소할 수 있다. 그러나 그 착오가 표의자의 중대한 과실로 인한 때에는 취소하지 못한다(민법 제109조 제1항).
ㄷ. 의사표시는 표의자가 진의 아님을 알고 한 것이라도 그 효력이 있다. 그러나 상대방이 표의자의 진의 아님을 알았거나 이를 알 수 있었을 경우에는 무효로 한다(민법 제107조 제1항).

오답분석
ㄱ. 선량한 풍속 기타 사회질서에 위반한 사항을 내용으로 하는 법률행위는 무효로 한다(민법 제103조).
ㄹ. 당사자의 궁박, 경솔 또는 무경험으로 인하여 현저하게 공정을 잃은 법률행위는 무효로 한다(민법 제104조).
ㅁ. 사기나 강박에 의한 의사표시는 취소할 수 있다(민법 제110조 제1항).

08
정답 ④

사인의 공법행위는 행정법 관계에서 사인의 행위 가운데 공법적 효과의 발생을 목적으로 하는 법률행위를 말한다. 대표적인 예로 행정심판, 소송의 제기, 각종 신고, 인·허가신청이 있다. 따라서 보기의 내용은 모두 사인의 공법행위에 해당한다.

09
정답 ③

법률관계의 한쪽 당사자가 행정주체인 경우에도 공법적 효과를 발생하게 하는 행위만이 공법관계이며, 사법적 효과의 발생을 목적으로 하는 경우에는 사법관계에 속한다.

10
정답 ②

ㄱ, ㄴ, ㅁ은 공법관계, ㄷ, ㄹ은 사법관계에 해당한다.

11
정답 ④

국채를 모집하거나 예산 외에 국가의 부담이 될 계약을 체결하려 할 때에는 정부는 미리 국회의 의결을 얻어야 한다(헌법 제58조).

오답분석
① 국회의 임시회는 대통령 또는 국회재적의원 4분의 1 이상의 요구에 의하여 집회된다(헌법 제47조 제1항).
② 국회의원은 현행범인인 경우를 제외하고는 회기 중 국회의 동의 없이 체포 또는 구금되지 아니한다(헌법 제44조 제1항).
③ 정부는 회계연도마다 예산안을 편성하여 회계연도 개시 90일 전까지 국회에 제출하고, 국회는 회계연도 개시 30일 전까지 이를 의결하여야 한다(헌법 제54조 제2항).

12
정답 ③

행정소송에는 항고소송, 당사자소송, 민중소송, 기관소송으로 구분되며, 항고소송은 취소소송, 무효 등 확인소송, 부작위법확인소송으로 구분된다.

오답분석
ㄱ. 항고소송이란 행정청의 처분 등이나 부작위에 대하여 제기하는 소송을 말하며, 국가 또는 공공단체의 기관이 법률에 위반되는 행위를 한 때에 직접 자기의 법률상 이익과 관계없이 그 시정을 구하기 위하여 제기하는 소송은 민중소송이다.
ㄹ. 행정청의 처분 등을 원인으로 하는 법률관계에 관한 소송 그 밖에 공법상의 법률관계에 관한 소송으로서 그 법률관계의 한쪽 당사자를 피고로 하는 소송은 당사자소송이다.

13
정답 ④

행정법의 기본원칙
• 비례의 원칙(과잉금지의 원칙) : 행정주체가 구체적인 행정목적을 실현함에 있어 목적과 수단 간에는 합리적인 비례관계가 유지되어야 한다는 원칙이다.
• 신뢰보호의 원칙 : 행정기관의 어떤 행위가 존속될 것이라는 정당한 신뢰는 보호되어야 한다는 원칙이다.
• 평등의 원칙(자의금지의 원칙) : 행정작용을 함에 있어 그 상대방인 국민을 공평하게 대우해야 한다는 것이다.
• 부당결부금지의 원칙 : '실질적 관련' 없는 상대방의 반대급부를 결부시켜서는 안 된다는 원칙이다.
• 자기구속의 원칙 : 행정청은 자기 스스로 정한 시행기준을 합리적 이유 없이 이탈할 수 없다는 원칙이다.

14
정답 ④

친족의 범위(민법 제777조)
친족관계로 인한 법률상 효력은 이 법 또는 다른 법률에 특별한 규정이 없는 한 다음 각호에 해당하는 자에 미친다.
1. 8촌 이내의 혈족
2. 4촌 이내의 인척
3. 배우자

15

[정답] ④

우리 재판소는 새로운 입법으로 과거에 소급하여 과세하거나 또는 이미 납세의무가 존재하는 경우에도 소급하여 중과세하는 것은 소급입법 과세금지원칙에 위반된다는 일관된 태도를 취하여 왔다(2002헌바63).

[오답분석]

① 일반적으로 국민이 소급입법을 예상할 수 있었거나 법적 상태가 불확실하고 혼란스러워 보호할 만한 신뢰이익이 적은 경우와 소급입법에 의한 당사자의 손실이 없거나 아주 경미한 경우 그리고 신뢰보호의 요청에 우선하는 심히 중대한 공익상의 사유가 소급입법을 정당화하는 경우 등에는 예외적으로 진정소급입법이 허용된다(97헌바76).

② 부진정소급입법은 원칙적으로 허용되지만 소급효를 요구하는 공익상의 사유와 신뢰보호의 요청 사이의 교량과정에서 신뢰보호의 관점이 입법자의 형성권에 제한을 가하게 된다(94헌바12).

③ 개발이익환수에관한법률 시행 전에 개발에 착수하였지만 아직 개발이 완료되지 아니하고 진행 중인 사업에 개발부담금을 부과하는 것은 부진정소급입법에 해당하는 것으로 원칙적으로 허용되며, 법률 시행 전의 개발 부분은 환수대상에서 제외하고 있으므로 신뢰보호의 원칙에 위배되지 아니한다(98헌바19).

16

[정답] ③

전자금융거래의 정의(전자금융거래법 제2조)
"전자지급거래"라 함은 자금을 주는 자가 금융회사 또는 전자금융업자로 하여금 전자지급수단을 이용하여 자금을 받는 자에게 자금을 이동하게 하는 전자금융거래를 말한다(제2호).
금융회사 또는 전자금융업자가 전자적 장치를 통하여 금융상품 및 서비스를 제공하고, 이용자가 금융회사 또는 전자금융업자의 종사자와 직접 대면하거나 의사소통을 하지 아니하고 자동화된 방식으로 이를 이용하는 거래는 "전자금융거래"이다(제1호).

17

[정답] ④

[오답분석]

ㄴ. 농업협동조합법에 의하여 설립된 조합이 영위하는 사업의 목적은 조합원을 위하여 차별 없는 최대의 봉사를 함에 있을 뿐 영리를 목적으로 하는 것이 아니므로, 동 조합이 그 사업의 일환으로 조합원이 생산하는 물자의 판매사업을 한다 하여도 동 조합을 상인이라 할 수는 없고, 따라서 그 물자의 판매대금 채권은 3년의 단기소멸시효가 적용되는 민법 제163조 제6호 소정의 '상인이 판매한 상품의 대가'에 해당하지 아니한다(대판 99다53292).

18

[정답] ④

ㄴ. 부담이 처분 당시 법령을 기준으로 적법하다면 처분 후 부담의 전제가 된 주된 행정처분의 근거 법령이 개정됨으로써 행정청이 더 이상 부관을 붙일 수 없게 되었다 하더라도 곧바로 협약의 효력이 소멸하는 것은 아니다(대판 2009.02.12. 2005다65500).

ㄹ. 행정처분과 부관 사이에 실제적 관련성이 있다고 볼 수 없는 경우 공무원이 위와 같은 공법상의 제한을 회피할 목적으로 행정처분의 상대방과 사이에 사법상 계약을 체결하는 형식을 취하였다면 이는 법치행정의 원리에 반하는 것으로서 위법하다(대판 2009.12.10. 2007다63966).

[오답분석]

ㄱ. 당초의 기한이 상당 기간 연장되어 연장된 기간을 포함한 존속기간 전체를 기준으로 볼 경우 더 이상 허가된 사업의 성질상 부당하게 짧은 경우에 해당하지 않게 된 때에는 관계 법령의 규정에 따라 허가 여부의 재량권을 가진 행정청으로서는 재량권의 행사로서 더 이상의 기간연장을 불허가할 수도 있다(대판 2004.03.25. 2003두12837).

ㄷ. 부담의 이행으로서 하게 된 사법상 매매 등의 법률행위는 부담을 붙인 행정처분과는 어디까지나 별개의 법률행위이므로 그 부담의 불가쟁력의 문제와는 별도로 법률행위가 사회질서 위반이나 강행규정에 위반되는지 여부 등을 따져보아 그 법률행위의 유효 여부를 판단하여야 한다(대판 2009.06.25. 2006다18174).

19

[정답] ⑤

종물은 주물의 처분에 따르기 때문에 소유자가 동일해야 한다. 따라서 소유자가 다른 물건 사이에는 주물·종물관계가 인정되지 않는다.

주물, 종물(민법 제100조)
① 물건의 소유자가 그 물건의 상용에 공하기 위하여 자기소유인 다른 물건을 이에 부속하게 한 때에는 그 부속물은 종물이다.
② 종물은 주물의 처분에 따른다.

20

[정답] ②

당사자 간의 채권의 이자율을 약정하지 않았을 경우, 민법의 경우 연 5%의 이율이 적용되지만, 상법의 경우 연 6%의 이율을 적용한다.

PART 1

직업기초능력평가
정답 및 해설

01	02	03	04	05	06	07	08	09	10
③	⑤	②	④	④	①	②	⑤	③	③
11	12	13	14	15					
②	④	②	③	③					

01

정답 ③

발급 신청 단계에서 '훈련수강 신청(훈련기관)'이라고 되어 있으므로 신청은 훈련받을 기관에 가서 신청함을 알 수 있다.

오답분석

① 지원 한도에 대한 상세 내용은 적혀있지 않다.
② '구직신청을 한 만 15세 이상의 실업자'도 대상이기 때문에 가능하다.
④ '비진학 예정의 고교 3학년 재학생(소속학교장의 인정 필요)'으로 학년의 제한이 있다.
⑤ '1차 상담'에서 거주지 관할 고용센터 방문이라고 되어 있기 때문에 거주지인 사당 관할 고용센터를 방문하면 된다.

02

정답 ⑤

제출 서류 품목에 보면 필수항목 2개, 선택 4개이다. 필수항목 외에 2차 상담에 필요한 서류를 보면 신분증, 동영상 시청확인증(출력), 본인 명의 통장으로 3가지 서류가 추가되어 총 5개가 필요하다.
여기에 [선택]은 4개가 있지만 A씨는 취업 목적이기 때문에 '자영업 활동 내역서(창업 목적용)'는 필요하지 않으므로 [선택]은 최대 3개가 될 수 있다.
또한 2차 상담이 진행되는 동안 직업심리검사를 받아야 한다고 한다면 이를 증빙할 서류 1개가 더 필요하기 때문에 최종적으로 최대 5+3+1 =9개가 된다.

오답분석

① 1차 기초상담은 선택사항으로 본인이 필요한 서류를 지참하여 2차 상담을 곧바로 받을 수 있다.
② 필수항목인 동영상 교육을 듣기 위해서는 회원가입이 되어 있어야 한다.
③ 2차 상담 전에 반드시 '훈련안내 동영상' 시청을 하고, 시청확인증을 출력해야 한다.
④ 2차 상담에 반드시 필요한 서류 5개(신분증, 개인정보 수집이용 동의서, 내일배움카드 발급신청서, 동영상 시청확인증(출력), 본인명의 통장(신한, 농협, 우리, 제일, 우체국 중 1개)과 2차 상담에서

직업심리검사를 받아야 한다면 이를 증빙할 서류 1개(직업심리검사(고용센터에서 요구한 경우) ▶ 결과출력)까지 총 6개이다.

03

정답 ②

세 번째 문단에서 출생 전 안드로겐 호르몬 노출 정도가 남성의 성적 방향성을 결정하는 요인 중 하나라고 언급하고 있다.

오답분석

① 두 번째 문단에서 뇌 영역 및 그 크기의 차이가 인간의 성적 방향성과 직접적인 인과관계를 맺고 있다는 증거는 발견되지 않았다고 하였다.
③ 첫 번째 문단에서 동성애자가 강압적인 어머니와 복종적인 아버지에 의해 양육되었다는 아무런 증거도 발견하지 못하였다고 하였다.
④ 세 번째 문단에서 안드로겐 호르몬은 정소에서 분비된다고 밝혔다.
⑤ 다섯 번째 문단에서 일란성 쌍생아의 동성애 일치 비율은 유전이 성적 방향성을 결정짓는 요인 중 하나라는 것을 보여주는 증거라고 하였다.

04

정답 ④

㉠의 뒤에 나오는 내용을 살펴보면, 양안시에 대해 설명하면서 양안시 차를 통해 물체와의 거리를 파악한다고 하였으므로 ㉠에 거리와 관련된 내용이 나왔음을 짐작해 볼 수 있다. 따라서 ㉠에 들어갈 내용은 ④이다.

05

정답 ④

제시된 글의 주제는 모든 일에는 신중해야 한다는 것이다. 따라서 이를 가장 잘 설명하는 속담은 무슨 일이든 낭패를 보지 않기 위해서는 신중하게 생각하여 행동해야 함을 이르는 말인 '일곱 번 재고 천을 째라'이다.

오답분석

① 사공이 많으면 배가 산으로 간다 : 주관하는 사람 없이 여러 사람이 자기주장만 내세우면 일이 제대로 되기 어려움을 이르는 말
② 새가 오래 머물면 반드시 화살을 맞는다 : 편하고 이로운 곳에 오래 머물며 안일함에 빠지면 반드시 화를 당한다는 뜻
③ 쇠뿔은 단김에 빼랬다 : 어떤 일이든지 하려고 생각했으면 한창 열이 올랐을 때 망설이지 말고 곧 행동으로 옮겨야 한다는 뜻
⑤ 달걀에도 뼈가 있다 : 늘 일이 잘 안되던 사람이 모처럼 좋은 기회를 만났건만, 그 일마저 역시 잘 안됨을 이르는 말

06　　정답 ①

대기전력은 플러그를 꽂아둘 때와 같이 기기 본래의 기능과 무관하게 낭비되는 전력이다. 예를 들어 사무기기의 전원을 끄지 않고 퇴근하게 되면 밤새 불필요한 전기를 사용하게 되어 전기요금이 상승하게 된다. 따라서 전기제품을 끄고 켜는 데 들어가는 비용이 대기전력보다 더 크다는 말은 옳지 않다.

07　　정답 ②

레드 와인 잔의 넓은 둘레는 와인의 향기를 풍성하게 느낄 수 있도록 해주고, 화이트 와인 잔의 작은 크기는 와인의 온도 상승을 막아준다. 따라서 와인을 마실 때 레드 와인은 와인의 향(㉠)을, 화이트 와인은 와인의 온도(㉡)를 고려하여 와인 잔을 선택하는 것을 알 수 있다.

08　　정답 ⑤

제시문에서는 현대 사회의 소비 패턴이 '보이지 않는 손' 아래의 합리적 소비에서 벗어나 과시 소비가 중심이 되었으며, 그 이면에는 소비를 통해 자신의 물질적 부를 표현함으로써 신분을 과시하려는 욕구가 있다고 설명하고 있다.

09　　정답 ③

두 번째 문단을 통해 로렌츠 곡선의 가로축은 누적 인구 비율을, 세로축은 소득 누적 점유율임을 알 수 있다.

10　　정답 ③

㉠과 ㉡의 관계는 상위와 하위관계이다. 반면, '기우'와 '걱정'은 동의관계이므로 유사하지 않다.

11　　정답 ②

• 엑스레이를 찍는 것만으로도 위험하다.(오해) → 3번째 문단
• 임신한 사람은 방사선 노출을 피해야 한다.(진실) → 4번째 문단
• 유방암 검진이 오히려 유방암을 일으킬 수 있다.(오해) → 5번째, 6번째 문단
• 방사선 노출은 자연 상태에서도 이루어진다.(진실) → 6번째 문단

12　　정답 ④

경제활동에 참여하는 여성의 증가와 출산율의 상관관계는 알 수 없으며, 제시문은 신혼부부 가구의 주거안정을 위해서는 여성의 경제활동을 지원해야 하고 이를 위해 육아·보육지원 정책의 확대·강화가 필요하다고 주장하고 있으므로 ④의 해석은 올바르지 않다.

13　　정답 ②

제시문의 마지막 문단에서 '말이란 결국 생각의 일부분을 주워 담는 작은 그릇'이며, '말을 통하지 않고는 생각을 전달할 수가 없는 것'이라고 하였으므로 필자는 글을 통해 말은 생각을 전달하기 위한 수단임을 주장하고 있다.

14　　정답 ③

제시문은 실제 일어났던 전쟁을 배경으로 한 작품들이 전쟁을 어떤 방식으로 다루고 있는지 비교하는 글로, 『박씨전』과 『시장과 전장』을 통해 전쟁 소설이 실재했던 전쟁을 새롭게 인식하려 함을 설명한다. 따라서 (가) 실존 인물을 허구의 인물로 물리침으로써 패전의 치욕을 극복하고자 한 『박씨전』 → (라) 패전의 슬픔을 위로하고 희생자를 추모하여 연대감을 강화하고자 한 『박씨전』 → (나) 전쟁이 남긴 상흔을 직시하고 좌절하지 않으려는 작가의 의지가 드러나는 『시장과 전장』 → (다) 『시장과 전장』에서 나타나는 개인의 연약함과 존엄의 탐색 순서대로 배열하는 것이 적절하다.

15　　정답 ③

할랄식품 시장의 확대로 많은 유통업계들이 할랄식품을 위한 생산라인을 설치 중이다.

오답분석

① · ② 할랄식품은 엄격하게 생산·유통되기 때문에 일반 소비자들에게도 평이 좋다.
④ 세계 할랄 인증 기준은 200종에 달하며, 수출하는 국가마다 별도의 인증을 받아야 한다.
⑤ 표준화되지 않은 할랄 인증 기준은 무슬림 국가들의 '수입장벽'이 될 수 있다.

01	02	03	04	05	06	07	08	09	10	11	12	13	14	15				
⑤	④	①	②	③	③	③	③	③	⑤	③	②	④	②	④				

01

정답 ⑤

편의점수 산출방식에 따라 모델별로 도출한 각 분야별 점수와 편의점수는 다음과 같다.
B의 경우, 연간 보험료 상한을 초과하여 불필요하므로 계산하지 않는다.

(단위 : 점)

모델명	최대탑승인원	연비	화물적재량	연간 보험료	편의점수
A	15	12	10	6	43
C	14	16	9	9	48
D	13	14	8	9	44
E	12	20	6	12	50

따라서 S주임이 구입할 차량은 편의점수가 50점으로 가장 높은 E차량이다.

02

정답 ④

변경된 편의점수 산출방식 및 조건에 따라 가중치를 반영하여 도출한 각 분야별 점수와 편의점수는 다음과 같다.
E차량은 최대탑승인원이 4인 미만이므로 후보에서 제외되며, B차량은 연간 보험료 상한을 고려하지 않으므로 후보에 들어간다.

(단위 : 점)

모델명	최대탑승인원	연비	화물적재량	연간 보험료	편의점수
A	15	12×3=36	10×2=20	6×2=12	83
B	13	18×3=54	7×2=14	6×2=12	93
C	14	16×3=48	9×2=18	9×2=18	98
D	13	14×3=42	8×2=16	9×2=18	89

따라서 S주임이 구입할 차량은 편의점수가 98점으로 가장 높은 C차량이다.

03

정답 ①

A, B, C, D, E 중 살아남은 A, B, C에서 2명은 늑대 인간이며, 남은 1명은 드라큘라이다. 또한 D, E의 캐릭터는 서로 같지 않으므로 D와 E는 각각 늑대 인간 또는 드라큘라를 선택하였다. 따라서 이 팀의 3명은 늑대 인간 캐릭터를, 2명은 드라큘라 캐릭터를 선택하였다.

오답분석

② B는 드라큘라일 수도 늑대 인간일 수도 있다.
③ C는 늑대 인간일 수도 드라큘라일 수도 있다.
④ 늑대 인간의 수가 드라큘라의 수보다 많다.
⑤ D와 E는 서로 다른 캐릭터를 선택했을 뿐 어떤 캐릭터를 선택하였는지는 알 수 없다.

04

정답 ②

ⓑ 화장품은 할인 혜택에 포함되지 않는다.
ⓒ 침구류는 가구가 아니므로 할인 혜택에 포함되지 않는다.

05

정답 ③

손발 저림 개선에 효능이 있는 코스는 케어코스와 종합코스가 있으며, 종합코스는 피부질환에도 효능이 있다.

오답분석

① 폼스티엔에이페리주 치료도 30% 할인이 적용된다.
② 식욕부진의 경우 웰빙코스가 적절하다.
④ 할인행사는 8월 한 달간 진행된다.
⑤ 폼스티엔에이페리주 치료는 칼로리, 아미노산, 필수지방, 오메가-3 지방산을 공급한다.

06

정답 ③

업체 정보 및 업체 선정방식에 따라 업체들의 시공완성도를 구하고, 이에 따라 입찰점수를 도출하면 다음과 같다.

(단위 : 점)

업체	시공완성도	시공점수	건전성점수	가격점수	가점	입찰점수
A	$\left(1-\dfrac{3}{11}\right)\times100 \fallingdotseq 72.7\%$	20	5	10	4	39
B	100%	30	12	14	−	56
C	$\left(1-\dfrac{2}{8}\right)\times100 = 75\%$	25	15	20	−	60
D	$\left(1-\dfrac{2}{4}\right)\times100 = 50\%$	15	8	18	4	45
E	100%	30	12	12	4	58
F	$\left(1-\dfrac{1}{9}\right)\times100 \fallingdotseq 88.9\%$	25	15	16	−	56

따라서 이 중 입찰점수가 60점으로 가장 높은 C업체가 선정된다.

07

정답 ③

06번에서 구한 자료를 바탕으로 가중치를 반영하여 산출한 외관 리모델링 업체 선정에서의 입찰점수와 체육관 개선공사 업체 선정에서의 입찰점수는 다음과 같다.

(단위 : 점)

업체	시공점수	건전성점수	가격점수	가점	외관 리모델링 업체 선정 입찰점수	체육관 개선공사 업체 선정 입찰점수
A	20	5	10	4	40+5+10+4=59	20+5+20+4=49
B	30	12	14	−	60+12+14=86	30+12+28=70
C	25	15	20	−	50+15+20=85	25+15+40=80
D	15	8	18	4	30+8+18+4=60	15+8+36+4=63
E	30	12	12	4	60+12+12+4=88	30+12+24+4=70
F	25	15	16	−	50+15+16=81	25+15+32=72

따라서 변경된 선정방식에 따라 외관 리모델링 업체에는 입찰점수가 88점으로 가장 높은 E업체가 선정되고, 체육관 개선공사 업체로는 입찰점수가 80점으로 가장 높은 C업체가 선정된다.

08

정답 ③

코드 생성 방법에 따른 A ~ E물품의 코드는 다음과 같다.
- A물품 : CTT – A – 20 – 11 – 1
- B물품 : GAT – E – 18 – 07 – 1
- C물품 : SLT – E – 17 – 10 – 1
- D물품 : PDT – H – 15 – 12 – 0
- E물품 : PST – S – 19 – 08 – 0

C물품의 경우 중고가 아닌 새 제품으로 구매하였으므로 SLT – E – 17 – 10 – 0의 ③이 옳지 않다.

09

정답 ③

처분 시 감가 비율과 중고 여부에 따라 A ~ E물품의 처분가를 구하면 다음과 같다.
- A물품 : 55만 원×(1−0.4)=33만 원
- B물품 : 30만 원×(1−0.2)=24만 원
- C물품 : 35만 원×(1−0.5)≒17만 원
- D물품 : 80만 원×(1−0.25)×0.5=30만 원
- E물품 : 16만 원×(1−0.25)×0.5=6만 원

따라서 A ~ E물품을 모두 처분할 경우 받을 수 있는 총금액은 33+24+17+30+6=110만 원이다.

10

정답 ⑤

유효기간이 10년 이상 남은 물품은 A, C, D이며, 이를 제휴 업체를 통해 처분할 경우 구매가격의 총합인 55+35+80=170만 원의 80%에 해당하는 170×0.8=136만 원을 받을 수 있다.

11

정답 ③

ⓛ 어떤 기계를 선택해야 비용을 최소화할 수 있는지에 대해 고려하고 있는 문제이므로 옳은 설명이다.
ⓒ • A기계를 선택하는 경우
  – 비용 : 80,000(=8,000×10)+10,000=90,000원
  – 이윤 : 100,000−90,000=10,000원
 • B기계를 선택하는 경우
  – 비용 : 56,000(=8,000×7)+20,000=76,000원
  – 이윤 : 100,000−76,000=24,000원
 따라서 합리적인 선택을 하는 경우는 B기계를 선택하는 경우로 24,000원의 이윤이 발생한다.

오답분석
㉠ B기계를 선택하는 경우가 A기계를 선택하는 경우보다 14,000원(=24,000−10,000)의 이윤이 더 발생한다.
㉢ A기계를 선택하는 경우 비용은 90,000원이다.

12

정답 ②

A호텔 연꽃실은 2시간 이상 사용할 경우 추가비용이 발생하고, 수용 인원도 부족하다. B호텔 백합실은 1시간 초과 대여가 불가능하며, C호텔 매화실은 이동수단을 제공하지만 수용 인원이 적절하지 않다. 나머지 C호텔 튤립실과 D호텔 장미실을 비교했을 때, C호텔의 튤립실은 예산초과로 예약할 수 없으므로 이 대리는 대여료와 수용 인원의 조건이 맞는 D호텔 연회장을 예약하면 된다.
따라서 이 대리가 지불해야 하는 예약금은 D호텔 대여료 150만 원의 10%인 15만 원이다.

13

정답 ④

예산이 200만 원으로 증액되었을 때, 조건에 해당하는 연회장은 C호텔 튤립실과 D호텔 장미실이다. 예산 내에서 더 저렴한 연회장을 선택해야 한다는 조건이 없고, 이동수단이 제공되는 연회장을 우선적으로 고려해야 하므로 이 대리는 C호텔 튤립실을 예약할 것이다.

14

정답 ②

제시된 교육과정 안내문과 A씨의 한 달 일정에 따라 A씨가 참석할 수 있는 교육은 5월 10일부터 12일까지 이어지는 '세계농업유산의 이해'와 5월 17일부터 19일까지 이어지는 '미디어 홍보역량 강화' 두 가지이다.

15

정답 ④

• 1단계
주민등록번호 앞 12자리 숫자에 가중치를 곱하면 다음과 같다.

숫자	가중치	(숫자)×(가중치)
2	2	4
4	3	12
0	4	0
2	5	10
0	6	0
2	7	14
8	8	64
0	9	0
3	2	6
7	3	21
0	4	0
1	5	5

• 2단계
1단계에서 구한 값을 합하면
$4+12+0+10+0+14+64+0+6+21+0+5=136$
• 3단계
2단계에서 구한 값을 11로 나누어 나머지를 구하면
$136 \div 11 = 12 \cdots 4$
즉, 나머지는 4이다.
• 4단계
11에서 나머지를 뺀 수는 $11-4=7$이다. 7을 10으로 나누면
$7 \div 10 = 0 \cdots 7$
따라서 빈칸에 들어갈 수는 7이다.

01	02	03	04	05	06	07	08	09	10
③	②	⑤	③	①	②	②	②	①	④
11	12	13	14	15					
③	④	①	①	①					

01

정답 ③

데이터 레이블이 표시되어 있지 않다. 데이터 레이블이 표시되어 있다면, 정확한 수치가 그래프 위에 나타난다.

02

정답 ②

1차 자료	단행본, 학술지와 학술지 논문, 학술회의자료, 연구보고서, 학위논문, 특허정보, 표준 및 규격자료, 레터, 출판 전 배포자료, 신문, 잡지, 웹 정보자원 등
2차 자료	사전, 백과사전, 편람, 연감, 서지데이터베이스 등

03

정답 ⑤

「=SUM(합계를 구할 처음 셀:합계를 구할 마지막 셀)」으로 표시해야 한다. 판매수량과 추가판매를 더하는 것은 비연속적인 셀을 더하는 것이지만 연속하는 영역을 입력하고 ‘,’로 구분해준 뒤 다음 영역을 다시 지정해주면 되므로 「=SUM(B2:B5,C2,C5)」이 옳다.

04

정답 ③

〈Alt〉+〈Enter〉는 하나의 셀에 두 줄 이상의 데이터를 입력할 때 사용한다.

05

정답 ①

구글에서 특정 확장자만 검색하고 싶을 때는 ‘검색어+filefype:파일확장자’ 또는 ‘filefype:파일확장자+검색어’와 같은 형태로 입력하면 해당 파일만 찾을 수 있다.

06

정답 ②

[개요 보기]는 슬라이드 텍스트를 개요 형태로 보여주며, 개요 창에서 프레젠테이션 전체 내용을 보고 수정할 수 있다.

07

정답 ②

도형 선택 후 [Shift] 버튼을 누르고 도형을 회전시키면 15° 간격으로 회전시킬 수 있다.

08

정답 ②

거품형 차트에 대한 설명이며, 방사형 차트는 많은 데이터 계열의 집합적인 값을 나타낼 때 사용된다.

09

정답 ①

피벗테이블 결과 표시는 다른 시트에도 가능하다.

10

정답 ④

시간 데이터는 세미콜론(;)이 아니라 콜론(:)으로 시, 분, 초를 구분한다.

11

정답 ③

유효성 검사에서 제한 대상을 목록으로 설정했을 경우, 드롭다운 목록의 너비는 데이터 유효성 설정이 있는 셀의 너비에 의해 결정된다.

12

정답 ④

틀 고정을 취소할 때는 셀 포인터의 위치와 상관없다.

13

데이터베이스(DB; Data Base)란 어느 한 조직의 여러 응용 프로그램들이 공유하는 관련 데이터들의 모임이다. 대학 내 서로 관련 있는 데이터들을 하나로 통합하여 데이터베이스로 구축하게 되면, 학생 관리 프로그램, 교수 관리 프로그램, 성적 관리 프로그램은 이 데이터베이스를 공유하며 사용하게 된다. 이처럼 데이터베이스는 여러 사람에 의해 공유되어 사용될 목적으로 통합하여 관리되는 데이터의 집합을 말하며, 자료항목의 중복을 없애고 자료를 구조화하여 저장함으로써 자료 검색과 갱신의 효율을 높인다.

오답분석

② 유비쿼터스 : 사용자가 네트워크나 컴퓨터를 의식하지 않고 장소에 상관없이 자유롭게 네트워크에 접속할 수 있는 정보통신 환경을 의미한다.
③ RFID : 극소형 칩에 상품정보를 저장하고 안테나를 달아 무선으로 데이터를 송신하는 장치를 말한다.
④ NFC : NFC는 전자태그(RFID)의 하나로 13.56Mhz 주파수 대역을 사용하는 비접촉식 근거리 무선통신 모듈이며, 10cm의 가까운 거리에서 단말기 간 데이터를 전송하는 기술을 말한다.
⑤ 와이파이 : 무선접속장치(AP; Access Point)가 설치된 곳에서 전파를 이용하여 일정 거리 안에서 무선인터넷을 할 수 있는 근거리 통신망을 칭하는 기술이다.

14

오른쪽 워크시트를 보면 데이터는 '김'과 '철수'로 구분이 되어 있다. 왼쪽 워크시트의 데이터는 '김'과 '철수' 사이에 기호나 탭, 공백 등이 없으므로 각 필드의 너비(열 구분선)를 지정하여 나눈 것이다.

15

블록을 잡고 〈Back Space〉 키를 누르면 '20'만 지워진다.

오답분석

② · ③ · ④ · ⑤ 블록 부분이 다 지워진다.

PART 2

공통과목
정답 및 해설

회계원리

01	02	03	04	05	06	07	08	09	10
②	④	③	②	①	④	②	③	④	③
11	12	13	14	15	16	17	18	19	20
②	⑤	⑤	③	①	②	⑤	①	②	③

01 정답 ②

독립된 외부감사인이 충분하고 적합한 감사증거를 입수하였고 왜곡표시가 재무제표에 개별적 또는 집합적으로 중요하지만 전반적이지는 않다는 결론을 내리는 경우 표명하는 감사의견은 한정의견이다.

02 정답 ④

매출원가는 기능별 비용법으로 표시하는 항목이다.

03 정답 ③

수정전시산표는 결산 이전의 오류를 검증하는 절차로 '필수적' 절차가 아니라 '선택적' 절차에 해당한다.

04 정답 ②

대변에 선급보험료 300원이 수정(감소)되었기 때문에 수정전시산표의 선급보험료가 기말 재무상태표의 선급보험료보다 300원 많은 것을 선택하면 된다.

05 정답 ①

완성될 제품이 원가 이상으로 판매될 것으로 예상하는 경우에는 그 생산에 투입하기 위해 보유하는 원재료 및 기타 소모품을 감액하지 아니한다(즉, 저가법을 적용하지 않음). 그러나 원재료 가격이 하락하여 제품의 원가가 순실현가능 가치를 초과할 것으로 예상된다면 해당 원재료를 순실현가능 가치로 감액한다. 이 경우 원재료의 현행대체원가는 순실현가능 가치에 대한 최선의 이용가능한 측정치가 될 수 있다.

오답분석

② 선입선출법은 기말재고금액을 최근 매입가격으로 평가하므로 비교적 자산의 시가 또는 현행원가(Current Cost)가 잘 반영된다.

③ 후입선출법에 대한 설명이다.

④ 통상적으로 상호 교환될 수 없는 재고자산 항목의 원가와 특정 프로젝트별로 생산되고 분리되는 재화 또는 용역의 원가는 개별법을 사용하여 결정한다.

⑤ 이동평균법은 계속기록법에 의하여 평균법을 적용하는 것으로 상품의 매입시마다 새로운 평균 단가를 계산한다.

06 정답 ④

일반적으로 재무제표는 일관성 있게 1년 단위로 작성해야 하는데, 실무적인 이유로 어느 특정 기업이 보고기간을 52주로 한다면 이 관행은 허용된다. 이유는 이렇게 작성된 재무제표와 1년 단위로 작성된 재무제표 사이에 상당한 차이가 발생하지 않기 때문이다.

07 정답 ②

현금 및 현금성 자산

기업이 보유하고 있는 통화 및 통화대용증권과 당좌예금이나 보통예금 등 요구불예금 및 현금성 자산을 말한다. 차용증서(단기대여금), 임차보증금(비유동자산), 당좌개설보증금(장기금융상품), 수입인지(소모품비) 등은 제외된다.

통화	지폐, 주화 등 사용가능한 화폐(외국화폐 포함)
통화대용증권	국고지급통지서, 가계수표, 타인발행수표, 자기앞수표, 여행자수표, 대체저금환급증서, 공사채 만기이자표, 일람출급어음, 배당금지급통지표, 우편환증서, 우표수표, 송금수표, 만기도래 약속어음, 환어음 등

(현금 및 현금성 자산)=1,000(당좌예금)+455(배당금지급통지표)+315(우편환증서)+200(타인발행수표)=1,970원

08 정답 ③

일괄구입이란 두 종류 이상의 자산을 일괄구입가격으로 동시에 취득하는 것을 말한다. 두 종류 이상의 자산을 일괄구입가격으로 동시에 취득하는 경우, 개별자산의 취득원가는 개별자산의 상대적 공정가치의 비율로 개별자산에 배분하여야 한다.

- (토지)=$1,200,000 \times \dfrac{1,200,000}{1,200,000+300,000}=960,000$원
- (건물)=$1,200,000 \times \dfrac{300,000}{1,200,000+300,000}=240,000$원

09 　정답 ④

정보이용자가 항목 간의 유사점과 차이점을 식별하고 이해할 수 있게 하는 질적 특성은 '비교가능성'이다. 이해가능성은 정보이용자가 그 정보를 쉽게 이해할 수 있어야 한다는 특성이다. 즉, 정보를 명확하고 간결하게 분류하고, 특징지으며 표시해야 한다는 의미이다. 이는 정보이용자가 제공된 회계정보를 이해하지 못하는 경우 회계정보는 의사결정에 영향을 미치지 못하고 유용한 정보가 될 수 없기 때문이다.

10 　정답 ③

오답분석

① 재평가가 단기간에 수행되며 계속적으로 갱신된다면, 동일한 분류에 속하는 자산이라 하더라도 순차적으로 재평가할 수 있다.
② 유형자산을 재평가할 때, 그 자산의 장부금액을 재평가금액으로 조정한다.
④ 자산의 장부금액이 재평가로 인하여 감소된 경우에 그 감소액은 당기손익으로 인식한다. 그러나 그 자산에 대한 재평가잉여금의 잔액이 있다면 그 금액을 한도로 재평가감소액을 기타포괄손익으로 인식한다.
⑤ 어떤 유형자산 항목과 관련하여 자본에 계상된 재평가잉여금은 그 자산이 제거될 때 이익잉여금으로 직접 대체할 수 있다.

11 　정답 ②

화폐의 시간가치 영향이 중요한 경우 충당부채는 의무를 이행하기 위하여 예상되는 지출액의 현재가치로 평가한다. 또한 할인율은 부채의 특유한 위험과 화폐의 시간가치에 대한 현행 시장의 평가를 반영한 세전 이율이다. 이 할인율에는 미래현금흐름을 추정할 때 고려한 위험을 반영하지 아니한다.

12 　정답 ⑤

선급금과 선수금은 각각 비금융자산과 비금융부채에 해당한다.

금융자산과 금융부채

구분	자산	부채
금융	현금 및 현금성 자산, 매출채권, 대여금, 받을어음, 지분상품 및 채무상품 등	매입채무, 지급어음, 차입금, 사채 등
비금융	선급금, 선급비용, 재고자산, 유형자산, 무형자산 등	선수금, 선수수익, 충당부채, 미지급법인세 등

13 　정답 ⑤

토지(유형자산)에 대한 취득세 지출은 원가에 포함되므로 당기순이익을 감소시키지 않는다.

오답분석

①·②·③·④ 비용발생으로 당기순이익을 감소시키는 거래에 해당한다.

14 　정답 ③

가수금은 이미 현금으로 받았으나 아직 계정과목이나 금액 등을 확정할 수 없어 일시적으로 처리하는 부채계정으로 기말 재무상태표에는 그 내용을 나타내는 적절한 계정으로 대체하여 표시해야 한다. 또한, 당좌차월은 당좌예금잔액을 초과하여 수표를 발행하면 발생하는 것으로 기말 재무상태표에는 단기차입금계정으로 표기한다.

15 　정답 ①

단기매매목적으로 보유하는 유가증권의 취득과 판매에 따른 현금흐름은 영업활동현금흐름으로 분류한다.

16 　정답 ②

관련 범위 내에서 조업도가 0이라도 일정액이 발생하는 원가를 혼합원가라 한다.

오답분석

① 기회원가는 현재 기업이 보유하고 있는 자원을 둘 이상의 선택 가능한 대체안에 사용할 수 있는 경우, 최선의 안을 선택함으로써 포기된 대체안으로부터 얻을 수 있었던 효익을 의미하며, 의사결정 시 고려할 수 있다.
③ 관련 범위 내에서 생산량이 감소하면 단위당 고정원가는 증가한다.
④ 관련 범위 내에서 생산량이 증가하면 단위당 변동원가는 변함이 없다.
⑤ 통제가능원가란 특정 관리자의 통제범위 내에 있는 원가를 말한다.

17 　정답 ⑤

회계상 거래는 회사의 재무상태인 자산·부채·자본의 증감변동이 일어나는 거래(①, ②, ③, ④)를 말한다. 부동산을 담보로 제공하는 행위는 일상적인 거래에 해당하지만 자산·부채·자본의 증감변동이 일어나지 않으므로 회계상 거래로 보지 않는다.

18

정답 ①

감자차익은 당기순이익에 영향을 미치지 않는다.

감자차익

- 주식회사의 자본금을 감소시킬 때 감소된 자본금액이 주식의 소각, 주금의 반환 또는 결손금을 보전한 금액을 초과하는 경우 처리하는 계정으로 대차대조표에서 자본잉여금으로 분류된다. 자본잉여금은 포괄손익계산서를 거치지 않고 직접 자본에 가감되고, 원칙적으로 자본금전입 또는 결손보전에만 사용 가능하므로 당기순이익에 영향을 미치지 않는다.
- 감자차손에 대한 처리방법은 감자차익에서 우선적으로 차감한 후 자본조정계정에 계상하며, 나머지는 결손금의 처리순서에 준하여 처리한다. 재무제표에 표시방법은 자본잉여금의 부(−)에 감자차익계정으로 기재하여야 한다.

19

정답 ②

매입채무와 사채는 금융부채이나 선수금, 미지급법인세, 소득세예수금은 비금융부채이다.

금융부채와 비금융부채

- 금융부채 : 거래상대방에게 현금 등 금융자산을 인도하기로 한 계약상 의무
  예 매입채무, 차입금, 미지급비용, 사채, 신주인수권부사채, 전환사채 등
- 비금융부채 : 계약상 의무가 아니라 법률상 의무 혹은 의제의무(지출의 시기 또는 금액이 불확실한 미확정부채)
  예 선수금, 미지급법인세, 소득세예수금 등

20

정답 ③

검증가능성은 둘 이상의 회계담당자가 동일한 경제적 사건에 대하여 동일한 측정방법으로 각각 독립적으로 측정하더라도 각각 유사한 측정치에 도달하게 되는 속성을 말한다. 즉, 검증가능성은 정보가 나타내고자 하는 경제적 현상을 충실히 표현하는지를 정보이용자가 확인하는 데 도움을 주는 보강적 질적 특성이다.

재무정보의 질적 특성

근본적 질적 특성	• 목적적합성 • 충실한 표현
보강적 질적 특성	• 비교가능성 • 검증가능성 • 적시성 • 이해가능성

PART 3

직무수행능력평가
정답 및 해설

01	02	03	04	05	06	07	08	09	10
②	⑤	③	⑤	①	③	④	①	⑤	②
11	12	13	14	15	16	17	18	19	20
③	①	①	①	④	①	①	③	③	②
21	22	23	24	25	26	27	28	29	30
②	②	③	②	②	②	②	②	⑤	④
31	32	33	34	35	36	37	38	39	40
①	②	④	②	②	⑤	⑤	⑤	⑤	①
41	42	43	44	45	46	47	48	49	50
③	②	②	③	④	③	①	④	⑤	①

01   정답 ②

인간 관계론은 인간을 기계적으로만 취급할 것이 아니라 조직 구성원들의 사회적·심리적 욕구와 조직 내 비공식집단 등을 중시하며, 조직의 목표와 조직구성원들의 목표 간의 균형 유지를 지향하는 민주적·참여적 관리 방식을 처방하는 조직이론을 말한다. 최초로 인간 관계론에 공헌한 사람은 행동 과학 이론의 폴레트(M. P. Follett)이지만 메이요(G. Elton Mayo) 등 하버드 대학의 경영학 교수들이 진행한 호손실험에 의해 본격적으로 이론적 틀이 마련되었다.

02   정답 ⑤

기업의 외부 환경이 복잡해지면서 많은 조직이 유기적 조직 형태를 지닌다. 유기적 조직은 직무 전문화 수준이 낮고 계층이 감소함에 따라 수평적인 팀의 구성을 활용한다. 따라서 통제 범위가 넓고 의사결정이 분권화되면서 조직원들도 원활한 소통을 통해 환경 변화에 탄력적으로 대응할 수 있다.

03   정답 ③

경영활동에는 크게 기술활동 상업활동 재무활동 보호활동 회계활동 관리활동으로 구분 할 수 있다. 그 중에 페이욜은 관리활동을 '계획, 조직, 지휘, 조정, 통제'로 '관리 5요소론'을 정립하였다. '분업'은 14가지 관리일반원칙에 해당한다.

04   정답 ⑤

오답분석

① 데이터베이스 관리시스템은 데이터의 중복성을 최소화하면서 조직에서의 다양한 정보요구를 충족시킬 수 있도록 상호 관련된 데이터를 모아놓은 데이터의 통합된 집합체이다.
② 전문가시스템은 특정 전문분야에서 전문가의 축적된 경험과 전문지식을 시스템화하여 의사결정을 지원하거나 자동화하는 정보시스템이다.
③ 전사적 자원관리시스템은 구매, 생산, 판매, 회계, 인사 등 기업의 모든 인적·물적 자원을 효율적으로 관리하여 기업의 경쟁력을 강화시켜주는 통합정보시스템이다.
④ 의사결정지원시스템은 경영관리자의 의사결정을 도와주는 시스템이다.

05   정답 ①

동기부여의 내용이론
• 매슬로의 욕구단계설 : 매슬로의 주장은 인간의 다양하고도 복잡한 욕구가 사람의 행동을 이끄는 주된 원동력이라는 것이다.
• 알더퍼의 ERG 이론 : 알더퍼는 인간욕구의 단계성을 인정하는 것은 매슬로우와 같지만 존재욕구, 관계욕구, 성장욕구를 구분함으로써 하위단계에서 상위단계로의 진행과 상위단계 욕구가 만족되지 않을 경우 하위단계 욕구가 더 커진다는 이론을 제시했다.
• 허츠버그의 2요인 이론 : 허츠버그는 개인에게 만족감을 주는 요인과 불만족을 주는 요인이 전혀 다를 수 있다는 이론을 제시했다. 그에 따르면 동기요인(성취감, 상사로부터의 인정, 성장과 발전 등)은 직무동기를 유발하고 만족도를 증진시키나, 위생요인(회사의 정책, 관리규정, 임금, 관리행위, 작업조건 등)은 직무불만족을 유발한다.
• 맥클랜드의 성취동기이론 : 맥클랜드는 개인의 성격을 크게 세 가지 욕구의 구성체로 간주하고, 그 중 성취욕구가 높은 사람이 강한 수준의 동기를 갖고 직무를 수행한다는 이론을 제시했다.

06

OJT(On the Job Training)

직장 내 교육훈련으로 회사 내에서 업무를 진행하면서 직속 상사로부터 교육, 훈련을 받는 것으로 실무상의 교육이다.

- 장점 : 종업원이 실제로 수행하게 될 직무와 직접 관련성이 높은 교육을 받게 되며, 작업현장에서 교육이 실시되므로 결과에 대한 피드백이 즉각 주어지고, 따라서 동기부여 효과가 크다. 상대적으로 비용이 적게 들어 효율적이며 능력과 수준에 따른 맞춤형 교육이 가능하다.
- 단점 : 전문교육자가 아니므로 교육훈련의 성과가 떨어질 수 있으며, 일과 교육의 병행으로 집중도가 낮아질 수 있다.

07

정답 ④

직무기술서는 직무수행과 관련된 과업 및 직무행동을 직무요건을 중심으로 기술한 양식이다.

구분	직무기술서	직무명세서
개념	• 직무수행과 관련된 과업 및 직무 행동을 직무요건을 중심으로 기술한 양식	• 특정 직무를 수행하기 위해 요구되는 지식, 기능, 육체적 정신적 능력 등 인적요건을 중심으로 기술한 양식
포함 내용	• 직무 명칭, 직무코드, 소속 직군, 직렬 • 직급(직무등급), 직무의 책임과 권한 • 직무를 이루고 있는 구체적 과업의 종류 및 내용 등	• 요구되는 교육 수준 • 요구되는 지식, 기능, 기술, 경험 • 요구되는 정신적, 육체적 능력 • 인정 및 적성, 가치, 태도 등
작성 요건	• 명확성, 단순성, 완전성, 일관성	

08

정답 ①

포트폴리오의 분산은 각 구성자산과 포트폴리오 간의 공분산을 각 자산의 투자비율로 가중평균하여 계산한다.

자본예산기법

자본예산이란 투자효과가 장기적으로 나타나는 투자의 총괄적인 계획으로서 투자대상에 대한 각종 현금흐름을 예측하고 투자안의 경제성분석을 통해 최적 투자결정을 내리는 것을 말한다.

자본예산의 기법에는 회수기간법, 회계적이익률법, 수익성지수법, 순현가법, 내부수익률법 등이 주로 활용된다.

- 회수기간법 : 투자시점에서 발생한 비용을 회수하는데 걸리는 기간을 기준으로 투자안을 선택하는 자본예산기법이다.
  - 상호독립적 투자안 : 회수기간＜목표회수기간 → 채택
  - 상호배타적 투자안 : 회수기간이 가장 짧은 투자안 채택
- 회계적이익률법 : 투자를 원인으로 나타나는 장부상의 연평균 순이익을 연평균 투자액으로 나누어 회계적 이익률을 계산하고 이를 이용하여 투자안을 평가하는 방법이다.
  - 상호독립적 투자안 : 투자안의 ARR＞목표ARR → 채택
  - 상호배타적 투자안 : ARR이 가장 큰 투자안 채택

- 순현가법 : 투자로 인하여 발생할 미래의 모든 현금흐름을 적절한 할인율로 할인한 현가로 나타내어서 투자결정에 이용하는 방법이다.
  - 상호독립적 투자안 : NPV＞0 → 채택
  - 상호배타적 투자안 : NPV가 가장 큰 투자안 채택
- 내부수익률법 : 미래현금유입의 현가와 현금유출의 현가를 같게 만드는 할인율인 내부수익률을 기준으로 투자안을 평가하는 방법이다.
  - 상호독립적 투자안 : IRR＞자본비용 → 채택
  - 상호배타적 투자안 : IRR이 가장 큰 투자안 채택

09

정답 ⑤

수평적 분화는 조직 내 직무나 부서의 개수를 의미하며, 전문화의 수준이 높아질수록 직무의 수가 증가하므로 수평적 분화의 정도는 높아지는 것이 일반적이다.

10

정답 ②

오답분석

① 횡축은 상대적 시장점유율, 종축은 시장성장률이다.
③ 별 영역은 시장성장률이 높고, 상대적 시장점유율도 높다.
④ 자금젖소 영역은 시장점유율이 높아 자금투자보다 자금산출이 많다.
⑤ 개 영역은 시장성장률과 상대적 시장점유율이 낮은 쇠퇴기에 접어든 경우이다.

11

정답 ③

재무상태표는 특정 시점에서 기업의 재무상태(자산, 자본, 부채의 구성상태)를 표시하는 재무제표이다.

- 포괄손익계산서 : 일정한 회계기간 동안의 영업성과를 집약적으로 표시
- 자본변동표 : 회계기간 동안 소유주지분(자본)의 변동을 구성항목별로 구분하여 보고하는 회계보고서
- 현금흐름표 : 기업의 영업활동과 재무활동 그리고 투자활동에 의하여 발생하는 현금흐름의 특징이나 변동원인에 대한 정보를 제공하는 회계보고서
- 자금순환표 : 국가경제 내의 금융활동이 경제주체 간 어떤 관계를 가지고 있는지, 발생한 소득이 소비와 투자에 얼마나 사용되고 남은 자금은 어떻게 사용되는지 등을 나타내는 표

12

정답 ①

적시생산시스템(JIT; Just In Time)

무재고 생산방식 또는 도요타 생산방식이라고도 하며, 필요한 것을 필요한 만큼 필요한 때에 만드는 생산방식을 의미한다.

13 정답 ①

오답분석

② 서번트 리더십은 지속적인 변화가 필요한 상황 및 장기적인 조직성 장이 필요한 상황에 적극적으로 대응하기 위해 필요한 리더십 스타 일로, 구성원들과 수평적 관계를 형성하고 파트너십을 강조하는 것 이 특징이다.

③ 카리스마적 리더십은 능력이 뛰어나고 전문성을 보유하며 구성원 들로부터 존경과 지지를 받는 리더가 현 상황에 불만을 가지고 변화 를 위해 노력하는 과정에서 이상적인 비전을 제시하고, 이를 위해 구성원들과 공유 및 소통을 하는 방식의 리더십을 말한다.

④ 거래적 리더십은 목표달성을 위해 규정된 과업행동을 효율적으로 수행할 수 있도록 적절한 강화기제를 사용하는 리더십 스타일이다.

⑤ 코칭 리더십은 구성원 개개인의 능력향상보다는 팀원들의 상호 교 류와 네트워크, 그리고 구성원의 능력개발을 이끌어 내는 리더십을 말한다.

14 정답 ①

델파이(Delphi)기법은 예측하려는 현상에 대하여 관련 있는 전문가나 담당자들로 구성된 위원회를 구성하고 개별적 질의를 통해 의견을 수 집하여 종합·분석·정리하고 의견이 일치될 때까지 개별적 질의 과정 을 되풀이하는 예측기법이다.

15 정답 ④

$(1,000,000 \times 0.9091 + 1,000,000 \times 0.8264) - 1,500,000$
$= 235,500$

※ 연 10%에 기간이자율에 대한 1기간 단일 현가계수

$$= \frac{1}{1+0.1} = 0.9091$$

16 정답 ①

ㄱ. 변혁적 리더십은 거래적 리더십에 대한 비판으로 현상 탈피, 변화 지향성, 내재적 보상의 강조, 장기적 관점이다.

ㄷ. 카리스마 리더십은 부하에게 높은 자신감을 보이며 매력적인 비전 을 제시한다.

오답분석

ㄴ. 거래적 리더십은 전통적 리더십 이론으로 현상 유지, 안정 지향성, 즉각적이고 가시적인 보상체계, 단기적 관점이 특징이다.

ㄹ. 슈퍼리더는 부하들이 역량을 최대한 발휘하여 셀프 리더가 될 수 있도록 환경을 조성해 주고 동기부여를 할 줄 아는 리더이다.

17 정답 ①

신제품 수용자 유형

• 혁신자(Innovators) : 신제품 도입 초기에 제품을 수용하는 소비자. 모험적, 새로운 경험 추구

• 조기수용자(Early Adopters) : 혁신소비자 다음으로 수용하는 소비 자. 의견선도자 역할

• 조기다수자(Early Majority) : 대부분의 일반소비자. 신중한 편

• 후기다수자(Late Majority) : 대부분의 일반소비자. 신제품 수용에 의심 많음

• 최후수용자(Laggards) : 변화를 싫어하고 전통을 중시함. 변화를 거 부하며 전통에 집착

18 정답 ③

오답분석

ㄴ. 개별주식의 기대 수익률이 증권시장선 위쪽에 위치하면 주가가 과 소평가된 상태이다.

ㄷ. 자본시장의 기대수익과 위험간의 선형적인 관계를 나타낸다.

19 정답 ③

매트릭스 조직

조직의 구성원이 원래 속해 있던 종적계열과 함께 횡적계열이나 프로 젝트 팀의 일원으로 속해 동시에 임무를 수행하는 조직형태로, 결국 한 구성원이 동시에 두 개의 팀에 속하게 된다. 매트릭스 조직의 특징 은 계층원리와 명령일원화 원리의 불적용, 라인·스태프 구조의 불일 치, 프로젝트 임무 완수 후 원래 속한 조직업무로의 복귀 등이 있다.

• 장점 : 매트릭스 조직은 지식공유가 일어나는 속도가 빠르므로 프로 젝트를 통해 얻은 지식과 경험을 다른 프로젝트에 활용하기 쉽고, 프 로젝트 또는 제품별 조직과 기능식 조직간에 상호 견제가 이루어지므 로 관리의 일관성을 꾀할 수 있으며 인적자원 관리도 유연하게 할 수 있는 장점이 있다. 또한 시장의 요구에 즉각적으로 대응할 수 있으 며 경영진에게도 빠르게 정보를 전달할 수 있다.

• 단점 : 조직의 특성상 구성원은 자신의 위치에 대해 불안감을 가질 수 있고, 이것이 조직에 대한 몰입도나 충성심 저하의 원인이 될 수 있다. 관리비용의 증가 문제 역시 발생할 수 있다.

20 정답 ②

경영통제의 과정은 '표준의 설정 → 실제성과의 측정 → 편차의 수정' 순서이다.

21 [정답] ②

오답분석
① 다른 회사의 주식을 소유함으로써 사업활동을 지배하는 것을 주된 사업으로 하는 회사
③ 복합기업, 다종기업이라고도 하며, 서로 업종이 다른 이종기업 간의 결합에 의한 기업형태
④ 동일산업 부문에서의 자본의 결합을 축으로 한 독점적 기업결합
⑤ 법률적으로 독립하고 있는 몇 개의 기업이 출자 등의 자본적 연휴를 기초로 하는 지배·종속 관계에 의해 형성되는 기업결합

22 [정답] ①

포터(M. Porter)의 경쟁전략 유형
• 원가우위 전략
• 차별화 전략
• 원가집중화 전략
• 차별적 집중화 전략

23 [정답] ②

공정성이론은 조직구성원은 자신의 투입에 대한 결과의 비율을 동일한 직무 상황에 있는 준거인의 투입 대 결과의 비율과 비교해 자신의 행동을 결정하게 된다는 이론이다.

오답분석
① 구성원 개인의 모티베이션의 강도를 성과에 대한 기대와 성과의 유의성에 의해 설명하는 이론
③ 인간의 욕구는 위계적으로 조직되어 있으며 하위 단계의 욕구 충족이 상위 계층 욕구의 발현을 위한 조건이 된다는 이론
④ 의식적인 목표나 의도가 동기의 기초이며 행동의 지표가 된다고 보는 이론
⑤ 성취감이나 책임감에 의해 동기유발이 되어 있는 것에 외적인 보상(승진, 급여인상, 성과급 등)을 도입하면 오히려 동기유발 정도가 감소한다고 보는 이론

24 [정답] ⑤

평가센터법 안에서 다양한 방법의 평가기법들이 사용되기 때문에 표준화가 어렵고 상대적 비교도 어려우며, 시간과 비용이 많이 든다.

25 [정답] ⑤

최저임금제의 필요성
• 계약자유의 원칙 한계 보완 : 계약의 자유가 소유권과 결합하여 오히려 경제적 강자를 보호하고 경제적 약자를 지배하는 제도로 전환되는 한계를 보완
• 사회적 약자 보호 : 생존임금과 생활임금을 보장하여 저임금 노동자 등의 사회적 약자들을 보호
• 시장실패 보완 : 임금이 하락함에도 불구하고 노동공급은 줄어들지 않고 계속 증가하여 임금이 계속 떨어지는 현상인 왜곡된 임금구조를 개선
• 유효수요 증대 : 저소득층의 한계소비성향을 높여 사회 전반적인 수요 증대

26 [정답] ③

오답분석
① 피평정자의 근무성적을 서로 비교해서 그들 간의 서열을 정하여 평정하는 방법
② 관찰하려는 행동에 대해 어떤 질적 특성의 차이를 몇 단계로 구분하여 판단하는 방법
④ 피평정자의 근무실적에 큰 영향을 주는 중요사건들을 평정자로 하여금 기술하게 하거나 또는 주요 사건들에 대한 설명구를 미리 만들고 평정자로 하여금 해당되는 사건에 표시하게 하는 평정방법
⑤ 전통적인 충동관리나 상사위주의 지식적 관리가 아닌 공동목표를 설정·이행·평가하는 전 과정에서 아랫사람의 능력을 인정하고 그들과 공동노력을 함으로써 개인목표와 조직목표 사이, 상부목표와 하부목표 사이에 일관성이 있도록 하는 관리방법

27 [정답] ②

역할연기법은 경영관리상의 문제 해결이나 이해를 위해 당사자가 문제의 주인공처럼 실연해서 문제의 핵심을 파악하는 것으로, 감독자 훈련이나 세일즈맨에 대한 기술훈련 등에 사용되고 있다. 따라서 역할연기법은 훈련방법이지 훈련의 필요성을 분석하는 방법이 아니다.

28 [정답] ②

②는 X이론에 해당한다.

맥그리거(D. McGregor)의 X - Y 이론
• X이론 : 명령통제에 관한 전통적 견해이며 낡은 인간관
  - 인간은 선천적으로 일을 싫어하며 가능한 한 일을 하지 않고 지냈으면 한다.
  - 기업 내의 목표달성을 위해서는 통제·명령·상벌이 필요하다.
  - 종업원은 대체로 평범하며, 자발적으로 책임을 지기보다는 명령받기를 좋아하고 안전제일주의의 사고·행동을 취한다.
• Y이론 : 인간의 행동에 관한 여러 사회과학의 성과를 토대로 한 것
  - 종업원들은 자발적으로 일할 마음을 가지게 된다.
  - 개개인의 목표와 기업목표의 결합을 꾀할 수 있다.
  - 일의 능률을 향상시킬 수 있다.

29
정답 ⑤

서번트(Servant) 리더의 특성
- 경청하는 자세
- 공감대 형성에의 노력
- 부하들의 고통치유에 관심
- 분명한 인식을 통해 대안 제시
- 맹종 아닌 설득에 의한 동반
- 폭넓은 사고를 통해 비전 제시
- 예리한 통찰력으로 미래예측을 하도록 도움
- 청기지적인 태도로 봉사
- 부하들의 능력개발에 노력
- 조직구성원들 간 공동체 형성에 조력

30
정답 ④

오답분석
① 개별 구성원의 능력·실적 및 조직 공헌도 등을 평가해 계약에 의해 연간 임금액을 책정하는 보수 체계
② 노동의 성과를 측정하여 그 결과에 따라 임금을 지급하는 제도
③ 근로자들의 임금을 삭감하지 않고 고용을 유지하기 위해 근무시간을 줄여 고용을 보장하기 위한 제도
⑤ 생산액의 변동에 임금을 연결시켜 산출하는 것으로 일정기간 동안 구성원과 조직이 기대한 원가절감액에서 실제 절약한 비용을 뺀 나머지를 모든 구성원들에게 금전적 형태로 제공하는 제도

31
정답 ①

오답분석
다. 기업의 조직구조가 전략에 영향을 미치는 것이 아니라 조직의 전략이 정해지면 그에 맞는 조직구조를 선택하므로, 조직의 전략이 조직구조에 영향을 미친다.
라. 대량생산 기술을 사용하는 조직은 기계적 조직구조에 가깝게 설계해야 한다. 기계적 조직구조는 효율성을 강조하며 고도의 전문화, 명확한 부서화, 좁은 감독의 범위, 높은 공식화, 하향식 의사소통의 특징을 갖는다. 반면 유기적 조직구조는 유연성을 강조하며 적응성이 높고 환경변화에 빠르게 적응하는 것을 강조한다.

32
정답 ②

오답분석
① 내부 벤치마킹 : 기업 내부의 부문 간 또는 관련회사 사이의 벤치마킹으로서 현재의 업무를 개선하기 위한 것이며, 외부 벤치마킹을 하기 위한 사전단계이다.
③ 산업 벤치마킹 : 경쟁기업과의 비교가 아니라 산업에 속해 있는 전체 기업을 대상으로 하기 때문에 그 범위가 매우 넓다.
④ 선두그룹 벤치마킹 : 새롭고 혁신적인 업무방식을 추구하는 기업을 비교대상으로 한다. 이것은 단순히 경쟁에 대처하는 것이 아니라 혁신적인 방법을 모색하는 것을 목표로 한다.

33
정답 ④

지출의 발생과 자산의 취득이 반드시 일치하는 것은 아니다. 관련된 지출이 없다 할지라도 특정 항목이 자산의 정의를 충족하는 경우에는 재무상태표의 인식 대상이 되는 것을 배제할 수 없다. 따라서 증여받은 재화는 지출은 없을지라도 자산의 정의를 충족시킨다.

34
정답 ②

오답분석
① 지주회사 : 다른 회사의 주식을 소유함으로써 사업활동을 지배하는 것을 주된 사업으로 하는 회사
③ 컨글로메리트 : 복합기업, 다종기업이라고도 하며, 서로 업종이 다른 이종기업 간의 결합에 의한 기업형태
④ 트러스트 : 동일산업 부문에서의 자본의 결합을 축으로 한 독점적 기업결합
⑤ 콘체른 : 법률적으로 독립하고 있는 몇 개의 기업이 출자 등의 자본적 연휴를 기초로 하는 지배·종속 관계에 의해 형성되는 기업결합체

35
정답 ①

포터(M. Porter)의 경쟁전략 유형
- 원가우위 전략
- 차별화 전략
- 원가집중화 전략
- 차별적 집중화 전략

36
정답 ②

공정성이론은 조직구성원이 자신의 투입에 대한 결과의 비율을 동일한 직무 상황에 있는 준거인의 투입 대비 결과의 비율과 비교해 자신의 행동을 결정하게 된다는 이론이다.

오답분석
① 기대이론 : 구성원 개인의 모티베이션의 강도를 성과에 대한 기대와 성과의 유의성에 의해 설명하는 이론
③ 욕구단계이론 : 인간의 욕구는 위계적으로 조직되어 있으며 하위단계의 욕구 충족이 상위 계층 욕구의 발현을 위한 조건이 된다는 이론
④ 목표설정이론 : 의식적인 목표나 의도가 동기의 기초이며 행동의 지표가 된다고 보는 이론
⑤ 인지적평가이론 : 성취감이나 책임감에 의해 동기유발이 되어 있는 것에 외적인 보상(승진, 급여인상, 성과급 등)을 도입하면 오히려 동기유발 정도가 감소한다고 보는 이론

37
정답 ⑤

오답분석
① 개념체계가 한국채택국제회계기준과 상충되는 경우 한국채택국제회계기준이 개념체계보다 우선한다.
② 재무제표의 기본가정은 계속기업이 유일하다. 이러한 계속기업의 가정은 역사적 원가 평가의 근거가 된다.
③ 기업은 현금흐름 정보를 제외하고는 발생기준 회계를 사용하여 재무제표를 작성한다. 즉 현금흐름표는 현금기준 회계를 적용하여 작성하고 그 외의 재무제표는 발생기준에 따른다.
④ 주석은 재무제표와는 별도로 공시하지만 재무제표에 포함된다.

38
정답 ⑤

평가센터법 안에서 다양한 방법의 평가기법들이 사용되기 때문에 표준화가 어렵고 상대적 비교도 어려우며, 시간과 비용이 많이 든다.

39
정답 ⑤

최저임금제의 필요성
• 계약자유의 원칙 한계 보완 : 계약의 자유가 소유권과 결합하여 오히려 경제적 강자를 보호하고 경제적 약자를 지배하는 제도로 전환되는 한계를 보완
• 사회적 약자 보호 : 생존임금과 생활임금을 보장하여 저임금 노동자 등의 사회적 약자들을 보호
• 시장실패 보완 : 임금이 하락함에도 불구하고 노동공급은 줄어들지 않고 계속 증가하여 임금이 계속 떨어지는 현상인 왜곡된 임금구조를 개선
• 유효수요 증대 : 저소득층의 한계소비성향을 높여 사회 전반적인 수요 증대

40
정답 ①

재무상태표 등식은 (자산)=(부채)+(자본)이다.

41
정답 ③

상위자가 하위자에게 직무를 위양할 때에는 권한은 이양할 수 있지만 책임은 이양할 수 없다.

42
정답 ②

성과급제는 노동성과를 측정하여 측정된 성과에 따라 임금을 산정·지급하는 제도이다. 그러므로 이 제도에서 임금은 성과와 비례한다.

43
정답 ②

앰부시 마케팅(Ambush Marketing)
앰부시(Ambush)는 '매복'을 뜻하는 말로, 앰부시 마케팅은 교묘히 규제를 피해 가는 매복 마케팅이라고도 한다. 대형 스포츠 이벤트에서 공식 후원사가 아니면서도 TV 광고나 개별 선수 후원을 활용해 공식 스폰서 같은 인상을 줘서 홍보 효과를 극대화하는 전략이다.

오답분석
① 니치 마케팅(Niche Marketing) : '틈새시장'이라는 뜻을 가진 말로 시장의 빈틈을 공략하는 새로운 상품을 잇따라 시장에 내놓음으로써, 다른 특별한 제품 없이도 셰어(Share)를 유지시켜 가는 마케팅 기법
③ 버즈 마케팅(Buzz Marketing) : 소비자들이 자발적으로 메시지를 전달하게 하여 상품에 대한 긍정적인 입소문을 내게 하는 마케팅 기법
④ 플래그십 마케팅(Flagship Marketing) : 시장에서 성공을 거둔 특정 상품을 중심으로 판촉활동을 하는 마케팅 기법
⑤ 바이럴 마케팅(Viral marketing) : 네티즌들이 이메일이나 메신저 혹은 블로그 등을 통해 자발적으로 기업이나 상품을 홍보하도록 만드는 마케팅 기법

44
정답 ③

스톡옵션을 보유한 임직원은 일정기간이 지나면 자사의 주식을 임의대로 처분할 수 있는 권한을 가지고 있다.

45
정답 ④

SPA 브랜드는 패스트 패션이라고도 불리며, 비교적 저렴한 가격과 빠른 유통을 통해 재고를 최소화하는 것을 특징으로 한다. 최근에는 백화점 내 매장에 입점하는 등 점차 그 영역을 확장하고 있으며, 또한 유명 브랜드 디자이너와의 컬래버레이션을 통해 상품군을 다변화하고 있다.

46
정답 ③

오답분석
① 편의품 : 최소한의 노력으로 적합한 제품을 구매하려는 행동의 특성을 보이는 제품으로 주로 일상생활에서 소비빈도가 가장 높으며 가장 인접해 있는 점포에서 구매하는 상품
② 선매품 : 여러 점포를 방문하거나 다양한 제품들의 가격수준, 품질, 스타일 등에 대한 적합성을 비교하여 최선의 선택으로 결정하는 제품
④ 자본재 : 다른 재화를 생산하기 위해 사용되는 재화
⑤ 원자재 : 공업 생산의 원료가 되는 자재

47

정답 ①

초기고가전략은 가격 변화에 둔감한 경우, 즉 수요의 가격탄력성이 낮은 경우에 채택해야 한다.

48

정답 ④

시장세분화의 요건
• 측정가능성 : 세분시장의 특성(고객 수, 구매력)이 측정 가능해야 한다.
• 접근가능성 : 유통경로나 매체를 통한 접근이 가능해야 한다.
• 실행가능성 : 세분시장을 공략하기 위한 효과적 마케팅 프로그램을 개발할 수 있어야 한다.
• 충분한 세분시장의 규모 : 충분한 이익을 얻을 수 있어야 한다.
• 차별화 가능성 : 세분시장 내는 동질적, 세분시장 간은 이질적이어야 한다.

49

정답 ⑤

촉진믹스(Promotion Mix) 활동
• 광고
• 인적판매
• 판매촉진
• PR(Public Relationship)
• 직접마케팅
• 간접마케팅

50

정답 ①

오답분석
② 수익성지수법 : 비용의 크기가 서로 매우 다른 여러 투자안들이 있거나 투자할 수 있는 여력이 제한되어 자본할당을 해야 하는 경우에 이용될 수 있는 투자안 평가방법
③ 순현재가치법 : 투자로 인해 발생하는 현금흐름의 총 유입액 현재가치에서 총 유출액 현재가치를 차감한 가치인 순현가(순현재가치)를 이용하여 투자안을 평가하는 방법
④ 내부수익률법 : 내부수익률을 투자자의 요구수익률과 비교하여 투자 의사결정을 하는 방법
⑤ 회수기간법 : 투자에 소요된 자금을 그 투자로 인하여 발생하는 현금흐름으로부터 모두 회수하는 데 걸리는 기간을 재무관리자가 사전에 정해놓은 회수기간과 비교하여 투자안을 평가하는 방법

CHAPTER 02 경제 기출예상문제 정답 및 해설

01	02	03	04	05	06	07	08	09	10
②	⑤	①	④	③	②	①	④	⑤	③
11	12	13	14	15	16	17	18	19	20
③	①	⑤	①	③	④	②	①	②	①
21	22	23	24	25	26	27	28	29	30
②	②	④	④	④	②	①	⑤	②	①
31	32	33	34	35	36	37	38	39	40
②	⑤	①	④	③	④	⑤	⑤	⑤	④
41	42	43	44	45	46	47	48	49	50
③	④	②	⑤	④	⑤	③	⑤	④	①

01 　　정답 ②

소비 투자 국제수지 국민소득 같은 경우는 일정 기간에 통상적으로 분기별 혹은 연도별로 기간을 정하여 측정하는 유량 변수에 해당한다. 하지만 통화량은 일정 시점에 어느 정도의 양이 통화되고 있는지를 알아보기 위한 것으로 저량 변수에 해당하므로 정답은 통화량이 된다.

• 유량(Flow) 변수 : 소비, 투자, 국민소득, 국제수지, 수출, 수입 등
• 저량(Stock) 변수 : 통화량, 자본량, 외환보유량 등

02 　　정답 ⑤

무한경쟁주의에 관련된 시장 경제의 특징에 관한 문제로 그중 자유로운 경쟁은 많은 고객을 확보하려는 기업(판매자 or 공급자)들의 경쟁은 좀 더 나은 제품과 서비스를 좀더 저렴한 가격에 공급하는 결과를 낳는다. 따라서 가격이 변동되고 서비스는 개선되며 상품의 다양성이 증가하고 품질 또한 향상된다. 하지만 자유 경쟁이 경기를 안정시키는 역할을 하지는 않는다.

03 　　정답 ①

정부지출의 효과가 크기 위해서는 승수효과가 커져야 한다. 승수효과란 확대재정정책에 따른 소득의 증가로 인해 소비지출이 늘어나게 되어 총수요가 추가적으로 증가하는 현상을 말한다. 즉, 한계소비성향이 높을수록 승수효과는 커진다. 한계소비성향이 높다는 것은 한계저축성향이 낮다는 것과 동일한 의미이다.

04 　　정답 ④

지니계수는 0과 1 사이이며 이 값이 작을수록 소득분배가 평등하다는 것을 의미한다. 지니계수는 로렌츠 곡선에서 도출된 것이므로 로렌츠 곡선이 교차하는 경우에는 단순히 지니계수 수치만으로 소득분배상태를 비교하는 것이 불가능하다. 또한, 동일한 지니계수일지라도 로렌츠 곡선의 형태가 달라질 수 있으며 경우에 따라서는 소득분배상태가 변함에 따라 로렌츠 곡선이 교차하는 경우가 나타날 수 있다.

05 　　정답 ③

오답분석

ㄷ. 채용비용이 존재할 때는 숙련 노동수요곡선보다 미숙련 노동수요 곡선이 임금의 변화에 더 탄력적이다.

06 　　정답 ②

IS곡선 혹은 LM곡선이 우측으로 이동하면 AD곡선도 우측으로 이동한다.

IS곡선	우측 이동요인	소비증가, 투자증가, 정부지출증가, 수출증가
	좌측 이동요인	조세증가, 수입증가, 저축증가
LM곡선	우측 이동요인	통화량증가
	좌측 이동요인	화폐수요증가, 물가상승, 실질통화량감소

ㄱ. 주택담보대출의 이자율 인하 → 투자증가 → IS곡선 우측 이동
ㄷ. 기업에 대한 투자세액공제 확대 → 투자증가 → IS곡선 우측 이동
ㅁ. 해외경기 호조로 순수출 증대 → 수출증가 → IS곡선 우측 이동

오답분석

ㄴ. 종합소득세율 인상 → 조세증가 → IS곡선 좌측 이동
ㄹ. 물가의 변화는 LM곡선의 이동요인이나 AD곡선의 이동요인은 아니다(AD곡선상에서의 이동요인임).

07 　　정답 ①

오답분석

② IS – LM곡선에 의해 실질이자율이 결정된다.
③ 유동성선호이론은 케인스의 화폐수요이론이다.
④ 실물시장과 화폐시장이 분리된다(화폐의 중립성).
⑤ 실물시장에서 대부자금공급곡선과 대부자금수요곡선에 의해 그 균형점에서 실질이자율이 결정된다(대부자금설).

08 정답 ④

케인스는 소득이 증가할수록 평균소비성향은 감소한다고 가정하였다. 소비와 가처분소득 사이의 관계를 1차함수로 표현한 것을 케인스의 소비함수라고 부른다. 이 소비함수는 케인스가 가정한 다음의 세 가지 속성을 보여준다.
- 한계소비성향은 0과 1 사이이므로 소득이 증대하면 소비가 증가하고 또한 저축도 증가한다.
- 소득이 증가함에 따라 평균소비성향이 하락한다.
- 케인스는 이자율이 특별한 역할을 하지 않는다고 보았다.

09 정답 ⑤

총수입(TR)은 다음과 같이 나타낼 수 있다.

$$TR = P \times Q = (100-2Q) \times Q = 100Q - 2Q^2$$

이윤극대화의 조건은 한계수입과 한계비용이 같아야 하기 때문에 $MR = MC$가 된다.
한계 비용은 1단위당 60원이므로 $MC = 60$이 된다.

$$MR = \frac{\Delta TR}{\Delta Q} = 100 - 4Q$$이므로

$$100 - 4Q = 60$$
$$\therefore Q = 10$$

이 값을 시장 수요 곡선식인 $P = 100 - 2Q$에 대입하면 $P = 80$이다. 따라서 이 독점기업의 이윤극대화 가격은 80원이고, 생산량은 10개이다.

10 정답 ③

독점적 경쟁시장에서 제품의 차별화가 클수록 수요의 가격탄력성은 낮아지므로 서로 다른 가격의 수준을 이루게 된다.

11 정답 ③

X재 생산기술의 향상은 X재의 단위당 생산비용을 절감시키기 때문에 동일한 생산비용으로 더 많은 상품을 공급할 수 있게 해준다. 공급량이 늘어나게 되면 공급곡선이 우측으로 이동하므로 시장균형에서 X재의 가격은 하락하게 된다.

12 정답 ①

오답분석
ㄷ・ㄹ. 최고가격은 시장의 균형가격보다 낮은 수준에서 설정되어야 하며, 최고가격제가 실시되면 사회적 후생 손실이 발생한다.

13 정답 ⑤

노동생산성은 단위시간 동안에 생산한 재화나 서비스의 양을 생산에 투입된 노동량으로 나눈 비율을 의미하므로 생산량이 가장 낮고 노동투입량은 제일 높은 E기업이 평균노동생산성이 가장 낮다.

14 정답 ①

임금이 일정 수준 이상으로 상승하면 실질소득이 증가하여 여가는 늘리고 근로시간을 줄이려는 소득효과가 대체효과보다 커지므로 노동공급은 감소한다. 그러나 임금이 상승함에 따라 여가의 기회비용이 증가하여 여가는 줄이고 근로시간을 늘리려는 대체효과가 소득효과보다 커지게 되면 노동공급이 증가하여 노동공급곡선은 정(+)의 기울기를 가지게 된다.

15 정답 ③

동일한 사업 내의 동일 가치 노동에 대해서는 동일한 임금을 지급해야 한다는 것이 상응가치원칙이다. 똑같은 일이라고 해서 가치가 동일한 것은 아니기 때문에 옳지 않다.

16 정답 ④

소비의 경합성은 사적 재화의 특징으로 시장에서 효율적 자원배분이 가능하게 하는 조건이다.

17 정답 ②

굴절수요곡선

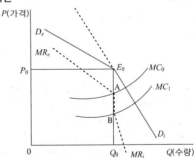

어떤 과점기업의 생산물 가격이 P_0라고 가정한다면 그보다 가격을 인상하여도 다른 기업은 가격을 유지할 것이며, 이 과점기업에 대한 수요곡선은 P_0점보다 위에서는 매우 탄력적이다. 그러나 이 기업이 가격을 내리면 다른 기업도 따라서 가격을 내릴 것이므로 P_0점보다 아래의 수요곡선은 비탄력적으로 될 것이다. 따라서 수요곡선은 P_0점에서 굴절하고, 굴절수요곡선($D_e - D_i$)에서 도출되는 한계수입곡선($MR_e - MR_i$)은 불연속이 된다.

18

조세부담의 귀착

$$\frac{(수요의\ 가격탄력성)}{(공급의\ 가격탄력성)} = \frac{(생산자\ 부담)}{(소비자\ 부담)}$$

수요의 가격탄력성이 0이므로 생산자 부담은 0, 모두 소비자 부담이 된다.

19

정답 ②

오답분석

ㄴ. 평균비용곡선이 상승할 때, 한계비용곡선은 평균비용곡선 위에 있다.

ㄹ. 총가변비용곡선을 총고정비용만큼 상방으로 이동시키면 총비용곡선이 도출되므로 총가변비용곡선의 기울기와 총비용곡선의 기울기는 같다.

20

정답 ①

물품세가 부과될 경우 상품시장에서 공급곡선이 물품세 부과 크기만큼 상향이동하므로 상품의 가격은 상승하고 공급량은 줄어든다. 또한, 일정액의 물품세가 부과되면 MC곡선이 상방으로 이동하므로 재화의 생산량이 감소하고, 재화의 생산량이 감소하면 파생수요인 노동수요도 감소한다. 노동수요가 감소하면 임금이 하락하고, 고용량도 감소한다.

21

정답 ②

선별은 정보를 갖지 못한 측이 상대방(정보를 가진 측)의 특성을 알아내기 위해 노력하는 것을 말한다. 통신사가 다양한 종류의 요금제도를 제시하고 서로 다른 유형의 소비자가 자신이 원하는 요금제도를 선택하게 하는 것은 선별의 예에 속한다.

오답분석

① 역선택은 정보의 비대칭으로 인해서 정보를 갖지 못하거나 부족한 측의 입장에서 보았을 때, 바람직하지 못한 상대와 거래할 가능성이 높아지는 현상을 말한다. 도덕적 해이는 정보를 갖지 못하거나 부족한 측의 입장에서 보았을 때 정보를 가지고 있는 상대가 바람직하지 않은 행동을 취하는 가능성이 높아지는 현상을 말한다.
   정보의 비대칭성이 존재하면 역선택과 도덕적 해이의 문제가 항상 발생하기 보다는 발생할 가능성이 크다고 보는 것이 옳다.
③ 공동균형에서는 서로 다른 선택을 할 수 없다.
④ 보험회사 입장에서 해당 예는 도덕적 해이가 아니라 역선택에 해당한다.
⑤ 신호는 정보를 보유하지 못한 측이 아니라 정보를 갖고 있는 사람이 사용하는 수단에 해당한다.

22

정답 ②

• 보완재는 실과 바늘처럼 함께 소비할 때 더 큰 만족을 얻을 수 있는 관계에 있는 재화를 말한다. 보완재의 경우, X재의 가격이 상승(하락)하면 X재의 수요량이 감소(증가)하기 때문에, 보완재인 Y재의 수요가 감소(증가)한다.

• 대체재는 용도가 비슷하여 서로 대신하여 사용할 수 있는 관계에 있는 재화를 말한다. 대체재의 대표적인 예로는 버스와 지하철을 들 수 있고, 대체재 사이에는 경쟁 관계가 형성되므로 X재의 가격이 상승(하락)하면 X재의 수요량이 감소(증가)하기 때문에 대체재인 Y재의 수요가 증가(감소)한다.

ㄱ. 커피 원두값이 급등하게 되면 커피의 공급곡선은 왼쪽으로 이동한다.

ㄴ. 크루아상은 커피의 보완재이다. 커피의 가격이 인상되면 커피의 수요가 감소하기 때문에 보완재인 크루아상도 수요가 감소하게 되며, 이로 인해 소비자 잉여와 생산자 잉여도 감소하게 된다.

ㅁ. 밀크티는 커피의 대체재이다. 커피의 가격이 인상되면, 커피의 수요가 감소하게 되고 대체재인 밀크티의 수요는 증가하게 된다. 밀크티의 수요가 증가하게 되면 더 많이 팔리게 되므로 판매수입은 증가하게 된다.

오답분석

ㄷ. 커피의 수요 감소는 보완재인 크루아상의 수요 감소로 이어지고 이로 인해 크루아상의 거래량은 증가하는 것이 아니라 감소하게 된다.

ㄹ. 커피의 가격이 상승했으므로 대체재인 밀크티 수요가 증가하고 이로 인해 밀크티의 소비자 잉여 및 생산자 잉여가 증가하게 된다. 따라서 총잉여는 감소하는 것이 아니라 증가한다.

23

정답 ④

ⅰ) 완전경쟁시장에서 장기균형조건은
   $P = LMC$(장기한계비용)$= LAC$(장기평균비용)이다.

ⅱ) $LMC = 4q$, $LAC = 2q + \dfrac{10}{q}$ 이고 장기균형조건을 통해 보면,

   $$4q(LMC) = 2q + \frac{10}{q}\ (LAC)$$

   $$2q^2 = 10$$

   $$q = \sqrt{5}, \quad P = \sqrt{80}\ (4\sqrt{5})\ 이다.$$

ⅲ) 조건에 100개 기업이 참여하고 있다고 되어 있으므로 시장 전체 공급량은

   $$Q = 100q = 100\sqrt{5}\ (= 25\sqrt{80}\ )$$

따라서 장기균형가격은 $\sqrt{80}$, 시장 전체의 공급량은 $25\sqrt{80}$ 이다.

24 〔정답〕 ⑤

ⅰ) 화폐수량설 공식은 $MV = PV$ 이다(M : 통화, V : 유통속도, P : 물가, Y : 국민소득). 이 중 PV 는 명목 GDP이므로, 문제에 제시된 조건 명목 GDP(1,650조 원)과 통화량(2,500조 원)을 위 공식에 대입하면 $2500V = 1650$ 이 되고 $V = 0.66$ 이 도출된다.

ⅱ) V(유통속도)변화율 $= \Delta V(0.0033) \div V(0.66) = 1 \div 200 = 0.5\%$

ⅲ) EC방정식에 따르면 (M변화율)+(V변화율)=(P변화율)+(Y변화율)이다. 여기에 앞서 도출한 V변화율(0.5%)과 문제에서 제시된 물가변화율(2%)·실질 GDP 증가율(3%)을 대입하면, M변화율 $= 5 - 0.5$ → M변화율 $= 4.5$ 가 나오게 된다.

25 〔정답〕 ④

ㄷ. 수출이 증가하게 되면 IS곡선이 우측으로 이동하고 소득은 증가하게 된다.

ㅁ. 화폐수요가 감소한다는 것은 통화량이 증가한다는 것을 의미한다. 통화량이 증가하면 외환수요의 증가를 가져오고 환율상승 압력을 가져오게 된다. 중앙은행은 원래대로 돌아가기 위해서 외환을 매각하고 통화량을 변화(감소)시키는데, 이때 LM곡선은 좌측으로 이동을 하게 되고 최초의 위치로 복귀하게 된다.

〔오답분석〕

ㄱ·ㄴ. 변동환율제도에서 통화량이 증가하게 된다면 LM곡선은 오른쪽으로 이동하게 된다. 이자율이 하락하고 자본이 유출되면 환율이 변동(상승)하게 되고 수출이 증가하게 된다.

ㄹ. 환율상승 압력이 발생하면 중앙은행은 이전 상태로 돌아가기 위해서 외환을 매각하고 통화량을 줄여야 한다.

26 〔정답〕 ②

〔오답분석〕

ㄴ. 소비자들의 저축성향 감소는 한계소비성향이 커지는 것을 의미한다. 한계소비성향이 커지면 IS곡선의 기울기는 감소하게 되면서 곡선을 우측으로 이동시킨다.

ㄷ. 화폐수요의 이자율 탄력성이 커지면 LM곡선은 완만하게 되고 총수요곡선은 가파르게 된다.

27 〔정답〕 ①

ㄱ. 비탄력적인 경우 가격은 올라도 수요의 변화는 크지 않다. 따라서 총지출은 증가한다.

ㄴ. 탄력성이 커지면 세금내는 것은 적어지고 보조금의 혜택도 적어진다. 반대로 탄력성이 적어지면 세금내는 것은 많아지고 보조금의 혜택은 늘어나게 된다. 수요와 공급의 가격탄력성이 커지면 정부와 거래량이 줄어들고(세수가 줄어듦) 후생손실이 증가하게 된다.

〔오답분석〕

ㄷ. 독점기업의 경우 공급곡선이 존재하지 않는다. 따라서 공급의 가격탄력성은 존재하지 않는다.

ㄹ. 최저임금은 가격하한제에 해당한다. 따라서 노동의 공급보다는 수요 측면에 의해서 결정되는 것이 옳다.

28 〔정답〕 ⑤

ㄴ·ㄷ. 공리는 특별한 증명없이 참과 거짓을 논할 수 있는 명제를 말한다. 현시선호이론에는 강공리와 약공리가 존재한다. 약공리는 만약 한 상품묶음 Q_0 이 다른 상품묶음 Q_1 보다 현시선호되었다면, 어떤 경우라도 Q_1 이 Q_0 보다 현시선호될 수는 없다는 것을 말하고 강공리는 만약 한 상품묶음 Q_0 이 다른 상품묶음 Q_n 보다 간접적으로 현시선호되었다면, 어떤 경우라도 Q_n 이 Q_0 보다 간접적으로 현시선호될 수 없다는 것을 말한다. 결론적으로 현시선호에서 공리는 소비자의 선택행위가 일관성을 보여야 한다는 것을 말하고 있다. 그리고 현시선호의 공리를 만족시키면 우하향하는 기울기를 가지는 무차별곡선을 도출하게 된다.

ㄹ. 강공리는 약공리를 함축하고 있으므로 강공리를 만족한다면 언제나 약공리는 만족한다.

〔오답분석〕

ㄱ. 현시선호이론은 완전성, 이행성, 반사성이 있다는 것을 전제하는 소비자 선호체계에 반대하면서 등장한 이론이므로 이행성이 있다는 것을 전제로 한다는 내용은 잘못되었다.

29 〔정답〕 ②

ⅰ) 조건에서 임금은 10, 자본임대료는 20, 자본 2,000단위를 사용한다고 했으므로 고정비용 40,000을 유추할 수 있다.

ⅱ) K 가 2,000이므로 $Q = L^{\frac{1}{2}}$ → $L = Q^2$ 이다.

따라서 이 기업의 단기 비용함수는 ②이다.

30 〔정답〕 ①

현재가치를 구하는 식은 다음과 같다.

$$PV = \pi_0 \frac{1+g}{1+i} + \pi_0 \left(\frac{(1+g)}{(1+i)}\right)^2 + \pi_0 \left(\frac{(1+g)}{(1+i)}\right)^3 + \cdots$$
$$= \frac{\pi_0}{1 - \frac{1+g}{1+i}} = \frac{\pi_0}{\frac{1-g}{1+i}}$$
$$= \pi_0 \frac{1+i}{i-g}$$

따라서 이 기업의 가치는 $PV = \pi_0 \frac{1+g}{i-g}$ 로 계산된다는 ①은 옳지 않다.

31 〔정답〕 ②

이자율 상승으로 요구불예금이 증가하면 시장에 있는 현금들이 예금 쪽으로 들어와서 민간 화폐보유성향이 낮아져 통화승수가 증가한다.

32
정답 ⑤

물가지수를 구할 때 상품에 대해 각각의 가중치를 부여한 후 합계를 내어 계산한다.

33
정답 ①

[오답분석]

② 새케인즈학파는 비용인상 인플레이션을 긍정하였다.

③ 예상한 것보다 높은 인플레이션이 발생했을 경우에는 그만큼 실질 이자율이 하락하게 되어 채무자가 이득을 보고 채권자가 손해를 보게 된다.

④ 예상치 못한 인플레이션이 발생했을 경우 실질임금이 하락하므로 노동자는 불리해지며, 고정된 임금을 지급하는 기업은 유리해진다.

⑤ 예상하지 못한 인플레이션 발생의 불확실성이 커지면 단기계약이 활성화되고 장기계약이 위축된다.

34
정답 ④

장기균형에서는 $P=P^e$이기 때문에 총공급곡선은 수직선이 된다 $(Y=1)$. 도출된 내용을 총수요곡선에 대입시키면 $P=1$의 결과를 얻게 된다. 개인들이 합리적 기대를 한다면 장기적으로는 물가가 장기균형상태로 이동할 것을 예상해서 조정을 할 것이기 때문에 P_t^e는 1이다.

35
정답 ③

[오답분석]

① 적응적 기대는 과거의 자료를 바탕으로 예상오차를 점차 수정해서 미래를 예측하는 것을 말하고, 적응적 기대에서의 경제주체는 단기적으로 보면, 경제상황에 대해 정확히 파악하지 못하기 때문에 오류를 범하게 되고 이를 시간이 지나면서 정확한 값을 찾게 되는 모습을 보인다. 따라서 적응적 기대는 경제주체들이 체계적 오류를 범한다고 보기 때문에 체계적 오류 가능성이 없다고 보는 것은 잘못된 판단이다.

② 해당 내용은 합리적 기대에 대한 정의이다.

④ 필립스 곡선이 급해지면 희생률은 작아진다.

⑤ t기의 기대 인플레이션에 영향을 주는 것은 $t-1$기의 인플레이션이다.

36
정답 ③

[오답분석]

① 기술이 매년 진보하는 상황에서 1인당 자본량은 일정하게 유지하는 것이 아니라 계속 증가한다.

② 총자본량의 증가율은 기술진보율(2%)과 인구증가율(1%)의 합과 같다. 따라서 2%씩 증가하는 것이 아니라 3%씩 증가한다고 봐야 한다.

④ 저축률이 증가한다는 것은 투자가 많아지는 것을 뜻하므로, 1인당 자본량이 증가하게 된다. 하지만 솔로우 모형에서 장기상태의 성장률은 0을 유지하기 때문에 변화하지 않는다고 봐야 한다. 따라서 1인당 자본량의 증가율이 상승한다는 표현은 잘못된 표현이다.

⑤ 감가상각률이 증가한다는 것은 1인당 자본량은 줄어든다는 것을 의미하므로 잘못된 표현이다.

37
정답 ⑤

주어진 문제의 비용함수[$C(Q)=100+2Q^2$]를 통해 고정비용은 100, 가변비용은 $2Q^2$, 한계비용은 $4Q$, 평균가변비용은 $2Q$라는 것을 도출할 수 있다.
완전경쟁시장에서 최적산출량(5개)를 시장가격 20에 팔면 수입은 100, 손실은 50이다.

[오답분석]

① 기업이 속해있는 시장이 완전경쟁시장이라고 했고 완전경쟁시장에서 기업은 시장가격을 받아들여야 한다. 또한 완전경쟁시장에서 기업이 직면하는 수요곡선은 수평선이다.

③ $4Q=20 \rightarrow 5$이므로 최적산출량은 5이다.

④ 생산은 평균가변비용(AVC)보다 높은 곳에서 진행되므로 옳은 내용이다.

38
정답 ⑤

실질이자율이 하락하는 경우에는 자본의 사용자 비용이 적어지고 자본의 한계비용을 감소시키기 때문에 투자가 증가한다.

39
정답 ③

ㄴ. 기술충격 옴 → 노동수요 증가 → 임금·실질이자율 상승 → 노동공급 증가 → 공급의 증가가 되기 때문에 충격이 더 많이 오게 된다. 따라서 소비의 기간 간 대체효과는 크다.

ㄷ. 자본에 대한 요구가 많아지면 실질이자율 역시 같은 방향으로 움직이기 때문에 경기순행적이다.

[오답분석]

ㄱ. 흉작이나 획기적 발명품의 개발은 실물적 경비변동이론(RBC)에 해당하며, 이 경우 영구적 기술충격이 아니라 일시적 기술충격에 해당한다.

ㄹ. 생산성 상승 → 노동 수요 증가 → 실질임금 상승으로 이어진다. 따라서 실질임금·실질이자율은 경기순행적이다.

ㅁ. 경기 상황에 따라 노동 수요가 늘어날 수 있고 줄어들 수 있으므로 생산성은 경기순응적이다.

40

실질절하는 실질환율이 상승했다는 것을 의미한다. 실질환율이 상승하게 되면 수출이 증가하고 수입이 감소하게 된다. 환율이 상승하게 되면 원자재를 구입하는 사람들은 부담이 커지는데 단기적으로 보면, 무역수지적자가 발생하게 된다(그래프의 '－' 부분).
수출수요탄력성과 수입수요탄력성의 합이 1보다 커야 실질절하는 무역수지를 개선한다. 따라서 작다는 표현은 옳지 않다.

41

정답 ③

ⅰ) 한계대체율(MRS) : $(20-4x) \div 4 = 5-x$
   x가 커질수록 한계대체율(MRS)이 감소하기 때문에 무차별 곡선이 원점에 대해 볼록하게 된다. 그리고 한계대체율(MRS)과 상대 가격이 같게 되면 효용극대화가 달성된다.
ⅱ) 가격 변화 이전
   $5-x=1 \rightarrow x=4$, $2X+2Y=24$가 성립해야 하기 때문에 $y=8$이 도출된다.
ⅲ) 가격 변화 이후
   상대가격이 3이 되기 때문에 $x=2$, $y=6$이 도출된다.

42

정답 ④

ㄴ. 수요곡선이 수평선으로 주어져 있다는 것은 완전탄력적이라는 것을 의미한다. 수요가 완전탄력적인 경우 공급자가 모든 조세를 부담하기 때문에 물품세의 조세부담은 모두 공급자에게 귀착된다는 내용은 옳은 내용이다.
ㄷ. 공급의 가격탄력성이 크면 클수록 상대적으로 수요는 덜 탄력적으로 되며, 덜 탄력적일수록 수요자에게 전가(부담)된다.
ㄹ. 법적부과 대상자보다는 경제적인 결과가 중요하다.

ㄱ. 세금을 부여한다고 해서 수요곡선이 변화하는 것은 아니며, 사람이 최대한 낼 수 있는 것이 변화한다. 따라서 수요곡선은 이동하지 않고 공급자들에게 최대한 지불할 수 있는 금액만 떨어진다.
ㅁ. 세율 비례하는 것이 아니라 세율 제곱에 비례한다.

43

정답 ②

절약의 역설(저축의 역설)은 절약(저축)의 증가가 투자의 증가로 이어지지 못하고 반대로 총수요를 감소시켜 생산활동을 위축하게 됨으로 인해 국민소득이 감소되는 경우를 말한다.
ㄴ. 절약의 역설은 투자 수요의 이자율 탄력성이 적을 때 성립함으로, 이자율 변동의 영향을 적게 받을수록 절약의 역설이 발생할 가능성이 크다는 것은 옳은 내용이다.

ㄱ. 경기가 침체되었을 때 절약을 하면 상황이 더 안 좋아지기 때문에 절약의 역설이 발생하지 않는다는 내용은 옳지 않다.
ㄷ. 고전학파가 아니라 케인즈에 해당한다.
ㄹ. 고전학파의 입장에서 임금은 신축적으로 변화하지만 케인즈는 임금을 경직적으로 보기 때문에 절약의 역설이 발생한다.

44

정답 ⑤

꾸르노 모형에서 각 기업은 완전경쟁시장 생산량의 $\frac{1}{3}$을 생산하기 때문에 두 기업의 생산량은 $\frac{2}{3}$이다. 완전경쟁시장에서는 P＝MC이기 때문에 P＝0, 생산량은 Q＝10이다.
따라서 꾸르노 모형 생산량은 $Q\left(\frac{20}{3}\right)$이고, 가격은 $P\left(\frac{10}{3}\right)$이기 때문에 ⑤는 옳지 않다.

45

정답 ④

[고용률(%)]＝[(취업자)÷{(15세 이상 경제활동인구)＋(비경제활동인구)}]×100＝[570만÷(600만+400만)]×100＝57
따라서 고용률은 57%이다.

① $[실업률(\%)] = \frac{(실업자\ 수)}{(경제활동인구)} \times 100 = \frac{30만}{600만} \times 100 = 5\%$
② 비경제활동인구는 생산가능인구 1,000만 명 중 400만 명이므로 비경제활동률은 40%이다.
③ (경제활동인구)＝(취업자 수)＋(실업자 수)＝570만＋30만＝600만 명이다.
⑤ 생산가능인구의 수만 나와 있으므로 전체 인구의 수는 알 수 없다.

46

정답 ⑤

기업의 이윤이 극대화되기 위해서는 한계생산물 가치와 임금의 값이 같을 때 기업의 이윤이 극대화가 된다. 따라서 식으로 표현하면 $VMP_L = MP_L \times P = w$($VMP_L$: 한계생산물가치, MP_L : 노동의 한계생산, P : 재화의 가격, w : 임금)이 된다.
$MP_L \times P = w$
$(27-5L) \times 20 = 10$
따라서 $L=5$이므로 재화의 가격이 20이고, 임금이 40일 때 기업 A가 생산하는 재화에 투입하는 노동의 양은 5이므로 기업 A의 노동수요량은 5가 된다.

47

ⅰ) 자연실업률 조건

$sE=fU$ (U : 실업자의 수, E : 취업자의 수, s : 취업자 중에 이번 기에 실직하는 비율, f : 실업자 중에 이번 기에 취업하는 비율)

→ (자연실업률) $=\dfrac{U}{E+U}=\dfrac{s}{s+f}$

ⅱ) s(취업자 중에 이번 기에 실직하는 비율) $=1-P_{11}$

f(실업자 중에 이번 기에 취업하는 비율) $=P_{21}$

해당 내용을 식에 대입하면 $\dfrac{1-P_{11}}{1-P_{11}+P_{21}}$ 이 나오므로 정답은 ③이다.

48

정답 ③

문제에 제시된 내용을 통해 공공재와 관련되었음을 확인할 수 있다.

ⅰ) 공공재의 수요

$P_i=10-Q$ → $P=10\times(10-Q)=100-10Q$

ⅱ) 효율적인 가로등 설치 조건(최적공급조건)

$P=100-10Q=20$ 이므로 $Q=8$ 이 도출된다.

ⅲ) 효율적인 가로등 수량을 확보하기 위해 각 가구당 지불해야 하는 비용(개별지불의사)

$Q=8$ 을 $P_i=10-Q$ 에 대입하면 $P_i=2$ 가 도출된다.

49

정답 ④

문제에서 제시된 조건을 통해 한계비용이 다르다는 것을 알 수 있고[기업 A의 한계비용($MC_A=2$), 기업 B의 한계비용($MC_B=4$)], 한계비용이 상이하였을 때 공식

$$\left[Q_1=\dfrac{a-2C_1+C_2}{3b}, \quad Q_2=\dfrac{a-2C_2+C_1}{3b} \right]$$ 로 푼다는 것을 생각하면서 보기를 확인하면 다음과 같다.

ㄴ. 균형가격은 14(36−11)이다.

ㄷ·ㅁ. 생산자잉여는 122[72(이윤 A)+50(이윤 B)]이고 사회후생은 243[121(소비자잉여)+122(생산자잉여)]이다.

오답분석

ㄱ. 균형 상태에서 기업 A의 생산량은 6이고 기업 B의 생산량은 5이다.

ㄹ. 소비자잉여는 $\dfrac{(36-14)\times11}{2}=121$ 이다.

50

정답 ①

ⅰ) 헥셔 – 올린 정리

각국은 자국의 상대적으로 풍부한 부존요소를 사용하는 재화의 생산에 비교우위가 있다. 따라서 노동이 풍부한 국가는 노동집약적 생산에, 자본이 풍부한 국가는 자본 집약적 생산에 우위를 갖게 된다. 노동이 풍부한 나라는 노동을 활용하려고 하기 때문에 임금은 상승하고 자본(이자)의 가격은 떨어진다는 특징을 갖고, 반대로 자본이 풍부한 나라는 자본재 가격은 올라가고 노동재의 가격이 떨어진다는 특징을 갖게 된다.

ⅱ) 스톨퍼 – 사무엘슨 정리

스톨퍼 – 사무엘슨 정리는 무역으로 인해서 계층 간 실질 소득의 분배와 관련한 이론으로 한 재화의 상대가격이 오르면 그 재화에 집약적으로 사용되는 생산요소의 실직적인 소득은 절대적·상대적으로 증가하고, 반대로 다른 생산요소의 실직적인 소득은 절대적·상대적으로 감소한다고 말한다.

ⅲ) 문제를 통해 A국은 K(총자본)집약적 생산에, B국은 L(총노동)집약적 생산에 비교우위를 가지고 있음을 알 수 있다. 이런 상황에서 A – B국 간 무역을 진행하게 되면 B국은 실질임금은 상승하고, 실질이자율은 하락하게 된다.

01	02	03	04	05	06	07	08	09	10
③	②	④	④	④	②	④	④	③	④
11	12	13	14	15	16	17	18	19	20
④	①	②	④	①	③	①	②	①	②
21	22	23	24	25	26	27	28	29	30
②	①	①	③	①	③	③	③	⑤	③
31	32	33	34	35	36	37	38	39	40
①	②	③	④	④	③	①	①	①	③
41	42	43	44	45	46	47	48	49	50
④	①	③	③	③	①	①	④	④	③

01
정답 ③

실종선고를 받아도 당사자가 존속한다면 그의 권리능력은 소멸되지 않는다. 실종선고기간이 만료한 때 사망한 것으로 간주된다(민법 제28조).

02
정답 ②

채무의 변제를 받는 것은 이로 인하여 권리를 상실하는 것이므로, 단순히 권리만 얻거나 의무만을 면하는 행위에 속하지 않는다. 따라서 미성년자 단독으로 유효히 할 수 없고 법정대리인의 동의를 얻어서 해야 하는 행위에 속한다.

미성년자의 행위능력

원칙	법정대리인의 동의를 요하고 이를 위반한 행위는 취소할 수 있다.
예외 (단독으로 할 수 있는 행위)	• 단순히 권리만을 얻거나 또는 의무만을 면하는 행위 • 처분이 허락된 재산의 처분행위 • 허락된 영업에 관한 미성년자의 행위 • 혼인을 한 미성년자의 행위(성년의제) • 대리행위 • 유언행위(만 17세에 달한 미성년자의 경우) • 법정대리인의 허락을 얻어 회사의 무한책임사원이 된 미성년자가 사원자격에 기해서 한 행위(상법 제7조) • 근로계약과 임금의 청구(근로기준법 제67조·제68조)

03
정답 ④

법에 규정된 것 외에는 달리 예외를 두지 아니 한다.

주소, 거소, 가주소

주소	생활의 근거가 되는 곳을 주소로 한다. 주소는 동시에 두 곳 이상 둘 수 있다(민법 제18조).
거소	주소를 알 수 없으면 거소를 주소로 본다. 국내에 주소가 없는 자에 대하여는 국내에 있는 거소를 주소로 본다(민법 제19조 ~ 제20조).
가주소	어느 행위에 있어서 가주소를 정한 때에는 그 행위에 관하여는 이를 주소로 본다(민법 제21조).

따라서 주소지로서 효력을 갖는 경우는 주소(주민등록지), 거소와 가주소가 있으며, 복수도 가능하다.

04
정답 ④

의사표시자가 그 통지를 발송한 후 사망하거나 제한능력자가 되어도 의사표시의 효력에 영향을 미치지 아니한다(민법 제111조 제2항).

05
정답 ④

법정추인사유는 취소의 원인이 소멸된 후에 발생하여야 한다(민법 제144조 제1항).

오답분석

① 민법 제140조·제143조
② 무권대리의 추인은 소급효가 있다(민법 제133조). 그러나 취소할 수 있는 법률행위의 추인은 소급효 자체가 무의미하다.
③ 민법 제144조
⑤ 민법 제141조

06
정답 ②

법률행위의 취소에 대한 추인은 취소의 원인이 소멸된 후에 하여야 한다(민법 제144조 제1항).

07
정답 ④

유치권은 타인의 물건이나 유가증권을 점유한 자가 그 물건이나 유가증권에 관하여 생긴 채권이 있는 경우에 변제받을 때까지 그 물건이나 유가증권을 유치할 수 있는 담보물권을 말한다.

08 [정답] ④

④만 단기소멸시효 3년에 해당하고, 나머지는 1년의 소멸시효에 해당한다.

단기소멸시효 1년과 3년의 비교

1년의 소멸시효 (민법 제164조)	1. 여관, 음식점, 대석, 오락장의 숙박료, 음식료, 대석료, 입장료, 소비물의 대가 및 체당금의 채권 2. 의복, 침구, 장구 기타 동산의 사용료의 채권 3. 노역인, 연예인의 임금 및 그에 공급한 물건의 대금 채권 4. 학생 및 수업자의 교육, 의식 및 유숙에 관한 교주, 숙주, 교사의 채권
3년의 소멸시효 (민법 제163조)	1. 이자, 부양료, 급료, 사용료 기타 1년 이내의 기간으로 정한 금전 또는 물건의 지급을 목적으로 한 채권 2. 의사, 조산사, 간호사 및 약사의 치료, 근로 및 조제에 관한 채권 3. 도급받은 자, 기사 기타 공사의 설계 또는 감독에 종사하는 자의 공사에 관한 채권 4. 변호사, 변리사, 공증인, 공인회계사 및 법무사에 대한 직무상 보관한 서류의 반환을 청구하는 채권 5. 변호사, 변리사, 공증인, 공인회계사 및 법무사의 직무에 관한 채권 6. 생산자 및 상인이 판매한 생산물 및 상품의 대가 7. 수공업자 및 제조자의 업무에 관한 채권

09 [정답] ③

주채무자의 부탁으로 보증인이 된 자가 과실없이 변제 기타의 출재로 주채무를 소멸하게 한 때에는 주채무자에 대하여 구상권이 있다(민법 제441조 제1항).

10 [정답] ④

오답분석

① 소멸시효의 완성에 의한 권리의 소멸은 변론주의 원칙상 이를 주장하는 자가 원용한 때에 비로소 고려된다. 참고로 제척기간의 경과로 인한 권리의 소멸은 법원의 직권조사사항이다.

② 소멸시효는 그 기산일에 소급하여 효력이 생긴다(민법 제167조).

③ 소멸시효는 법률행위에 의하여 이를 배제, 연장 또는 가중할 수 없으나 이를 단축 또는 경감할 수 있다(민법 제184조 제2항).

⑤ 부작위를 목적으로 하는 채권의 소멸시효는 위반행위를 한 때로부터 진행한다(민법 제166조 제2항).

11 [정답] ④

오답분석

① 사용자는 근로계약 불이행에 대한 위약금 또는 손해배상액을 예정하는 계약을 체결하지 못한다(근로기준법 제20조).

② 매매당사자가 계약금으로 수수한 금액에 관하여 매수인이 위약하면 이를 무효로 하고 매도인이 위약하면 그 배액을 상환하기로 하는 뜻의 약정을 한 경우에 있어서 그 위약금의 약정은 민법 제398조 제4항이 정한 손해배상의 예정으로 추정되는 것이고, 이와 같은 약정이 있는 경우에는 채무자에게 채무불이행이 있으면 채권자는 실제손해액을 증명할 필요없이 그 예정액을 청구할 수 있는 반면에 실제손해액이 예정액을 초과하더라도 그 초과액을 청구할 수 없다(대판 1988.5.10, 선고 87다카3101).

③ 계약 당시 당사자 사이에 손해배상액을 예정하는 내용의 약정이 있는 경우에는 그것은 계약상의 채무불이행으로 인한 손해액에 관한 것이고 이를 그 계약과 관련된 불법행위상의 손해까지 예정한 것이라고는 볼 수 없다(대판 1999.1.15, 선고 98다48033).

⑤ 손해배상 예정액이 부당하게 과다한 경우에는 법원은 당사자의 주장이 없더라도 직권으로 이를 감액할 수 있고, 지연손해금의 과다 여부는 그 대상 채무를 달리할 경우에는 별도로 판단할 수 있다(대판 2000.7.28, 선고 99다38637).

12 [정답] ①

오답분석

② 이자있는 채권의 이율은 다른 법률의 규정이나 당사자의 약정이 없으면 연 5분으로 한다(민법 제379조). 상행위로 인한 채무의 법정이율은 연 6분으로 한다(상법 제54조).

③ 전항(금전채무불이행)의 손해배상에 관하여는 채권자는 손해의 증명을 요하지 아니하고 채무자는 과실없음을 항변하지 못한다(민법 제397조 제2항).

④ 금전채무의 이행지체로 인하여 발생하는 지연손해금은 그 성질이 손해배상금이지 이자가 아니며, 민법 제163조 제1호가 규정한 '1년 이내의 기간으로 정한 채권'도 아니므로 3년간의 단기소멸시효의 대상이 되지 아니한다(대판 1998.11.10, 선고 98다42141).

⑤ 특정금전채권의 경우 특정의 화폐를 급부하는 채권으로, 이는 특정물채권이다.

13 [정답] ②

오답분석

① 지시채권이나 무기명채권의 채무자는 그 이행에 관하여 기한이 정해진 경우에도 기한이 도래한 후 소지인이 증서를 제시하고 이행을 청구한 때부터 지체책임을 진다.

③ 이중매매의 매수인이 매도인과 직접 매매계약을 체결하는 대신에 매도인이 채무를 부담하고 있는 것처럼 거짓으로 꾸며 가장채권에 기한 채무명의를 만들고 그에 따른 강제경매절차에서 매수인이 경락취득하는 방법을 취한 경우, 이는 이중매매의 매수인이 매도인의 배임행위에 적극 가담하여 이루어진 반사회적 법률행위로서 민법 제103조에 의하여 무효라 할 것이고 이는 무효의 채무명의에 기한 집행의 효과도 유효하다는 논리와 모순되는 것은 아니다(대판 1985.11.26, 선고 85다카1580).

④ 토지의 소유권이전등기가 이행불능된 데 대한 전보배상을 명함에 있어 이행불능사유 발생 당시의 시가를 감정하여 그 가액 상당의 배상을 명한 것은 정당한 것이고, 매도인이 그것을 타에 처분한 가격이 통상가격을 넘는다고 하더라도 그것을 배상액산정의 기준으로 삼을 수는 없다(대판 1990.12.7, 선고 90다5672).

⑤ 광고주가 모델이나 유명 연예인, 운동선수 등과 광고모델계약을 체결하면서 출연하는 유명 연예인 등에게 일정한 수준의 명예를 유지할 의무를 부과하는 품위유지약정을 한 경우, 위와 같은 광고모델계약은 유명 연예인 등을 광고에 출연시킴으로써 유명 연예인 등이 일반인들에 대하여 가지는 신뢰성, 가치, 명성 등 긍정적인 이미지를 이용하여 광고되는 제품에 대한 일반인들의 구매 욕구를 불러일으키기 위한 목적으로 체결되는 것이므로, 위 광고에 출연하기로 한 모델은 위와 같이 일정한 수준의 명예를 유지하기로 한 품위유지약정에 따라 계약기간 동안 광고에 적합한 자신의 긍정적인 이미지를 유지함으로써 그것으로부터 발생하는 구매 유인 효과 등 경제적 가치를 유지하여야 할 계약상 의무, 이른바 품위유지의무가 있고, 이를 이행하지 않는 경우에는 광고모델계약에 관한 채무불이행으로 인한 손해배상채무를 면하지 못한다(대판 2009.5.28, 선고 2006다3235).

14 　　　정답 ③

상업등기부의 종류에는 상호등기부, 미성년자등기부, 법정대리인등기부, 지배인등기부, 합자조합등기부, 합명회사등기부, 합자회사등기부, 유한책임회사등기부, 주식회사등기부, 유한회사등기부, 외국회사등기부의 11종이 있다(상업등기법 제11조 제1항).

15 　　　정답 ①

회사의 자본금은 상법에서 달리 규정한 경우 외에는 발행주식의 액면총액으로 한다(상법 제451조 제1항).

오답분석

② 상법 제329조 제1항·제3항
③ 상법 제331조
④ 상법 제335조 제3항 반대해석
⑤ 상법 제333조 제2항

16 　　　정답 ①

사장단이 아닌 사원의 동의 또는 결의가 있어야 한다.

상법상 회사의 공통된 해산사유(상법 제227조, 제287조의38, 제517조, 제609조 참조)

• 사원의 동의 또는 결의
• 존립기간의 만료
• 정관으로 정한 사유의 발생
• 회사의 합병·파산
• 법원의 해산명령·해산판결

17 　　　정답 ②

영업과 상호를 양수하면 양도인의 채권·채무도 양수한 것으로 보는 것이 원칙이다(상법 제42조 참조).

오답분석

① 상법 제25조 제2항
③ 상법 제25조 제1항

18 　　　정답 ①

피보험이익이란 보험계약의 목적(경제적 이해관계)을 말하며, 보험사고가 발생하면 손해를 입게 될 염려가 있는 이익을 말한다. 피보험이익은 손해보험특유의 개념으로 인보험(생명보험)에는 인정할 여지가 없는 개념이다.

19 　　　정답 ②

'실수'는 과실로 볼 수 있으며, 면책사유에는 해당되지 않는다.

보험자의 면책사유

• 보험사고가 보험계약자 또는 피보험자나 보험수익자의 고의 또는 중대한 과실로 인하여 생긴 때에는 보험자는 보험금액을 지급할 책임이 없다(상법 제659조 제1항).
• 보험사고가 전쟁 기타의 변란으로 인하여 생긴 때에는 당사자간에 다른 약정이 없으면 보험자는 보험금액을 지급할 책임이 없다(상법 제660조).

20 　　　정답 ②

②는 보험계약자의 의무가 아닌 보험자가 지켜야 할 의무에 해당된다(상법 제640조).

보험계약의 효과

보험자의 의무	보험증권교부의무, 보험금지급의무(상법 제658조), 보험료반환의무(상법 제648조), 이익배당의무 등
보험계약자·피보험자·보험수익자의 의무	• 보험료지급의무(상법 제650조) • 고지의무(상법 제651조) : 보험계약자 또는 피보험자는 보험계약 당시에 보험계약과 관련된 중요한 사항을 보험자에게 고지하여야 한다. • 통지의무(상법 제652조) : 보험계약자·피보험자는 보험계약서에 기재한 사항이 변경되었거나 사고가 생긴 때에는 이를 보험자에게 알려야 한다(보험자는 통지의무가 없다). • 위험유지의무(상법 제653조) : 보험계약자·피보험자·보험수익자는 보험계약을 체결할 당시에 보험료를 산출하는데 기초가 되었던 위험을 증가시키는 행위를 하여서는 안 된다.

21

정답 ②

ⓐ 화해계약은 착오를 이유로 하여 취소하지 못한다. 그러나 화해당사자의 자격 또는 화해의 목적인 분쟁 이외의 사항에 착오가 있는 때에는 그러하지 아니하다(민법 제733조).
민법 제733조의 규정에 의하면, 화해계약은 화해당사자의 자격 또는 화해의 목적인 분쟁 이외의 사항에 착오가 있는 경우를 제외하고는 착오를 이유로 취소하지 못하지만, 화해계약이 사기로 인하여 이루어진 경우에는 화해의 목적인 분쟁에 관한 사항에 착오가 있는 때에도 민법 제110조에 따라 이를 취소할 수 있다.

ⓓ 민법상의 화해계약을 체결한 경우 당사자는 착오를 이류로 취소하지 못하고 다만 화해 당사자의 자격 또는 화해의 목적인 분쟁 이외의 사항에 착오가 있는 때에 한하여 이를 취소할 수 있다(대판 95다48414)

오답분석

ⓑ 채권자와 채무자간의 잔존채무액의 계산행위는 다른 특별한 사정이 없는 한 채무자가 채권자에게 지급할 채무액을 새로이 확정하는 채권자와 채무자간의 화해계약이라고는 볼 수 없다(대판 83다358).

ⓒ 화해계약은 당사자 일방이 양보한 권리가 소멸되고 상대방이 화해로 인하여 그 권리를 취득하는 효력이 있다(민법 제732조).

22

정답 ①

당사자의 일방 또는 쌍방이 수인인 경우에는 계약의 해지나 해제는 그 전원으로부터 또는 전원에 대하여 하여야 한다(민법 제547조 제1항).

오답분석

② 민법 제548조 제1항
③ 민법 제546조
④ 민법 제543조 제1항
⑤ 민법 제551조

23

정답 ①

권리행사가 권리의 남용에 해당한다고 할 수 있으려면, 주관적으로 그 권리행사의 목적이 오직 상대방에게 고통을 주고 손해를 입히려는 데 있을 뿐 행사하는 사람에게 아무런 이익이 없는 경우이어야 하고, 객관적으로는 그 권리행사가 사회질서에 위반된다고 볼 수 있어야 하는 것이며, 이와 같은 경우에 해당하지 않는 한 비록 그 권리의 행사에 의하여 권리 행사자가 얻는 이익보다 상대방이 잃을 손해가 현저히 크다 하여도 그러한 사정만으로는 이를 권리남용이라 할 수 없고, 어느 권리행사가 권리남용이 되는가의 여부는 각 개별적이고 구체적인 사안에 따라 판단되어야 한다(대판 2002다62319,62326).

24

정답 ③

단독행위란 행위자 한사람의 의사표시만으로 성립하는 법률행위로, 상대방이 있는 단독행위(동의, 채무면제, 상계, 추인, 취소, 해제, 해지, 제한물권의 포기 등)와 상대방이 없는 단독행위(유언, 재단법인 설립행위, 권리의 포기, 상속의 포기 등)로 나뉜다.

오답분석

ⓑ 합의해제는 계약이다.
ⓔ 사단법인의 설립은 합동행위이다.

25

정답 ①

대리권의 소멸사유(민법 제127조)

대리권은 다음 각 호의 어느 하나에 해당하는 사유가 있으면 소멸된다.
1. 본인의 사망
2. 대리인의 사망, 성년후견의 개시 또는 파산

오답분석

② 대리권은 대리인의 사망으로 소멸한다(민법 제127조).
③ 대리인은 본인의 허락이 없으면 본인을 위하여 자기와 법률행위를 하거나 동일한 법률행위에 관하여 당사자쌍방을 대리하지 못한다. 그러나 채무의 이행은 할 수 있다(민법 제124조).
④ 대리인은 행위능력자임을 요하지 아니한다(민법 제117조).
⑤ 대리인이 그 권한 내에서 본인을 위한 것임을 표시한 의사표시는 직접 본인에게 대하여 효력이 생긴다(민법 제114조 제1항).

26

정답 ②

대리인이 수인인 때에는 각자가 본인을 대리한다. 그러나 법률 또는 수권행위에 다른 정한 바가 있는 때에는 그러하지 아니하다(민법 제119조).

오답분석

① 대리인이 그 권한 내에서 본인을 위한 것임을 표시한 의사표시는 직접 본인에게 대하여 효력이 생긴다(민법 제114조 제1항).
③ 대리인은 본인의 허락이 없으면 본인을 위하여 자기와 법률행위를 하거나 동일한 법률행위에 관하여 당사자쌍방을 대리하지 못한다. 그러나 채무의 이행은 할 수 있다(민법 제124조).
④ 대리인은 행위능력자임을 요하지 아니한다(민법 제117조).
⑤ 대리권이 법률행위에 의하여 부여된 경우에는 대리인은 본인의 승낙이 있거나 부득이한 사유가 있는 때가 아니면 복대리인을 선임하지 못한다(민법 제120조).

27

법률행위의 무효

- 민법 제103조
  선량한 풍속 기타 사회질서에 위반한 사항을 내용으로 하는 법률행위는 무효로 한다.
- 민법 제104조
  당사자의 궁박, 경솔 또는 무경험으로 인하여 현저하게 공정을 잃은 법률행위는 무효로 한다.
- 민법 제107조
  ① 의사표시는 표의자가 진의아님을 알고 한 것이라도 그 효력이 있다. 그러나 상대방이 표의자의 진의아님을 알았거나 이를 알 수 있었을 경우에는 무효로 한다.
- 민법 제108조
  ① 상대방과 통정한 허위의 의사표시는 무효로 한다.

법률행위의 취소

- 민법 제109조
  ① 의사표시는 법률행위의 내용의 중요부분에 착오가 있는 때에는 취소할 수 있다. 그러나 그 착오가 표의자의 중대한 과실로 인한 때에는 취소하지 못한다.
- 민법 제110조
  ① 사기나 강박에 의한 의사표시는 취소할 수 있다.

28

피성년후견인의 법률행위는 취소할 수 있다(민법 제10조 제1항).

29

처음부터 법률행위가 성립한 때부터 법률상 당연히 효력이 없는 것으로 확정된 것은 무효이다.

무효와 취소의 차이

구분	무효	취소
효력	처음부터 효력이 없음	취소 전에는 일단 유효함
주장할 수 있는 자	누구라도 무효를 주장할 수 있음	취소권자가 취소할 수 있음
주장기간	제한 없음	일정 기간이 경과하면 취소권 소멸
예시	• 불공정한 법률행위(민법 104조) • 불법조건이 붙은 법률행위(민법 제151조 제1항)	• 사기, 강박에 의한 의사표시(민법 제110조 제1항) • 착오로 인한 의사표시(민법 제109조)

30

ㄴ. 이자는 최고액 중에 산입한 것으로 간주되므로(민법 제357조 제2항), 최고액의 범위 내이면 이자총액에 대한 제한은 없고 지연배상은 1년분에 한해 담보된다는 제360조 단서는 근저당에 적용되지 않는다.

ㄹ. 근저당권자의 경매신청 등의 사유로 인하여 근저당권의 피담보채권이 확정되었을 경우, 확정 이후에 새로운 거래관계에서 발생한 원본채권은 그 근저당권에 의하여 담보되지 아니하지만, 확정 전에 발생한 원본채권에 관하여 확정 후에 발생하는 이자나 지연손해금 채권은 채권최고액의 범위 내에서 근저당권에 의하여 여전히 담보되는 것이다(대판 2005다38300).

오답분석

ㄱ. 근저당권 실행비용은 채권최고액에 포함되지 않고 별도로 우선변제된다. 매각대금에서 실행비용을 공제한 잔액으로써 피담보채권을 변제한다(대판 2001다47986).

ㄷ. 근저당권자는 채권최고액을 한도로 우선변제받으며, 물상보증만을 한 자는 경매절차 진행중에 채권최고액과 그 때까지의 경매비용을 변제공탁한 후 근저당권설정등기의 말소를 청구할 수 있다(74다998). 물상보증인의 지위를 승계한 제3취득자도 마찬가지이다(71다26 참고). 그러나 물상보증인이 연대보증도 한 경우에는 채무 전액을 변제해야 한다(72다485 참고).

ㅁ. 근저당권자가 피담보채무의 불이행을 이유로 경매신청을 한 경우에는 경매신청 시에 근저당권의 피담보채권액이 확정된다(97다25521). 근저당권자가 피담보채무의 불이행을 이유로 경매신청을 하여 경매개시결정이 있은 후에 경매신청이 취하되었다고 하더라도 채무확정의 효과가 번복되는 것은 아니다(2001다73022).

31

간주(의제)는 추정과 달리 반증만으로 번복이 불가능하고 '취소절차'를 거쳐야만 그 효과를 전복시킬 수 있다. 따라서 사실의 확정에 있어서 간주는 그 효력이 추정보다 강하다고 할 수 있다.

오답분석

② "~한 것으로 본다."라고 규정하고 있으면 이는 간주규정이다.
③ 실종선고를 받은 자는 전조의 기간이 만료한 때에 사망한 것으로 본다(민법 제28조).
④ 추정에 관한 설명이다.
⑤ 간주에 관한 설명이다.

32

제한능력자가 법정대리인의 동의 없이 한 법률행위는 무효가 아니라 취소할 수 있는 행위이다.

33

법인은 그 주된 사무소의 소재지에서 설립신고가 아니라 설립등기로 성립한다. 법인은 모두 비영리법인으로 비영리법인의 설립에 관하여는 우리 민법은 허가주의를 취하여 법인의 설립요건에 주무관청의 허가를 얻어 설립등기를 함으로써 성립한다고 본다(민법 제33조).

34

정답 ③

기본권은 국가안전보장, 질서유지 또는 공공복리라고 하는 세 가지 목적을 위하여 필요한 경우에 한하여 그 제한이 가능하며, 제한하는 경우에도 자유와 권리의 본질적인 내용은 침해할 수 없다(헌법 제37조 제2항).

35

정답 ③

헌법 제130조 제3항

오답분석

① 헌법개정은 국회 재적의원 과반수 또는 대통령의 발의로 제안된다.
② 개정은 가능하나 그 헌법개정 제안 당시의 대통령에 대하여는 효력이 없다.
④ 헌법개정안에 대한 국회의결은 재적의원 3분의 2 이상의 찬성을 얻어야 한다.
⑤ 국회는 헌법개정안이 공고된 날로부터 60일 이내에 의결하여야 한다.

36

정답 ④

법규의 명칭에 따른 구별기준에 관한 학설은 존재하지 않는다.

공법과 사법의 구별기준에 관한 학설

이익설 (목적설)	관계되는 법익에 따른 분류로 공익보호를 목적으로 하는 법을 공법, 사익보호를 목적으로 하는 법을 사법으로 본다.
주체설	법률관계의 주체에 따른 분류 기준을 구하여 국가 또는 공공단체 상호 간, 국가·공공단체와 개인 간의 관계를 규율하는 것을 공법, 개인 상호 간의 관계를 규율하는 것을 사법으로 본다.
성질설 (법률관계설)	법이 규율하는 법률관계에 대한 불평등 여부에 따른 분류기준으로 불평등관계(권력·수직관계)를 규율하는 것을 공법, 평등관계(비권력·대등·수평관계)를 규율하는 것을 사법으로 본다.
생활관계설	사람의 생활관계를 표준으로 삼아 국민으로서의 생활관계를 규율하는 것을 공법, 국가와 직접적 관계가 없는 인류로서의 생활관계를 규율하는 것을 사법으로 본다.
통치관계설	법이 통치권의 발동에 관한 것이냐 아니냐에 따라 국가통치권의 발동에 관한 법을 공법, 그렇지 않은 법을 사법이라 본다.
귀속설 (신주체설)	행정주체에 대해서만 권리·권한·의무를 부여하는 경우를 공법, 모든 권리주체에 권리·의무를 부여하는 것을 사법으로 본다.

37

정답 ③

법규범은 자유의지가 작용하는 자유법칙으로 당위의 법칙이다.

38

정답 ①

사회보험의 보험납부비용은 당사자뿐만 아니라 사회적 위험에 동일한 확률로 처해 있는 모든 해당 국민 개개인을 공동체로 서로 결합시킨 후, 그 부담을 국가, 사업주, 당사자에게 일정비율로 분산시킨다.

39

정답 ①

근대 입헌주의 헌법은 국법과 왕법을 구별하는 근본법(국법) 사상에 근거를 두고 국가권력의 조직과 작용에 대한 사항을 정하고 동시에 국가권력의 행사를 제한하여 국민의 자유와 권리 보장을 이념으로 하고 있다.

40

정답 ③

실종선고를 받아도 당사자가 존속한다면 그의 권리능력은 소멸되지 않는다. 실종선고기간이 만료한 때 사망한 것으로 간주된다(민법 제28조).

41

정답 ④

사원총회는 정관으로 이사 또는 기타 임원에게 위임한 사항 외의 법인 사무 전반에 관하여 결의한다. 사단법인의 이사는 매년 1회 이상 통상총회를 소집하여야 하며, 임시총회는 총사원의 5분의 1 이상의 청구로 이사가 소집한다.

42

정답 ①

㉠ 사회권은 인간의 권리가 아니라 국민의 권리에 해당한다.
㉡ 사회권은 바이마르헌법에서 최초로 규정하였다.

오답분석

㉢ 천부인권으로서의 인간의 권리는 자연권을 의미한다.
㉣ 대국가적 효력이 강한 권리는 자유권이다. 사회권은 국가 내적인 권리인 동시에 적극적인 권리이며 대국가적 효력이 약하고 예외적으로 대사인적 효력을 인정한다.

43
정답 ③

재단법인의 기부행위나 사단법인의 정관은 반드시 서면으로 작성하여야 한다.

사단법인과 재단법인의 비교

구분	사단법인	재단법인
구성	2인 이상의 사원	일정한 목적에 바쳐진 재산
의사결정	사원총회	정관으로 정한 목적 (설립자의 의도)
정관변경	총사원 3분의 2 이상의 동의 요(要)	원칙적으로 금지

44
정답 ③

오답분석

①·②는 법정과실, ④·⑤는 천연과실에 해당한다.
법정과실은 반드시 물건의 사용대가로서 받는 금전 기타의 물건이어야 하므로 사용에 제공되는 것이 물건이 아닌 근로의 임금·특허권의 사용료, 사용대가가 아닌 매매의 대금·교환의 대가, 받는 것이 물건이 아닌 공작물의 임대료청구권 등은 법정과실이 아니다.

45
정답 ③

모든 제도를 정당화시키는 최고의 헌법원리는 국민주권의 원리이다.

46
정답 ①

헌법의 폐지는 기존의 헌법(전)은 배제하지만 헌법제정권력의 주체는 경질되지 않으면서 헌법의 근본규범성을 인정하고 헌법의 전부를 배제하는 경우이다.

47
정답 ①

사회법은 근대 시민법의 수정을 의미하며, 초기의 독점자본주의가 가져온 여러 가지 사회·경제적 폐해를 합리적으로 해결하기 위해서 제정된 법으로 국가에 의한 통제, 경제적 약자의 보호, 공법과 사법의 교착 영역으로 사권의 의무화, 사법(私法)의 공법화 등 법의 사회화 현상을 특징으로 한다. 따라서 계약자유의 원칙은 그 범위가 축소되고 계약공정의 원칙으로 수정되었다.

48
정답 ④

법에 규정된 것 외 달리 예외를 두지 아니 한다.

주소, 거소, 가주소

주소	생활의 근거가 되는 곳을 주소로 한다. 주소는 동시에 두 곳 이상 둘 수 있다(민법 제18조).
거소	주소를 알 수 없으면 거소를 주소로 본다. 국내에 주소가 없는 자에 대하여는 국내에 있는 거소를 주소로 본다(민법 제19조 ~ 제20조).
가주소	어느 행위에 있어서 가주소를 정한 때에 있어서 그 행위에 관하여는 이를 주소로 본다(민법 제21조). 따라서 주소지로서 효력을 갖는 경우는 주소(주민등록지), 거소와 가주소가 있으며, 복수도 가능하다.

49
정답 ④

법은 권리에 대응하는 의무가 있는 반면(양면적), 도덕은 의무에 대응하는 권리가 없다(일면적).

50
정답 ③

오답분석

① 조례는 규칙의 상위규범이다.
② 국제법상의 기관들은 자체적으로 조약을 체결할 수 있다.
④ 재판의 근거로 사용된 조리(條理)와 법원으로서의 조례는 서로 무관하다.
⑤ 의원발의의 경우 재적의원 1/5 이상 또는 10인 이상의 의원의 연서가 필요하다.

PART 4

최종점검 모의고사

정답 및 해설

01	02	03	04	05	06	07	08	09	10	11	12	13	14	15	16	17	18	19	20
③	④	③	①	⑤	③	⑤	②	③	③	④	②	③	⑤	⑤	②	⑤	⑤	③	⑤
21	22	23	24	25	26	27	28	29	30	31	32	33	34	35	36	37	38	39	40
④	③	①	③	②	③	①	①	⑤	④	③	①	③	⑤	①	⑤	①	③	④	②
41	42	43	44	45	46	47	48	49	50	51	52	53	54	55	56	57	58	59	60
②	①	②	②	①	③	②	②	①	③	④	④	④	②	②	③	④	②	④	①

01

정답 ③

제9조 1항에 따르면, 자율준수관리자는 경쟁법규 위반 가능성이 높은 분야의 임직원을 대상으로 반기당 2시간 이상의 교육을 실시하여야 한다. 따라서 반기당 4시간의 교육을 실시하는 것은 세칙에 부합한다.

오답분석

① 제6조 2항에 따르면, 임직원은 담당 업무 수행 중 경쟁법규 위반사항 발견 시, 지체 없이 이를 자율준수관리자에게 보고하여야 한다.
② 제7조 1항에 따르면, 자율준수관리자는 경쟁법규 자율준수를 위한 매뉴얼인 자율준수 편람을 제작 및 배포하여야 하는 의무를 지닌다.
④ 제10조 2항과 3항에 따르면, 자율준수관리자는 경쟁법규 위반을 행한 임직원에 대하여 관련 규정 교육이수의무를 부과할 수 있으나, 직접 징계를 할 수는 없고, 징계 등의 조치를 요구할 수 있다.
⑤ 제11조 3항에 따르면, 자율준수이행 관련 자료를 작성하여 5년간 보관하여야 하는 것은 자율준수관리자가 아니라 자율준수담당자이다.

02

정답 ④

마지막 문단에 따르면, 근로자는 2019년 4월 1일부터 2020년 2월 말까지 약 11개월 동안 국내여행 경비를 사용할 수 있다.

오답분석

① 첫 문단에 따르면, 휴가지원 사업에 따를 때, 국내여행 경비 40만 원에서 기업의 부담비율은 $\frac{10}{40} \times 100 = 25\%$, 근로자의 부담비율은 $(20 \div 40) \times 100 = 50\%$로 근로자의 부담비율이 가장 높다.
② 첫 문단에 따르면, 2월 12일부터 3월 8일까지가 신청기간이며, 2019년은 평년(2월 말일은 28일)이므로 총 25일이다.
③ 네 번째 문단에 따르면, 대기업의 경우에도 휴가지원 사업에 참여하고 있음을 알 수 있다.
⑤ 두 번째 문단에 따르면, 근로자 개인이 아니라 기업도 신청이 가능함을 알 수 있다.

03

정답 ③

ㄴ. 네 번째 문단에서 소비자물가가 아니라 소비자물가의 상승률이 남은 상반기 동안 1% 미만의 수준에서 등락하다가 하반기에 들어 1%대 중반으로 상승할 것임을 알 수 있다.
ㄷ. 세 번째 문단에 따르면, 국내의 수출이 하락세로 진입한 것이 아니라 수출의 증가세가 둔화된 것뿐이다.

오답분석

ㄱ. 두 번째 문단에 따르면, 미 연방준비은행의 통화정책 정상화가 온건한 속도로 이루어짐에 따라 국제금융시장의 변동성이 축소되는 경향이 지속되었음을 알 수 있다. 그러므로 미 연준의 통화정책의 변동성이 커진다면 국제금융시장의 변동성도 확대될 것임을 예측할 수 있다.

ㄹ. 마지막 문단에 따르면, 금융통화위원회는 국내 경제가 잠재성장률 수준에서 크게 벗어나지 않으면서 수요 측면의 물가상승압력도 크지 않기 때문에 통화정책 기조를 유지할 것이라고 하였다. 따라서 국내 경제성장률은 잠재성장률 수준을 유지하더라도, 수요 측면에서의 물가상승압력이 급증한다면 완화기조를 띠고 있는 통화정책 기조를 변경할 수 있을 것이라 추론할 수 있다.

04

정답 ①

ㄱ. 제6조에 따르면 지역본부장은 부당이득 관리를 수관한 1월 3일에 납입고지를 하여야 하며, 이 경우 납부기한은 1월 13일에서 2월 2일 중에 해당될 것이므로 A는 늦어도 2월 2일에는 납부하여야 한다. 따라서 옳은 설명이다.

오답분석

ㄴ. 제7조에 따르면 지역본부장은 4월 16일 납부기한 내에 완납하지 않은 B에 대하여 납부기한으로부터 10일 이내인 4월 26일까지 독촉장을 발급하여야 한다. 이 독촉장에 따른 납부기한은 5월 6일에서 5월 16일 중에 해당될 것이므로 B는 늦어도 5월 16일까지 납부하여야 한다. 따라서 틀린 설명이다.

ㄷ. 제9조에 따르면 체납자가 주민등록지에 거주하지 않는 경우, 관계공부열람복명서를 작성하거나 체납자 주민등록지 관할 동장의 행방불명확인서를 발급받는 것은 지역본부장이 아닌 담당자이다.

ㄹ. 제10조 제1항에 따르면, 관할 지역본부장은 체납정리의 신속 및 업무폭주 등을 방지하기 위하여 재산 및 행방에 대한 조사업무를 체납 발생 시마다 수시로 실시하여야 한다. 따라서 틀린 설명이다.

05

정답 ⑤

국고금 취급기관 부분에 따르면, 국고금 관리법에서는 국가회계 사무의 엄정성과 투명성을 확보하기 위하여 출납기관과 결정기관 간 겸직을 원칙적으로 금지하고 있으므로 틀린 설명이다.

오답분석

① 국고금의 범위 부분에 따르면, 공공기관이 부과하는 공과금은 국고금에 포함되지 않으므로 옳은 설명이다.

② 국고금의 종류 부분에 따르면 계획적 수입 및 지출을 위해 국고금을 수입금과 지출금, 자금관리용 국고금, 기타의 국고금으로 구분하여 관리하고 있으므로 옳은 설명이다.

③ 국고금의 종류 부분 중 '② 자금관리용 국고금' 부분에 따르면, 자금관리용 국고금에는 일시차입 등 수입금과 지출금 관리를 위한 부수적 자금관리 거래로 인한 자금이 포함된다.

④ 국고금 취급기관 부분에 따르면, 대부분의 국고금은 최종적으로는 한국은행에 예탁하여 출납하지만, 일부 기금의 경우 금융기관에 예탁하여 출납하고 있음을 알 수 있으므로 옳은 설명이다.

06

정답 ③

거래에 참여하는 사람들 간에는 목적이나 재산 등의 측면에서 큰 차이가 존재하는 것이 보통이며, 이런 경우 상품의 가격이 우리의 상식으로는 도저히 이해하기 힘든 수준까지 일시적으로 뛰어오르는 거품이 나타날 가능성이 있다.

오답분석

①·④는 네 번째 문단, ②는 마지막 문단, ⑤는 세 번째 문단에서 확인할 수 있다.

07

정답 ⑤

우리말과 영어의 어순 차이에 대해 설명하면서, 우리말에서 주어 다음에 목적어가 오는 것은 '나의 의사보다 상대방에 대한 관심을 먼저 보이는 우리의 문화'에서 기인한 것이라고 언급하고 있다. 그리고 '나의 의사를 밝히는 것이 먼저인 영어를 사용하는 사람들의 문화'라는 내용으로 볼 때, 상대방에 대한 관심보다 나의 생각을 우선시하는 것은 영어의 문장 표현이다.

08

정답 ②

제시된 글은 기계화·정보화의 긍정적인 측면보다는 부정적인 측면을 부각하고 있으며, 이것은 기계화·정보화가 인간의 삶의 질 개선에 기여하고 있는 점을 경시하는 것이다.

09

정답 ③

자동화와 같이 과학 기술의 이면을 바라보지 못하고 장점만을 생각하는 것을 고정관념이라고 한다. 구구단의 경우 실생활에 도움이 되며, 그것이 고정관념이라고 할 만한 뚜렷한 반례는 없다.

오답분석

① 행복은 물질과 비례하는 것이 아닌데 비례할 것이라고 믿고 있는 경우이다.
② 저가의 물건보다 고가의 물건이 반드시 질이 좋다고 할 수 없다.
④ 경제 상황에 따라 저축보다 소비가 미덕이 되는 경우도 있다.
⑤ 아파트가 전통가옥보다 삶의 편의는 제공할 수 있지만 반드시 삶의 질을 높여 준다고 보기는 힘들다.

10

정답 ③

두 번째 문단에서 전통의 유지와 변화에 대한 견해 차이는 보수주의와 진보주의의 차이로 이해될 성질의 것이 아니며, 한국 사회의 근대화는 앞으로도 계속되어야 할 광범위하고 심대한 '사회 구조적 변동'이라고 하였다. 또한, 마지막 문단에서 '근대화라고 하는 사회 구조적 변동이 문화 변화를 결정지을 것이기 때문'이라고 하였으므로, 전통문화의 변화 문제는 '사회 변동의 시각'에서 다루는 것이 적절하다.

11

정답 ④

보기의 단락은 아쿠아포닉스의 단점에 대해 설명하고 있다. 따라서 〈보기〉의 단락 앞에는 아쿠아포닉스의 장점이 설명되고, 단락 뒤에는 단점을 해결하는 방법이나 추가적인 단점 등이 오는 것이 옳다. 또한, 세 번째 문단의 '이러한 수고로움'이 앞에 제시되어야 하므로, 〈보기〉가 들어갈 곳으로 가장 알맞은 위치는 (라)이다.

12

정답 ②

제시된 글은 인간의 문제를 자연의 힘이 아니라 인간의 힘으로 해결해야 한다는 생각으로 정나라의 재상인 자산(子産)이 펼쳤던 개혁 정책의 특징과 결과를 설명하며, 보기는 통치자들의 무위(無爲)를 강조하고 인위적인 규정의 해체를 주장하는 노자의 사상을 설명한다. 보기에 따른 노자의 입장에서는 인간의 힘으로 문제를 해결하려는 자산의 개혁 정책은 인위적이라고 반박할 수 있다. 즉, 이러한 자산의 정책이 지닌 인위적 성격은 마지막 문장에서 지적한 것처럼 사회를 해체해야 할 허위로 가득 차게 한다고 비판할 수 있는 것이다.

오답분석

① 자산의 입장에서 주장할 수 있는 내용이며, 보기의 노자는 오히려 인위적인 사회 제도의 해체를 주장했다.
③·④·⑤ 자산을 비판하는 입장이 아니라 자산의 입장에서 주장할 수 있는 내용이다.

13

정답 ③

제시문은 빈곤 지역의 문제 해결을 위해 도입된 적정기술에 대한 설명이다. (나) 적정기술에 대한 정의 → (가) 현지에 보급된 적정기술의 성과에 대한 논란 → (라) 적정기술 성과 논란의 원인 → (다) 빈곤 지역의 문제 해결을 위한 방안의 순서로 배열하는 것이 적절하다.

14

정답 ⑤

제시문은 임꺽정의 난의 한계와 의의를 이야기하면서 바람직한 사회 변혁 운동의 성격을 생산 활동에 뿌리를 내린 대중의 지속적이고 견실한 저항이라고 언급하고 있다.

15

정답 ⑤

신부와 달리 대리인을 통하지 않고 직접 결혼 의사를 공표할 수 있는 신랑은 결혼이 성립되기 위한 필수조건으로 '마흐르'라고 불리는 혼납금을 신부에게 지급해야 한다.

16

정답 ②

제시문에 따르면 인터넷 뉴스를 유료화하면 인터넷 뉴스를 보는 사람의 수는 줄어들 것이므로 ②는 적절하지 않다.

17

정답 ⑤

뉴스의 품질이 떨어지는 원인이 근본적으로 독자에게 있다거나, 그 해결 방안이 종이 신문 구독이라는 반응은 제시문의 내용을 올바로 이해했다고 보기 어렵다.

18

정답 ⑤

재산이 많은 사람은 약간의 세율 변동에도 큰 영향을 받는다. 그러므로 '영향이 크기 때문에'로 수정해야 한다.

19

정답 ③

해당 프로모션은 지정된 행사 매장에 방문 또는 상담하는 고객에게 구매여부와 관계없이 다이어리를 증정한다고 되어 있으므로 전국 매장이라는 표현은 잘못 이해한 것이다.

20

정답 ⑤

경쟁사 간의 갈등으로, 다른 사회적 기반을 가진 집단 사이의 갈등이 아니다.

오답분석
① 노사 갈등
② 세대 갈등
③ 빈부 갈등
④ 지역 갈등

21

정답 ④

각 도입규칙을 논리기호로 나타내면 다음과 같다.
규칙1. A
규칙2. ~B → D
규칙3. E → ~A
규칙4. F, E, B 중 2개 이상
규칙5. (~E 그리고 F) → ~C
규칙6. 되도록 많은 설비 도입
규칙1에 따르면 A는 도입하며, 규칙3의 대우인 A → ~E에 따르면 E는 도입하지 않는다.
규칙4에 따르면 E를 제외한 F, B를 도입해야 하고, 규칙5에서 E는 도입하지 않으며, F는 도입하므로 C는 도입하지 않는다.
D의 도입여부는 규칙1 ~ 5에서는 알 수 없지만, 규칙6에서 최대한 많은 설비를 도입한다고 하였으므로 D를 도입한다.
따라서 도입할 설비는 A, B, D, F이다.

이해를 위해 각 빈 좌석에 다음과 같이 1~13의 번호를 붙여 설명하면 아래와 같다.

K이사	X이사	사장	M이사
1	2	3	4
5	S과장	6	7
8	9	T과장	10
11	12	13	I사원

좌석배치 규칙에 따르면 다음과 같이 좌석이 배치된다.

1) 네 번째 조건에서 사원끼리는 두 칸 떨어져 앉아야 하므로 H사원은 7 또는 12에 앉는다.
   과장끼리는 이웃할 수 없으므로 B과장이 앉을 수 있는 자리는 1, 3, 4, 7, 8, 11, 12이나, 부장이 앉는 가로줄에는 부장들만 앉는다는 조건에 따라 1, 3, 4는 불가능하고, 12에 앉으면 여섯 번째 조건에 따라 오른쪽에 앉는 F주임이 I사원과 이웃해 앉게 되므로 마지막에서 두 번째 조건에 어긋나 불가능하다. 또한 7에 앉으면 오른쪽 옆에 F주임이 앉을 수 없어 안 되고, 8에 앉으면 9에 F주임이 앉게 되고, 그렇게 되면 E주임이나 G주임이 '주임은 사원과 옆으로 이웃해 앉지 않는다.'와 '주임, 과장은 같은 직급끼리 서로 이웃해 앉지 않는다.'라는 조건을 피해서 앉을 자리가 없어진다. 따라서 B과장은 11에, F주임은 12에, H사원은 7에 앉아야 한다.
2) C대리는 K이사와 두 칸 떨어져 앉아야 하므로 2 또는 5에 앉는다. 그런데 A부장은 K이사와 두 칸 떨어져 앉으면서 사장의 바로 뒷줄에 앉아야 하므로 A부장이 2에, C대리가 5에 앉는다.
3) 대리끼리는 같은 줄에 앉아야 하므로 D대리는 6에 앉게 된다.
4) 대리는 주임보다 앞줄에 앉아야 하므로, E주임과 G주임은 C, D대리보다 뒷줄에 앉아야 한다.
   주임은 사원과 옆으로 이웃해 앉을 수 없으므로 13을 제외한 8과 10에 E주임 또는 G주임이 앉게 된다.

1) ~ 4)를 고려하면 다음 2가지 경우가 가능하다.

①

K이사	X이사	사장	M이사
1	㉠ A부장	3	4
㉡ C대리	S과장	㉢ D대리	H사원
㉣ E주임	9	T과장	G주임
B과장	㉤ F주임	13	I사원

②

K이사	X이사	사장	M이사
1	㉠ A부장	3	4
㉡ C대리	S과장	㉢ D대리	H사원
㉣ G주임	9	T과장	E주임
B과장	㉤ F주임	13	I사원

따라서 각 자리에 앉을 사람은 ㉠ A부장, ㉡ C대리, ㉢ D대리, ㉣ E주임 혹은 G주임, ㉤ F주임이다.

이해를 위해 각 빈 좌석에 다음과 같이 1~13의 번호를 붙여 설명하면 아래와 같다.

K이사	X이사	사장	M이사
1	2	3	4
5	6	7	8
S과장	T과장	9	I사원
10	11	12	13

좌석배치 규칙에 따르면 다음과 같이 좌석이 배치된다.

1) 22번 해설에서 보았듯 A부장은 2, C대리는 5에 앉는다.
2) B과장은 F주임과 함께 앉으며, 과장들과는 이웃할 수 없으므로 앉을 수 있는 자리는 7 또는 12이다. 그런데 7에 앉을 경우, F주임과 C대리가 같은 줄에 앉게 되므로 일곱 번째 조건에 어긋나 옳지 않다.
   따라서 B과장은 12, F주임은 13에 앉는다.

3) H사원은 I사원으로부터 두 칸 떨어진 7 또는 4에 앉을 수 있으나, 4의 경우 부장들만 앉는 줄이므로 앉을 수 없다. 따라서 H사원은 7에 앉는다.

4) 대리끼리는 동일한 줄에 앉아야 하므로 D대리는 6 또는 8에 앉는다.

5) 주임들은 사원과 옆으로 이웃하여 앉을 수 없고, 대리보다 뒷줄에 앉아야 하므로 E주임과 G주임은 10 또는 11에 앉아야 한다.

1) ~ 5)를 고려하면 다음 4가지 경우가 가능하다.

①
K이사	X이사	사장	M이사
1	A부장	3	4
C대리	D대리	H사원	8
S과장	T과장	9	I사원
E주임	G주임	B과장	F주임

②
K이사	X이사	사장	M이사
1	A부장	3	4
C대리	D대리	H사원	8
S과장	T과장	9	I사원
G주임	E주임	B과장	F주임

③
K이사	X이사	사장	M이사
1	A부장	3	4
C대리	6	H사원	D대리
S과장	T과장	9	I사원
E주임	G주임	B과장	F주임

④
K이사	X이사	사장	M이사
1	A부장	3	4
C대리	6	H사원	D대리
S과장	T과장	9	I사원
G주임	E주임	B과장	F주임

ㄱ. 4가지 경우 모두 E주임과 G주임은 각각 S과장 또는 T과장과 이웃하여 앉으므로 옳은 설명이다.

ㄴ. H사원의 왼쪽 혹은 오른쪽에는 항상 D대리가 앉으므로 옳은 설명이다.

[오답분석]

ㄷ. ①·③의 경우, B과장은 E주임과 이웃하여 앉지 않으므로 틀린 설명이다.

ㄹ. B과장의 앞자리는 I사원의 옆이므로 주임이 앉을 수 없다.

24
[정답] ③

진술 내용을 정리하면 다음과 같다.

증인	A	B	C	D	E	F	G
1	×	×					×
2					×	×	×
3			○				
4			○	○			
5			○	○			

따라서 증인들의 진술을 고려해 볼 때 시위주동자는 C, D이다.

25
정답 ②

다음의 논리 순서를 따라 주어진 조건을 정리하면 쉽게 접근할 수 있다.
• 첫 번째, 네 번째 조건 : A는 반드시 F와 함께 외근을 나간다.
• 두 번째 조건 : F는 A와 외근을 나가므로 B는 반드시 D와 함께 외근을 나간다. 즉, C는 E와 함께 외근을 나간다.
따라서 A와 F, B와 D, C와 E가 함께 외근을 나간다.

26
정답 ③

① 143,000×(1-0.15)=121,550원
② 165,000×(1-0.15)=140,250원
③ 164,000×(1-0.30)=114,800원
④ 154,000×(1-0.20)=123,200원
⑤ 162,000×(1-0.20)=129,600원
따라서 가장 비용이 저렴한 경우는 ③이다.

27
정답 ①

같은 색깔의 화분과 꽃씨는 심지 못한다고 할 때 아래의 경우로 꽃씨를 심을 수 있다.
1) 빨간 화분 : 파랑, 노랑, 초록
2) 파란 화분 : 빨강, 노랑, 초록
3) 노란 화분 : 빨강, 파랑, 초록
4) 초록 화분 : 빨강, 파랑, 노랑
주어진 조건을 적용하면 아래와 같은 경우로 꽃씨를 심을 수 있다.
1) 빨간 화분 : 파랑, 초록
2) 파란 화분 : 빨강, 노랑
3) 노란 화분 : 파랑, 초록
4) 초록 화분 : 빨강, 노랑
초록 화분과 노란 화분에 심을 수 있는 꽃씨의 종류는 다르므로 보기는 확실히 틀린 설명이다.

28
정답 ①

첫 번째 조건에 따라 1982년생인 B는 채용에서 제외되며, 두 번째 조건에 따라 영문학과 출신의 D와 1년의 경력을 지닌 E도 채용에서 제외된다.
세 번째 조건에 따라 A와 C의 평가 점수를 계산하면 다음과 같다.

(단위 : 점)

구분	A	C
예상 출퇴근 소요시간 점수	6	9
희망연봉 점수	38	36
총 점수	44	45

평가 점수가 낮은 사람의 순으로 채용을 고려하므로 점수가 더 낮은 A를 채용한다.

29
정답 ⑤

첫 번째 조건에 따라 1988년생인 A와 1982년생인 B, 1990년생인 D가 모두 제외된다.
세 번째 조건에 따라 나머지 C와 E의 평가 점수를 계산하면 다음과 같다.

구분	C	E
예상 출퇴근 소요시간 점수	27	9
희망연봉 점수	72	64
경력 점수	−10	−5
전공 점수	−30	−30
총 평가 점수	59	38

총 평가 점수가 낮은 사람 순서로 채용을 고려하므로 점수가 더 낮은 E를 채용한다.

30

 정답 ④

먼저 두 번째 조건에 따라 각 조의 성별이 모두 같을 수 없으므로 총 3명뿐인 여성은 서로 다른 조가 된다. 이때, 네 번째 조건에 따라 생산팀의 남직원들은 같은 생산팀인 주아영, 김승희와 한 조가 될 수 없으므로 모두 한아람과 같은 조가 되어야 한다. 따라서 한아람은 조여울, 강우주와 반드시 같은 조가 된다.

오답분석

① 두 번째 조건에 따라 총 3명뿐인 여성은 서로 같은 조가 될 수 없다.
②·③ 30대인 한아람은 생산팀의 20대 조여울, 30대 강우주와 반드시 같은 조가 되므로 나머지 한 명은 반드시 영업팀의 40대 남성이어야 한다. 따라서 20대인 이승준과 30대인 이하랑은 한아람과 같은 조가 될 수 없다.
⑤ 네 번째 조건에 따라 생산팀인 김승희와 강우주는 서로 같은 조가 될 수 없다.

31

 정답 ③

환산점수 공식에 따르면 모든 층을 운행하는 승강기가 없을 경우 최종 환산점수는 0점이 되므로 승강기가 없는 B건물과 지상용 승강기만 있는 D건물은 제외한다.
나머지 A, C, E건물의 환산점수를 계산하면 다음과 같다.

구분	p	q	r	s	t	환산점수(점)
A	3	80	$80+20=100$		8,000	$\left(3\times\dfrac{80}{10}+\dfrac{100}{10}-\dfrac{8,000}{1,000}\right)\times1=26$
C	4	70	$50\times2=100$	1	9,000	$\left(4\times\dfrac{70}{10}+\dfrac{100}{10}-\dfrac{9,000}{1,000}\right)\times1=29$
E	4	50	$50\times2+50=150$		8,000	$\left(4\times\dfrac{50}{10}+\dfrac{150}{10}-\dfrac{8,000}{1,000}\right)\times1=27$

따라서 이전할 건물은 29점의 C이다.

32

정답 ①

먼저 두 번째 조건에 따라 9,000만 원의 비용을 지불해야 하는 C건물은 제외된다. 또한 세 번째 조건에 따라 승강기가 없는 B건물 역시 제외된다.
나머지 A, D, E건물의 조건을 살펴보면 다음과 같다.

구분	이용 가능 면적(주차장 제외)	주차장 면적
A	$3\times80=240$평	$80+20=100$평
D	$4\times60=240$평	60평
E	$4\times50=200$평	$2\times50+50=150$평

이때, 첫 번째 조건에 따라 이용 가능 면적이 200평을 초과하지 못하는 E는 제외되므로 A와 D 중 주차장 면적이 더 넓은 A가 가장 적절하다.

33

주어진 조건에 따라 A~E의 이번 주 당직일을 정리하면 다음과 같다.

구분	월	화	수	목	금
경우 1	A, B, E	B	C	D	A, D
경우 2	A, B	B	C	D	A, D, E
경우 3	A, D, E	D	C	B	A, B
경우 4	A, D	D	C	B	A, B, E

따라서 C는 항상 수요일에 혼자 당직을 섰으므로 반드시 참이 되는 것은 ③이다.

오답분석

① 경우 3·4의 경우 B는 월요일에 당직을 서지 않았다.
② 경우 1·2의 경우 B는 금요일에 당직을 서지 않았다.
④ 경우 3·4의 경우 D는 금요일에 당직을 서지 않았다.
⑤ 경우 1·3의 경우 E는 금요일에 당직을 서지 않았다.

34

A~E업체의 평가 점수를 계산하면 다음과 같다.

(단위 : 점)

구분	A업체	B업체	C업체	D업체	E업체
신축성 점수	8	9	7	6	7
통기성 점수	5	6	4	7	8
평가 점수	13	15	11	13	15

이때, B업체와 E업체의 평가 점수가 같으므로 가격의 평가 점수가 더 높은 E업체가 선정된다.

35

먼저 120만 원의 예산 내에서 직원 20명의 단체복을 제작해야 하므로 단체복 1벌의 가격이 $1,200,000 \div 20 = 60,000$원을 초과하는 업체는 선정될 수 없다. 따라서 1벌당 가격이 60,000원을 초과하는 B업체(64,000원)와 C업체(61,000원)는 제외된다.
나머지 A, D, E업체의 평가 점수를 계산하면 다음과 같다.

(단위 : 점)

구분	A업체	D업체	E업체
가격 점수	7	8	7
신축성 점수	8	6	7
통기성 점수	5	7	8
디자인 점수	7	6	4
A/S 점수	9	3	6
배송 점수	5	7	6
평가 점수	41	37	38

따라서 평가 점수가 가장 높은 A업체가 선정된다.

36

정답 ⑤

글피인 15일에는 흐리지만 비는 내리지 않고, 최저기온은 영하이다.

오답분석

① 12 ~ 15일의 일교차(최고기온과 최저기온의 차)를 구하면 다음과 같다.
- 12일 : $11-0=11℃$
- 13일 : $12-3=9℃$
- 14일 : $3-(-5)=8℃$
- 15일 : $8-(-4)=12℃$

따라서 일교차가 가장 큰 날은 15일이다.
② 주어진 자료에서 미세먼지에 관한 내용은 확인할 수 없다.
③ 14일의 경우 비가 예보되어 있지만 낙뢰에 관한 예보는 확인할 수 없다.
④ 14일의 최저기온은 영하이지만 최고기온은 영상이다.

37

정답 ①

다음의 논리 순서를 따라 주어진 조건을 정리하면 쉽게 접근할 수 있다.
- 다섯 번째 조건 : 1층에 경영지원실이 위치한다.
- 첫 번째 조건 : 1층에 경영지원실이 위치하므로 4층에 기획조정실이 위치한다.
- 두 번째 조건 : 2층에 보험급여실이 위치한다.
- 네 번째, 다섯 번째 조건 : 3층에 급여관리실, 5층에 빅데이터운영실이 위치한다.

따라서 1층부터 순서대로 '경영지원실 – 보험급여실 – 급여관리실 – 기획조정실 – 빅데이터운영실'이 위치하므로 5층에 있는 부서는 빅데이터운영실이다.

38

정답 ③

오답분석

①은 영어, ②는 한국어, ④는 프랑스어로 서로 대화할 수 있다.

39

정답 ④

장소 선정 기준에 따라 현수막 설치 후보 장소를 비교하면 다음과 같다.
1) 하루 평균 유동인구가 가장 많은 곳 : C마트(300명)
2) 게시 가능한 기간이 제일 긴 곳 : B대학교

구분	회사 본관	A고등학교	B대학교	C마트	D주유소
게시 가능 기간	5일	4일	7일	3일	6일

3) 총비용이 가장 적게 드는 곳 : C마트

(단위 : 만 원)

구분	회사 본관	A고등학교	B대학교	C마트	D주유소
총 게시비용	$3×8+2×13=50$	$4×10=40$	$7×12=84$	$3×26=78$	$5×9+11=56$
설치비용	250	280	240	200	220
철거비용	50	56	48	40	44
총비용	$50+250+50=350$	$40+280+56=376$	$84+240+48=372$	$78+200+40=318$	$56+220+44=320$

따라서 유동인구가 가장 많으면서도 총비용이 가장 적게 드는 C마트와 게시 가능한 기간이 제일 긴 B대학교에 현수막을 설치한다.

40

하루 평균 유동인구가 상대적으로 많은 2곳은 C마트(300명)와 B대학교(280명)이다.
C마트와 B대학교에 현수막을 설치할 경우 소요되는 총비용을 계산하면 다음과 같다.

(단위 : 만 원)

구분	B대학교	C마트
총 게시비용	3×12=36	3×26=78
설치비용	240	200
철거비용	48	40
총비용	36+240+48=324	78+200+40=318

따라서 현수막 설치 과정에 필요한 총비용은 324+318=642만 원이다.

41

정답 ②

[A1:A2] 영역을 채운 뒤 아래로 드래그하면 '월요일-수요일-금요일-일요일-화요일' 순서로 입력된다.

42

정답 ①

[수식] 탭-[수식 분석] 그룹-[수식 표시]를 클릭하면 결괏값이 아닌 수식 자체가 표시된다.

43

정답 ②

[D11] 셀에 입력된 COUNTA 함수는 범위에서 비어있지 않은 셀의 개수를 구하는 함수이다. [B3:D9] 범위에서 비어있지 않은 셀의 개수는 숫자 '1' 10개와 '재제출 요망'으로 입력된 텍스트 2개로, 「=COUNTA(B3:D9)」의 결괏값은 12이다.
[D12] 셀에 입력된 COUNT 함수는 범위에서 숫자가 포함된 셀의 개수를 구하는 함수이다. [B3:D9] 범위에서 숫자가 포함된 셀의 개수는 숫자 '1' 10개로, 「=COUNT(B3:D9)」의 결괏값은 10이다.
[D13] 셀에 입력된 COUNTBLANK 함수는 범위에서 비어있는 셀의 개수를 구하는 함수이다. [B3:D9] 범위에서 비어있는 셀의 개수는 9개로, 「=COUNTBLANK(B3:D9)」의 결괏값은 9이다.

44

정답 ②

데이터 입력한 다음 채우기 핸들을 해서 입력하는 경우
1. 숫자 데이터를 입력한 경우
   • 숫자 데이터 입력 후에 그냥 채우기 핸들을 하면 똑같은 데이터가 복사된다.
   • 숫자 데이터 입력 후에 〈Ctrl〉키를 누른 채로 채우기 핸들을 하면 하나씩 증가한다.
2. 문자 데이터를 입력한 경우
   문자 데이터를 입력한 뒤에 채우기 핸들을 하면 똑같은 데이터가 복사된다.
3. 문자와 숫자를 혼합하여 입력한 경우
   • 문자와 숫자를 혼합하여 입력한 경우 채우기 핸들을 하면 문자는 복사되고 숫자가 하나씩 증가한다.
   • 문자와 숫자를 혼합하여 입력한 후에 〈Ctrl〉키를 누른 채로 채우기 핸들을 하면 똑같은 데이터가 복사된다.
   • 숫자가 2개 이상 섞여 있을 경우에는 마지막 숫자만 하나씩 증가한다.
4. 날짜 / 시간 데이터
   • 날짜를 입력한 후에 채우기 핸들을 하면 1일 단위로 증가한다.
   • 시간을 입력한 후에 채우기 핸들을 하면 1시간 단위로 증가한다.

72 · NCS 예금보험공사

45

정답 ①

[Ctrl] 버튼과 [Shift] 버튼을 누른 후 화살표를 누르면 도형의 높이와 너비를 미세하게 조절할 수 있다.

46

정답 ③

주어진 메일 내용에서 검색기록 삭제 시, 기존에 체크되어 있는 항목 외에도 모든 항목을 체크하라고 되어 있으나, 괄호 안에 '즐겨찾기 웹 사이트 데이터 보존 부분은 체크 해제할 것'이라고 명시되어 있으므로 모든 항목을 체크하는 행동은 적절하지 못하다.

47

정답 ②

오답분석

① 피싱(Phishing) : 금융기관 등의 웹사이트나 거기서 보내온 메일로 위장하여 개인의 인증번호나 신용카드번호, 계좌정보 등을 빼내 이를 불법적으로 이용하는 사기수법
③ 스미싱(Smishing) : 휴대폰 사용자에게 웹사이트 링크를 포함하는 문자메시지를 보내 휴대폰 사용자가 웹사이트에 접속하면 트로이목마를 주입해 휴대폰을 통제하며 개인정보를 빼내는 범죄 유형
④ 스누핑(Snooping) : 소프트웨어 프로그램(스누퍼)을 이용하여 원격으로 다른 컴퓨터의 정보를 엿볼 수 있어, 개인적인 메신저 내용, 로그인 정보, 전자 우편 등의 정보를 몰래 획득하는 범죄 유형
⑤ 스푸핑(Spoofing) : 승인받은 사용자인 것처럼 시스템에 접근하거나 네트워크상에서 허가된 주소로 가장하여 접근 제어를 우회하는 범죄 유형

48

정답 ②

창 나누기를 수행하면 셀 포인터의 왼쪽과 위쪽으로 창 구분선이 표시된다.

49

정답 ①

숫자와 문자가 혼합된 데이터는 문자열로 입력되며, 문자 데이터와 같이 왼쪽으로 정렬된다.

오답분석

② 문자 데이터는 기본적으로 왼쪽으로 정렬된다.
③ 날짜 데이터는 자동으로 셀의 오른쪽으로 정렬된다.
④ 수치 데이터는 셀의 오른쪽으로 정렬된다.
⑤ 시간 데이터는 세미콜론(;)이 아니라 콜론(:)을 사용한다.

50

정답 ③

피벗 테이블에 셀에 메모를 삽입한 경우 데이터를 정렬하여도 메모는 피벗 테이블의 셀에 고정되어 있다.

51

정답 ④

오답분석

① ⟨Home⟩ : 커서를 행의 맨 처음으로 이동시킨다.
② ⟨End⟩ : 커서를 행의 맨 마지막으로 이동시킨다.
③ ⟨Back Space⟩ : 커서 앞의 문자를 하나씩 삭제한다.
⑤ ⟨Alt⟩＋⟨Page Up⟩ : 커서를 한 쪽 앞으로 이동시킨다.

52

정답 ④

오답분석

① 낱장 인쇄용지 중 크기가 가장 큰 용지는 B1이다.

② 1 : 2가 아니고 1 : $\sqrt{2}$ 이다.

③ A4의 2배 크기는 A3이다.

⑤ 용지를 나타내는 숫자가 1씩 커질수록 용지의 크기는 절반씩 작아진다.

53

정답 ④

'원형 차트'에 대한 설명이다.

오답분석

① 영역형 차트 : 시간에 따른 변화를 보여 주며 합계값을 추세와 함께 볼 수 있고, 각 값의 합계를 표시하여 전체에 대한 부분의 관계도 보여준다.

② 분산형 차트 : 가로·세로값 축이 있으며, 각 축의 값이 단일 데이터 요소로 결합되어 일정하지 않은 간격이나 그룹으로 표시된다. 과학, 통계 및 공학 데이터에 많이 이용된다.

③ 꺾은선형 차트 : 항목 데이터는 가로축을 따라 일정 간격으로 표시되고 모든 값 데이터는 세로축을 따라 표시된다. 월, 분기, 회계연도 등과 같은 일정 간격에 따라 데이터의 추세를 표시하는 데 유용하다.

⑤ 표면형 차트 : 두 데이터 집합 간의 최적 조합을 찾을 때 유용하며, 지형도에서 색과 무늬는 같은 값 범위에 있는 지역을 나타낸다. 또한 항목과 데이터 계열이 숫자 값일 때 이용가능하다.

54

정답 ③

피벗 테이블은 대화형 테이블의 일종으로 데이터의 나열 형태에 따라서 집계나 카운트 등의 계산을 하는 기능을 가지고 있어 방대한 양의 납품 자료를 요약해서 한눈에 파악할 수 있는 형태로 만드는 데 적절하다.

55

정답 ②

[인쇄 관리자] 창에서는 인쇄 중인 문서를 일시 정지시킬 수 있으며 일시 정지된 문서를 다시 이어서 출력할 수도 있지만, 다른 프린터로 출력하도록 할 수는 없다. 다른 프린터로 출력을 원할 경우 처음부터 다른 프린터로 출력해야 한다.

56

정답 ③

'1인 가구의 인기 음식(ⓒ)'과 '5세 미만 아동들의 선호 색상(ⓗ)'은 각각 음식과 색상에 대한 자료를 가구, 연령으로 특징지음으로써 자료를 특정한 목적으로 가공한 정보(Information)로 볼 수 있다.

오답분석

㉠·㉣·㉤ 특정한 목적이 없는 자료(Data)의 사례이다.

ⓒ 특정한 목적을 달성하기 위한 지식(Knowledge)의 사례이다.

57

정답 ④

보기의 자료는 '운동'을 주제로 나열되어 있는 자료임을 알 수 있다. ①·②·③·⑤는 운동을 목적으로 하는 지식의 사례이나, ④는 운동이 아닌 '식이요법'을 목적으로 하는 지식의 사례로 볼 수 있다.

58

정답 ②

비프음이 길게 1번, 짧게 1번 울릴 때는 메인보드의 오류이므로 메인보드를 교체하거나 A/S 점검을 해야 한다.

59

정답 ④

POWER 함수는 밑수를 지정한 만큼 거듭제곱한 결과를 나타내는 함수이다. 따라서 $6^3 = 216$이 적절하다.

오답분석

① ODD 함수는 주어진 수에서 가장 가까운 홀수로 변환해주는 함수이며, 양수인 경우 올림하고 음수인 경우 내림한다.
② EVEN 함수는 주어진 수에서 가장 가까운 짝수로 변환해주는 함수이며, 양수인 경우 올림하고 음수인 경우 내림한다.
③ MOD 함수는 나눗셈의 나머지를 구하는 함수이다. 40을 −6으로 나눈 나머지는 −2이다.
⑤ QUOTIENT 함수는 나눗셈 몫의 정수 부분을 반환하는 함수이다. 19를 6으로 나눈 몫의 정수는 3이다.

60

정답 ①

특정 값의 변화에 따른 결괏값의 변화를 알아보는 경우는 '시나리오'와 '데이터 표' 2가지가 있다. 2가지(시나리오, 데이터 표) 중 표 형태로 표시해주는 것은 '데이터 표'에 해당하며, 비슷한 형식의 여러 데이터 결과를 요약해주는 경우는 '부분합'과 '통합'으로 2가지(부분합, 통합) 중 통합하여 요약해주는 것은 '통합'(데이터 통합)에 해당한다. 참고로 '부분합'은 하나로 통합하지 않고 그룹끼리 모아서 계산한다.

01	02	03	04	05	06	07	08	09	10	11	12	13	14	15	16	17	18	19	20
②	④	④	①	②	①	③	③	④	④	⑤	②	⑤	⑤	③	②	⑤	④	①	③
21	22	23	24	25	26	27	28	29	30	31	32	33	34	35	36	37	38	39	40
③	④	③	①	④	①	④	①	①	⑤	④	④	④	③	②	⑤	①	①	④	③
41	42	43	44	45	46	47	48	49	50	51	52	53	54	55	56	57	58	59	60
②	①	①	①	⑤	③	②	②	④	④	①	①	①	③	①	④	②	③	②	②

01

정답 ②

- 승빈 : 세 번째 문단에 따르면, 국내외 벤처캐피탈의 투자유치 상담 창구는 2층에서, 유니콘 기업 저명인사들의 패널토론은 3층에서 진행된다. 세 번째 문단의 첫 번째 문장에 따르면 이러한 각 프로그램은 3개의 층에서 동시에 진행됨을 알 수 있다.

오답분석

- 서영 : 첫 문단에 따르면, 이번 '혁신성장 Fair'는 산업은행이 3개의 기관뿐만 아니라 국가과학기술연구회와 공동으로 개최하였으며, 첫 문단과 두 번째 문단의 마지막 문장에 따르면 국내의 벤처·스타트업 외에도 국내 대기업, 아시아계 스타트업 등도 참여하였다.
- 현식 : 두 번째 문단에서 산업은행은 국내 벤처·스타트업의 창업환경을 개선하기 위해 2018년에 한국무역협회와 업무협약을 체결하였다.
- 민주 : 네 번째 문단에서 지난 수년간 국내 벤처·스타트업은 양적인 면에서 상당한 수준의 성장이 있었음을 알 수 있다.

02

정답 ④

GR이 많으면 코르티솔 민감성을 낮아지게 하는 되먹임회로가 강화되므로 스트레스에 덜 반응하게 된다. 또한 어미에게 많이 핥인 새끼는 그렇지 않은 새끼보다 GR들이 더 많이 생겨난다. 따라서 많이 핥인 새끼가 GR이 더 많으므로 그렇지 않은 새끼보다 스트레스에 더 무디게 반응한다.

오답분석

① 어미의 보살핌 정도에 따라 GR 유전자 자체의 차이가 발생하는 것이 아니라 그 발현 정도에 차이가 발생하는 것이다. 또한 빈칸의 앞 문장에서는 스트레스와 GR의 관계를 이야기하고 있으므로 이는 적절하지 않다.
② 스트레스 반응 정도는 코르티솔 민감성에 따라 결정되고, 이러한 코르티솔 민감성은 GR이 많을수록 낮아지게 된다.
③ GR 유전자가 아닌 GR 유전자의 발현 정도에 따라 나타나는 GR의 수가 스트레스 반응 정도와 관련이 있다.
⑤ GR의 수가 많을수록 스트레스에 덜 반응하므로 서로 관련이 없다는 것은 적절하지 않다.

03

정답 ④

- ㄱ. 제6조 1항에 따르면 A는 입찰금액의 1할에 해당하는 45만 원을 입찰보증금으로 납부하여야 한다. 또한 동항의 단서 조항에 따라 자기앞수표에 따른 추심료를 납부하여야 한다. 그런데 추심료는 10할을 납부하는 것이 아니라 해당 금액을 납부하는 것이므로 A가 입찰서와 함께 납부할 금액은 입찰보증금과 추심료 45만 원+4만 원=49만 원이다.
- ㄷ. 제3조의 단서에 따르면 제1호부터 제3호까지의 경우, 해당 사실이 있은 후 2년이 경과되기 전까지는 입찰에 참가할 수 없다. C의 경우, 제2호에 해당하며 2년이 경과한 이후의 입찰이므로 참여가능하다. 따라서 틀린 설명이다.
- ㄹ. 제5조 1항에 따르면 2명 이상의 공동명의로 입찰에 참가하려는 경우, 대표자를 정하여 대표 한 명의 명의로 입찰서를 작성하는 것이 아니라, 연명으로 기명날인한 후 공동입찰자명부를 입찰서에 첨부하여야 한다. 따라서 틀린 설명이다.

ㄴ. 제3조의 단서에 따르면 제1호부터 제3호까지의 경우만 해당 사실이 있은 후 2년이 경과되기 전까지는 입찰에 참가할 수 없다. 그리고 제4호와 제5호는 2년이 경과되어도 참여할 수 없다. 여기서 B는 제4호의 경우에 해당하므로 2년이 경과하여도 참가할 수 없다.

04

정답 ①

제시문의 요지, 즉 핵심은 ①로 볼 수 있다. ②·③·④는 ①의 주장을 드러내기 위해 현재의 상황을 서술한 내용이며, ⑤는 글과 일치하지 않는 내용이다.

05

정답 ②

제16조 제3항 1호에서 공공기관의 장이 소속 임직원이나 파견 임직원에게 지급하거나 상급자가 위로·격려·포상 등의 목적으로 하급자에게 제공하는 금품 등은 수수를 금지하는 금품에 해당하지 않는다고 제시되어 있지만, 하급자가 상급자에게 제공하는 금품은 수수 금지 금품의 예외에 포함되지 않는다.

① 제3조 제1항에 공사 소유의 재산과 예산사용으로 제공되는 항공마일리지 및 적립 포인트는 정당한 사유 없이 사적인 용도로 사용할 수 없다고 제시되어 있다.
③ 제16조 제1항에 직무와 관련 여부 및 후원 등에 관계없이 1회에 100만 원 상당의 금품은 받으면 안 된다고 나와 있다.
④ 제16조 제3항에 보면 외부강의 등에 관한 사례금은 수수를 금지하는 금품에 해당하지 않음을 확인할 수 있다.
⑤ 제15조 제1항에서 타인 및 자신의 명의로 직무수행 중 알게 된 미공개정보를 이용하여 재산상 거래 또는 투자를 하는 것은 금지임을 알 수 있다.

06

정답 ①

제16조 제3항 6호에 따르면 공식행사에서 주최자가 제공한 명품시계는 통상적인 범위에서 일률적으로 제공하는 교통, 숙박, 음식물 등의 금품 등에 해당하지 않으므로 수수가 금지됨을 확인할 수 있다.

② 제16조 제3항 5호에서 임직원과 관련된 동창회 등이 정하는 기준에 따라 구성원에게 제공하는 금품 등은 금품 수수 금지에서 제외한다고 제시되어 있다.
③ 제16조 제3항 1호에서 공공기관의 장이 포상 등의 목적으로 하급자에게 제공하는 금품 등은 금품 수수 금지에서 제외한다고 제시되어 있다.
④ 제16조 제3항 2호에서 부조의 목적으로 제공되는 경조사비 등은 금품 수수 금지에서 제외함을 알 수 있다.
⑤ 제16조 제3항 4호에서 4촌 이내의 친족이 제공하는 금품 등은 금품 수수 금지에서 제외함을 알 수 있다.

07

정답 ③

구체적 발행 액수가 나와 있지 않고, 신규종목 발행만으로는 알 수 없는 내용이다.

① 국채의 발행절차 1번을 통해 국채법에 따라 작성된 계획안을 국회가 발행 한도를 심의하고 정하는 것임을 알 수 있다.
② (연간 국채 발행 규모)=(적자국채용 발행)+(만기상환용 국채 발행)+(조기상환용 국채 발행)이다. 여기서 연간 국채 규모도 정해지고 적자국채용 발행액도 규모가 한정되어있다고 나와 있으므로 만기상환용과 조기상환용 국채 발행의 합은 일정하기 때문에 조기 상환액이 높아지면 만기상환용 국채 발행액은 적어질 수밖에 없다.
④ 통합발행제도를 보면 '발행 기준일 이후부터 다음 발행일까지 발행되는 국고채는 통합발행제도에 근거하여 전차 기준일자 국채로 간주'됨을 알 수 있다. 따라서 옳은 내용이다.
⑤ 국채의 발행절차 중 3번에서 '변동금리부 국고채는 국채시장 상황을 고려하여 만기와 발행일을 결정'해야 된다고 하였다.

08

정답 ③

제시문은 자연 현상의 예측이 어려운 이유에 대해 설명하면서, 지구 내부의 구조를 핵심내용으로 다루고 있다.

09

정답 ④

제시문은 국제 사회에서의 개인의 위상과 국력의 관계를 통하여 국력의 중요성을 말하고 있다.

10

정답 ④

정도부사인 '정말'을 반복하여 사용함으로써 언어의 정도성을 나타냈다.

오답분석

①・②・③・⑤는 '과반수 이상', '혼자 독차지', '곧바로 직행', '따뜻한 온정'과 같이 겹말을 쓴 경우이다.

11

정답 ⑤

제시문에서는 한 손님이 패스트푸드점의 직원을 폭행한 사건을 통해 손님들의 끊이지 않는 갑질 행태를 이야기하고 있다. 따라서 제시문과 관련 있는 한자성어로는 '곁에 사람이 없는 것처럼 아무 거리낌 없이 제멋대로 말하고 행동하는 태도가 있음'을 의미하는 '방약무인(傍若無人)'이 가장 적절하다.

오답분석

① 견마지심(犬馬之心) : 개나 말이 주인을 위하는 마음이라는 뜻으로, 신하나 백성이 임금이나 나라에 충성하는 마음을 낮추어 이르는 말
② 빙청옥결(氷淸玉潔) : 얼음같이 맑고 옥같이 깨끗한 심성을 비유적으로 이르는 말
③ 소탐대실(小貪大失) : 작은 것을 탐하다가 오히려 큰 것을 잃음
④ 호승지벽(好勝之癖) : 남과 겨루어 이기기를 좋아하는 성미나 버릇

12

정답 ②

직장에서의 프라이버시 침해 위협에 대해 우려하는 것이 제시된 글의 논지이므로 ②는 제시된 글의 내용과 부합하지 않는다.

13

정답 ⑤

영화가 전통적인 예술이 지니는 아우라를 상실했다며 벤야민은 영화를 진정한 예술로 간주하지 않았다. 그러나 제시된 글에서는 영화가 우리 시대의 대표적인 예술 장르로 인정받고 있으며, 오늘날 문화의 총아로 각광받는 영화에 벤야민이 말한 아우라를 전면적으로 적용할 수 있을지는 미지수라고 지적한다. 따라서 벤야민의 견해에 대한 비판으로 예술에 대한 기준에는 벤야민이 제시한 아우라뿐만 아니라 여러 가지가 있을 수 있으며, 예술에 대한 기준도 시대에 따라 변한다는 사실을 들 수 있다.

오답분석

벤야민은 카메라의 개입이 있는 영화라는 장르 자체는 어떤 변화가 있어도 아우라의 체험을 얻을 수 없다고 비판한다. 그러므로 ①의 영상미, ②의 영화배우의 연기, ③의 영화 규모, ④의 카메라 촬영 기법 등에서의 변화는 벤야민의 견해를 비판하는 근거가 될 수 없다.

14

정답 ⑤

보기는 관심사가 하나뿐인 사람을 1차원 그래프로 표시할 수 있다는 내용이다. 이는 제시문의 1차원적 인간에 대한 구체적인 예시에 해당하므로 ⑩에 들어가는 것이 가장 적절하다.

15

- 변고(變故) : 갑작스러운 재앙이나 사고
- 변태(變態) : 성체와는 형태, 생리, 생태가 전혀 다른 유생의 시기를 거치는 동물이 유생에서 성체로 변함 또는 그런 과정 → 곤충이란 것은 모두 그렇게 (변태)를 거쳐서 자란다.
- 변칙(變則) : 원칙에서 벗어나 달라짐. 또는 그런 법칙이나 규정 → 그 기관이 예산을 (변칙)으로 운영한 것이 알려졌다.
- 변질(變質) : 성질이 달라지거나 물질의 질이 변함 또는 그런 성질이나 물질 → 밀봉은 외부로부터 공기와 미생물의 침입을 차단하여 용기 내 식품의 (변질)을 방지한다.
- 변절(變節) : 절개나 지조를 지키지 않고 바꿈 → 충신으로 알려진 그의 (변절)은 뜻밖이었다.

따라서 제시된 문장에서 사용하지 않은 단어는 '변고'이다.

16

제시문은 첫 문단에서 유행에 따라 변화하는 흥행영화 제목의 글자 수에 대한 이야기를 언급한 뒤 다음 문단에서 2000년대에 유행했던 영화의 제목 글자 수와 그 예시를, 그 다음 문단에서는 2010년대에 유행했던 영화의 제목 글자 수와 그 사례, 그리고 흥행에 실패한 사례를 예시로 들고 있다.

17

택견이 내면의 아름다움을 중시한다는 내용은 제시문에서 찾을 수 없다.

오답분석

① 두 번째 문단에서 '진정한 고수는 상대를 다치게 하지 않으면서도 물러나게 하는 법을 안다.'와 세 번째 문단에서 '택견은 상대에 대한 배려와 수비 기술을 더 많이 가르친다.'고 언급한 부분을 통해 알 수 있다.
② 마지막 문단에서 '걸고 차는 다양한 기술을 통해 공격과 방어의 조화를 이루는 실질적이고 통합된 무술'이라고 설명하고 있다.
③ 첫 번째 문단에 '택견 전수자는 우아한 몸놀림으로 움직이며 부드러운 곡선을 만들어 내지만, 이를 통해 유연성뿐 아니라 힘도 보여준다.'라고 언급되어 있다.
④ 마지막 문단에 택견의 특징 중 하나가 '자연스럽고 자발적인 무술'이라고 나와 있다.

18

방언이 유지되려는 힘이 크다는 것은 각 지역마다 자기 방언의 특성을 지키려는 노력이 강하다는 것을 의미하므로 방언이 유지되려는 힘이 커질수록 방언의 통일성은 약화될 것이다.

19

'황량한'은 황폐하여 거칠고 쓸쓸한 것을 의미한다.

20

주어가 '패스트푸드점'이기 때문에 임금을 받는 것이 아니라 주는 주체이므로 '대체로 최저임금을 주거나'가 적절하다.

21

세 번째 조건과 네 번째 조건을 기호로 나타내면 다음과 같다.
- D → ~E
- ~E → ~A

각각의 대우 E → ~D와 A → E에 따라 A → E → ~D가 성립하므로 A를 지방으로 발령한다면 E도 지방으로 발령하고, D는 지방으로 발령하지 않는다. 이때, 회사는 B와 D에 대하여 같은 결정을 하고, C와 E에게 대하여는 다른 결정을 하므로 B와 C를 지방으로 발령하지 않는다.
따라서 A가 지방으로 발령된다면 지방으로 발령되지 않는 직원은 B, C, D 총 3명이다.

22

예산이 가장 많이 드는 B사업과 E사업은 사업기간이 3년이므로 최소 1년은 겹쳐야 한다는 것을 기반으로 표를 구성할 수 있다.

사업명 \ 연도 예산	1년 20조 원	2년 24조 원	3년 28.8조 원	4년 34.5조 원	5년 41.5조 원
A		1조 원	4조 원		
B		15조 원	18조 원	21조 원	
C					15조 원
D	15조 원	8조 원			
E			6조 원	12조 원	24조 원
실질사용 예산합	15조 원	24조 원	28조 원	33조 원	39조 원

23

단합활동을 가는 12월 14일은 성수기이고, 비교대상인 1월 27일은 비성수기이므로 성수기와 비성수기 요금의 차이를 묻는 문제이다. 또한 성수기와 비성수기 모두 인원수는 동일하므로, 1인당 대여료 총합을 비교하면 되는 단순한 문제이다.

모든 직원은 리프트 이용권을 끊고, 장비와 스키복을 대여하므로 성수기의 1인당 비용은 43,000+67,000+35,000=145,000원이며, 비성수기의 1인당 비용은 31,000+44,000+30,000=105,000원이다.

따라서 1인당 비용 차이는 145,000-105,000=40,000원이고, 총지급금액 차이는 모두 4명이므로 40,000×4=160,000원이다.

24

모든 직원에게 들어가는 1인당 대여료는 동일하므로, 1명을 기준으로 계산하여 비교하는 것이 효율적이다. 또한 각자의 지불금액을 기준으로 계산하기보다는, 각자의 결제정보에 따라 받는 할인금액을 비교하는 것이 훨씬 효율적이다.

각 직원들의 결제정보에 따라 각각의 직원이 결제했을 때 할인받는 금액을 계산하면 다음과 같다.

직원	할인내역	총 할인혜택
A과장	리프트 대여료(4,000원)+스키복 대여료(35,000×10%=3,500원)	7,500원
B대리	스키복 대여료(35,000×20%=7,000원)	7,000원
C주임	장비 대여료(67,000×10%=6,700원)	6,700원
D사원	장비 대여료(5,000원)	5,000원

23번 해설에서 구한 1인당 성수기 대여료 총합인 145,000원에서 각자의 총 할인혜택 금액을 빼면 지급금액이 나온다. 이렇게 각 직원들의 결제정보에 따른 1인당 지급금액을 도출하면 다음과 같다.

직원	1인당 지급금액
A과장	145,000-7,500=137,500원
B대리	145,000-7,000=138,000원
C주임	145,000-6,700=138,300원
D사원	145,000-5,000=140,000원

따라서 할인받을 수 있는 금액이 가장 큰 직원은 A과장이며, 이때의 1인당 지급금액은 137,500원이다.

25

정답 ④

세 번째 보기에 따라, 빨간색 모자를 쓴 사람은 5명, 파란색 모자를 쓴 사람은 7명이다.
첫 번째 보기에 따라, 파란색 하의를 입은 사람은 5명, 빨간색 하의를 입은 사람은 7명이다.
두 번째 보기에 따라, 파란색 상의와 하의를 입은 사람의 수를 x명이라 하면, 빨간색 상의와 하의를 입은 사람의 수는 $(6-x)$명이다. 또한 파란색 상의와 빨간색 하의를 입은 사람의 수는 $7-(6-x)=(x+1)$명이고, 빨간색 상의와 파란색 하의를 입은 사람의 수는 $(5-x)$명이다.
네 번째 보기에 따라, $x+(x+1)=7$이고 $x=3$이다.
따라서 하의만 빨간색인 사람은 4명이다.

26

정답 ①

입고 상품 선정 방식에 따라 A~E상품의 적합점수를 계산하면 다음과 같다.

(단위 : 점)

상품	A	B	C	D	E
선호도 점수	7.4+4.1=11.5	4.6+6.6=11.2	2.6+4.2=6.8	6.1+8.4=14.5	7.8+5.2=13
예산점수	8	6	10	2	4
적합점수	19.5	17.2	16.8	16.5	17

따라서 적합점수가 가장 높은 A상품이 매장에 입고된다.

27

정답 ④

ㄴ. B상품에 대한 선호도는 남성(46%)보다 여성(66%)이 더 높으므로 남성보다 여성이 더 소비할 것임을 예측할 수 있다.
ㄷ. 빵인 B상품에 대한 남성의 선호도는 46%인 반면, 도시락인 A·D상품에 대한 남성의 선호도는 각각 74%, 61%이다. 따라서 남성의 경우, 후보 상품 중 빵보다 도시락에 대한 선호도가 더 높음을 알 수 있다.

오답분석
ㄱ. 후보 상품 중 음료는 C·E상품이며, C상품의 경우 여성의 선호도(42%)가 남성의 선호도(26%)보다 더 높으므로 옳지 않은 설명이다.

28

정답 ①

조건에 따라 소괄호 안에 있는 부분을 순서대로 풀이하면 '1 A 5'에서 A는 좌우의 두 수를 더하는 것이지만, 더한 값이 10 미만이면 좌우에 있는 두 수를 곱해야 한다. 1+5=6으로 10 미만이므로 두 수를 곱하여 5가 된다.
'3 C 4'에서 C는 좌우의 두 수를 곱하는 것이지만 곱한 값이 10 미만일 경우 좌우에 있는 두 수를 더한다. 이 경우 3×4=12로 10 이상이므로 12가 된다.
중괄호를 풀어보면 '5 B 12'이다. B는 좌우에 있는 두 수 가운데 큰 수에서 작은 수를 빼는 것이지만, 두 수가 같거나 뺀 값이 10 미만이면 두 수를 곱한다. 12-5=7로 10 미만이므로 두 수를 곱해야 한다. 따라서 60이 된다.
'60 D 6'에서 D는 좌우에 있는 두 수 가운데 큰 수를 작은 수로 나누는 것이지만, 두 수가 같거나 나눈 값이 10 미만이면 두 수를 곱해야 한다. 이 경우 나눈 값이 10이 되므로 답은 10이다.

29

정답 ①

조건에 따라 A회사의 4월 일정표를 정리하면, A회사는 기존 4월 10일까지의 휴무 기간에서 일주일 더 연장하여 4월 17일까지 휴무한다. 가능한 빠르게 신입사원 채용시험을 진행해야 하나, 토·일·월요일은 필기 및 면접시험을 진행할 수 없으므로 화요일인 21일에 필기시험을 진행한다. 이후 필기시험일로부터 3일이 되는 24일에 면접대상자에게 관련 내용을 고지하고, 고지한 날로부터 2일이 되는 26일에 면접시험을 진행하여야 한다. 그러나 일요일과 월요일에는 시험을 진행할 수 없으므로 화요일인 28일에 면접시험을 진행한다.

30
정답 ⑤

29번 문제를 통해 결정된 면접시험일은 4월 28일 화요일이므로 이틀 뒤인 4월 30일 목요일에 최종 합격자를 발표한다. 최종 합격자는 그 다음 주월요일인 5월 4일에 첫 출근을 하여 2주간의 신입사원 교육을 받는다. 교육이 끝나면 5월 18 ～ 19일 이틀 동안 회의를 통해 신입사원의 배치가결정되고, 신입사원은 그 다음 주 월요일인 5월 25일에 소속 부서로 출근하게 된다.

31
정답 ④

이번 주 당직 근무 일정을 요일별로 정리하면 다음과 같다.

구분	월	화	수	목	금	토	일
오전	공주원 지한준 김민정	이지유 최유리	강리환 이영유	공주원 강리환 이건율	이지유 이건율 지한준	최민관 강지공 김민정	최민관
오후	이지유 최민관	최민관 이영유 강지공	공주원 지한준 강지공 김민정	최유리	이영유 강지공	강리환 최유리 이영유	이지유 이건율 김민정

당직 근무 규칙에 따르면 오후 당직의 경우 최소 2명이 근무해야 한다. 그러나 목요일 오후에 최유리 1명만 근무하므로 1명의 근무자가 더 필요하다. 이때, 한 사람이 같은 날 오전·오후 당직을 모두 할 수 없으므로 목요일 오전 당직 근무자인 공주원, 강리환, 이건율은 제외된다. 또한 당직 근무는 주당 5회 미만으로 해야 하므로 이번 주에 4번의 당직 근무가 예정된 근무자 역시 제외된다. 따라서 이번 주 목요일 오후 당직 근무가 가능한 사람은 목요일 오전 당직이 아니면서 총 3번의 당직 근무가 예정된 지한준뿐이므로 지한준의 당직 근무 일정을 추가해야 한다.

32
정답 ④

진급 대상자의 항목별 점수에 따른 합산 점수를 정리하면 다음과 같다.

(단위 : 점)

성명	직급	재직기간	공인영어	필기	면접	인사평가	합산 점수
최근원	사원	5	3	10	20	5	43
김재근	대리	10	3	10	10	×	
이윤결	대리	5	×	10	20	20	
정리사	사원	5	5	15	5	10	40
류이현	사원	5	10	10	5	10	40
정연지	사원	5	3	15	20	10	53
이지은	대리	10	5	×	10	20	
이윤미	사원	5	×	20	5	20	
최지나	대리	5	3	15	×	×	
류미래	사원	2	3	20	×	20	

따라서 총 4명의 직원이 진급하며, 가장 높은 점수를 받은 사람은 53점의 정연지이다.

33
정답 ④

현재 아르바이트생의 월 급여는 (평일)+(주말)=(3×9×4×9,000)+(2×9×4×12,000)=1,836,000원이므로, 월 급여는 정직원>아르바이트생>계약직원 순서이다. 따라서 전체 인원을 줄일 수 없으므로 현 상황에서 인건비를 가장 많이 줄일 수 있는 방법은 아르바이트생을 계약직원으로 전환하는 것이다.

34

지역별 이용자 비율에 따라 서울, 경기, 인천 지역의 선호도 점수에 4 : 1 : 2의 가중치가 적용되므로 배차 간격의 배정점수를 계산하면 다음과 같다.

배차 간격		5분	7분	9분	11분	13분
선호도 점수	서울	16.8점	28.8점	29.6점	24점	28.8점
	경기	9점	5.4점	6.6점	8.1점	8.4점
	인천	15점	10.8점	16.4점	8.8점	11점
배정점수		40.8점	45점	52.6점	40.9점	48.2점

따라서 적정 배차 간격으로 설정될 배차 간격은 9분이다.

35

ㄱ. 10분 이상의 11분, 13분 배차 간격에서 경기 지역 거주자의 선호 점수가 서울이나 인천 지역 거주자에 비해 높으므로 옳은 설명이다.
ㄷ. 지역별 선호도 점수의 합을 계산하면 다음과 같다.

구분	5분	7분	9분	11분	13분
선호도 점수 합계	20.7점	18점	22.2점	18.5점	21.1점

따라서 선호도 점수의 합이 가장 낮은 배차 간격은 7분이다.

오답분석

ㄴ. 서울 지역 거주자의 경우, 11분의 배차 간격보다 13분의 배차 간격에 대한 선호도 점수가 더 높으므로 옳지 않다.
ㄹ. 배차 간격이 짧아지면 이용 요금이 상승하고, 길어지면 이용 요금이 낮아진다. 인천 지역 거주자의 경우 11분이나 13분의 배차 간격에 대한 선호도 점수가 상대적으로 낮은 편이나, 7분의 배차 간격보다 9분의 배차 간격에 대한 선호도 점수는 더 높다. 따라서 낮은 이용 요금보다 짧은 대기 시간을 더 선호하는지는 판단할 수 없다.

36

주어진 조건을 종합하면 5명이 주문한 음료는 아메리카노 3잔, 카페라테 1잔, 생과일주스 1잔이다. 아메리카노 1잔의 가격을 a, 카페라테 1잔의 가격을 b라고 할 때, 이를 식으로 나타내면 다음과 같다.
• 다섯 번째를 제외한 모든 조건 : $a \times 3 + b + 5,300 = 21,300 \rightarrow 3a + b = 16,000 \cdots$ ㉠
• 다섯 번째 조건 : $a + b = 8,400 \cdots$ ㉡
㉠과 ㉡을 연립하여 풀면, $a = 3,800$, $b = 4,600$이므로 아메리카노 한 잔의 가격은 3,800원, 카페라테 한 잔의 가격은 4,600원이다.

37

세 번째와 다섯 번째 정보로부터 A사원은 야근을 3회, 결근을 2회 하였고, 네 번째와 여섯 번째 조건으로부터 B사원은 지각을 2회, C사원은 지각을 3회 하였음을 알 수 있다. C사원의 경우 지각을 3회 하였으므로 결근과 야근을 각각 1회 또는 2회 하였는데, 근태 총 점수가 −2점이므로 지각에서 −3점, 결근에서 −1점, 야근에서 +2점을 얻어야 한다. 마지막으로 B사원은 결근을 3회, 야근을 1회 하여 근태 총 점수가 −4점이 된다.
이를 표로 정리하면 다음과 같다.

(단위 : 회)

구분	A	B	C	D
지각	1	2	3	1
결근	2	3	1	1
야근	3	1	2	2
근태 총 점수(점)	0	−4	−2	0

따라서 C사원이 지각을 가장 많이 하였다.

38

정답 ①

37번의 결과로부터 지각보다 결근을 많이 한 사람은 A사원과 B사원임을 알 수 있다.

39

정답 ④

정보공개 대상별 정보공개 방법 및 수수료 자료를 바탕으로 각 보기의 정보열람인들이 지급할 금액을 정리하면 다음과 같다.

이때, A가 열람한 문서는 각 1일 1시간 이내는 무료이고 출력한 문서도 첫 장의 가격만 다르다는 점과 C가 열람한 사진필름은 첫 장은 200원, 두 번째 장부터 50원이라는 점, D가 출력한 문서는 첫 장의 가격만 다르며, 열람한 사진필름에 대해서도 첫 장만 가격이 다르다는 점에 주의한다.

구분	정보공개수수료
A	$(5 \times 1,000) \times 2 + \{300 + (25-1) \times 100\} = 12,700$원
B	$2,000 + (13 \times 200) + (6 \times 3,000) = 22,600$원
C	$(2 \times 1,000) + (3 \times 5,000) + \{200 + (8-1) \times 50\} = 17,550$원
D	$\{250 + (35-1) \times 50\} + \{200 + (22-1) \times 50\} = 3,200$원

따라서 지급할 정보공개수수료가 큰 사람부터 나열하면 'B−C−A−D' 순서이다.

40

정답 ③

가입금액 한도 내에서 보상하되 휴대품 손해로 인한 보상 시, 휴대품 1개 또는 1쌍에 대해서만 20만 원 한도로 보상한다.

41

정답 ②

차트 작성 순서
1단계 : 차트 종류 설정
2단계 : 차트 범위와 계열 설정
3단계 : 차트의 각종 옵션(제목, 범례, 레이블 등) 설정
4단계 : 작성된 차트의 위치 설정

42

정답 ①

인쇄 영역에 포함된 도형, 차트 등의 개체는 기본적으로 인쇄가 된다.

43

정답 ①

오답분석
② 한 번 복사하거나 잘라낸 내용은 다른 것을 복사하거나 잘라내기 전까지 계속 붙이기를 할 수 있다.
③ 복사와 잘라내기한 내용은 클립보드(Clipboard)에 보관된다.
④ 복사는 문서의 분량에 변화를 주지 않지만, 잘라내기는 문서의 분량을 줄인다.
⑤ [Ctrl]+[X]는 잘라내기, [Ctrl]+[C]는 복사하기의 단축키이다.

44

정답 ①

엑셀 고급필터 조건 범위의 해석법은 다음과 같다. 우선 같은 행의 값은 '이고'로 해석한다(AND 연산 처리). 다음으로 다른 행의 값은 '거나'로 해석한다(OR 연산 처리). 그리고 엑셀에서는 AND 연산이 OR 연산에 우선한다(행우선).

그리고 [G3] 셀의 「=C2>=AVERAGE($C$2:$C$8)」은 [C2] ~ [C8]의 실적이 [C2:C8]의 실적 평균과 비교되어 그 이상이 되면 TRUE(참)를 반환하고, 미만이라면 FALSE(거짓)를 반환하게 된다.

따라서 부서가 '영업1팀'<u>이고</u> 이름이 '수'로 끝나<u>거나</u>, 부서가 '영업2팀'<u>이고</u> 실적이 실적의 평균 이상인 데이터가 나타난다.

45

정답 ⑤

- COUNTIF : 지정한 범위 내에서 조건에 맞는 셀의 개수를 구한다.
- 함수식 : =COUNTIF(D3:D10,">=2021-07-01")

오답분석

① COUNT : 범위에서 숫자가 포함된 셀의 개수를 구한다.
② COUNTA : 범위가 비어 있지 않은 셀의 개수를 구한다.
③ SUMIF : 주어진 조건에 의해 지정된 셀들의 합을 구한다.
④ MATCH : 배열에서 지정된 순서상의 지정된 값에 일치하는 항목의 상대 위치 값을 찾는다.

46

정답 ③

오답분석

① · ② AND 함수는 인수의 모든 조건이 참(TRUE)일 경우에 성별을 구분하여 표시할 수 있으므로 적절하지 않다.
④ 함수식에서 "남자"와 "여자"가 바뀌었다.
⑤ 함수식에서 "2"와 "3"이 아니라, "1"과 "3"이 들어가야 한다.

47

정답 ②

MOD 함수는 어떤 숫자를 특정 숫자로 나누었을 때 나오는 나머지를 알려주는 함수로 짝수 혹은 홀수를 구분할 때도 사용할 수 있는 함수이다.

오답분석

① SUMIF 함수는 조건에 맞는 셀의 값들의 합을 알려주는 함수이다.
③ INT 함수는 실수의 소수점 이하를 제거하고 정수로 변경할 때 사용하는 함수이다.
④ NOW 함수는 현재의 날짜와 시간을 알려주는 함수이며, 인수는 필요로 하지 않는다.
⑤ VLOOKUP 함수는 특정 범위의 첫 번째 열에 입력된 값을 이용하여 다른 열에 있는 값을 찾을 때 사용하는 함수이다.

48

정답 ①

Windows [제어판]의 [접근성 센터]에는 돋보기, 내레이터, 화상 키보드, 고대비 설정과 같은 시각 장애에 도움을 줄 수 있는 기능이 포함되어 있다.

49

정답 ④

데이터 유효성 조건에서 제한 대상 목록은 정수, 소수점, 목록, 날짜, 시간, 텍스트 길이, 사용자 지정이다.

50

정답 ④

그림에서 제시하는 중복된 항목 제거 기능을 통해 A열의 총무부, 인사부, 영업부, 기획부가 각각 하나의 행만 남게 되므로 유지되는 행의 개수는 4개이다.

51

정답 ①

현재 창 닫기는 〈Ctrl〉+〈W〉이다.

52

정답 ①

바탕 화면에 있는 파일을 [휴지통]으로 드래그 앤 드롭하여 삭제한 경우 복원이 가능하다.

53

정답 ①

해당 지문은 유비쿼터스(Ubiquitous)에 대한 설명이다.

오답분석

② AI(Artificial Intelligence) : 컴퓨터에서 인간과 같이 사고하고, 생각하고, 학습하고, 판단하는 논리적인 방식을 사용하는 인간지능을 본 딴 고급 컴퓨터프로그램을 말한다.

③ 딥 러닝(Deep Learning) : 컴퓨터가 여러 데이터를 이용해 마치 사람처럼 스스로 학습할 수 있게 하기 위해 인공 신경망(ANN; Artificial Neural Network)을 기반으로 구축한 기계 학습 기술을 의미한다.

④ 블록체인(Block Chain) : 누구나 열람할 수 있는 장부에 거래 내역을 투명하게 기록하고, 여러 대의 컴퓨터에 이를 복제해 저장하는 분산형 데이터 저장기술이다.

⑤ P2P(Peer to Peer) : 기존의 서버와 클라이언트 개념이나 공급자와 소비자 개념에서 벗어나 개인 컴퓨터끼리 직접 연결하고 검색함으로써 모든 참여자가 공급자인 동시에 수요자가 되는 형태이다.

54

정답 ③

인터넷 익스플로러의 기본검색 공급자는 [도구]의 [추가 기능 관리(M)]에서 변경할 수 있다. 먼저 [추가 기능 관리(M)]를 클릭한 다음 [검색 공급자(S)] 탭에서 하단에 위치한 [추가 검색 공급자 찾기(F)]를 클릭해 원하는 검색 공급자를 추가하여 사용하면 된다.

55

정답 ①

오답분석

② 결괏값에 출근과 지각이 바뀌어 나타난다.

③·⑤ 9시 정각에 출근한 손흥민이 지각으로 표시된다.

56

정답 ④

Windows 바탕화면에서 왼쪽 아래에 위치하고 있는 '시작 단추 → 모든 프로그램'을 누르면 다양한 아이콘이 보인다. 그 중에서 보조프로그램 폴더에 가면 그림판이 있다. 여기서 보이는 그림판은 '바로가기'라는 단축아이콘이므로 삭제되었다고 하더라도 응용프로그램 전체가 삭제되는 것은 아니다. 따라서 그림판 응용프로그램이 설치된 위치에 가면 실행파일을 다시 찾을 수 있다. 이는 선택지에 제시된 다른 조치방법과 비교했을 때 가장 간편한 방법으로 볼 수 있다.

57

정답 ②

반복적인 작업을 간단히 실행키에 기억시켜 두고 필요할 때 빠르게 바꾸어 사용하는 기능은 매크로이며, 같은 내용의 편지나 안내문 등을 여러 사람에게 보낼 때 쓰이는 기능은 메일 머지이다.

58

정답 ③

㉮ 영어점수가 평균을 초과하는 것을 뽑을 때는 AVERAGE 함수의 범위에 반드시 절대참조가 들어가야 한다.

㉯ 성명의 두 번째 문자가 '영'인 데이터를 추출해야 하므로 '?영*'이 되어야 한다.

59

정답 ②

[A1] 셀에 1을 쓰고 그냥 드래그하면 1이 복사되어 나타나며 [A1] 셀에 1을 쓰고 [Ctrl] 키를 누르고 드래그하면 숫자가 1씩 증가하여 나타나게 된다.

60

정답 ②

'$'가 붙으면 절대참조로 위치가 변하지 않고, 붙지 않으면 상대참조로 위치가 변한다. 「$A$1」는 무조건 [A1] 위치로 고정이며 「$A2」는 [A] 열은 고정이지만 행은 변한다는 것을 의미한다. [A7] 셀을 복사했을 때 열이 오른쪽으로 2칸 움직였지만 고정이기에 의미는 없고, 행이 7에서 8로 1행만큼 이동하였기 때문에 [A1]+[A3]의 값이 [C8] 셀이 된다. 따라서 1+3=4이다.

학습플래너

◉ 사람으로서 할 수 있는 최선을 다한 후에는 오직 하늘의 뜻을 기다린다.

◉

◉

과목	내용	체크
NCS	의사소통능력 학습	○

MEMO

학습플래너

Date	. . .		D-	공부시간	H M

◎
◎
◎

과목	내용	체크

MEMO

Date	. . .	D-		공부시간	H	M

◉

◉

◉

과목	내용	체크

MEMO

학습플래너

Date . . .	D-	공부시간	H	M

◉
◉
◉

과목	내용	체크

MEMO

예금보험공사 필기시험 답안카드

성 명

지원 분야

문제지 형별기재란 ( )형 Ⓐ Ⓑ

수험번호

0 1 2 3 4 5 6 7 8 9
0 1 2 3 4 5 6 7 8 9
0 1 2 3 4 5 6 7 8 9
0 1 2 3 4 5 6 7 8 9
0 1 2 3 4 5 6 7 8 9
0 1 2 3 4 5 6 7 8 9
0 1 2 3 4 5 6 7 8 9

감독위원 확인 (인)

번호	답란	번호	답란	번호	답란
1	① ② ③ ④ ⑤	21	① ② ③ ④ ⑤	41	① ② ③ ④ ⑤
2	① ② ③ ④ ⑤	22	① ② ③ ④ ⑤	42	① ② ③ ④ ⑤
3	① ② ③ ④ ⑤	23	① ② ③ ④ ⑤	43	① ② ③ ④ ⑤
4	① ② ③ ④ ⑤	24	① ② ③ ④ ⑤	44	① ② ③ ④ ⑤
5	① ② ③ ④ ⑤	25	① ② ③ ④ ⑤	45	① ② ③ ④ ⑤
6	① ② ③ ④ ⑤	26	① ② ③ ④ ⑤	46	① ② ③ ④ ⑤
7	① ② ③ ④ ⑤	27	① ② ③ ④ ⑤	47	① ② ③ ④ ⑤
8	① ② ③ ④ ⑤	28	① ② ③ ④ ⑤	48	① ② ③ ④ ⑤
9	① ② ③ ④ ⑤	29	① ② ③ ④ ⑤	49	① ② ③ ④ ⑤
10	① ② ③ ④ ⑤	30	① ② ③ ④ ⑤	50	① ② ③ ④ ⑤
11	① ② ③ ④ ⑤	31	① ② ③ ④ ⑤	51	① ② ③ ④ ⑤
12	① ② ③ ④ ⑤	32	① ② ③ ④ ⑤	52	① ② ③ ④ ⑤
13	① ② ③ ④ ⑤	33	① ② ③ ④ ⑤	53	① ② ③ ④ ⑤
14	① ② ③ ④ ⑤	34	① ② ③ ④ ⑤	54	① ② ③ ④ ⑤
15	① ② ③ ④ ⑤	35	① ② ③ ④ ⑤	55	① ② ③ ④ ⑤
16	① ② ③ ④ ⑤	36	① ② ③ ④ ⑤	56	① ② ③ ④ ⑤
17	① ② ③ ④ ⑤	37	① ② ③ ④ ⑤	57	① ② ③ ④ ⑤
18	① ② ③ ④ ⑤	38	① ② ③ ④ ⑤	58	① ② ③ ④ ⑤
19	① ② ③ ④ ⑤	39	① ② ③ ④ ⑤	59	① ② ③ ④ ⑤
20	① ② ③ ④ ⑤	40	① ② ③ ④ ⑤	60	① ② ③ ④ ⑤

<절취선>

예금보험공사 필기시험 답안카드

※ 본 답안지는 마킹연습용 답안지입니다.

1	① ② ③ ④ ⑤	21	① ② ③ ④ ⑤	41	① ② ③ ④ ⑤
2	① ② ③ ④ ⑤	22	① ② ③ ④ ⑤	42	① ② ③ ④ ⑤
3	① ② ③ ④ ⑤	23	① ② ③ ④ ⑤	43	① ② ③ ④ ⑤
4	① ② ③ ④ ⑤	24	① ② ③ ④ ⑤	44	① ② ③ ④ ⑤
5	① ② ③ ④ ⑤	25	① ② ③ ④ ⑤	45	① ② ③ ④ ⑤
6	① ② ③ ④ ⑤	26	① ② ③ ④ ⑤	46	① ② ③ ④ ⑤
7	① ② ③ ④ ⑤	27	① ② ③ ④ ⑤	47	① ② ③ ④ ⑤
8	① ② ③ ④ ⑤	28	① ② ③ ④ ⑤	48	① ② ③ ④ ⑤
9	① ② ③ ④ ⑤	29	① ② ③ ④ ⑤	49	① ② ③ ④ ⑤
10	① ② ③ ④ ⑤	30	① ② ③ ④ ⑤	50	① ② ③ ④ ⑤
11	① ② ③ ④ ⑤	31	① ② ③ ④ ⑤	51	① ② ③ ④ ⑤
12	① ② ③ ④ ⑤	32	① ② ③ ④ ⑤	52	① ② ③ ④ ⑤
13	① ② ③ ④ ⑤	33	① ② ③ ④ ⑤	53	① ② ③ ④ ⑤
14	① ② ③ ④ ⑤	34	① ② ③ ④ ⑤	54	① ② ③ ④ ⑤
15	① ② ③ ④ ⑤	35	① ② ③ ④ ⑤	55	① ② ③ ④ ⑤
16	① ② ③ ④ ⑤	36	① ② ③ ④ ⑤	56	① ② ③ ④ ⑤
17	① ② ③ ④ ⑤	37	① ② ③ ④ ⑤	57	① ② ③ ④ ⑤
18	① ② ③ ④ ⑤	38	① ② ③ ④ ⑤	58	① ② ③ ④ ⑤
19	① ② ③ ④ ⑤	39	① ② ③ ④ ⑤	59	① ② ③ ④ ⑤
20	① ② ③ ④ ⑤	40	① ② ③ ④ ⑤	60	① ② ③ ④ ⑤

성 명

지원 분야

문제지 형별기재란
( )형 Ⓐ Ⓑ

수 험 번 호
⓪ ① ② ③ ④ ⑤ ⑥ ⑦ ⑧ ⑨
⓪ ① ② ③ ④ ⑤ ⑥ ⑦ ⑧ ⑨
⓪ ① ② ③ ④ ⑤ ⑥ ⑦ ⑧ ⑨
⓪ ① ② ③ ④ ⑤ ⑥ ⑦ ⑧ ⑨
⓪ ① ② ③ ④ ⑤ ⑥ ⑦ ⑧ ⑨
⓪ ① ② ③ ④ ⑤ ⑥ ⑦ ⑧ ⑨
⓪ ① ② ③ ④ ⑤ ⑥ ⑦ ⑧ ⑨

감독위원 확인
(인)

좋은 책을 만드는 길
독자님과 함께하겠습니다.

도서나 동영상에 궁금한 점, 아쉬운 점, 만족스러운 점이
있으시다면 어떤 의견이라도 말씀해 주세요.
SD에듀는 독자님의 의견을 모아 더 좋은 책으로 보답하겠습니다.

www.sidaegosi.com

2022 최신판 예금보험공사
NCS + 공통과목(회계원리) + 전공 + 모의고사 4회+무료NCS특강

개정2판1쇄 발행	2022년 05월 10일 (인쇄 2022년 03월 11일)
초 판 발 행	2020년 09월 15일 (인쇄 2020년 08월 12일)
발 행 인	박영일
책 임 편 집	이해욱
편 저	NCS직무능력연구소
편 집 진 행	이근희
표 지 디 자 인	조혜령
편 집 디 자 인	배선화·곽은슬
발 행 처	(주)시대고시기획
출 판 등 록	제10-1521호
주 소	서울시 마포구 큰우물로 75 [도화동 538 성지 B/D] 9F
전 화	1600-3600
팩 스	02-701-8823
홈 페 이 지	www.sidaegosi.com
I S B N	979-11-383-2067-2 (13320)
정 가	24,000원

2022 · All New 100% 전면 개정

NCS
예금보험
공사

NCS + 공통과목(회계원리) + 전공 + 모의고사 4회

+ 무료NCS특강

 시대교육그룹

| (주)시대고시기획 시대교육(주) | 고득점 합격 노하우를 집약한 최고의 전략 수험서 |
| | www.sidaegosi.com |

| 시대에듀 | 자격증 · 공무원 · 취업까지 분야별 BEST 온라인 강의 |
| | www.sdedu.co.kr |

| 이슈&시사상식 | 한 달간의 주요 시사이슈 논술 · 면접 등 취업 필독서 |
| | 매달 25일 발간 |

| 시대인 | 외국어 · IT · 취미 · 요리 생활 밀착형 교육 연구 |
| | 실용서 전문 브랜드 |

꿈을 지원하는 행복...

여러분이 구입해 주신 도서 판매수익금의 일부가
국군장병 1인 1자격 취득 및 학점취득 지원사업과
낙도 도서관 지원사업에 쓰이고 있습니다.

기업별 맞춤 학습 "기업별 NCS" 시리즈

공기업 취업의 기초부터 합격까지! 취업의 문을 여는 *Hidden Key!*

기업별 기출문제 "기출이 답이다" 시리즈

역대 기출문제와 주요 공기업 기출문제를 한 권에! 합격을 위한 *One Way!*

시험 직전 마무리 "봉투모의고사" 시리즈

실제 시험과 동일하게 마무리! 합격을 향한 *Last Spurt!*

※ **기업별 시리즈** : 부산교통공사/한국가스공사/LH 한국토지주택공사/한국공항공사/건강보험심사평가원/국민연금공단/인천국제공항공사/한국수력원자력/한국중부발전/한국환경공단/부산환경공단/한국국토정보공사/SR/신용보증기금&기술보증기금/도로교통공단/한국지역난방공사/한국마사회/한국도로공사/강원랜드/발전회사/항만공사 등

※도서의 이미지 및 구성은 변동될 수 있습니다.